全国应用型院校"十二五"规划教材

大学语文实验教程

主 编
黄春慧

编 委
戴 益 赵钡钡 张茜茜
徐爱华 何 怡 耿友伟

上海大学出版社

图书在版编目（CIP）数据

大学语文实验教程/黄春慧主编.—上海：上海大学出版社，(2021.1重印)

ISBN 978-7-5671-0837-0

Ⅰ.①大… Ⅱ.①黄… Ⅲ.①大学语文课－高等学校教材 Ⅳ.①H19

中国版本图书馆CIP数据核字(2013)第116021号

责任编辑　彭　俊
封面设计　施羲雯
技术编辑　金　鑫

大学语文实验教程
黄春慧　主编
上海大学出版社出版发行
(上海市上大路99号　邮政编码200444)
(www.shupress.cn　发行热线021-66135112)
出版人：戴骏豪

上海华业装潢印刷有限公司印刷　各地新华书店经销
开本787×1092　1/16　印张19.25　字数380千字
2013年9月第1版　2021年1月第11次印刷
ISBN 978-7-5671-0837-0/H.284　定价：35.00元

大学语文教学反思及教改新探

（代前言）

  大学阶段的语文教学应该以什么作为自己的课程定位？是突出工具性还是文学性？是强调审美能力的提高还是人文精神的传播？是以培养语言应用能力为主要教学目标，还是应凸显人文素质教育？读、写、听、说能力的培养，是否应该随着教育层次的提升而降为其次或者结束？大学生到底需要怎样的大学语文课？只有立足于现实，了解生源情况，反思现状，才能寻找到真正的答案。

一、大学生语言应用能力弱化及其原因分析

  语言应用能力包括口头语言应用能力与书面语言应用能力。大学生的语言应用能力整体呈弱化的趋势。比如，写一份报告，通常写成了不知所云的散文，写一份总结，语句不通、词不达意。在口语表达能力上，也不尽如人意，不善用语言概括归纳，不善用语言阐述观点，语言重复啰嗦，内容浅陋，逻辑混乱。还存在一个通病，只会用松散铺张的文学语言，不会使用平实的、合乎逻辑的、清晰的语言来归纳问题、分析问题、解决问题。这种现状与中学时期语文教学以思想情感解读、文学语言鉴赏为主，提倡写美文，不注重口语表达能力培养等有着直接关系。中学语文不管从教材选文上还是考试作文要求上都偏好文学语言，"文艺性散文""小品文""文艺腔"大受欢迎，而简洁明了的说明性语言，逻辑严密、语言精要的科学性语言常常被忽视。语文教师在指导学生学习语言的时候，重点往往是语言是否生动，是否有文采，而对语言的准确性和逻辑性就不够注意。这最终导致，中国学生研究性思维落后，欠缺概念清楚、言之有物、实用、合乎逻辑的语言训练。

  这种把学生全都"文学化"的路子是不可取的，学生长大后要在社会上生存，最需要的语言并不是文学语言，必备的思维方式也并不是形象思维方式。

二、大学语文与应用文写作课程定位两极分化，无法解决学生语言表达问题

  20世纪80年代以来，全国各高校相继开设了大学语文课程，将其定位于传播传统文化与人文思想，以提高大学生人文素养为己任。大学语文开始从中学语文枯燥的分析字词句、中心思想、段落大意提升到传承传统文化、交汇中外文化的意识层面，这是语文教研的一大进步。强调大学语文教学的人文性，对于改变大学语文课堂教学旧面貌具有积极意义。然而，一味强调人文性，势必忽视语言性的教学，忽视必要的读写训练，最终导致"大学语文"与学生的实际所需脱节。

应用文写作教学同样存在问题,学生学习了应用文格式,仍不会撰写合格得体的应用文,原因如下:首先,应用文的写作不仅仅是格式问题,更是语言表达习惯与语言思维问题。应用文写作中最难掌握的是精简、严谨、公文语体色彩很浓的语言,以及严密的逻辑思维能力与分析概括能力。其次,应用文写作中大多数文体都与职业相关,学生没有相应的工作经验,写作内容往往空泛贫乏,学习过程易枯燥无味。因而,学习应用文最终成了历练繁琐的格式,而不能从根本上提高语言应用能力。

三、明确大学语文课程主要教学目标,将语言能力的培养作为大学语文的首要任务

有人认为大学前语文以培养读写听说能力为主,大学后语文应该放下语言能力的培养,转向文化知识的讲授、人文精神的传播。当然大学语文与高中语文应该有很大的区别,但是不能因为追求人文素养的提升,丢下语言本身,而将大学语文上成文化史课、思想修养课、文学审美课。当然,语文素养的内涵很广泛,但不管是"审美情趣""人文情怀"还是"文化传承"都是以语言作为载体,学习语言,培养语言应用能力应该是其他一切的基础。特别是对于应用型院校的学生来说,语言应用能力还欠缺,更应该突出语文的工具性,把语言综合能力培养作为首要的教学目标来看待。

因此,读、写、听、说能力即语言理解与表达能力的培养,不应该因为语文教育层次的提高而被放弃,而是应该随着教育层次的提高而提高。

四、大学语文教改新思路

经过多年的大学语文教学实践与教改探索,我们对应用型高等院校大学语文的课程定位、教学目标、教学方式,有了较清晰的认识,并寻找到切实可行的教学方法。

1.语言与思维是高度一致的,思维的运行伴随语言的产生,语言的产生必定伴随思维的运行,所以,提高语言应用能力应从提高语言思辨能力、分析能力、逻辑思维能力入手。大学语文教学应将语言应用能力的培养与语言思维训练结合在一起,从源头上解决大学生语言表达逻辑性、条理性欠缺,概括归纳能力、批判思辨能力差等问题。

如:每个单元设置一个思辨性很强的讨论题,课程网络学习平台上提供该论题相关资料,学生阅读资料或自己搜集资料,然后对资料进行概括归纳,形成自己的观点,并以总分、并列或递进的结构进行表述。例:

  第三单元 大道与术业

  单元话题讨论

  黑猫白猫,能捉老鼠就是好猫。黑道白道,能成大业都是大道。

  观点一 赞同前一句,反对后一句。黑猫白猫论,是强调实践的重要性,鼓励大胆地干,在实践中检验真理,与其"站在岸上观火",不如"摸着石头过河"。而"黑道白道

论"是完全错误的,"猫"黑白没有是非之分,"道"黑白则有合法违法之分,完全两回事。

观点二 反对前一句,赞同后一句。黑道、白道怎样界定?梁山好汉是黑道还是白道?有人说每一次朝代的变迁都是"土匪"变"义军","义军"变"国军"的过程。不论黑白,只要推动社会发展,为人民大众做出贡献,就是好"盗",就是大道。黑猫、白猫,能"捉老鼠"就是好猫,那么"能看门"的就是不务正业的坏猫吗?这完全是单一价值判断论,这和以考试成绩来评判一个学生是否优秀有什么不同?

……

我的观点:_____

_____

要求:课外查阅相关资料,用简要的语言对资料内容进行概括,形成自己的观点,并以总分总结构进行表述。

2.应用文写作与人文性文本阅读相结合,解决大学生职业写作内容空泛、语言空洞的问题。

作为职业文体,应用文写作的内容会涉及一定的职业环境与工作内容,大学生写应用文,因缺乏工作经历与体验,往往内容空洞且漏洞百出。本教材在大学语文与应用文写作课程整合上进行尝试。例:

第一单元 汉语与汉字

单元写作能力训练——总结的写作。

内容设定——十年语文学习总结。

题目——学习语文你都遇到过什么问题?你希望获得哪些帮助?你有哪些好的学习经验?请拟写一份关于语文学习的总结或心得体会,对以往的语文学习进行回顾、分析,并做出评价。

第五单元 知己与知彼

单元写作能力训练——个人简历或自我介绍写作。

内容设定——请为孔子、孟子、墨子……(任选一人)写一份个人简历。

题目——请选择一位历史名人,通过查阅资料充分了解其人生经历、优点特长等,然后为其设计一份个人简历。

3.读写听说相结合,开发以"听"促"写",以"写"促"说",以"说"促"读"的读写听说相辅相成的教学模式。

在教学过程中我们发现,学生听的能力差,听完后将听到的内容进行梳理概括然后阐述要点的能力更差。其实听的过程比读的过程对逻辑思维能力的要求更高,会听就会说,不会听就不会说或说得不好。另外,说比写难,说和写都是块状内语言排列为线性外在语言的过程,不过一个需要瞬间完成,一个可以深思熟虑。口语表达能力差的同学可以借助写,先写后说,来规范自己的语言,来训练自己的口语表达能力。因此每单元的讨论题,都要求先写书面稿再进行口头阐述。例:

  第七单元 相濡与相忘

  课前布置:庄子认为"相濡以沫,不如相忘于江湖","相濡以沫"并非真正的"仁","相忘于江湖"才是真正的"仁",你同意吗?"相濡以沫"和"相忘江湖",你赞同前者还是后者,请搜集相关资料,撰写发言稿,准备课堂发言。

  第八单元 传统与现代

  学生听完一段传统文化的资料后,概括主要内容。

4.在教学内容上寻求工具性与人文性的契合点,使得整个教学过程在凸显工具性的同时,保留人文内涵。例:

  第二单元 名正与言顺

  ——根据汉语简洁意合的句法特点,修改病句,养成良好的汉语表达习惯。

  第三单元 大道与术业

  ——语言概括能力训练,为年羹尧、李叔同或梵高写小传,字数不超过1500字。

  第四单元 远行与回归

  ——如何让你的论述更有条理,将课堂话题讨论发言整理为一篇总分结构的作品短评。

  第五单元 知己与知彼

  ——模仿名人自画像,为自己设计一篇语言生动活泼,个性鲜明富有创意的自我介绍。

本教材是我院多年大学语文教改实践的成果,在编写过程中力图融入上述教学理念,但总会不尽如人意,还有诸多地方需要改进,望多指正!

编者

2013 年 7 月 19 日

目录

第一单元　汉语与汉字
话题讨论 2
阅读篇目 3
　甲骨(蒋勋) 3
　现代汉语再认识(韩少功) 7
　走进词语的密林(甘阳) 14
　母语之根(康正果) 19
　中西语言文字与文化比较(辜正坤) 22
语言表达专题 27
　说话能力的构成及培养 27
语言表达实践 29

第二单元　名正与言顺
话题讨论 32
阅读篇目 33
　"新婚燕尔"是何方"燕"(外三则)(吴桐祯) 33
　名(赵世民) 36
　论中文的常态与变态(余光中) 40
　清楚的文章(张五常) 49
　直话直说的写作(薛涌) 51
　文从字顺见功夫(朱德熙) 53
语言表达专题 59
　公文写作中常见错误举隅 59
语言表达实践 62

第三单元　大道与术业
话题讨论 66
阅读篇目 67
　大学之道(《大学》) 67

  道人教年羹尧(《清稗类钞》) ………………………………………… 70
  盗亦有道(庄子) ……………………………………………………… 72
  怀李叔同先生(丰子恺) ……………………………………………… 74
  胡雪岩小传(邓兴发) ………………………………………………… 80
  梵高的坟茔(范曾) …………………………………………………… 84
语言表达专题 ……………………………………………………………… 90
  提高信息筛选概括的能力 …………………………………………… 90
语言表达实践 ……………………………………………………………… 94

第四单元　远行与回归

话题讨论 …………………………………………………………………… 98
阅读篇目 …………………………………………………………………… 99
  十八岁出门远行(余华) ……………………………………………… 99
  走"人生"的长途(鲁迅) ……………………………………………… 105
  羊皮卷之一：今天，我开始新的生活(奥格·曼狄诺) …………… 107
  阳光中的向日葵(芒克) ……………………………………………… 111
  回答(外一首)(北岛) ………………………………………………… 113
  赠别(舒婷) …………………………………………………………… 116
  心安是归处 …………………………………………………………… 118
  文学，心灵故乡(刘鸿武) …………………………………………… 121
语言表达专题 ……………………………………………………………… 126
  如何让你的论述更有条理 …………………………………………… 126
语言表达实践 ……………………………………………………………… 129

第五单元　知己与知彼

话题讨论 …………………………………………………………………… 132
阅读篇目 …………………………………………………………………… 133
  水仙花的故事(梁羽生) ……………………………………………… 133
  士为知己者死——刺客豫让传(司马迁) ………………………… 136
  名人自画像 …………………………………………………………… 139
  戈麦自述(戈麦) ……………………………………………………… 142
  钱本草(张说) ………………………………………………………… 145
  《世说新语》(三则)(刘义庆) ………………………………………… 147
  一个人的简历(汪金友) ……………………………………………… 149

自荐书(二则)	151
语言表达专题	155
简明的语言才是好语言	155
语言表达实践	158

第六单元　刹那与永恒

话题讨论	162
阅读篇目	163
《诗经》(二首)	163
汉乐府(二首)	165
爱(张爱玲)	167
班扎古鲁白玛的沉默(扎西拉姆·多多)	169
天真的预言(节选)(威廉·布莱克)	171
当你老了(叶芝)	173
胡笳十八拍(蔡琰)	176
刹那(朱自清)	178
没有哪艘船能像一本书(狄金森)	181
沙之书(博尔赫斯)	182
语言表达专题	186
怎样使语言表达更严谨更有逻辑性	186
语言表达实践	191

第七单元　相濡与相忘

话题讨论	194
阅读篇目	195
三年之丧(《论语》)	195
《孟子》(节选)(孟子)	197
《荀子》(节选)(荀子)	199
《墨子》(节选)(墨子)	201
《庄子》(三则)(庄子)	203
老子语录(老子)	205
语言表达专题	207
辩论常用技巧	207
语言表达实践	209

第八单元　传统与现代

话题讨论 ·· 212

阅读篇目 ·· 213
  乾卦第一(《周易》) ·· 213
  《孙子兵法》节选(孙武) ·· 217
  般若波罗蜜多心经(玄奘译) ·· 220
  一九九八：二十四节气(节选)(苇岸) ·· 223

语言表达专题 ·· 229
  文言词语在公文中的使用 ·· 229

语言表达实践 ·· 232

第九单元　清茶与咖啡

话题讨论 ·· 234

阅读篇目 ·· 235
  中西神话对比阅读 ·· 235
    往古之时(《淮南子》) ·· 235
    女娲造人(《太平御览》) ·· 235
    刑天舞干戚(《山海经》) ·· 235
    被缚的普罗米修斯(节选)(埃斯库罗斯) ································ 236
  中西诗歌比较阅读 ·· 243
    雨巷(戴望舒) ·· 243
    红红的玫瑰(彭斯) ·· 245
  中西艺术比较赏析 ·· 248
    月朦胧,鸟朦胧,帘卷海棠红(朱自清) ·································· 248
    看蒙娜丽莎看(熊秉明) ·· 249

语言表达专题 ·· 257
  大学生论文写作入门 ·· 257

语言表达实践 ·· 260

附录一　大学生毕业论文(设计)通用格式 ··· 261

附录二　中华人民共和国国家标准(GB/T 9704-2012)　党政机关公文格式 ············ 266

附录三　中华人民共和国国家标准(GB/T 15835-1995)　出版物上数字用法的规定 ····· 273

附录四　标点符号用法及常见差错辨析 ··· 278

参考文献 ·· 298

汉语与汉字

第一单元

单元导语

  汉语是世界上最美的语言之一。汉语独特的声调赋予汉语音韵美，或吟或诵，抑扬顿挫、铿锵悦耳。汉字表意的形体赋予汉语视觉美，"笑"，喜气盈盈；"哭"，愁眉苦脸；"巍峨"，山的高大顿显眼前；"妩媚"，少女的娇颜潜入心底。

  无需奏乐，平平仄仄就是韵律；随意挥洒，气韵贯通成就书法；寥寥数词，幽远诗境便缭绕心头。《诗经》中那么多摄人心魄的诗句，定要用汉语吟诵，才会抑扬顿挫、感人肺腑。"明月出天山，苍茫云海间"的意境，"明月松间照，清泉石上流"的禅意，倘若翻译成英文、法文或是德文，其间的意韵定要大打折扣。

  作为中国人，当为讲汉语写汉字而感到自豪。作为华夏学子，了解母语的发展历史，领略母语之美，热爱母语，用好母语，更是责无旁贷。

  任凭时代如何变迁，任凭世界如何发展，萦绕我们心头的，永远是那一句句亲切的汉语，像是体内流动着的华夏民族的血液，不可改变，源远流长……

话题讨论

在未来,汉语与英语谁更有发展优势?

观点一 未来的世界是一个信息技术高速发展的世界,信息技术将运用于各个领域。英文是符号化的线性文字,在数字化的时代,肯定比图画式的方块汉字更有发展优势。现在100%的软件源代码是英文格式。

观点二 以前我们担心汉语无法输入电脑,但是现在汉语已经是输入最快的语言了。在数字化上,我们有理由相信二维信息的汉字完全有可能比一维信息的英文有更好的表现。更重要的是,在未来语音输入是必然趋势,而汉语是单音节语言,字正腔圆,语音识别率比英语高得多。

观点三 汉语是最环保最有效率的语言。联合国6种官方语言的文本中最薄的一本一定是用汉语书写的。在相同的时间里阅读汉字获得的信息也是最多的。不管是朗读还是目读,中文都更节省时间。就连输入电脑,中文所占内存也要远远小于英文。所以,在地球资源越来越紧缺的未来,汉语更有发展优势。

观点四 英语学习效率高,会说便会写,更容易入门与普及。汉语难学!相信绝大多数老外会被汉语四声以及复杂的方块结构笔顺吓跑,更何况汉字背后还有更深奥的文化。语言是交流的工具,便捷的英语当然更适合于未来世界。

我的观点:_____

阅读篇目

甲 骨①

蒋 勋

　　文字是人类最伟大的发明之一,借助它,人类告别蛮荒走向文明理性的时代。它将稍瞬即逝的声音化为永恒,将历史足迹铭刻在时光的川流上。传说,汉字为仓颉所造。仓颉"双瞳四目","仓颉作书而天雨粟,鬼夜哭",或许只有这样的描写才能表达汉字神奇的诞生。当苏美尔人、古埃及人与古印度人选择泥板、石头、陶土来书写本民族文明的开篇,我们的祖先却选择了龟甲兽骨,在生命的遗骸上契刻对世界最初的认识与理解。到底是什么原因,使汉字成为世界上唯一能够稳定发展并使用至今的表意文字?

　　一片龟的腹甲,一片牛的肩胛骨,或者一块鹿的头额骨,在筋肉腐烂之后,经过漫长岁月,连骨膜都飘洗干净了,颜色雪白,没有留一点点血肉的痕迹。

　　动物骨骸的白,像是没有记忆的过去,像洪荒以来不曾改变的月光,像黎明以前曙光的白,像顽强不肯消失的存在,在亘古沉默的历史之前,努力着想要呐喊出一点打破僵局的声音。

　　清光绪二十五年(1899年),一位一生研究金石文字的学者王懿荣,在中药铺买来的药材里看到一些骨骸残片。他拿起来端详,仿佛那些尸骨忽然隔着三四千年的历史,努力拥挤着说:"我在这里!我在这里!"

　　王懿荣在残片上看到一些明显的符号,他拂拭去灰尘积垢,那符号更清晰了,用手指去触摸,感觉得到硬物契刻的凹凸痕迹。

　　古代金石文字的长时间收藏研究,使王懿荣很容易辨认出这些骨骸龟甲残片上的符号,这是比周代石鼓②还要早的文字,是比晚商青铜镌刻的铭文③还要早的文字。

　　王懿荣发现甲骨文字的故事像一则传奇,也使人不禁联想:长久以来,不知道中药铺贩卖出了多少"甲骨",而有多少刻着商代历史的"甲骨"早已被熬煮成汤药,喝进病人的肚子,药渣随处弃置,化为尘泥。

　　王懿荣的学生,写《老残游记》的刘鹗(字铁云)继续老师的发现,编录了最早的甲骨文著录《铁云藏龟》。

　　从清末到20世纪30年代,甲骨文的研究整理经过王国维、罗振玉、郭沫若、董作宾四位,商代卜辞④文字大致有了轮廓。一直到20世纪末,出土的甲骨有近15万片,可以整理出5000多个单字。

几位学者中又以董作宾对甲骨文的书写美学特别有贡献。1933年,他就做了甲骨文时代风格的断代,用"壮伟宏放"形容早期甲骨书法,用"拘谨"形容第二期和第三期的书风,以及用"简陋"、"颓靡"形容末期的甲骨书法。

甲骨文字是卜辞,商朝初民相信死去的生命都还存在,这些无所不在的"灵"或"鬼"可以预知吉凶祸福。

动物的骨骸、乌龟的腹甲也是死去生命的遗留,用毛笔沾染朱红色颜料,在上面书写祈愿或祝祷的句子,书写完毕,再用硬物照书写的笔画契刻下来。因此,虽然目前看到的甲骨多为契刻文字,却还是先有毛笔书写过程的。也有少数出土的甲骨上是书写好还没有完成契刻的例子。"上古结绳而治,后世圣人易之以书契","书写"与"契刻"正是甲骨文完成的两个步骤。

刻好卜辞的龟甲牛骨钻了细孔,放在火上炙烤,甲骨上出现裂纹,裂纹有长有短,用来判断吉凶,就是"卜"字的来源。我们今天在自己手掌上以掌纹端详命运,也还是一种"卜"。

我喜欢看甲骨。有一片骨骸上刻满了二十几条和"下雨"有关的卜辞——"甲申卜雨"、"丙戌卜及夕雨"、"丁亥雨",看着看着仿佛看到干旱大地上等待盼望雨水的生命,一次又一次在死去的动物尸骸上契刻着祝告上天的文字。

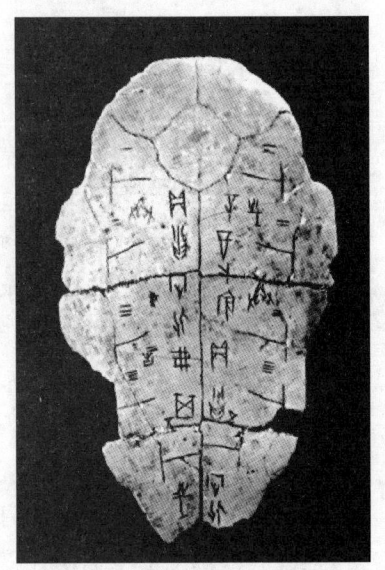

殷商武丁早期征讨卜辞
(龟腹甲骨正面)

那"雨"是从天上落下的水,那"夕"是一弯新月初升,"戍"是一柄斧头,"申"像是一条飞在空中的龙蛇。

①选自《汉字书法之美》,蒋勋著,广西师范大学出版社2009年版。蒋勋(1947—),台湾知名画家、诗人与作家。代表作《汉字书法之美》《蒋勋说红楼梦》《孤独六讲》等。 ②石鼓:即石鼓文,先秦刻石文字,因其刻石外形似鼓而得名。内容最早被认为是记叙周宣王出猎的场面,故又称"猎碣"。石鼓文字体,上承西周金文,下启秦代小篆,豪放大气,雄浑古朴,被历代书家视为习篆书的重要范本,故有"书家第一法则"之称誉。 ③铭文:原指铸刻在青铜器物上的文字。春秋战国时期,有重要文件需要长期保存或有重大事件需要永久纪念,就铸造一件青铜器,将内容铸刻在青铜器物上;现泛指铸刻在各类器物上的表示纪念的文字。 ④卜辞:殷人占卜,常将占卜人姓名、占卜之事及占卜日期、结果等刻在龟甲或兽骨上,间或亦刻有少量与占卜有关的记事,这类纪录文字通称为卜辞。殷墟发现的甲骨文,是契刻在龟甲、兽骨上的占卜文字,故"甲骨文"又称"甲骨卜辞"。甲骨卜辞记事比较简单,不成系统,但未经后人加工,保持了商代记事文字的原貌,是中国散文的最早源头。

王懿荣其人

王懿荣(1845—1900),字正儒,一字廉生,山东福山(今烟台市福山区)古现村人。中国近代金石学家、甲骨文的发现者和爱国志士。光绪六年进士,授翰林院编修。泛涉书史,尚经世之务,嗜金石,因见药店所售中药材"龙骨"上的刻纹,发现甲骨文,为收藏殷墟甲骨的第一人。庚子年八国联军入京时,投井死。

王懿荣从发觉甲骨文到去世,其间不过一年多,并没有时间摸索及探讨甲骨文。在他死后,其长子王翰甫将他收藏的甲骨转售给刘鹗,1903年刘鹗从他所有的5000余片甲骨片中,精选一千多片拓印成书——《铁云藏龟》。这是第一本将甲骨著录出版的书籍,它使世人大开眼界,认识到商代古文字的存在。后来投入甲骨文研究的著名学者有罗振玉、王国维、董作宾、郭沫若等人,使甲骨学成为一门系统的学科。

流散国外的甲骨文

就在中国学者开始搜集甲骨文之后不久,一些旅居中国的外国传教士也开始关注甲骨并进行搜集,其后通过各种途径,大量有字甲骨流散到国外。据著名的甲骨学专家胡厚宣1984年7月的统计,国外收藏有甲骨文的国家共有12个,甲骨文总数为26700片,具体数据如下:日本12443片,加拿大7802片,英国3355片,美国1882片,德国715片,俄罗斯199片,瑞典100片,瑞士99片,法国64片,新加坡28片,比利时7片,韩国6片。

(引自《甲骨文》,范毓周著,人民出版社1986年9月版)

什么是"六书"

"六书"是指汉字的六种造字方法,即象形、指事、会意、形声、转注、假借。

象形:就是用线条描摹或勾勒客观物体的外形特征,如:日、月、山、水、牛、羊等字。

指事:就是用指示性的符号来表示抽象的概念。指事字分为两类:一类是由纯粹的符号组成的,如"一""二""上""下";一类是在象形字的基础上增加指事符号构成的,如"刃""本""末"。

会意:就是把两个或两个以上的字组合在一起,解释一个具体或抽象的概念。如:"日""月"为"明","人""言"为"信"。

形声:就是将两个字复合成体,其中的一个字表示事物的类别(形旁),而另一个字表示事物的读音(声旁),如:芳、纺、坊、舫等字。形声字是最能产的造字形式。

转注:属于"用字法",就是两个字互为注释,彼此同义而不同形,汉代许慎解释道:"建类一首,同意相受,考、老是也。"

假借:某些词原先并没有为它专门造字,人们就从现有的文字中选取某些"同音字"来记录。如:表示"没有谁,没有什么"意思的否定性不定代词,原先没有为它专门造字,就借用与之同音的"莫"(本义为"暮")字来记录它。这样,"莫"也就成了记录否定性不定代词的专用字。为了区别,人们后来又造了"暮"来表示日暮的意思。再如,借用本义为"畚箕"的"其",来记录代词和语气词;借用本义为"呼叫"的"乎"来记录表疑问的句末语气词;借用本义为"捣臼的棒槌"的"午",来记录十二地支的第七位;等等。

猜一猜以上的汉字分别由哪些英文字母构成

现代汉语再认识[1]

韩少功

汉语,又称中文(香港)、华语(东南亚)、国语(台湾)、中国语(日本、韩国等)。汉语是联合国的6种工作语言之一,亦为当今世界上使用人数最多的语言,世界上大约有1/5的人使用汉语进行日常交流。汉语曾对周边国家的语言文字产生过重要影响,如日语、朝鲜语、越南语中都保留有大量的汉语借词以及汉语书写体系。在全世界6000多种语言中,汉语是少有的富有音乐美的声调语言。学习母语是每一个公民的终生义务,创造优质的汉语是每一个大学生的神圣使命。

走出弱势的汉语

这次书展足以证明,中国文学已开始引起世界瞩目。有些法国朋友告诉我,一般来说,这样的专题书展一过,相关出版就会有个落潮。但他们估计,这次中国书展以后,中国文学可能还会持续升温。

大家如果没有忘记的话,在不久以前,汉语是一个被很多人不看好的语种。在我们东边,日本以前也是用汉语的,后来他们语言独立了,与汉语分道扬镳。在座的王中忱老师是日语专家,一定清楚这方面的情况。同学们读日文,没有学过的大概也可以读懂一半,因为日文里大约一半是汉字。另一半呢,是假名,包括平假名[2]和片假名[3],是一种拼音文字。平假名的历史长一些,是对他们本土语的拼音和记录。片假名则是对西语的拼音,里面可能有荷兰语的成分,也有后来英语、法语的音译。在有些中国人看来,日文就是一锅杂生饭,一半是中文,一半是西文。(众笑)当然,日本朋友曾告诉我:你不要以为日本的汉字就是你们中国的汉字,不对,有时候用字虽然一样,但在意义方面和用法方面,有很多细微而重要的差异。我相信这种说法是真实的。但他们借用了很多汉字却是一个事实。日语逐渐与汉语分家也是一个不争的事实。

我们再看韩文。韩国人在古代也是大量借用汉字,全面禁用汉字才一百多年的历史,是甲午战争以后的事。在那以前,他们在15世纪发明了韩文,叫"训民正音"[4],但推广得很慢,实际运用时也总是与汉语夹杂不清。我在北京参加过一个中韩双方的学者对话,发现我能听懂韩国朋友的一些话。比方韩国有一个很著名的出版社,叫"创作与批评",发音差不多是chong zhuo ga pei peng(众笑)。你看,你们也都听懂了。还有"三十年代"、"四十年代","五十年代"等等,我不用翻译也能听个八九不离十。韩文也是拼音化的,是表音的,不过书写形式还用方块字,没有拉丁化。对于我们中国人来说,日文是有一部分的字好认,但发音完全是外文;韩文相反,有一部分的音易懂,但书写完全是外文。这就是说,它们或是在发音方面或是在书写方面,与汉语还保持了或多或少的联系。

我们环视中国的四周，像日本、韩国、越南这些民族国家，以前都大量借用汉字，从某种意义上来说，构成了汉语文化圈的一部分，正如他们在政治上构成了中央帝国朝贡体系的一部分。但后来随着现代化运动的推进，随着民族国家的独立浪潮，他们都觉得汉语不方便，甚至很落后，纷纷走上了欧化或半欧化的道路。其中越南人经历了法国殖民时期，吃了法国面包，喝了法国咖啡，革命最先锋，一步实现了书写的拉丁化。日语和韩语的欧化多少还有点拖泥带水和左右为难。这是一种偶然的巧合吗？当然不是。其实，不要说别人，我们中国人自己不久以前对汉语也是充满怀疑的，甚至完全丧失了自信心。早在民国时期，国民党政府就成立了文字改革委员会，提出了拼音化与拉丁化的改革方向。到 20 世纪的 50 年代，共产党政府不管与国民党政府在政治上、在意识形态上多么不同和对立，也同样坚持这个文字改革的方向，只是没有做成而已。你们也许都知道，改来改去的最大成果，只是公布和推广了两批简体字。第三批简体字公布以后受到的非议太多，很快就收回，算是胎死腹中。

　　汉语到底应不应该拼音化和拉丁化？汉语这种方块字是不是落后和腐朽得非要废除不可？这是一个问题。我们这里先不要下结论，还是先看一看具体的事实。

　　学英语的同学可能知道，英语的词汇量相当大，把全世界各种英语的单词加起来，大约五十万。刚才徐葆耕老师说我英语好，只能使我大大的惭愧。五十万单词！谁还敢吹牛皮说自己的英语好？你们考 TOEFL，考 GRE，也就是两三万单词吧？《纽约时报》统计，最近每年都有一到两万英语新单词出现，每年都可以编出一本新增词典。你学得过来吗？记得过来吗？相比之下，汉语的用字非常俭省。联合国用五种文字印制文件⑤，中文本一定是其中最薄的。中国扫盲标准是认 1500 个字。一个中学生掌握 2000 多字，读四大古典文学名著不成问题。像我这样的作家写了十几本书，也就是掌握 3000 多字。但一个人若是不记住 3 万英语单词，《时代》周刊就读不顺，更不要说去读文学作品了。汉语的长处是可以以字组词，创造一个新概念，一般不用创造新字。"激光"，台湾译成"镭射"，就是旧字组新词。"基因"，"基"本的"因"，也是旧字组新词，对于英文 gene 来说，既是音译又是意译，译得非常好，小学生也可猜个大意。英语当然也能以旧组新，high-tech，high-way，就是这样的。但是比较而言，汉语以旧字组新词的能力非常强，为很多其它语种所不及，构成了一种独特优势。同学们想一想，如果汉语也闹出个 50 万的用字量，你们上大学可能要比现在辛苦好几倍。

　　第二点，说说输入的速度。因特网刚出现的时候，有人说汉语的末日来临，因为汉语的键盘输入速度比不上英语。在更早的电报时代，否定汉语的一个重要理由，也是说西语字母比较适合电报机的编码，而汉语这么多字，要先转换成数字编码，再转换成机器的语言，实在是太麻烦，太消耗人力和时间。在当时，很多人认为：现代化就是机器化，一切不能机器化的东西都是落后的东西，都应该淘汰掉。我们先不说这一点有没有道理。我们即便接受这个逻辑前提，也不需要急着给汉语判死刑。不久前，很多软件公司，包括美国的微软，做各种语言键盘输入速度的测试，最后发现汉语输入不但不比英语输入慢，反而更快。据说现在还有更好的输入软件，就是你们清华大学发明的，什么智能码，比五笔字型软件还好，使汉语输入效率根本不再是一个问题。

　　第三点，说说理解的方便。西语基本上都是表音文字，刚才说到的日语假名、韩语、越语等等也是向表音文字靠扰,但汉语至今是另走一路。这种表意文字的好处,是人们不一定一见就能开口,但一见就能明白。所谓"望文生义",如果不作贬义的解释,很多时候不是什么坏事。有日本朋友同我说,日语中"电脑"有两个词,一个是汉字"电脑",发音大致是 den no;另一个是片假名,是用英语 computer 的音译。这个日本朋友说,他们现在越来越愿意用"电脑",因为"电脑"一望便知,电的脑么,很聪明的机器么,还能是别的什么东西?至于 computer,你只能"望文生音",读出来倒是方便,但一个没有受到有关教育和训练的人,如何知道这个声音的意思?有一个长期生活在美国的教师还说过,有一次,他让几个教授和大学生用英语说出"长方体",结果大家都懵了,没人说得出来。在美国,你要一般老百姓说出"四环素"、"变阻器"、"碳酸钙"、"高血压"、"肾结石"、"七边形",更是强人所难。奇怪吗?不奇怪。表音文字就是容易读但不容易理解,不理解也就不容易记住,日子长了,一些专业用词就出现生僻化和神秘化的趋向。西方人为什么最崇拜专家?为什么最容易出现专家主义?不光是因为专家有知识,而且很多词语只有专家能说。你连开口说话都没门,不崇拜行吗?

第四点,说说语种的规模。汉语是一个大语种,即便在美国,第一英语,第二西班牙语,第三就是汉语了。我曾到过蒙古。我们的内蒙用老蒙文,竖着写的。蒙古用新蒙文了,是用俄文字母拼写。你看他们的思路同我们也一样,西方好,我们都西化吧,至少也得傍上一个俄国。在他们的书店里,要找一本维特根斯坦⑥的哲学,要找一本普鲁斯特⑦的《追忆似水年华》,难啦。蒙古总共两百多万人,首都乌兰巴托就住了 100 万,是全国人口的一半。你们想一想,在一个只有 200 万人的语种市场,出版者能干什么?他们的文学书架上最多的是诗歌,因为牧人很热情,很浪漫,喜欢唱歌。诗歌中最多的又是儿歌,因为儿歌是一个少有的做得上去的市场。他们的作家都很高产,一见面,说他出了五十多或者八十多本书,让我吓了一跳,惭愧万分。但我后来一看,那些书大多是薄薄的,印几首儿歌。(众笑)但不这样又能怎么样?你要是出版《追忆似水年华》,一套就一大堆,卖个几十本几百本,出版者不亏死了?谁会做这种傻事?这里就有语种规模对文化生产和文化积累的严重制约。同学们生活在一个大语种里,对这一点不会有感觉,你们必须去一些小语种国家才会有比较。我还到过一个更小的国家,冰岛,三十多万人口。他们有很强的语言自尊,不但有冰岛语,而且冰岛语拒绝任何外来词。bank 是"银行",差不多是个国际通用符号了,但冰岛人就是顶住不用,要造出一个冰岛词来取而代之。

我们必须尊重他们对自己语言的热爱。但想一想,在这样一个小语种里,怎么写作?怎么出版?绝大多数冰岛作家都得接受国家补贴,不是他们不改革,不是他们贪恋大锅饭,是实在没办法。相比之下,我们身处汉语世界应该感到幸福和幸运。世界上大语种本来就不多,而汉语至少有 13 亿人使用。就算其中百分之一的人读书,也是个天文数字;其中百分之一的人读好书,也是天文数字。这个出版条件不是每一个国家都有的。

综上所述,从用字的俭省、输入的速度、理解的方便、语种的规模这四个方面来看,汉语至少不是一无是处,或者我们还可以说,汉语是很有潜力甚至很有优势的语言。我记得西方有一个语言学家说过,衡量一个语种的地位和能量有三个量的指标:首先是人口,即使用这种语言的人口数量。在这一点上,我们中国比较牛,至少有十多亿。第二个指标是典籍,即使用这种语言所产生的典籍数量。在这一点上我们的汉语也还不错。近百年来我们的翻译界和出版界干了天大的好事,翻译了国外的很多典籍,以至没有多少重要的著作从我们的眼界里漏掉,非常有利于我们向外学习。这更不谈汉语本身所拥有的典籍数量,一直受到其他民族羡慕。远在汉代,中国的司马迁、班固、董仲舒、杨雄他们,用的是文言文,但动笔就是几十万言,乃至数百万言,以至我们作家今天用电脑都赶不上古人,惭愧呵。第三个指标:经济实力,即这种语言使用者的物资财富数量。我们在这第三点上还牛不起来。中国在200年前开始衰落,至今还是一个发展中国家。正因为如此,汉语在很多方面还可能受到挤压,有时候被人瞧不起。英美人购买力强,所以软件都用英文写。这就是钱在起作用。香港比较富,所以以前粤语很时髦,发了财的商人们都可能说几句粤式普通话。后来香港有经济危机了,需要大陆"表叔"送银子来,开放旅游,开放购物,于是普通话又在香港开始吃香。这种时尚潮流的变化后面,也是钱在起作用。

创造优质的汉语

希腊语中有一个词:barbro,既指野蛮人,也指不会说话的结巴。在希腊人眼里,语言是文明的标志——我们如果没有优质的汉语,就根本谈不上中华文明。那么什么是优质的汉语?在我看来,一种优质语言并不等于强势语言,并不等于流行语言。优质语言一是要有很强的解析能力,二是要有很强的形容能力。前者支持人的智性活动,后者支持人的感性活动。一个人平时说话要"入情入理",就是智性与感性的统一。

我当过多年的编辑,最不喜欢编辑们在稿签上写大话和空话。"这一篇写得很好","这一篇写得很有时代感","这一篇写得很有先锋性"。什么意思?什么是"好"?什么叫"时代感"或者"先锋性"?写这些大话的人,可能心有所思,但解析不出来;可能心有所感,但形容不出来,只好随便找些大话来敷衍。一旦这样敷衍惯了,他的思想和感觉就会粗糙和混乱,就会钝化和退化。一旦某个民族这样敷衍惯了,这个民族的文明就会衰竭。我对一些编辑朋友说过:你们不是最讨厌某些官僚在台上讲空话吗?如果你们自己也习惯于讲空话,你们与官僚就没有什么区别。我们可以原谅一个小孩讲话时大而化之笼而统之:不是"好"就是"坏",不是"好人"就是"坏人",因为小孩没有什么文明可言,还只是半个动物。但一个文明成熟的人,一个文明成熟的民族,应该善于表达自己最真切和最精微的心理。语言就是承担这个职能的。

我们不能要求所有的人都说得既准确又生动。陈词滥调无处不在,应该说是一个社会的正常状况。但知识分子代表着社会文明的品级高度,应该承担一个责任,使汉语的解析能力和形容能力不断增强。正是在这一点上,我们不能说白话文已经大功告成。白话文发展到今天,也许只是走完了第一步。

至少,我们很多人眼下还缺少语言的自觉。我们对汉语的理性认识还笼罩在盲目欧化的阴影之下,没有自己的面目,更缺乏自己的创造。现代汉语语法奠基于《马氏文通》[①],而《马氏文通》基本上是照搬英语语法。这个照搬不能说没有功劳。汉语确实从英语中学到了不少东西,不但学会了我们前面说到的"她"[②],还学会了时态表达方式,比如广泛使用"着"、

"了"、"过":"着"就是进行时,"了"就是完成时,"过"就是过去时。这样一用,弥补了汉语的逻辑规制的不足,把英语的一些优点有限地吸收和消化了。这方面的例子还很多。但汉语这只脚,并不完全适用英语语法这只鞋。我们现在的大多数汉语研究还在削足适履的状态。我们看看报纸上的体育报导:"中国队大胜美国队",意思是中国队胜了;"中国队大败美国队",意思也是中国队胜了。这一定让老外犯糊涂:"胜"与"败"明明是一对反义词,在你们这里怎么成了同义词?(众笑)其实,这种非语法、反语法、超语法的现象,在汉语里很多见。汉语常常是重语感而轻语法,或者说,是以语感代替语法。比如在这里,"大"一下,情绪上来了,语感上来了,那么不管是"胜"是"败",都是胜了(众笑),意思不会被误解。

又比方说,用汉语最容易出现排比和对偶。你们到农村去看,全中国最大的文学活动就是写对联,应该说是世界一绝。有些对联写得好哇,你不得不佩服。但英语理论肯定不会特别重视对偶,因为英语单词的音节参差不齐,不容易形成对偶。英语只有所谓重音和轻音的排序,也没有汉语的四声变化。据说粤语里还有十三声的变化,对我们耳朵形成了可怕的考验。朦胧诗有一位代表性诗人多多。有一次他对我说:他曾经在英国伦敦图书馆朗诵诗,一位老先生不懂中文,但听得非常激动,事后对他说,没想到世界上有这么美妙的语言。这位老先生是被汉语的声调变化迷住了,觉得汉语的抑扬顿挫简直就是音乐。由此我们不难理解,西方语言理论不会对音节对称和声律变化有足够的关心,不会有这些方面的理论成果。如果我们鹦鹉学舌,在很多方面就会抱着金饭碗讨饭吃。

还有成语典故。我曾经写过一篇文章,说成语典故之多是汉语的一大传统。一个农民也能出口成章言必有典,但是要口译员把这些成语典故译成外语,他们一听,脑袋就大了(众笑),根本没法译。应该说,其他语种也有成语,但汉语因为以文字为中心,延绵几千年没有中断,所以形成了成语典故的巨大储存量,其他语种无法与之比肩。每一个典故是一个故事,有完整的语境,有完整的人物和情节,基本上就是一个文学作品的浓缩。"邻人偷斧""掩耳盗铃""刻舟求剑""削足适履""拔苗助长"……这些成语几乎都是讽刺主观主义的,但汉语不看重什么主义,不看重抽象的规定,总是引导言说者避开概念体系,只是用一个个实践案例,甚至一个个生动有趣的故事,来推动思想和感觉。这样说是不是有点啰嗦?是不是过于文学化?也许是。但这样说照顾了生活实践的多样性和具体语境的差异性,不断把抽象还原为具象,把一般引向个别。在这一点上,汉语倒像是最有"后现代"哲学风格的一种语言,一种特别时髦的前卫语言。

今天晚上,我们对汉语特性的讨论挂一漏万。但粗粗地想一下,也可以知道汉语不同于英语,不可能同于英语。因此,汉语迫切需要一种合身的理论描述,需要用一种新的理论创新来解放自己和发展自己。其实,《马氏文通》也只是取了英语语法的一部分。我读过一本英文版的语法书,是一本小辞典。我特别奇怪的是:在这本专业辞典里面,"象征主义","浪漫主义","现实主义","典型环境和典型性格"等等,都列为词条。这也是一些语法概念吗?为什么不应该是呢?在语言活动中,语法、修辞、文体三者之间是无法完全割裂的,是融为一体的。语法就是修辞,就是文体,甚至是语言经验的总和。这种说法离我们的很多教科书的定义距离太远,可能让我们绝望,让很多恪守陈规的语法专家们绝望:这浩如烟海的语言经验总和从何说起？但我更愿意相信：要创造更适合汉语的语法理论，一定要打倒语法霸权，尤其要打倒既有的洋语法霸权，解放我们语言实践中各种活的经验。中国历史上浩如烟海的诗论、词论、文论，其实包含了很多有中国特色的语言理论，但这些宝贵资源一直被我们忽视。

瑞士有个著名的语言学家索绪尔，Saussure，写了一本《普通语言学教程》，对西方现代语言学有开创性贡献，包括创造了很多新的概念。他不懂汉语，虽然提到过汉语，但搁置不论，留有余地，所以在谈到语言和文字的时候，他着重谈语言；在谈到语言的共时性和历时性的时候，他主要是谈共时性。他认为"语言易变，文字守恒"。那么世界上最守恒的语言是什么？当然是汉语。如果汉语不能进入他的视野，不能成为他的研究素材，他就只能留下一块空白。有意思的是：我们很多人说起索绪尔的时候，常常不注意这个空白。在他的《普通语言学教程》以后，中国人最应该写一本《普通文字学教程》，但至今这个任务没有完成。

索绪尔有个特点，在文章中很会打比方。比如他用棋盘来比喻语境。他认为每一个词本身并没有什么意义，这个意义是由棋盘上其他的棋子决定的，是由棋子之间的关系总和来决定的。"他"在"它"出现之前，指代一切事物，但在"它"出现之后，就只能指代人。同样，"他"在"她"出现之前，指代一切人，但在"她"出现之后，就只能指代男人。如此等等。这就是棋子随着其他棋子的增减而发生意义和功能的改变。在这里，棋局体现共时性关系，棋局的不断变化则体现历时性关系。这是个非常精彩的比喻，让我们印象深刻。那么汉语眼下处于一个什么样的棋局？外来语、民间语以及古汉语这三大块资源，在白话文运动以来发生了怎样的变化？在白话文运动以后，在经过了近一个多世纪文化的冲突和融合以后，这三种资源是否有可能得到更优化的组和与利用？包括文言文的资源是否需要走出冷宫从而重新进入我们的视野？这些都是问题。眼下，电视、广播、手机、因特网、报刊图书，各种语言载体都在实现爆炸式的规模扩张，使人们的语言活动空前频繁和猛烈。有人说这是一个语言狂欢的时代。其实我看来也是一个语言危机的时代，是语言垃圾到处泛滥的时代。我们丝毫不能掉以轻心。我昨天听到有人说，"我好好开心啊"，"我好好感动啊"。这是从台湾电视片里学来的话吧？甚至是一些大学生也在说的话吧？实在是糟粕。"好好"是什么意思？"好好"有什么好？还有什么"开开心心"，完全是病句。"第一时间"，比"尽快"、"从速"、"立刻"更有道理吗？"做爱"眼下也流行很广，实在让我不以为然，这还不如文言文中的"云雨"。（众笑）做工作，做销售，做物流，做面包，"爱"也是这样揣着上岗证忙忙碌碌make出来的？（众笑）

我有一个朋友，中年男人，是个有钱的老板。他不久前告诉我：他有一天中午读了报上一篇平淡无奇的忆旧性短文，突然在办公室里哇哇大哭了一场。他事后根本无法解释自己的哭，不但没有合适的语言来描述自己的感情，而且一开始就没有语言来思考自己到底怎么了，思绪纷纷之际，只有一哭了之。我想，他已经成了一个新时代的 barbro，一天天不停地说话，但节骨眼上倒成了个哑巴。就是说，他对自己最重要、最人心、最动情的事，反而哑口无言。事实上，我们都要警惕：我们不要成为文明时代的野蛮人，不要成为胡言乱语或有口难言的人。

今天就讲到这里，谢谢大家。

①本文是作者2004年在清华大学的演讲,选自《韩少功研究资料》,廖述务编,天津人民出版社2008年版。有删节。韩少功(1953—),湖南长沙人,当代作家,"寻根文学"的主将。代表作有《爸爸爸》《女女女》等。 ②平假名:日语字母文字一种,由汉字草书演化而来。早期为日本女性专用,后随紫式部《源氏物语》的流行,日本男性也开始接受和使用平假名。现代日语中,平假名主要用于拼写固有词汇及文法助词等,为日文汉字注音一般也使用平假名。 ③片假名:日语字母文字一种,由汉字楷书演化而来。现代日语中,主要用于拼写外来语、专有名词等。 ④训民正音:韩国文字。1444年由李氏朝鲜第四代国王世宗命众学者创制而成。又称谚文、韩文、韩古尔。 ⑤联合国用五种文字印制文件:现联合国工作语言为六种而非五种。1945年4月25日的旧金山会议通过了《联合国宪章》。按宪章规定,联合国的官方语言为汉语、法语、俄语、英语和西班牙语,1973年阿拉伯语成为其官方语言。 ⑥维特根斯坦(1889—1951),出生于奥地利,后入英国籍。哲学家、数理逻辑学家、语言哲学的奠基人。 ⑦普鲁斯特(1896—1940),法国小说家,意识流文学的先驱与大师。代表作《追忆逝水年华》,被誉为20世纪最重要的文学作品之一。 ⑧《马氏文通》:中国语言学史上第一部语法研究专著。作者马建忠(1844—1900),字眉叔,江苏丹徒(今镇江)人。 ⑨她:中国文言文中,第三人称代词先有"其""之"等,后用"伊"或"他",但其中并没有男女性别区分,兼称男性、女性以及一切事物。五四新文化运动前后一段时间,一些文学作品中,"伊"字被用来专指女性第三人称。1918年,中国新文化运动倡导者语言学家刘半农第一个提出用"她"指代女性第三人称,后被广泛使用。

人类语种的消亡速度

德国知名学者威廉·冯·洪堡曾经说过:"每种语言都反映了一个民族的精神和智慧。"但是多种语言共存的局面正逐渐被打破,据语言学家推算,公元前地球上曾有12000种语言存在,公元元年时降为10000种,到15世纪时减少到9000种,而如今只有6820种左右。有专家测算,今天人类语言种类的消亡速度是哺乳动物濒临灭绝速度的两倍,是鸟类濒临灭绝速度的四倍。据专家估计,目前世界尚存的语言,在21世纪将超过一半消亡;200年后,90%以上的语言将不复存在。

(引自《人类有六千种语言》,端木庆叔,见《光明日报》1996年11月23日)

有专家测算,今天人类语言的消亡速度是哺乳动物濒临灭绝速度的两倍,是鸟类濒临灭绝速度的四倍。据估计,目前世界尚存的五六千种语言,在21世纪将有一半消亡,200年后,80%的语言将不复存在。

(引自《国际汉语教学动态与研究》2006年第2辑,北京外国语大学国际汉语教学信息中心编,外语教学与研究出版社2006年版)

走进词语的密林①

甘 阳

> 假如语言词汇是一座密林,那么,其中有繁花似锦,有百鸟争鸣,有目不暇接的风景,也有枯藤老树、沼泽陷阱,进入"密林"的人,可以陶醉,同时要时时警惕。人类是惟一有"文化"的动物,而词语、文字,就是文化的载体。一个词语,就是一个文化符号。我们从小识字、学习语言,就是在学习文化。所以,从小培养对词语的敏感,就是逐步养成对文化的敏感。
>
> ——尘元《在语词的密林里》

左 右

先秦时代明显是尚左的。《老子》三十一章有言:"吉事尚左,凶事尚右。"河上公②注解说:"左,生位也;右,阴道也。"《老子》同章又云:"君子居则贵左,用兵则贵右。兵者不祥之器,非君子之器。"因此好兵贵右者在老子看来是"乐杀人者"也。总之,左是生位阳位,右则是阴位、死位。也因此,古人惟办丧礼时尚右。《礼记·檀弓》篇记孔子有姐之丧,郑注云:"丧尚右,右,阴也;吉尚左,左,阳也。"由此可以看出当时人的观念大体是,左主吉,右主凶。

中国人以后的左右观或许可以从中国历代官制中略见一斑,因为中国的官制常常是同一官职却分左官与右官的。以此观之,唐代宋代都是左比右高一等的。唐宋时的左右仆射、左右丞相、左右丞,皆以左官为上。到了元代蒙古人统治时却反了过来,不但左右丞相和左右丞都是以右官居上,而且元代考科取士也分右榜、左榜,蒙古人列入右榜,汉人则在左榜,左榜自然低于右榜,因为在元代汉人是二等臣民。到了大明朝代,又回到了唐宋时代的尚左传统:明代六部的左右侍郎、左右都御史、左右给事中、左右布政使,都是以左官居上。

其实左好还是右好,《诗经·小雅》说得最好:"左之左之,君子宜之;右之右之,君子有之。"换言之,该左就左,该右就右,君子无可无不可。

移 鼠

要是问中文中的"移鼠"是什么意思,只怕没有几个人答得上来。其实"移鼠"就是基督教的"耶稣",亦即中国人在最初是用"移鼠"这两个字来翻译"耶稣"这个词的。

基督教的尼斯托利派(Nestorians)在我国唐代传入中土并曾一度流行于唐朝全境,在中国被称为"景教"。据说唐太宗曾特准建立景教景教寺,而唐明皇更格外宠信过景教,直至武宗禁教后,景教逐渐衰亡。但唐代景教的流行留下了最早的中文基督教文本,即今日所谓景教文献。最近香港道风山出版的《汉语景教文典诠释》(北京三联书店随后亦出有简体字版),收入迄今发现的八篇景教文献。其中最早的"序听迷诗所经"将圣母玛丽亚译为"末艳",将"耶稣"译为"移鼠",因此就有这样的句子:"末艳怀孕,后产一男,名为移鼠。"

将耶稣译为"移鼠"的人是信徒,当然并无恶意,只是纯粹取其译音而已。但也有研究景教的中国学者颇感不快,觉得把耶稣和老鼠弄在一起不成体统。某位专家批评说:

> 耶稣这名词在基督教中是生命所寄托的名词,自当用上等些的汉字才好。可是在中国一千三百年来从未用过好看的字。就是"耶稣"两字也是不敬的。其不敬之尤者,要算《序听》中所用的"移鼠"二字了。名字取音,原没多大关系,但在重视名教、重"正名"的古代中国人看来,总是不妥当的。

这段话实在妙不可言,因为它点出了汉语翻译文献中的音译常倾向于带有某种褒贬,即这位先生所谓有些地方应该用"上等些的汉字"(从而也就有"下等些的汉字"),或"好看的字"(从而也就有"难看的字")。我们现在不妨问,现代中国人通常翻译时,碰到什么情况偏向用"上等些的汉字"和"好看的字",什么情况偏向用"下等些的汉字"和"难看的字"?

答案很简单,凡碰到洋人、西方的东西,现代中国人一定会精心挑选"上等些的汉字"或"好看的字",只要看看国名的译法就知道了,例如:美利坚、英格兰、法兰西、意大利、德意志等等。如果把 America 译成阿糜傈佤,或把 England 译成阴格冷,那中国人肯定觉得有什么东西不对了,就像将耶稣译成"移鼠"好像要给人吃耗子药一样。

但另一方面,只要碰到的是非洲和拉丁美洲等,那对不起,只好用"下等些的汉字"和"难看的字"了,例如厄瓜多尔、尼加拉瓜、乌拉圭、巴拉圭、扎伊尔、突尼斯、毛里求斯、洪都拉斯、坦桑尼亚、危地马拉、加蓬、乍得、毛里塔尼亚,尽令人想起窝瓜或茹毛饮血什么的。

好　吃

中国人好吃,而且似乎常以吃为天下第一大事。明朝人徐树丕《识小录》中有"居服食三等"之说,认为人应该"居中等屋,服下等衣,食上等食"。这意思就是说,住房只要过得去就可以了;衣服则不妨穿得差一点,"夏葛冬布,适寒暑足矣";惟有"饮食,则当远求名胜之物、山珍海错,名茶法酒,色色俱备,庶不为凡流俗士"。

为什么吃对中国人那么要紧,实在不容易解释。但似乎自古以来就是这样,而且圣贤们也谆谆教导不但要吃,而且要善吃。例如儒家经典《中庸》就说:"人,莫不饮食也,鲜能知味也。"似乎"不知味"就只能作"小人"而不是君子了。《礼记·内则》是讲持家之道的,其中长篇大论地谈豹狼野猫怎么吃法,什么"狼去肠,狗去肾,狸去正脊,兔去尻,狐去首,豚去脑"等;接下去还有据说是后世所谓"八珍"作法:淳熬③、淳母④、炮豚⑤、炮羊、捣珍⑥等。《周礼·天官冢宰》是讲天子的饮食的,那就更不得了,光是为天子准备饮食的人就分成20种之多,有膳夫、庖人、内饔(yōng)、外饔、烹人⑦等各种名号,而且其中仅膳夫这一类就包括"上士二人,中士四人,下士八人,府二人,史二人,胥十有二人,徒百有二十人"。如此浩浩荡荡的厨子大军,只怕欧洲所有王室的御厨都加在一起也望尘莫及。

不过什么事情一到鲁迅先生那里,不免就有点杀风景了。他在"马上支日记"中说,每每听到西洋人东洋人都颂扬中国菜,他就觉得"实在不知道怎样的是中国菜"。因为他看到中国人或是"嚼葱蒜和杂合面饼",或是"用醋、辣椒、腌菜下饭","还有许多人是只能舔黑盐,还有许多人是连黑盐也没得舔"。接下去他说他这个绍兴人最恨的就是绍兴的饭菜!这话说得我正是感同身受,因为我也祖籍绍兴,太知道绍兴人是不管什么食物都要晒干的,正如鲁迅所言:"有菜,就晒干;有鱼,也晒干;有豆,又晒干;有笋,又晒得它不像样;菱角是以富于水分、肉嫩而脆为特色的,也还要将它风干!"鲁迅因此说他"很想查一查,究竟绍兴遇着过多少回大饥馑,竟这样地吓怕了居民,仿佛明天便要到世界末日似的,专喜欢储藏干物品"。

圆　滑

唐朝李林甫曾问大觉禅师:"肉当食耶?不当食耶?"大觉禅师眼皮一抬,笑眯眯地说:"食是相公的禄,不食是相公的福。"又有人问元圭太师,如果看到杀生的话:"救者是乎?不救者是乎?"元圭太师答得更加妙不可言:"救者慈悲,不救者解脱!"

中国人说话的玲珑、圆滑,以至任何时候都可以左右逢源、两面讨好,实在是令人叹为观止。所谓一张嘴两片皮,向上翻可以这么说,向下翻可以那么说。当还是不当,是还是不是,对还是不对,好还是不好,全都看你怎么说了。例如明太祖杀人,太子救人,太祖问袁凯:"朕与太子孰是孰非?"袁凯连眉头都不皱一下朗声便答:"陛下法之正,太子心之慈。"答得真是滴水不漏,全无破绽。可到底那人该杀不该杀呢?答案大概是,杀了也就杀了,不杀也就不杀了。杀了是成全,不杀是慈悲。

说起来儒家传统是很讲道德原则,含糊不得的。孔老夫子说"道二,仁与不仁而已",孟子更强调义利之辩。不过实际上总是打折扣的。因为仁还是不仁,义还是不义,也都看你怎么说了。《世说新语》里一个故事说,郭林宗与子许、文生同去市井,文生见什么就买什么,子许则什么也不买。有人因此问郭林宗,子许和文生两人哪个更贤,郭林宗答得又妙,说:"子许少欲,文生多情。"其实我们也满可以说"文生多欲、子许吝啬"的,不过那样说法大概就不那么与人为善,当不成郭林宗了。

林语堂的翻译

林语堂让人倾倒的地方似乎还是在他将汉语译为英语的功夫。例如他能将李清照的"寻寻觅觅,冷冷清清,凄凄惨惨戚戚"这十四个字同样用十四个英文字有板有眼地译出:so dim, so dark, so dense, so dull, so damp, so dank, so dead。

孔　子

从史景迁教授的文章中,我们也能马上感到,几乎从利玛窦[①]等最早的天主教传教士企图把《论语》等中国经典译介到西方世界开始,中国这古老文明对于许多西方人就成了一个"问题"。这问题就是如何才能把中国这异己的文明纳入到西方基督教世界的解释框架之中。我们可以从1691年第一个英文版孔子言行录(尚不是《论语》的译本)的书名本身看出这问题对于基督教世界的严重性。按当时的习惯,一本书通常都有一个长长的书名,这本英语世界第一本孔子言述集的全名是:《孔子的伦理:一个在我们基督徒的主和救星耶稣基督降生500年以前就已达思想巅峰的中国哲学家,其教导至今仍为中国那个民族奉为最佳人生指南》(The Morals of Confucius: A Chinese philosopher, who flourished above Five

Hundred Years before Our Lord and Saviour Jesus Christ, Being one of the Choicest Pieces of Learning Remaining of that Nation)。如果我们知道,当时基督教世界的通行历史教科书即柏叟(Bossuet)的《通史讲义》(1681)仍是恪守奥古斯丁历史神学的体系即从基督教《圣经》故事出发来讲全人类的"通史"(Universal History),那么我们也就不难想象上述这第一本孔子言论英译的书名对于大多数基督徒来说会是如何地震惊甚至愤怒:一个在基督降生500年前已有自己成熟思想的哲学家,其学说不是歪魔邪说还能是什么?!一个在《圣经》以外的民族,一个连基督教是何物都不知道的民族,不是野蛮民族还能是什么?!

①摘自《将错就错》,甘阳著,北京三联书店2007年版。篇名及小标题为编者所加。甘阳(1952—),中国当代学者,主要著作有《政治哲人施特劳斯》《将错就错》《古今中西之争》等。 ②河上公:传说中齐地琅琊一带隐士,黄老哲学的集大成者。皇甫谧《高士传》云:河上丈人,不知何国人,自隐姓名,居河之湄,著老子章句,号河上丈人,亦称河上公。其为《道德经》作注,名《河上公章句》,又称《道德经章句》,为最古的《道德经》注本,也是流传最广、影响最大的注本之一。 ③淳熬:"淳熬,煎醢(肉酱)加於陆稻上,沃之以膏,曰淳熬。"(《礼记·内则》) ④淳母:"淳母,煎醢加于黍食上,沃之以膏,曰淳母。"(《礼记·内则》)郑玄注:母,同模,象也。意为模仿淳熬而制成淳母。 ⑤炮豚:见本课知识链接。 ⑥捣珍:"取牛、羊、麋、鹿、麇之肉必脄,每物与牛若一,捶反侧之,去其饵。孰出之,去其皽,柔其肉。"(《礼记·内则》) ⑦官名:《周礼》天官的属官。膳夫,为食官之长,掌王之饮食膳羞,亦称"膳宰";庖人,掌供王室所需牲畜禽鱼;内饔,掌管王、后、世子的饮食和宗庙祭享用品;外饔掌管外祭祀所用牲的宰割和烹煮。 ⑧利玛窦(1552—1610):意大利的耶稣会传教士、学者。1583年(明神宗万历十一年)来到中国。在中国颇受士大夫的敬重,被尊称为"泰西儒士"。

与"吃"相关的词语

在中国,吃字的意义特别复杂,什么都会带了"吃"字来说。被人欺负曰"吃亏",打巴掌曰"吃耳光",希求非分曰"想吃天鹅肉",被诉讼曰"吃官司",受欢迎曰"吃香",不受欢迎曰"吃不开",被迫屈服曰"吃瘪",靠女人为生曰"吃软饭"。即便产生新事物,也仍可以用"吃"来解决,诸如"吃回扣""吃劳保""吃公款""吃透政策""吃黄灯"。翻开字典,"吃"的近义词有数十个:食、餐、尝、嚼、吞、噬、啖、咽、呷、嚵、吮、吸、嗑、喝、饮、哈、啃、咬、哑等。烹调方法更是五花八门,常见的就有50种之多,如炒、炸、爆、焖、煸、烩、炖、煎、煮、蒸、熬、腌、卤、熏、汆、溜、焗、涮、泡、醉、滚、烘、煨、冻、拌等。从饮食烹饪活动中衍生和引申出的表意丰富、形象生动的词更是数不胜数:庸碌无能为"饭桶""酒囊饭袋",经受折磨为"煎熬",深受影响为"熏陶",暴力欺凌为"鱼肉",价值不大为"鸡肋",无辜担当黑名为"背黑锅",带孩子改嫁的女人为"拖油瓶",还有回锅肉、双炊糕、半瓶醋、迷魂汤、大杂烩、炒冷饭、开小灶……

礼记·内则·炮豚/炮羊

《礼记·内则》载"八珍"之三为炮豚,"八珍"之四为炮羊,其法:取豚若牂(zāng),刲(kuī)之刳(kū)之,实枣于其腹中,编萑(huán)以苴(jū)之,涂之以墐(jìn)涂。炮(páo)之,涂皆干,擘(bò)之,濯(zhuó)手以摩之,去其皽(zhāo)。为稻粉,糔溲(xiǔ sōu)之以为酏(yǐ),以付(fū)豚,煎诸膏,膏必灭之。巨镬(huò)汤,以小鼎芗(xiāng)脯于其中,使其汤毋灭鼎,三日三夜毋绝火,而后调之以醯(xiān)醢(hǎi)。

(牂,刺杀。刲,从中间破开挖空。萑,芦苇。苴,用枯草包裹。墐,掺有杂草或麦秸的泥巴。皽,皮肉上的薄膜。糔溲,加水调和。酏,稀粥。付,通"敷"。镬,大锅。芗,通"香"。醯,似醋调味品。醢:肉酱。)

（引自《礼记通译》,俞仁良译注,上海辞书出版社2010年版）

母语之根①

康正果

> 当人们把语言当作工具使用的时候,它只是庞杂无序的什物,纷乱无际。而你离开它,你会思念它。不知从哪一天开始,语言像血肉一样和人的心灵结为一体。
> ——鲍尔吉·原野

打从入境之初起,使用母语就是我的职业。在其他各种情况的移民身上,母语多少都成为他们在异国遭受挫折的文化负担,成为过去的经验残留在新生活中的废料,但对我这个中文教师来说,我的母语则是文化资源,是我在语言上占据的优势,它简直成了我在异国的安身立命之物。我从来没有感到我与我的母语如此亲近过,从来没有从母语中得到如此强烈的自我认同感。中文教师的工作不只包庇了我英文差的短处,进而助长我发挥了母语的优势,至少在课堂和本系的范围内,是别人说话写字适应我,而无须我半通不通地追随别人。这一点对我继续用中文写作十分重要,没有我这样的特殊职业,我在语言上的顽固性便会毫无自立的基础。在国内的时候,因为想多读英文书,再兼搞些翻译,我一直在努力自学英文,然而在进入英语世界之后,因为在教学之余有一连串写作计划排在那里,我反而舍不得在英语学习上花费太多的时间了。

我所教的中文很简单,基本上从学习拼音和认字教起,即使古文课也是些最简单的寓言、对话录或历史故事。因为授课对象是美国学生,我得采取教外语课的方法,这使我对自己母语的应用获得了新的经验。首先,即使这差不多是小学水平的教学中也有教学相长的成分:我为学生正音的同时也纠正了我自己很多不正确的普通话发音;每一个字必须在黑板上繁简并行,正楷写出,这使我发现了我一些从小就错误的写法;特别是古文课,每一个句子都得做句型分析,都得死抠字眼,这也使我发现了很多我从前读书不求甚解的偏差,乃至我从前的古文老师的误导。母语的学习就是这样的没有止境,在其他的移居者可能日益遗忘母语的环境中,我的职业却有助于我纯化和优化我的中文。母语在我的身上不再是处在母语环境中那些百姓日用而不知的东西,它现在是我精心培养的能力,我在很大的程度上就活在我的语言中。我对我从前所写的学术文字有了检讨的眼光,我想写出一种生动的口语和简洁的文言相结合的文字,从写专著转向写短文就是我进行这一尝试的起点。在语言相对孤立的移居生活中,正是通过这些记录日常感受的散文随笔,我进行了汲取母语营养的写作练习。对我来说,这一书写行动已超出单纯的写作,我在写作的同时也调适了我的心境,使我通过表述确认了我的身份,以及变化着的自我形象。

不可否认,移居生活的初期免不了树木移根另栽过程中那种半死不活的危机,有时候也会产生昆德拉②所谓生命截肢的荒谬感,但就我个人的特殊情况而言,我更喜欢把移居的经验描述为生命的嫁接。只要母语之根没有断,它所传递的文化信息以及过去的生活经验就会在新世界继续生长下去。截肢感是那些遗忘了过去,放弃了固守的立场,自绝于母语而又未完全融入另一种语言的人所陷入的尴尬处境,是他们自己的别扭心态投下的阴影。嫁接则是始终联系着根本的再生和变异,是促进两种不同的东西结合在一起再生长的力量。嫁接中并不存在切断或伤残的后果。因此,我给我这本散文集定名为《生命的嫁接》。我对我余生的展望是:让我在我所遭遇的境况中完成我的生命,让我在能够得到的时日内做我愿做的事情,直至最后一日。我还要进一步伸张母语之根在海外华人世界中维系交流的作用。围绕着我中文教师职业形成的圈子只是一个很小的语言环境,随着华人移民的日益增多,在北美的土地上,中文正在扩大着使用的领域。就拿我收入本集的文章来说,有许多都是在海外的报刊网站上首先刊登的。我不但克服了昆德拉式的生命截肢感,而且觉得眼下的移居生活有一种把国内的某种场景切割下来空运到北美的感觉,中国不只在中国大陆或港台,中国也分布在世界各地。在英语帝国主义独霸全球语言的今日世界上,中文的传播正在中国本土之外挤出语言的夹缝,扩大着它的领土。围绕着母语的使用,我以为,我自己,还有千百万中国人,每一个人都在自己移居的国度中延伸和拓展了故国的生活。就这一意义而言,我既生活在别处,同时也走在天涯何处无芳草的语言地图上。

①选自《生命的嫁接》,康正果著,上海三联书店2002年版。有删节。康正果(1952—),现任教于美国耶鲁大学东亚语文系。著有《女权主义与文学》《重审风月鉴》《身体和情欲》《鹿梦》《生命的嫁接》等。 ②昆德拉,即米兰·昆德拉(1929—),捷克小说家,出生于捷克斯洛伐克的布尔诺。1975年移居法国,1981年加入法国国籍。代表作有《生命中不能承受之轻》《笑忘书》等。

世界母语日

国际母语日与孟加拉国争取独立的运动有关。1952年2月21日孟加拉人民为争取孟加拉语列为官方语言而进行示威,警察向一批示威者开枪,有5名示威者被杀害。此事引起联合国及国际社会的高度关注。孟加拉独立后,这些死难者被追认为文化烈士。1999年联合国教科文组织第30届大会决定推动母语教育的发展,促进语言和文化的多样性,以及多语种化,将每年2月21日确定为"国际母语日"。

(引自《语言法导论》,刘红婴著,中国法制出版社2006年版)

"无端更度桑乾水,却望并州是故乡"

这也是说德语的托马斯·曼心中难解的纠结:为躲避纳粹迫害,他远走美国。日耳曼文化的骄子,诺贝尔奖的得主,合众国欢迎的客人,却也感到巨大的失落。"我的作品只是一个译本,影子一样的存在,而我的族人连一行也没读过。"他对自己小说的英文本毫不在乎,对德文版却字字计较。他对人讲:"我喜欢这房子和花园,但是要死的话,我还是宁可死在瑞士。"因为瑞士毕竟是德语文化区,既然有家归不得,能够在德语氛围中安顿一颗倦旅之心,也总算是聊以自慰。那种无奈,令人想起唐代诗人贾岛的"无端更度桑乾水,却望并州是故乡"。

(引自彭程《在母语中生存》,邵燕祥主编,《中国当代文化书系·散文卷·旷世的忧伤》,大众文艺出版社2000年版)

中西语言文字与文化比较

辜正坤

中文、英文,无关乎谁优谁劣,只要你活在其中,你就会爱它。这份情感与生俱来,血浓于水,就像你的胃口,总是很难改变。然而,爱单有感性是不足的,理性地认知才有深入的了解,深入地了解才会持久地投入。要想瓦解一个民族,最先瓦解他们的语言;要想了解一个民族,最先了解他们的语言。那"朝朝暮暮长相见"的汉语,那"为伊消得人憔悴"的英语,你了解多少?

我主要讲述语言文字之间的不同如何造成文化之间的不同,以及语言文字的诱导和暗示作用,并重点分析中国文化和外国文化的差别。

中西文化的不同有时候容易在口语当中表现出来,一个简单的字就可以把问题说清楚。例如在英语当中,你(you)、他(he)、她(she)、我们(we)、他们(they)都不大写,只有一个代词大写,就是我(I),因为"我"是最重要的。英语语言特点充分体现了西方的个人主义。

在中国则刚好相反。同样称呼"我",中国人不仅不会大写,还用别的方式来表述:在下、鄙人、奴才等,皇帝自称寡人或者孤,都是把自己置于一种不受尊重的位置上,尽量去尊重别人,这是一种克制自己的心态。仅是一个代词的使用,就可以看出中西两种文化是分道扬镳的,很多东西在极性上是相反的。

很多学者,尤其是五四运动以来的一些学者容易走向极端。例如说写信,我先写地址,再写收件人;可是如果要给西方人写信,把这些东西都倒过来,先写收件人,然后是地址。我按照中国式的写法习惯了,所以到了西方就非常不习惯。出国时,西方有关人员还要把你的姓和名颠倒过来,我就跟他争论,中国人在翻译外国人姓名时根本就不改变其位置,而中国人到国外姓名位置却要被迫改变。西方人在做这件事的时候并没有觉得他在侵犯你,他认为是天然的,因为他的价值观就是那样。

当然,这种现象现在已经习以为常,而且在中国大大小小外语专业都持这种特点。我们应该尊重外国,可是外国人尊重过我们的价值观吗?语言文字这种看似非常简单的东西,蕴含的价值观其实是非常重大的。如果外国人通过语言控制我们的命运,改造我们的语言,就能改造我们的性格、改造我们的前途,他们有这个威力。

下面进一步谈谈中西语言文字之间的基本差别。大家学过外语很容易就知道这种差别,但我要把问题说清楚,还是要凸现这种差异,然后看这种差异如何对文化产生一种诱导的作用,继而引起何种文化效应。具体可以从语音、语形、语义、语法四个方面的差别来看。

第一,语音的差别。汉语有一个最明显的特征就是单音节,一个音一个字,或者一个字一个音,而且大部分都是开音节。什么叫开音节?例如"kai"就是开音节,如果是"kait"就是闭音节了。如果是闭音节,中国的拼音文字就不可能实现。另外,汉字每个字有韵调,有"一二三四"声,很规则,而且声音很响亮。西方的语言文字主要是单音节,同时还有多音节的,这些多音节词成为与中国语言文字区别的关键特征。此外,西方语言文字还有轻音节或是重音节,用轻重音表示语调。

中西语言文字这种区别看起来很微小,但是它造成一种什么效应呢?这种效应就是它影响了我们看世界的方式。由于我们一天到晚一直在说一种语言,自出生以来就要天天接受它,语言给予我们一套实践的模式和崭新的世界观,我们不知不觉中便受其熏陶,并且不知不觉地以这种方式来看待外部的世界。

中国的诗歌和外国的诗歌不一样,从语音上来说,西方诗歌在押韵的时候会有很多转韵的地方,即多元韵式,前两行押韵,或者隔行押韵,例如莎士比亚十四行诗的韵式是 ababcdcdefefgg。多元韵式并不是西方语言文字(尤其是印欧语系[②])的优点,而恰恰是它的天生缺陷。因为这种文字多音节多,能够押韵的词的数量就少了,因此诗人便创造了转韵、间行韵等方法。而中国的诗人则不用着急,一个音可以表达很多字。例如"jia",可以是"家",也可以是"佳"、"嘉"、"加",很容易押韵。在英语中不可能找到这么多同音词,这必然造成英语文学中多元韵的形成。而中国语言文字押韵的得心应手使得诗人可以写出一元诗,一韵到底,如四言、五言、七言,以及后来的词、曲等。一元韵的艺术效果很强,而艺术效果要有感染性,就要使得韵脚是单一的,不断变化的韵脚使人的印象不深,诗歌的音乐感也相对减弱。法国文学家萨塞说,艺术作品的感染性取决于它的片面的强调性。

第二,语形的差别。我们注意到,汉字的结构是方块型、建筑型,是立体的,笔划上下左右都可以通,象形的味道非常浓,它诱导我们把字本身和外部自然界联系在一起。所以,我们说汉字是自然界存在外貌的浓缩和简化的形式。

而印欧语系的文字则不同。举例来说,希腊字母,包括英语、德语、拉丁语,都符号化了。它不是立体型结构,而是平面的、流线型结构,没有象形的味道。这样一来产生一种什么效应呢?就是当你看到这个文字以后,不可能立刻将之与自然界联系起来,失去了人这个主体和自然界客体之间的联系。但是这种文字也强调了一些因素,它强调了人的智力运行轨迹。符号化的像蚯蚓一样弯弯曲曲的文字,实际上是一种逻辑联系,即事物之间的联系,有很强的人文性,把人的轨迹打在文字上面。汉字的人文性不强,但是汉字的自然性很强。中西两种文字的外形的差异,造成了不同文化的潜在因素。

中国书法、诗词中写景的特点非常突出,象形字就是图画,一个汉字就是一幅画,就是一首诗。美国诗人庞德[③]说,汉字一看起来情不自禁就是诗了。"大漠孤烟直,长河落日圆",这样写景的诗非常美,一念就会进入那种境界。"鸡声茅店月,人迹板桥霜",从逻辑上推理是没有逻辑性的。"鸡声",先从声音上吸引人的注意力,给人一种空间感,由"鸡声"而牵连到"茅店",然后是"茅店"上的月亮,把空间一下打开,气氛一下子营造出来。接下来是"人迹板桥霜",但作者不先写"霜"而先写人,就像一个特写镜头,把人的脚印(人迹)放大,然后再镜头放大到"板桥",最后说"霜"。这种把个人感受的顺序倒过来的表现手段,类似电影中的蒙太奇。蒙太奇技巧大师爱森斯坦说,蒙太奇这种技巧就是从中国诗词借鉴过来的,中国的诗词,就像一幅幅的特写镜头。这样看来,汉字的优越性一下就体现出来了,而印欧语系的文字在这方面则很逊色。

诗主情,诗应该是真挚的,是一种心地流露的感情,汉字便诱导诗人去写景、写情,情景交融而忘我。莎士比亚的诗是伟大的诗,很美的诗,但是与中国的诗相比,莎士比亚的诗简直不叫诗,且枯燥无味,其中原因就是西方语言文字的先天性缺陷。

第三,语义的差别。中文汉字可以一音多义,多义词多势必造成表义的模糊,但同时又具有高度的概括性和综合能力。印欧语系的多义字相对少一点,为什么呢?西方人在需要表达一个比较确切的含义时,可以新造一个词,很精确,一个字就是一个含义,但相对说来,词的分类就会多一些。这样一来造成一个什么效应呢?中国文字的多义性造成中国文化的概括性强、综合性强的特点。西方语言文字,定义性的功能相对强一些,由于条分缕析的能力强,就会促使人们走到求真的路上去。因此,西方文字表意精确性比较高,这也造成西方文化的精确性。

第四,语法的差别。语法差别可以分为两个方面,即词法差别和句法差别。在词法方面,汉语言文字没有性、数、格、时态、前缀、后缀等,这既是优点,又是缺点。优点是使得汉字的定位功能相对灵活,甚至可以有"回文诗",正念、倒念都可以,这也造成汉字的创造性很高。而印欧语系有严格的性、数、格、时态、前缀、后缀,以及主谓宾定补状,虽然看似定位功能很强,但是也意味着比较机械。例如拉丁语,每一个词后面都要跟一个符号来表示这个词的词性和词态。中国的汉字是绝对自由的,爱怎么安排就怎么安排。因此,印欧语系限制性太大。这样一来,中西两种语言文字势必把两种文化引向不同的方向。汉语的缺陷在于其词法结构、语法结构不太发达,介词相对来说少一些,但是汉语靠什么来弥补这方面的不足呢?即靠语形和语音。例如"山"字,看起来像一座山,表达的含义非常生动。任何事物如果在一个方面有缺陷,它就可以找出另外一种因素来弥补;反之亦然。所以,万事万物的发展,都是自协调、自组织、自构序的,中国的文化和西方的文化在最初发展的时候,也一定会受这些规律的制约。

最后把中西语言文字的特点综合一下。汉语言文字是一种立体的建筑型的因素,而西方的文字是单维的流线型的因素多一些;汉语象形性因素比较多,而西方是符号化因素比较重;汉语的自然性比较强,且是多向综合性的,而西方是单向推理性的;同时由于语言文字跟自然界是贯通的,汉语言文字很容易与自然界沟通,是情感性的文化,而西方语言文字所诱导出来的往往是理智性的因素;中国文化的科学性比较弱,而西方比较强,造成西方人思维的轨迹感很强;中国的文化实际上是视觉型的文化,西方的则是精确型的文化;中国的文化以语形为主,西方的文化则以语法为主,因此中国几千年来文字学特别发达,而西方的语法学特别发达;中国文化的灵活性强,西方文化比较死板,容易走到极端;中国的文化是文字导向型文化,西方的文化是语言导向型文化。这就是中西语言文化的基本差异。

中国的文字可以摸索出一种阴阳互补的思维模式,不断变化,如书法、气功、中医;西方的文字讲究二元对立,二者必居其一。因此西方的语言成分过多强调语法,不能像中国一样,将对立的东西融合起来。

从艺术上加以比较,中国的语言是以"我"为主,西方是以"物"为主。如果把这个因素延伸到科学技术上,就会发现,中国没有科学的原因中一个非常关键的因素就是语言文字的影响。中国的技术非常发达,但科学、理论性的东西相对弱一些。理论性的东西逻辑性非常强,而汉语在逻辑性上远远弱于西方语言,这也是西方科学发达而中国科学相对落后的原因。

①本文选自《当茶遇到咖啡》,吕志强主编,中国人民大学出版社2004年版。辜正坤(1951—),北京大学外语学院世界文学研究所教授,代表性理论专著有《中西诗比较鉴赏与翻译理论》《中西文化比较导论》《莎士比亚研究》等。 ②印欧语系:世界上分布区域最广的一个语系,使用者几乎遍及整个欧洲、美洲、澳大利亚、新西兰,还有非洲和亚洲的部分地区。 ③庞德(1885—1972),美国著名诗人,意象派诗歌的代表人物。他从中国古典诗歌、日本俳句中生发出"诗歌意象"的理论,为东西方诗歌的互相借鉴作出了卓越贡献。

英语和汉语标点符号的差异

第一,英语没有顿号(、)。要表示句中较短的并列词语之间的停顿,汉语习惯用顿号,而英语只能用逗号,在汉语连词"和""及"等之前不可用顿号,而英语中连接一系列并列项目的"and"或"or"之前可用逗号。

第二,汉语中直接引语前的"某某说"等词语之后一律用冒号,而英语既可用逗号,也可用冒号。

这位老师说:"王教授今天下午到这儿来。"

The teacher said,"Professor Wang will come here this afternoon."

The teacher said:"Professor Wang will come here this afternoon."

第三,当"某某说"等词语用在直接引语后时,汉语的引语句末用句号,而英语一般用逗号。

"如果你是这样想的,你就呆在家里好了。"班长说。

"If that's the way you think,just stay at home,"said the monitor.

第四,在书信、发言稿等的称呼后面,汉语用冒号,而英语用逗号,也可用冒号(美国英语的正式用法)。"各位同志:",英文写做"Comrades,"或"Comrades:"。

第五,英语的句号是个实心点(.),省略号为三个小实心点(…),这和汉语的句号(。)、省略号(……)均不同。

第六,汉语中表示书籍、篇章、报告、戏剧、歌曲等名称一般用书名号(《》),如:《红楼梦》《鲁迅全集》《大学英语》等。而英语可用双引号("")、斜体字或大写。

(引自《中级英语语法解疑与测试》,程桂侠著,经济科学出版社1998年版)

汉语回文欣赏

客上天然居,居然天上客。/心清可品茶,茶品可清心。

静泉山上山泉静,清水塘里塘水清。/客聚茶亭茶聚客,人行便道便行人。

画上荷花和尚画,书临汉帖翰林书。/秀山轻雨青山秀,香柏鼓风古柏香。

寒风晓日映沙滩,日映沙滩竹报安。安报竹滩沙映日,滩沙映日晓风寒。(曹永年)

雾窗寒对遥天暮,暮天遥对寒窗雾。花落正啼鸦,鸦啼正落花。袖罗垂影瘦,瘦影垂罗袖。风剪一丝红,红丝一剪风。(纳兰性德《菩萨蛮·无题》)

细细风清撼竹,迟迟日暖开花。香帏深卧醉人家,媚语娇声姹姹。姹姹声娇语媚,家人醉卧深帏。香花开暖日迟迟,竹撼清风细细。(黄庭坚《西江月·用僧惠洪韵》)

茶壶盖上的五言回文

语言表达专题

说话能力的构成及培养

说话活动是人们将自己的内部言语借助于词语,按一定的语法规则快速转换为外部言语的复杂的心理和生理活动过程。

一、说话能力的构成

口语表达能力实质上就是在思维的调控下将内部言语顺利而有效地转化为外部口头言语的能力。从言语表达的角度来考察,说话能力主要由以下几个要素构成:

(一)熟练的"语点"组织能力。所谓"语点"组织能力就是用思维组织内部言语,即思考为什么说、对谁说、说什么、怎么说,明确说话的意思与要点。由于说话活动是思维和表达几乎同步进行的活动,因此熟练的内部言语的组织能力是说话能力的第一要素。

(二)快速的言语编码能力。快速的言语编码能力,即是将压缩的言语信息按照言语计划加以扩展,编码为一定的词语句式表达出来的能力。

(三)准确运用语音表情达意的能力。准确运用语音表情达意的能力,包括准确的语音能力和准确运用语调、语速的能力。

(四)说话辅助能力。说话辅助能力,就是指借助眼神、面部表情、手势等"非言语"因素,把话说得更好的能力。

1.眼神。社会心理学认为,目光的接触是非言语沟通的主要方式,人们复杂的思想感情都自觉或不自觉地流露在多变的眼神之中。可见,要把话说得更好,需要练就用眼神来传达情意的能力。

2.面部表情。在面部表情中,"微笑"的表意功能最丰富。人们称它为"心灵的镜子""最好的入场券",它表现着自信、友好、热心、真诚、满意、愉快、喜悦等等。

3.手势。心理学家认为,在人体的各部分中,手的表达能力仅次于脸,讲话中抑制的无意识冲动也往往可以从手的动作、位置以及紧张程度等方面表现出来。

我们把上述四种说话能力的要素相对区分开来,逐一加以说明,目的是为了找到进行训练的着力点,以便加强教学的针对性。其实说话过程就是内部语言与外部语言闪电般转换的过程,其间任何一环出了障碍,都会影响说话的效果。

二、影响说话能力提高的因素

(一)说话能力的先天素质。先天素质能影响能力的发展,但二者并不一一对应。素质方面存在一定的不足也能发展能力,同样的素质基础也可能形成不同的能力,同一种能力也能在不同素质基础上形成,因为能力的形成与后天环境、个人努力有着更密切的关系。

(二)思维能力的发展程度。语言表达活动依赖于思维能力而进行。一个人的语言表达能力与其思维能力是密切相关的。思维能力越强,越能深入细致地想问题,逻辑越严密,那么说话就越有可能条理清晰、准确有力。而思维的紊乱或者认识的模糊会直接导致语言表达的语无伦次与不知所云。

（三）语言材料的储存量及其运用能力。每种语言都拥有大量的词汇、句式、习惯用语、名言佳句，它们就如同造房子所需的各种材质的原料，储备越多，用起来越得心应手。

三、能力的培养

提高说话能力，必须注意以下五个问题：

（一）加强思维能力的训练。一个人的思维活动是建立在语言材料的基础上的，人们进行思考时会运用概念，而没有一个概念是可以脱离词而存在的，思维不能离开语言而独立存在，思维活动总是伴随语言（无声隐性的内语言）的生成。因而，思维能力的训练其实就是语言能力训练，思维能力所包括的分析力、综合力、比较力、概括力、抽象力、推断力等也正是语言能力的不同方面。辩论是头脑体操，是全方位提高思维能力的好方法。

（二）养成自言自语的习惯。大多数人都认为语言材料的运用能力是语言表达优劣的关键，而忽略了语言表达过程中内语言与外语言转换这一环节。语言表达能力好的人思维能力肯定不会差，思维能力强的人语言表达能力却不一定就好。内语言是隐性的、团块状的未成品，而外语言是显性的、线性的言语成品，如果内语言不能迅速高效地转换为外语言，就会出现磕磕巴巴、词不达意、语塞词穷的说话现象。熟能生巧，内外语言的转换能力是完全可以通过不断地锻炼获得的，而自言自语是非常有效的方法。自言自语训练法，就是在没有压力、心态很放松的状态下随时随地将内语言转化为外语言的方法。自言自语分有声状态——喃喃自语与无声状态——心中默念。通过自言自语训练，内语言与外语言的转换会变得顺利通畅，从而达到一致性。

（三）重视听的能力的培养。心理语言学表明，听话能力的发展对于说话能力的发展具有重要的意义。只有听得准、理解快、记得牢，才能说得好。说话是检验听话效果的主要手段。在口语表达中，听就是有声阅读，听的能力就是一种将外部信息迅速转化为思维的能力。有效的听可以潜移默化地学习言语规则、积累词汇，同时可以不断提升外部语言转化为内部语言的有效性。

（四）抓住课堂发言的机会。说话能力培养本身存在着"敢说——能说——会说"三级目标。课堂是个公共学习场所，课堂发言可以锻炼胆量，做到敢说；课堂发言，说话对象众多，听话能力各异，对说话者的音量、仪态、内容表达的层次性与逻辑性都是个考验；课堂发言，有一定目的性，总是针对某一题目或话题进行说话活动，对说话者的语言思维能力、语言组织能力提出很高的要求。对于大多数在校学生来说，每堂课都可以成为自己锻炼口语表达能力的好机会。

（五）进行听说读写多途径训练。听说读写是一个人语文能力的具体体现，这四种能力相互制约又相互促进。说话在某种意义上就是口头作文，因而也要遵循写作规律；说话的质量与个人的知识水平有关，因而开展说话教学可以促使学生加强课外阅读，并提高阅读的能力；说话内容通过声音传递，学生通过听记评议，既可以训练学生对口语信息的快速准确的感知能力，又可以提高学生的评析鉴赏能力。所以，应当坚持把说话训练与听读写训练有机地结合起来。

（参考《汉语应用语言学》，陈黎明主编，中国海洋大学出版社2002年版）

语言表达实践

一、请上台为同学们介绍你最喜欢的汉字。(建议:了解这个字原始字形与字义,了解这个字字形与字义的演变历史,说说你喜欢的原因。)

二、请查一查自己姓名的甲骨文字体以及本义,从姓名入手巧妙地向同学们介绍你自己。

三、请查询以下偏旁分别由哪些汉字演变而来,每个偏旁请列出两个相关汉字,完成后请说说你的感想。

亻 彳 辶 夊 卩 阝 冫 氵 灬 礻 衤 忄 纟 王 月 饣 讠 隹 罒

四、课外搜集资料,了解日文、韩文、越南文,并选择其中一种文字简要概括其发展历史。

五、阅读《现代汉语再认识》,用简要的语言概括汉语较之英语有些什么优势,请分条款列出。

六、阅读《现代汉语再认识》,请说说作者所说的"创造优质汉语"的具体含义是什么。在过去的阅读体验中,你最喜欢(或不喜欢)哪位作家的语言,请说出一两点理由。

七、请选择一句你认为最美的汉语,并上台向同学们推荐。

八、学习语文与学习英语有什么不同感受?联系自己具体的学习经验谈一谈。

九、学习语文你都遇到过什么问题?你希望获得哪些帮助?你有哪些好的学习经验?请写一份关于语文学习的总结或心得体会,对以前的语文学习进行回顾、分析,并做出评价。

十、请将《走进词语的密林》课后知识链接中"炮豚/炮羊"的制作方法翻译为现代文,要求语言准确精炼,不超过180字。

十一、阅读《走进词语的密林》,领会汉语词汇的文化内涵。仿照《走进词语的密林》知识链接部分《与"吃"相关的词语》,请从"穿""住""行""乐""数"主题中选择一个,搜集相关词语,并进行分类。

十二、阅读《中西语言文字与文化比较》,并通过互联网查阅资料,概括总结汉语与英语在文字、语音、词汇、语法、思维等方面的差异性。只列提纲即可。

十三、模仿下列句子的句式,仿写几句回文格句子。

信言不美,美言不信。/ 知者不言,言者不知。(《道德经》

仕而优则学,学而优则仕。/ 君子和而不同,小人同而不和。(《论语》

……哦,月光里流去了多少时间?时间里又流去了多少月光?(陈继光《明月》)

第二单元 名正与言顺

单元导语

　　语言对于人类的重要性，再怎么形容都不为过。人自诞生就坠入语言之网，不仅通过这张网看世界，也通过这张网认识自我，表达自我。人是语言的人。如果把语言比作工具，那么使用这个工具，控制这个工具的能力就成为人认识世界的关键。我们甚至可以说，一个人语言的深度与广度即是他认识世界的深度与广度。然而，在现代科技、城市文明的冲击下，人类赖以生存的语言环境，开始出现越来越多的问题。网络语言泛滥，影像文化盛行，国人的汉字书写能力退化，语言应用能力下降，词语贫乏、用词不当、语法错误频频发生，粗鄙化、暴力化的语言充斥网络空间。孕育出灿烂文明的简洁、含蓄、优雅的汉语离我们的笔端越来越远。

　　虽然，人在使用语言，但语言同时也在塑造人。生动典雅的汉语滋养出温文尔雅、刚柔相济的中国人，浮夸焦躁的汉语又将把我们带向哪里？保护母语，净化母语环境，是每一个中国人应尽的义务。

话题讨论

对于写作而言,思想内容和语言表达哪一个更重要?

观点一 思想是内容,语言是形式,内容决定形式,当然思想内容更重要。"巧妇难为无米之炊",没有思想内容,你去表达什么?没有水,有个容器又有什么用?

观点二 同一思想主题,不同的人可以用不同的语言形式来表达,内容无法决定形式。写作就是一种语言表达的行为,语言决定一切。想想,如果词不达意,语焉不详,主次颠倒,再好的思想内容也表达不出来,所以语言表达更重要。

观点三 写作,最终是用来阅读的。读者在阅读过程中,思想内容刺激的强度肯定大大超过语言带来的刺激强度。人们往往会被生动的内容所吸引,而忽视了语言的存在,所以,思想内容是第一位的。

观点四 读者通过什么读懂思想内容?阅读首先看到的是语言,有的文章思想很深刻,但是,看不了三行就读不下去了。对于接受者来说,只有通过对语言的感受、释读、体验,才能把握文章的内在意蕴。

我的观点:＿＿＿＿＿＿＿＿＿＿＿＿＿＿＿＿＿＿＿＿＿＿＿＿＿＿＿＿＿＿＿＿＿＿＿＿＿＿＿

＿＿＿

＿＿＿

＿＿＿

＿＿＿

"新婚燕尔"是何方"燕"①(外三则)

吴桐祯

词汇是语言最基本的建筑材料。离开词汇就无法表达思想,没有足够的词汇就不能有效地进行听、说、读、写。汉语词汇不仅有着悠久的历史,而且是一个开放型的、不断变化生成的系统。我们用错词、写错词,往往是因为对词语的来源或者词义的发展历史并不了解。望文生义、一知半解的情况经常发生。本文针对常见的词语错误,采用追本溯源的方法,进行纠错消疑。

某报的"春天的故事"征文《春天的使者》谈到燕子是吉祥鸟时,说"新屋落成,燕雀翔集,筑巢安家,人称燕贺;双燕双飞……比作恩爱夫妻,名曰燕侣;刚刚完婚,称为新婚燕尔……"这里所说燕贺、燕侣与燕子是吉祥鸟有关,是可信的、准确的;但说"新婚燕尔"的"燕尔"与燕子有关,则有望文生义之嫌了。读过《诗经》的人都知道,"新婚燕尔"乃是从《诗经·邶风·谷风》中的"宴尔新昏"小有变化来的。其中"宴"后来也写作"燕",其中的"昏"后来则写作"婚"。"宴"是快乐的意思,"新婚燕尔"指新婚时的欢乐,与燕子无任何关系。另一个成语"劳燕分飞"倒是与"燕"有关。"劳"指"伯劳",是一种鸣禽。它和燕子分开飞比喻夫妻、恋人或好友离别。"劳燕分飞"语出《玉台新咏②·东飞伯劳歌》"东飞伯劳西飞燕"。

夫妻怎样算"结发"

某电视剧中有这样一个情节:一位男子把自己的手与一位女子的手绑在一起,并说"我俩永不分开"。女子接着问:"我俩像结发夫妻一样?"男子说:"结发夫妻不过是睡觉起来两人的头发缠在一起。"关于"结发夫妻",从许多古典著作的注释中确实可以看到"夫妻俩头发缠在一起"的说法,但不像男子所说的那样,而是"在成婚之夕,男左女右共髻束发③",《辞海》《辞源》也认同这一说法。此外,许多工具书解释"结发夫妻"还援引《文选·苏武〈诗四首〉》的"结发为夫妻,恩爱两不疑",认为"结发"乃指的是"束发"(束发一般15岁左右),指的是两人都年轻的时候。"结发为夫妻"也就是两人年轻的时候结为夫妻,由于原配夫妻多是年轻时结的婚,所以今天人们说"结发夫妻"即指的是原配夫妻。

"噩耗"等同"坏消息"?

某报刊载的一篇记叙徐志摩婚恋故事的文章有一句话引起了人们的质疑。这句话是:"然而不久,他(徐志摩)却得到了一个令人难以置信的噩耗,林徽音已经改变初衷,成了梁启超儿子梁思成的未婚妻。"为什么这句话能引起质疑呢?原因就在其中的"噩耗"用得是否恰当。对这个问题笔者是这样看的：如果从"噩耗"一词本身的意义来说，在上述句子中可以用。因为"噩"乃是惊愕之意，"噩耗"乃是令人惊愕的消息。徐志摩和自己的妻子离了婚，现在又得到了向林徽音"发起攻势"的机会，况且以前林徽音和自己（指徐）又曾"互相倾诉"过"关于人生和爱情的心声"。如今突然传来林徽音已是别人妻子的消息，自然是够使徐志摩惊愕一阵的。但如果从人们运用"噩耗"这一词的习惯来说，在上述句子中不该用此词。因为人们已经习惯把此词来指"凶讯"，甚至是指亲近的人死亡的消息。查 2004 年 1 月语文出版社出的《现代汉语规范词典》，"噩耗"即解释为"指亲近或敬爱的人死亡的消息"。

"高足"就是高材生？

某报刊登《美国太太来到北京献身什么》一文，其中有这样一段话："李仪……1982 年又成了美国印第安纳大学的高足。"这"高足"两字用得不妥，应该改为"高材生"。"高足"其本义乃是上等的快马。汉代驿站用来传信的快马分为三等，即"高足""中足""下足"。后来，借良马喻良材，"高足"就有了"高才"之意。人们在称呼别人的弟子时自然要高抬他的弟子，因为高抬弟子也就等于高抬老师了。为高抬老师于是乎便用"高足"敬称别人的弟子、学生、门徒了。如《世纪新语》的"郑玄在马融门下。三年不得相见，高足弟子传授而已（郑玄投入马融的门下学习。三年也没见到马融，只是马融的弟子代替马融教郑玄）"。这里用"高足弟子"敬称马融的大弟子。

①选自《吴老师说文解字》，吴桐祯主编，当代世界出版社 2008 年版。略有删改。吴桐祯，北京市语文特级教师，曾登临《百家讲坛》，主讲《成语趣谈》系列节目。 ②玉台新咏：南朝徐陵选编的一部诗歌总集，收集东周至南朝梁代的诗歌 769 篇，其中收录有广为人知的汉乐府民歌《陌上桑》以及中国古代长篇叙事诗《古诗为焦仲卿妻作》。 ③束发：古代男孩成童时发为髻，故指代成童。束发一般 15 岁左右，十五而志于学，《大戴礼记·保傅》："束发而就大学，学大艺焉，履大节焉"。

"新婚燕尔"再溯源

"新婚燕尔"，出自《诗经·邶风·谷风》。原诗为被弃女子诉苦之作。诗中写道："行道迟迟，中心有违。不远伊迩，薄送我畿。谁谓荼苦？其甘如荠。宴尔新昏，如兄如弟。"（中心：即心中。违：久积的怨恨。伊：语助词。迩：近。薄：语助词。畿：门槛。荼、荠：野菜名，荼苦荠甘。宴：快乐。昏：通"婚"。）这里的"新婚"是指另寻新欢的丈夫的再次结婚，其含义与初娶的"旧婚"相对。因此，"新婚宴（燕）尔"，原是对男人"喜新厌旧"的一种形象化比拟。到宋代，这个成语的本义已经发生变化，其意反用，成为庆贺新婚之辞，形容新婚时的快乐。

（参见《语言文字知识》，李彬主编，北京燕山出版社 2009 年版）

语言禁忌与避讳

正是中华民族中庸和谐的传统文化思想的影响,才使人们在说话写文章时,力图达到或符合中庸和谐的要求,十分注意语言的禁忌与避讳,在交际中极力避免心理刺激,构筑平和、融洽的氛围。尤其是对别人的缺点是不可直言的,身体发胖了叫"发福",嗜酒叫"好杯中物","秃顶"说成"歇顶、谢顶","面带病容"说成"气色不佳"或"气色不好","身体有病"说成"欠安、不适、不太好、不舒服";称"偏瘫"为"半身不遂";在战争中受伤,常说"挂花、挂彩",有时会轻描淡写地说"挨了一下子、划了个口子"等。

(引自《汉语委婉语研究》,李军华著,中国社会科学出版社2010年版)

说说"我们几位"

"位"作为量词,使用十分广泛,但用错率也很高,问题主要出在它的褒义色彩上。"位"字为一敬词,含褒义。所以,只能用于正面人物,不能用于反面人物。可以说"两位警察抓住一个小偷",不能说"两个警察抓住一位小偷"。既然是敬语,也就只能称他人,不能称自己。不能说"由我们四位来主持今天的晚会",要说"有幸和他们三位来共同主持今天的晚会",把自己抽出来。同理,去饭店,服务员问:"您几位?"尊敬来宾,没毛病。不少人就问话回答:"我们×位。"这样回答虽然方便,但依然是语病,最规范的回答还是应该改用中性的"个"。

(参见《咬文嚼字趣题百例》,张荣初编著,农村读物出版社1992年版)

名①

赵世民

亲爱的孩子
千万个汉字
人类智慧的星星
从我的心灵一遍遍飘过
却没有两个汉字
能撞响美丽的火花
使你的生命顿时生动
——江文波

甲骨文　　　　　　金文

人的名和他一生所为有一种不可言说的神秘关系。例如19世纪末至20世纪70年代的毛主席,名"泽东"。"东"的甲骨文和今文变化不大,从"木"从"日",表示"日自木中升出"。"泽"是光润的意思。名字合成即"太阳从东方升起,光润大地万物"。陕北乡村教师李锦奇是无意中写了"东方红,太阳升,中国出了个毛泽东"的歌,暗合了毛泽东此名的深意。果真,伴随着中国亿万百姓同样的歌声,毛泽东成了新中国的缔造者。

名字有这么大的作用,所以人们极重视给孩子命名。依先人的传统,孩子出生三个月,就该请高人取名了,取的名字将照亮孩子一生的走向。

回想我父母为我取名"世民",一是为纪念我家世代为农民,不要忘本;二是暗示我一世为民。果真,活了大半生,我与官、商无缘,且农民的本性时常显露。如阔人用四五千人民币请我吃海味山珍,我心疼花了这么多钱后还算出了够我吃四五百顿羊肉泡馍。这样可口的饭就是天天吃也能享用一年半。人常笑我"老农民","土得掉渣",估计全是名字害的。

我翻了翻"名"的古今字形,发现变化不大,甲骨文、金文都是一个口加个月牙,也就是现在的夕。有人解是"月对窗",还有人解是"口对所称之物"。我还是相信《说文解字》的说法:夕表示暗处,口传声以示所在,也就是自名。天黑了,人互相看不见,故报下自己的称呼。就这么简单的意思怎么能引申出现在如此繁复的思想呢?如和"实"相对的名,和"言"相对的名,和"行"相对的名等。

你可别小看黑暗处人们之间相互自称,从根上说,这是人和动物相别的标志。在人之前,世上虽有万物但是浑沌的,因为没名称,和黑暗是一回事。当人对万物命名,也就是有了分类和概括,相应也就产生了语言和文字。我情愿说"名"是拯救万物的太阳,无"名",世界仍将深陷冥暗之中。

我佩服先人的天才,居然用"月"和"口"来会意"名",象征人类的意识。这是诗意的浪漫与思辨的严谨完美的交融。

老子在《道德经》开篇里说完"道可道,非常道,名可名,非常名"之后,接着就反其道说:"无名,天地之始,有名,万物之母。"我体会老子的难言之苦:说了,失道;沉默,无道。在说与不说,权其谁弊小,还是说吧。这就是"名"。所以老子告诉人们,无名的时代虽有天地,但是浑沌一团,就像"名"中的"夕"。有名的时代,万物就有了归属,就像"名"中的"口"。口命名万物,也就象征着人类社会的开始,所以老子敢这样肯定:"有名,万物之母。"按照常识,也该是先有物后有名呀。老子反常识既表现出哲学的高玄超越常识,又道出了人存在的真实。

庄子是在已经成为人的前提下说"名是实之宾"的。也就是说他已经掌握了万物之名才能说出这样的话。从生成的角度看,确实先有实后有名,但站在人的立场上,却先有名后有实。有人会反驳我,说:我们在野外考察,发现一个新的树种,经我们科学研究界定,给它一个名称,这不是先有实后有名的典型事例吗?

我说,在你对此树认识之前,对树已有了名,对树认识之前,对植物已有了名,对植物认识之前,对物已有了名。如果你见到这棵树之前心中任何名(概念)都没有,那么你对此树会视而不见,它的存在对你没任何意义。

没有名,对一般事物的把握,谁的心里都是一锅糨糊。是名帮着人似蚕将这感觉之浆抽象成丝(思)。

地球上现存的某些原始部落,当他们迁徙一新地时,首要的事就忙着为这一带的万物命名,以为命了名就归属于他们,接受他们的控制。我不敢说名真有那么大的神秘力量,但名能帮助他们认识世界和改造世界却是明摆着。

我有这样一个体会,住在一个院里,当我知道某一人的名字时,我就常碰见他(她)。其实,他(她)出现在我眼前的概率,知名前后是一样多的。

名有这样重要的意义,所以在我能行使的权力范围内,我很重视起名,比如为我的文章起名,有时,它常常超过我写文章的时间。我以为名正文顺。

当代中国作曲家何训田20世纪80年代以全新的观念、怪异的手法创作了一部交响乐,取名为《聊斋》。同是作曲家的高为杰说:"不能叫这个名,要不让人想起鬼哭狼嚎。叫《天籁》吧。"果真,观众欣赏时以庄子的"自然天成"感应音乐。

我曾看中国油画第三届年展,金奖作品是一个装置照相写实风格的作品。画面真实地再现了一堆废锈铁管组合成一个世界地图的形状。这幅作品震撼了我,但我莫名其妙,满肚子感觉全在黑暗中。可当我看到作品的题名《世纪之风》时,就像太阳升起,照亮了我全部感觉。我可以沿着画形想象世界将来是工业的垃圾和废品;我也可以认为世界没绿色没有人,唤起我对生态平衡的思考;我也可以怀旧,说铁的发明与使用对于世界的意义……这些都是世纪之风,因为风就不是单向的,它或许还是复调的,只有这个风才能涵盖这幅画所四溢出的多重主题。试想,如果用《怀旧》《世界末日》等题名该多么单一以至于破坏这幅画的审美意味。

　　一次,我在课上,给学生看一幅画:一个穿黑衣的老妇,跪在插满十字架的墓地上哭泣。我让学生为画起个名。有的说"哭坟"。有的起"生与死"。还有的利用我讲课的标题"敞开和遮蔽"。还有起"天国"的。全班喧哗一片。临了,我说这是一幅有标名的油画,它的名是《初恋》。全班霎时安静。

　　1990年诺贝尔文学奖得主墨西哥诗人奥克塔维奥·帕斯有一首诗这样写:

　　　　冰冷而敏捷的手
　　　　取下阴的绷带
　　　　一层层
　　　　我睁开眼睛
　　　　我还
　　　　活在
　　　　一个仍然
　　　　新鲜的伤口正中

　　不看题名,诗描述眼伤治愈复明的感觉。题名是"黎明"。此题将诗的立意一下拉开,令人展开想象再创造一遍这首诗,创造一个属于欣赏者自己的境界。

①选自《汉字:中国文化的基因》,赵世民著,广西人民出版社2003年版略有删改。赵世民(1958—),中国当代学者。著有《探秘中国汉字》《汉字中国文化基因》《艺术人文七小时》《汉字悟语》等。

十大最易读错的姓氏

　　①"华"huà。如:华佗、华罗庚。②"任"rén。如:任弼时、任我行。③"解"xiè。如:明《永乐大典》主编解缙。④"仇"qiú。如:明大画家仇英,曹禺话剧《原野》中男主人公仇虎。⑤"朴"piáo。朝鲜族三大姓氏之一。歌手朴树,原名濮树,仍读pǔshù。⑥"查"zhā。金庸原名查良镛,诗人海子原名查海生。⑦"那"nā,出自于满族姓氏那拉氏。清灭后,那拉氏后人改为汉姓那或南。歌手那英,满族。⑧"区"ōu,区姓的祖先区冶子是中国古代铸剑名匠。⑨"折"shé,因得罪朝廷,改为"佘"姓。折姓名人折赛花,为《杨家将》中佘太君的原型人物。历史上,折家数代东抗契丹,西御西夏,号称"折家军"。⑩"令狐"línghú,不读 lìnghú。如:令狐冲。

红楼梦取名艺术

巧妙地运用汉字谐音来给人物取名。这类名字多用于反面人物,寓褒贬于人名之中,以表达作者的爱憎。王熙凤的胞兄王仁,当贾府势败,他竟将亲外甥女巧姐拐走,卖给了烟花巷。王仁实是"忘仁"的谐音。贾蓉的娘舅香料铺掌柜卜世仁,尽出坏点子,尽干昧良心的坏事,分明谐音"不是人"。又如清客相公詹光,谐音"沾光",卜固修谐音"不顾羞",单聘仁谐音"擅骗人"。这类人善于阿谀奉迎、奉承拍马,以博得主子的赏识来混日子。甄士隐的独生女甄英莲被人拐走,后来卖给了薛家的"呆霸王"薛蟠为妾,改名香菱,遭遇极其可怜,甄英莲为"真应怜"的谐音,香菱为"伤怜"的谐音。甄士隐的丫环娇杏,"偶因一着错,便为人上人",后来做了贾雨村的夫人,完全出于偶然,娇杏者,"侥幸"也。谐音最别致的当是贾府四位小姐,元、迎、探、惜四字,再带上一个"春"字,据"红学"索隐派考证,认为是"原应叹息"四个字的谐音,很有道理。《红楼梦》中最早出现的人物甄士隐、贾雨村,谐音"真事隐去"、"假语村言",给小说定下了虚幻的调子。同时,书中除贯穿全书的贾宝玉外,又添一个甄宝玉,一真一假,"假作真时真亦假",给全书蒙上一层薄如轻纱的云雾。

(引自《岁月留痕》,潘统英著,京华出版社1993年版)

论中文的常态与变态①

余光中

在余光中先生的眼里,措词简洁、句式灵活、声调铿锵,是中文魅力所在。而如今,在全球化的趋势下,中文面临着日趋西化的危机,不少年轻人渐渐失去熟练运用本民族语言的能力。余先生曾幽默地说:"好多年轻人只会说'总的来说',却忘了'总而言之'。同样地,不说'一言难尽',只会说'不是一句话就能够说得清楚的'。"余先生虽然自己具有极高的外语能力,可是在写作中,他却极其反对中英文夹杂,"这是一种很不严肃的做法,我们可以去体会提炼外语的精妙之处,通过自己的理解将其转化为优化中文的手段,却不应该一味地崇尚外文"。

余光中像

一

自五四新文化运动以来,70年间,中文的变化极大。一方面,优秀的作家与学者笔下的白话文愈写愈成熟,无论表情达意或是分析事理,都能运用自如。另一方面,道地的中文,包括文言文与民间文学的白话文,和我们的关系日渐生疏,而英文的影响,无论来自直接的学习或是间接的潜移默化,则日渐显著,因此一般人笔下的白话文,西化的病态日渐严重。一般人从大众传媒学到的,不仅是流行的观念,还有那些观念赖以包装的种种说法;有时,那些说法连高明之士也抗拒不了。今日的中文虽因地区不同而互见差异,但共同的趋势都是繁琐与生硬,例如中文本来是说"因此",现在不少人却爱说"基于这个原因";本来是说"问题很多",现在不少人却爱说"有很多问题存在"。对于这种化简为繁、以拙代巧的趋势,有心人如果不及时提出警告,我们的中文势必越变越差,而道地中文原有的那种美德,那种简洁而又灵活的语文生态,也必将面目全非。

中文也有生态吗?当然有。措词简洁、句式灵活、声调铿锵,这些都是中文生命的常态。能顺着这样的生态,就能长保中文的健康。要是处处违拗这样的生态,久而久之,中文就会污染而淤塞,危机日渐迫近。

目前中文的一大危机,是西化。英文没有学好,中文却学坏了,或者可说,带坏了。中文西化,不一定就是毛病。缓慢而适度的西化甚至是难以避免的趋势,高妙的西化更可以截长补短。但是太快太强的西化,破坏了中文的自然生态,就成了恶性西化。这种危机,有心人都应该及时警觉而且努力抵制。在欧洲的语文里面,文法比较单纯的英文恐怕是最近于中文的了。尽管如此,英文与中文仍有许多基本的差异,无法十分融洽。这一点,凡有中英文互译经验的人,想必都能同意。其实,研究翻译就等于研究比较语言学。以下拟就中英文之间的差异,略略分析中文西化之病。

二

比起中文来,英文不但富于抽象名词,也喜欢用抽象名词。英文可以说"他的收入的减少改变了他的生活方式",中文这么说,就太西化了。英文用抽象名词"减少"做主词,十分自然。中文的说法是以具体名词,尤其是人,做主词:"他因为收入减少而改变生活方式",或者"他收入减少,乃改变生活方式"。

中文常用一件事情(一个短句)做主词,英文则常用一个名词(或名词词组)。"横贯公路再度坍方,是今日的头条新闻",是中文的说法。"横贯公路的再度坍方,是今日的头条新闻",就是英文语法的流露了。同理,"选购书籍,只好委托你了"是中文语法。"书籍的选购,只好委托你了"却是略带西化。"推行国语,要靠大家努力"是自然的说法。"推行的国语,要靠大家的努力"却嫌冗赘。这种情形也可见于受词。例如"他们杯葛②这种风俗的继续",便是一句可怕的话。无论如何,"杯葛继续"总嫌生硬。如果改成"他们反对保存这种风俗",就自然多了。

名词而分单数与复数,是欧语文的惯例。英文文法的复数变化,比起其它欧洲语文来,单纯得多。请看"玫瑰都很娇小"这句话在英文、法文、德文、西班牙文、意大利文里的各种说法:

The roses are small.
Les roses sont petites.
Die Rosen sind klein.
Las rosas son chiquitas.
Le rose sono piccole.

每句话都是四个字,次序完全一样,都是冠词、名词、动词、形容词。英文句里,只有动词跟着名词变化,其它二字则不分单、复数。德文句里,只有形容词不变。法文、西班牙文、意大利文的三句里,因为做主词的名词是复数,其它的字全跟着变化。

幸而中文的名词没有复数的变化,也不区分性别,否则将不胜其繁琐。旧小说的对话里确有"爷们"、"娘们"、"丫头们"等复数词,但是在叙述的部分,仍用"诸姐妹"、"众丫鬟"。中文要表多数的时候,也会说"民众"、"徒众"、"观众"、"听众",所以"众"也有点"们"的作用。但是"众"也好,"们"也好,在中文里并非处处需要复数语尾。往往,我们说"文武百官",不说"官们",也不说"文官们"、"武官们"。同理"全国的同胞"、"全校的师生"、"所有的顾客"、"一切乘客"当然是复数,不必再画蛇添足,加以标明。不少国人惑于西化的意识,常爱这么添足,于是"人们"取代原有的"人人"、"大家"、"大众"、"众人"、"世人"。"人们"实在是丑陋的西化词,林语堂绝不使用,希望大家也不要使用。电视上也有人说"民众们"、"听众们"、"球员们",实在累赘。尤其"众、们"并用,已经不通。

中文词不分数量,有时也会陷入困境。例如"一位观众"显然不通,但是"观众之一"却嫌累赘,也欠自然。"一位观者"毕竟不像"一位读者"那么现成,所以,"一位观众来信说……"之类的句子,也只好由它去了。

可是"……之一"的泛滥,却不容忽视。"……之一"虽然是单数,但是背景的意识却是多数。和其它欧洲语文一样,英文也爱说 one of my favorite actresses, one of those who believe…, one of the most active promoters。中文原无"……之一"的句法,现在我们说"观众之一"实在是不得已。至于这样的句子:

刘伶是竹林七贤之一。

作为竹林七贤之一的刘伶……

目前已经非常流行。前一句虽然西化,但不算冗赘。后一句却是恶性西化的畸婴,不但"作为"二字纯然多余,"之一的"也文白夹杂,读来破碎,把主词"刘伶"压在底下,更是扭捏作态。其实,后一句的意思跟前一句完全一样,却把英文的语法 as one of the Seven Worthies of Bamboo Grove, Liu Ling…生吞活剥地搬到中文里来。所以,与其说"作为竹林七贤之一的刘伶以嗜酒闻名",何不平平实实地说"刘伶是竹林七贤之一,以嗜酒闻名"? 其实前一句也尽有办法不说"之一"。中文本来可以说"刘伶乃竹林七贤之同侪""刘伶列于竹林七贤""刘伶跻身竹林七贤""刘伶是竹林七贤的同人"。

"竹林七贤之一"也好,"文房四宝之一"也好,情况都不严重,因为七和四范围明确,同时逻辑上也不能径说"刘伶是竹林七贤","砚乃文房四宝"。目前的不良趋势,是下列这样的句子:

红楼梦是中国文学的名著之一。

李广乃汉朝名将之一。

两句之中,"之一"都是蛇足。世间万事万物都有其同俦(chóu)同类③,每次提到其一,都要照顾到其他,也未免太周到了。中国文学名著当然不止一部,汉朝名将当然也不会只有一人,不加上这死心眼的"之一",绝对没有人会误会你孤陋寡闻,或者挂一漏万。一旦养成了这种恶习,只怕笔下的句子都要写成"小张是我的好朋友之一","我不过是您的平庸的学生之一","他的嗜好之一是收集茶壶"了。

三

在英文里,词性相同的字眼常用 and 来连接:例如 man and wife, you and I, back and forth。但在中文里,类似的场合往往不用连接词,所以只要说"夫妻"、"你我"、"前后"就够了。同样地,一长串同类词在中文里,也任其并列,无须连接:例如"东南西北"、"金木水火土"、"礼乐射御书数"、"柴米油盐酱醋茶"皆是。中国人绝不说"开门七件事,柴、米、油、盐、酱、醋以及茶"。谁要这么说,一定会惹笑。同理,中文只说"思前想后"、"说古道今"。可是近来 and 的意识已经潜入中文,到处作怪。港报上有过这样的句子:

在政治民主化与经济自由化的发展道路,台北显然比曼谷起步更早及迈步更快,以致在政经体制改革的观念、行动、范围及对象,更为深广更具实质……

这样的文笔实在不很畅顺,例如前半句中,当作连接词的"与"、"及"都不必要。"与"还可以说不必要，"及"简直就要不得。后半句的"更为深广更具实质"才像中文，"起步更早及迈步更快"简直是英文。"及"字破坏了中文生态，因为中文没有这种用法。此地一定要用连接词的话，也只能用"而"，不可用"及"。正如 slow but sure 在中文里该说"慢而可靠"或者"缓慢而有把握"，却不可说"慢及可靠"或者"缓慢与有把握"。"而"之为连接词，不但可表更进一步，例如"学而时习之"，还可表后退或修正，例如"国风好色而不淫，小雅怨诽而不乱"①，可谓兼有 and 与 but 之功用。

目前的不良趋势，是原来不用连接词的地方，在 and 意识的教唆下，都装上了连接词；而所谓连接词都由"和"、"与"、"及"、"以及"包办，可是灵活而宛转的"而"、"并"、"而且"等词，几乎要绝迹了。

四

介词在英文里的用途远比中文里重要，简直成了英文的润滑剂。英文的不及物动词加上介词，往往变成了及物动词，例如 look after, take in 皆是。介词词组（prepositional phrase）又可当作形容词或助词使用，例如 a friend in need, said it in earnest。所以英文简直离不了介词。中文则不尽然。"扬州十日、嘉定三屠"两个词组不用一个介词，换了英文，非用不可。

"欢迎王教授今天来到我们的中间，在有关环境污染的各种问题上，为我们作一次学术性的演讲。"这样不中不西的开场白，到处可以听见。其实"中间"、"有关"等介词，都是画蛇添足。有一些圣经的中译，牧师的传道，不顾中文的生态，会说成"神在你的里面"。意思懂，却不像中文。"有关"、"关于"之类，大概是用得最滥的介词了。

　　有关文革的种种，令人不能置信。
　　今天我们讨论有关台湾交通的问题。
　　关于他的申请，你看过了没有？

在这句子里，"有关"、"关于"完全多余。最近我担任"全国学生文学奖"评审，有一篇投稿的题目很长，叫"关于一个河堤孩子的成长故事"。十三个字里，"关于"两字毫无作用，"一个"与"故事"也可有可无。

"关于"有几个表兄弟，最出风的是"由于"。这字眼在当代中文里，往往用得不妥：

　　由于秦末天下大乱，（所以）群雄四起。
　　由于好奇心的驱使，我向窗内看了一眼。
　　由于他的家境贫穷，使得他只好休学。

英文在形式上重逻辑，喜欢交代事物的因果关系。中文则不尽然。"清风徐来，水波不兴"，其中当然有因果关系，但是中文只用上下文作不言之喻。换了是英文，恐怕会说"因为清风徐来，所以水波不兴"，或者"清风徐来，而不兴起水波"。上列的第一句，其实删掉"由于"与"所以"，不但无损文意，反而可使文章干净。第二句的"由于好奇心的驱使"并没有什么大毛病，可是有点啰嗦，更犯不着动用"驱使"一类的正式字眼。如果简化为"出于好奇，我向窗内看了一眼"或者"为了好奇，我向窗内看了一眼"，就好多了。第三句的不通，犯者最多。"由于他的家境贫穷"这种片语,只能拿来修饰动词,却不能当做主词。这一句如果删掉"由于""使得"一类交代因果的冗词,写成"他家境贫穷,只好休学",反觉眉清目秀。

五

英文的副词形式对中文为害尚不显著,但也已经开始了。例如这样的句子:

他苦心孤诣地想出一套好办法来。

老师苦口婆心地劝了他半天。

大家苦中作乐地竟然大唱其民谣。

"苦"字开头的三句成语,本来都是动词,套上副词语尾的"地"就降为副词了。这么一来,文章仍然清楚,文法上却主客分明,太讲从属的关系,有点呆板。若把"地"一律删去,代以逗点,不但可以摆脱这主客的关系,语气也会灵活一些。

有时这样的西化副词词组太长,例如"他知其不可为而为之地还是去赴了约",就更应把"地"删掉,代之以逗点,使句法松松筋骨。目前最滥的副词是"成功地"。有一次我为入学试出了这么一个作文题目:《国父诞辰的感想》,结果十个考生里至少有六个都说:"国父孙中山先生成功地推翻了满清。"这副词"成功地"在此毫无意义,因为既然推而翻之,就是成功了,何待重复。同理,"成功地发明了相对论"、"成功地泳渡了直布罗陀海峡"也都是饶舌之说。天下万事,凡做到的都要加上"成功地",岂不累人?

六

白话文一用到形容词,似乎就离不开"的",简直无"的"不成句了。在白话文里,这"的"字成了形容词除不掉的尾巴,至少会出现在这些场合:

好的,好的,我就来。是的,没问题。

快来看这壮丽的落日!

你的笔干了,先用我的笔吧。

也像西湖的有里外湖一样,丽芒分为大湖小湖两部分。

他当然是别有用心的。你不去是对的。

喜欢用"的"或者无力拒"的"之人,也许还有更多的场合要偏劳这万能"的"字。我说"偏劳",因为在英文里,形容词常用的语尾有-tive,-able,-ical,-ous 等多种,不像在中文里全由"的"来担任。英文句子里常常连用几个形容词,但因语尾变化颇大,不会落入今日中文的公式。例如雪莱的句子:

An old, mad, blind, despised, and dying king ——

一连五个形容词,直译过来,就成了:

一位衰老的、疯狂的、瞎眼的、被人蔑视的、垂死的君王——

一碰到形容词,就不假思索,交给"的"去组织,正是流行的白话文所以僵化的原因。白话文所以啰嗦而软弱,虚字太多是一大原因,而用得最滥的虚字正是"的"。学会少用"的"字之道,恐怕是白话文作家的第一课吧。其实许多名作家在这方面都很随便,且举数例为证:

（一）月光是隔了树照过来的，高处丛生的灌木，落下参差的斑驳的黑影，峭楞楞如鬼一般；弯弯的杨柳的稀疏的倩影，却又像是画在荷叶上。⑤

（二）最后的鸽群……也许是误认这灰暗的凄冷的天空为夜色的来袭，或是也预感到风雨的将至，遂过早地飞回它们温暖的木舍。⑥

（三）白色的鸭也似有一点烦躁了，有不洁的颜色的都市的河沟里传出它们焦急的叫声。⑦

第一句的"参差的斑驳的黑影"和"弯弯的杨柳的稀疏的倩影"，都是单调而生硬的重迭。用这么多"的"，真有必要吗？为什么不能说"参差而斑驳"呢？后面半句的原意本是"弯弯的杨柳投下稀疏的倩影"，却不分层次，连用三个"的"，读者很自然会分成"弯弯的、杨柳的、稀疏的、倩影"。第二句至少可以省掉三个"的"。就是把"灰暗的凄冷的天空"改成"灰暗而凄冷的天空"，再把"夜色的来袭"和"风雨的将至"改成"夜色来袭"、"风雨将至"。前文说过，中文好用短句，英文好用名词，尤其是抽象名词。"夜色来袭"何等有力，"夜色的来袭"就松软下来了。最差的该是第三句了。"白色的鸭"跟"白鸭"有什么不同呢？"有不洁的颜色的都市的河沟"，乱用"的"字，最是惑人。此句原意应是"颜色不洁的都市河沟"（本可简化为）"都市的脏河沟"，但读者同样会念成"有不洁的、颜色的、都市的、河沟"。

目前的形容词又有了新的花样，那便是用学术面貌的抽象名词来打扮。再举数例为证：

这是难度很高的技巧。

他不愧为热情型的人。

太专业性的字眼恐怕查不到吧。

"难度很高的"是什么鬼话呢？原意不就是"很难的"吗？同理，"热情型的人"就是"热情的人"；"太专业性的字眼"就是"太专门的字眼"。到抽象名词里去兜了一圈回来，门面像是堂皇了，内容仍是空洞的。

英文的形容词照例是前饰，例如前引雪莱的诗句，但有时也可以后饰，例如雪莱的另一诗句：One too like thee——tameless, and swift, and proud。至于形容词片语或子句，则往往后饰，例如：man of action, I saw a man who looked like your brother。目前的白话文，不知何故，几乎一律前饰，似乎不懂后饰之道。例如前引的英文句，若用中文来说，一般人会不假思索说成："我见到一个长得像你兄弟的男人。"却很少人会说："我见到一个男人，长得像你兄弟。"如果句短，前饰也无所谓；如果句长，前饰就太生硬了。例如下面这句："我见到一个长得像你兄弟说话也有点像他的陌生男人。"就冗长得尾大不掉了。要是改为后饰，就自然得多："我见到一个陌生男人，长得像你兄弟，说话也有点像他。"其实文言文的句子往往是后饰的，例如司马迁写项羽与李广的这两句：

籍长八尺余，力能扛鼎，才气过人。

广为人长，猿臂，其善射亦天性也。

这两句在当代白话文里，很可能变成：

项籍是一个身高八尺，力能扛鼎，同时才气过人的汉子。

李广是一个高个子，手臂长得好像猿臂，天性就会射箭的人。

后饰句可以一路加下去,虽长而不失自然,富于弹性。前饰句以名词压底,一长了,就显得累赘,紧张,不胜负担。所以前饰句是关闭句,后饰句是开放句。

七

动词是英文文法的是非之地,多少纠纷,都是动词惹出来的。英文时态的变化,比起其它欧洲语文来,毕竟单纯得多。若是西班牙文,一个动词就会变出78种时态。中文的名词不分单复与阴阳,动词也不变时态,不知省了多少麻烦。《阿房宫赋》的句子:"秦人不暇自哀,而后人哀之。后人哀之而不鉴之,亦使后人而复哀后人也。"就这么一个"哀"字,若用西文来说,真不知要玩出多少花样来。

中文本无时态变化,所以在这方面幸而免于西化。中国文化这么精妙,中文当然不会拙于分别时间之先后。散文里说"人之将死,其言也善""议论未定,而兵已渡河"。诗里说"已凉天气未寒时"。这里面的时态够清楚的了。苏轼的七绝:"荷尽已无擎雨盖,菊残犹有傲霜枝。一年好景君须记,最是橙黄橘绿时。"里面的时序,有已逝,有将逝,更有正在发生,区别得准确而精细。

中文的动词既然不便西化,一般人最多也只能写出"我们将要开始比赛了"之类的句子,问题并不严重。

目前西化的趋势,是在原来可以用主动语气的场合改用被动语气。请看下列的例句:

(一)我不会被你这句话吓倒。

(二)他被怀疑偷东西。

(三)他这意见不被人们接受。

(四)他被升为营长。

(五)他不被准许入学。

这些话都失之生硬,违反了中文的生态。其实,我们尽可还原为主动语气如下:

(一)你这句话吓不倒我。

(二)他有偷东西的嫌疑。

(三)他这意见大家都不接受。

(四)他升为营长。

(五)他未获准入学。

同样,"他被选为议长"不如"他当选为议长"。"他被指出许多错误"也不如"有人指出他许多错误"。"他常被询及该案的真相"也不如"常有人问起他该案的真相"。

目前中文的被动语气有两个毛病。一个是用生硬的被动语气来取代自然的主动语气。另一个是千篇一律只会用"被"字,似乎因为它发音近于英文的 by,却不解从"受难"到"遇害",从"挨打"到"遭殃",从"经人指点"到"为世所重",可用的字还有许多,不必套一个公式。

八

中文的西化有重有轻,有暗有明,但其范围愈益扩大,其现象愈益昭彰,颇有加速之势。

以上仅就名词、连接词、介词、副词、形容词、动词等西化之病稍加分析,希望读者能举一反三,知所防范。

常有乐观的人士说,语言是活的,有如河流,不能阻其前进,所谓西化乃必然趋势。语言诚然是活的,但应该活得健康,不应带病延年。至于河流的比喻,也不能忘了两岸,否则泛滥也会成灾。西化的趋势当然也无可避免,但不宜太快、太甚,应该截长补短,而非以短害长。

①选自《余光中谈翻译》,余光中著,中国对外翻译出版公司2002年版。有删节。余光中(1928—),台湾作家、诗人。祖籍福建永春,生于南京市,以江南人自命。抗日战争时在四川读中学,自觉为"蜀人"。因生日为农历9月9日,所以自称"茱萸的孩子"。精通英语、德语、西班牙语等多种外语。曾任台湾国立中山大学文学院院长、美国西密歇根州立大学英文系副教授,享负语言大师之名。 ②杯葛:英语 boycott 的音译,集体抵制之意。 ③同侪同类:同一种类。侪,等、辈之意。 ④出自《史记·屈原贾生列传》,原句:"国风好色而不淫,小雅怨诽而不乱,若离骚者,可谓兼之矣。" ⑤出自朱自清《荷塘月色》。 ⑥出自何其芳《雨前》。 ⑦出自何其芳《雨前》。

"西而不化"与"西而化之"

中文西化对白话文毕竟不是无功。犯罪的是"恶性西化"的"西而不化"。立功的是"善性西化"的"西而化之"以致"化西为中"。钱钟书四十年代的作品《谈教训》:

上帝要惩罚人类,有时来一个荒年,有时来一次瘟疫或战争,有时产生一个道德家,抱着高尚到一般人所不及的理想,更有跟他的理想成正比例的骄傲和力量。

这显然是"善性西化"的典型句法。这一句也许单独看来好处不很显眼,但是和后面一句相比,就见出好在哪里了:

当上帝要惩罚人类的时候,他有时会给予我们一个荒年,有时会给予我们一次瘟疫或一场战争,有时甚至于还会创造出一个有着高尚到一般人所不及的理想的道德家——这个道德家同时具有着和这个理想成正比例的骄傲与力量。

(引自《谈翻译》,余光中著,中国对外翻译出版公司2002年版)

汉语中的外来词

汉语中大多外来词是采用音译法得来的。采用音译,主要有两个原因:一、汉语中没有对应词能确切传达英语原意,如休克(shock)、黑客(hacker)、沙发(sofa)、吉普(jeep)、幽默(humor)、基因(gene)、咖啡(coffee)、桑拿(sauna)以及一些商标名,如可口可乐(CocaCola)、柯达(Kodak)、雪碧(Spirit)、托福(TOEFL),这类词语将长存下去。二、英语词语原意暂时不明,如镭射(laser,现译为"激光")、卡通(cartoon,现译为"动画片")、德律风(telephone,现译为"电话")、凡阿林(violin,现译为"小提琴")、维他命(vitamin,现译为"维生素")等,这类词语虽能风光一时,但往往"夭折"。

除了意译词外,有些外来词语完全照搬原文字面含义,有时听起来颇为费解,但往往很快被世人所接受。例如：不明飞行物(unidentified flying object)、白宫(White House)、白厅(White Hall)、开放性教室(open classroom)、及格/不及格记分制(pass/fail grading)、快餐(fast food)等。汉语不仅从英语中引进了"蓝领"(blue collar)、"白领"(white collar)、"粉领"(pink collar)和"灰领"(grey collar),近年来还把"金领"(golden collar)也带了进来。

(引自《英汉语言文化比较》,黄勇著,西北工业大学出版社2007年版)

汉语对英语的影响

在英语语言的发展过程中,它吸收了许多外来语,从而使自身的词汇更加丰富。这些外来语主要来自希腊语、拉丁语、法语、西班牙语、意大利语、德语、汉语等。源于汉语的英语词汇有:wok(中国式的锅)、tofu(豆腐)、jiaozi(饺子)、taiji(太极拳)、chowmein(炒面)、kungfu(工夫)、Confucianism(儒教)、yin(阴)、yang(阳)、dimsum(点心)、litchi(荔枝)、Canton(广东)、oolong(乌龙茶)等。后来,一些汉语音译词被借译词或意译词取代。如:fenghuang(phoenix 凤凰)、chingtu(pureland 净土)、Lunyu(Analects of Confucius 论语)、jizaozi(dumpling 饺子)、Yin—yang(Five elements 阴阳)。

(引自《英汉语言文化比较》,黄勇著,西北工业大学出版社2007年版)

清楚的文章①

张五常

张五常不只是一位经济学家,还是一名散文写作高手,被誉为经济散文界狂傲不羁之"顶侠"。他曾经说过:"弄一车兵器,不是杀人手段。我有寸铁,便可杀人。"单刀直入,快人快语,是张五常文章的风格。他反对花拳绣腿、无病呻吟,认为理论越深,用词要越浅,浅白的文字在他的笔下经常有千钧之力。而他洗练的文字往往是建立在深刻的思想、严谨的推理以及独到的见解之上的。

前些时发表《古文今用》一文,说自己的中文水平有所不逮②,于是套用少小时背诵下来的古文、诗、词以补不足,救了我。臧老兄文仲读该文后,不同意古文救了我的观点,但又大赞我的文章了得。臧老兄认为,我的中文可读是因为我的英文也可读之故。天下为文之道,殊途同归,这点我当然没有异议。我也同意臧老兄的论断:一个通双语的人,不可能一语写得好而另一语却一无是处。

我收到好些记者及读者的来信或电话,希望我能细说一下为文之道,以及介绍一下我提及过的 The Elements of Style 那本小书。

说实话,我的文章没有什么了不起,而唯一感到欣慰的,就是可以写得清楚明白。这"清楚明白"的一技之长,在国际学术界也算是略有小名的。但我却没有什么特别的天分——29岁之前,我喜欢卖弄文笔,文章写来九曲十三弯,使人读来有天旋地转之感。

是29岁某一天,我敬佩的老师艾智仁(Armen Alchian)召我到他的办公室去,对我说:"我们(指他和其他的老师)绝不怀疑你是可造之材,不过,你的文章不容易看得懂。为文之道只有一个重点,那就是要写得清楚明白。要记着,不管你的思想如何了得,文章不容易明白就不会有成功的机会。"

听后我想,艾老从来不召见学生,这次隆重其事地召见我,就只是说这几句话,秘笈无疑也。我当时又想,自己是中国人,二十多岁才开始认真地学英语,要成为一个英语文豪是不可能的了;不得已而求其次,单学写清楚明白的文字就算了。

决定了要做什么,就把心一横地去做,是我天生的个性吧。但要学写清楚明白的文章,可不是我事前所想象的那么简单。其中的一个困难,是要"戒除"自己历来为文的坏习惯。这些坏习惯倒非我所独有,虽然当年我有的可能特别多。于今回顾,我当时的坏习惯有下述五点。

其一是花拳绣腿,往往跳一下草裙舞。清楚明白的文章是要有话直说。从"花拳绣腿"改为"有话直说",是困难的改进——即使到了今天,前不久我还是觉得自己有"花拳绣腿"之弊。

其二是喜欢用深字,比如几个有同样表达能力的字以供选择,我当年就喜欢选用较深的一个,以为(误以为)可以此向读者表现一下自己是个读过书之人。自从决定写清楚的文章后,凡有字(或词)的选择,我就取其最浅的一个。

(话得说回来,有一些特别的文字——例如三次介绍弗里德曼——为了要加点学术气氛来过瘾一下,我就选用深字,花拳绣腿一番。这样做,听众或读者究竟明白与否——只要他们知道我是在大读弗老——则无伤大雅了。)

其三是用长句。清楚的文字要用短句。不仅句子要短,分段也要短。一句说完就用句号或分号;一个小小的论点,说完就要立刻分段。清楚的文字,是不能拖泥带水地写的。好些人像我当年那样,认为懂得用长句才算是文章高手。这是不对的。

其四是着重文法。我不是说文法不重要——更不是说英语的文法不重要——而是下笔写初稿时要置文法于度外。文法的对或错,是应该在有了初稿之后才修改的。如果一下笔就重文法,分了心,"清楚"的问题就打了折扣。

其五是以为读者可以明白。好些时,为了文字之美,我们会写些有欠清晰的,以为读者仔细阅读一下就会明白的文字。但我们却忽略了读者读文章不是下象棋,肯大费工夫研究你在说什么。行文之中,认为读者可能不明白的,就要修改、浅化。好些时,为了达意,宁可多用几个字,虽用得不大"美",还是"划算"之举。

兹谨答复读者问及 *The Elements of Style* 一书之优点如下:这本小书摆明车马,一、二、三、四……列出规例,英语怎样写可取,怎样写不可取,不作解释,没有哲理。例如,小书上说,一句之中,重要的字要放在句首或句尾,不要放在中间。此规其妙无穷也。类似的规则,小书中凡数十,记着即可。对于像我这种懒得研究文字而又想文字写得像样的人来说,它是没有捷径的为文之道中的"捷径"了。

①选自《卷帘集》,张五常著,花千树出版有限公司2003年版。张五常(1935—),中国香港人,国际知名经济学家,新制度经济学和现代产权经济学的创始人之一。他以《佃农理论》和《蜜蜂的神话》两篇文章享誉学界。著有《经济分析》《中国的前途》《中国的经济革命》《卖桔者言》《随意集》《凭栏集》等。 ②有所不逮:有所不及。指能力达不到,能力触及不到。出自屈原《楚辞·卜居》:"夫尺有所短,寸有所长,物有所不足,智有所不明,数有所不逮,神有所不通。"

直话直说的写作①

薛 涌

所谓"直话直说",就是写文章、讲话要简练、清晰、达意,以最有效率的方式传播信息、交流思想。从张五常到本文作者薛涌,都极其推崇这样一本书,The Elements of Style,据说该书是当代英文写作的"圣经"。它所揭示的诸种规条,凡在汉语里有效,也很可借鉴:如"用肯定句,避免用否定句"、"尽量避免写长句子、复杂句,要写简单句"、"判断要确切"、"删去一切不必要的字"、"避免连续使用结构松散的句子"。这本书想要告诉我们的其实就是:简洁,是永恒的主题。

2005年底《新京报》上关于大学语文的讨论,让我想起了美国一本最畅销的书。这本书名字叫《风格的要素》(The Elements of Style),我手上有的第三版,是最小开本,正文仅85页。而最初的版本,仅43页。这本书,是康奈尔大学教授小威廉·斯特伦克(William Strunk Jr.)在上个世纪初讲授"大学语文"(课程代号是English 8)的私印教材。他骄傲地称之为"小书"。1919年上过他的课的学生、知名作家E. B. 怀特(E. B. White),在1959年应约将这本"小书"编辑公开出版。第一版就印了200万册。可是有个评论却惊呼:"这样的书竟然仅仅印了200万,说明许多人根本没有看到。实在是太糟糕了!"后来不断重印,成了美国人写英文的圣经。现在到底印了几千万或者更多,我也无从查证。但是,我在美国读这么多年书,所碰到的英文老师或帮我改英文的同学,没有人不看这本书的。

这么一本神奇的小书,塑造了英语的历史,对美国现代的英文写作,有着决定性的影响。那么,翻开看看,里面究竟写了什么呢? 小威廉·斯特伦克当年那43页,是书的核心,讲的无非是三件事:清晰、精确、简练。且举几个例子。

书中的第十四条写作规则,是"要用主动语态,避免使用被动语态"。例句是:

1. 我将会永远记住第一次对波士顿的访问。
2. 我第一次对波士顿的访问,将会被我永远记住。

第一句写得明显比第二句好,因为主动语态更直接、有力。

与此相关,第二条规则是"用肯定句,避免用否定句"。例句是:

1. 他不认为学习拉丁文是一个运用时间的好办法。
2. 他认为学习拉丁文是浪费时间。

这两个句子,显然第二句好得多。第一句话把能用肯定句法的话用否定句法说,显得逃避、躲闪,影响了句子的清晰度。

这些看起来是小节,但要在文章中始终贯彻非常困难。因为这样的句法,逼着作者把话讲清楚。而实际上,许多作者写文章,并不知道自己在说什么。举个例子,如果你写这么一句:"他被认为是在作秀。"这种被动语态,忽略了谁认为他在作秀。主动语态,则逼着作者回答问题、拿出证据:究竟是谁?这样,文字就变得具体,避免了含糊不清。

这当然不是说不能写被动语态,不能用否定句。这些原则只是告诉我们:能不绕圈子就不绕圈子,直截了当地面对读者。我学习写英文这么多年,受益最大的就是这些规则。其他还有"尽量避免写长句子、复杂句,要写简单句"等规则。真正能把复杂的思想用简单的句子表达出来,那才是最典雅的英文。

这些跟我们的大学语文有什么关系?我作为在中文世界和英文世界都写作的人,真心的体会是语言是表面,思想才是本质。你怎么写说明你怎么想。写英文和写中文,遵循的是一个规则。只不过人家那里写作受重视,大家钻研这些规则。我们这里则似乎认为在中文系里教书的人都懂写作,根本没有人管这些小规矩。更重要的是,人家的语文强调表达思想,我们的语文强调抖搂学问、炫耀文化;用更不好听的话说,就是读书人在那里摆谱儿:看,我懂这么多,还是信我的吧。

我出去读了这么多年书,拣起中文来写的第一本书,就叫《直话直说的政治》。所谓"直话直说",就是受这些年英文训练的影响。人家那里比的,是看谁能把最复杂的问题用最简单的语言说清楚。我们这里则比的是看谁能把一件简单的事情说得天花乱坠。大学语文的问题本来很简单:写文章、讲话要简练、清晰、达意,以最有效率的方式传播信息、交流思想。

①选自《精英的阶梯:美国教育考查》,薛涌著,新星出版社2006年版,原文题为《美国的大学语文教科书》。有删节。
②薛涌(1961—),旅美学者。著有《直话直说的政治》《美国是如何培养精英的》《中国文化的边界》等。

文从字顺见功夫①

朱德熙

1962年9月至1966年7月,中华函授学校在北京创办"语文学习讲座",报名参加学习的有机关和企业的干部,部队的官兵还有中小学校、业余学校的教师。主讲的老师有叶圣陶、赵朴初、谢冰心、老舍、赵树理、王力、吕叔湘、朱德熙、张志公、周振甫等我国著名的语言学家和作家。举办讲座的目的在于提高学员读和写的能力。而能力总得在实践中锻炼才能增长,此外别无捷径,所以主讲老师除了传授一些语文基础知识和基本技能外,还花了很大的功夫与学员们共同揣摩文字、评改文章。这些评改文章的讲稿现在读来,那种认真严谨的态度,精勤钻研的精神,令人叹服。

[原文]一至三段

　　人们吃番茄(西红柿)也不过二百五十年左右(1),这在各种农作物食用历史中算是很短的了(2)。

　　那是十六世纪中叶在美洲发现之后,番茄才传到了欧洲(3)。番茄在墨西哥的原名——拖玛脱也一并输入欧洲(4)。所以一直到现在欧美许多国家还把番茄叫拖玛脱。番茄到欧洲大陆之后,就在比利时、英国等花园中定居下来(5),被大家当成一种看果子的观赏植物,并且登堂入室,成为装饰室内的植物了(6)。当时番茄又被称为"黄金苹果",但是虽有苹果之名,人们并不敢吃它,以为是有毒的东西,因之番茄又被称为"狼之桃"。人们虽不吃番茄,却把它的果实拿来治疥疮。

　　大约过了一个半世纪,人们才懂得吃番茄。一八一一年出版的德文植物学辞典中才有关于番茄能吃的记载(7):一般认为番茄是有毒的植物,但是西班牙人把它的果实加辣椒、大蒜和牛油做菜吃,而葡萄牙人和波希米亚人甚至用它的果实作调味汁(8),这种调味汁稍带酸味异常可口。

(1)作者的意思是说"人们把番茄当做食物,到现在不过二百五十年左右",原文的说法不够清楚。

(2)"在各种农作物食用历史中"有语病。从字面上看,"各种"好像是修饰"食用历史"的,其实它修饰的是"农作物",应该在"农作物"之后加"的"字,更干脆的办法是删去"各种"二字。

(3)先说一件事情,再交代这件事发生的时间才用"那是……"的说法。例如"他曾经坐过国民党的监牢,那是抗战开始不久的事"。上文并没有提到什么具体的事情,这个"那是"就落空了。全句改为:"番茄(西红柿)原产南美洲,十六世纪中叶才传到了欧洲。"

(4)番茄是从美洲传到欧洲的,不是通过贸易关系"输入"欧洲的,"输入"用在这里不恰当。说番茄的原名"拖玛脱"也"一并输入"尤其不妥当。

(5)"大陆"两字要删去,因为下面提到的英国虽然是欧洲国家,却不在大陆上。"在比利时、英国等花园中",这么说好像比利时、英国都不是国家,而是花园了,如果要保留原文的说法,就得把"等"字改为"的"字。("花园"前面最好加上"一些"。)"定居"是比喻的说法,得加上引号。

(6)"被大家当成一种看果子的观赏植物"的说法生硬,意思也不清楚。把下文"当时番茄又被称为'黄金苹果'"一句挪到这里来,全句改为:"番茄的果子很好看,当时欧洲人又管它叫'黄金苹果',把它当作观赏植物种在花园里或是放在房间里当摆设。"

(7)"出版的"后边加上"一部"。"能吃"改为"可以食用"。

(8)前后两句话意思有转折,才能用"而"字连接,譬如说"西班牙人把番茄拿来做菜吃,而葡萄牙人却始终不敢吃它"。现在前后两句的意思是顺着说的:西班牙人吃番茄,葡萄牙人也吃番茄,当中没有转折,安不上"而"字。此外,"甚至"也用得不对。"甚至"表示极端或程度上更进一步的意思。葡萄牙人拿番茄汁做调味品跟西班牙人拿番茄做菜吃二者没有什么程度上的区别,不能用"甚至"。作者的意思可能是说葡萄牙人不仅拿番茄做菜吃,而且还用来调味。如果是这个意思,那就可以把原文的"甚至"换成"还"字。"作调味汁"的"作"字,可以解释为"当作",也可以解释为"做成"。如果是前一种意思,应该说"用番茄汁来调味",如果是后一种意思,就得说"把番茄做成调味汁"。

以上把文字上的毛病大致说了一下。从大处看,这三段的内容安排得也不很恰当。第一段和第三段都是说的番茄的食用历史,原文在这两段之间插入第二段,就把两段的联系打断了。其实第二段介绍的是番茄的原产地、名称以及它移植欧洲的历史,把这一段作为文章的开头很合适。这样挪动之后,原文第一段可以和第三段合并,层次要比原文清楚得多。

[原文]第四段

当人们一旦知道番茄不但可以吃而且营养极其丰富时,马上就普遍风行起来(1)。我国在三、四百年前也有栽培(2),"群芳谱"上就有"番柿"的记载(3),那时只作为观赏(4),直到四、五十年前才开始食用。从此我国各地才逐渐栽培起来(5)。

(1)这一句紧接上文,仍旧是说的欧洲,可是本段介绍的是番茄传入我国以后的情形。这一句如果非要说,只能挪到上一段末尾去。改作里把这句话删去了。

(2)"三、四百"的意思不是"三百"和"四百",而是个约数,是大约在"三百"和"四百"之间的意思,"三"和"四"之间不必用顿号隔开表示并列。"也有栽培"改为"已经开始栽培番茄"。

(3)《群芳谱》这部书一般人不见得知道,最好简单介绍一下。引号应改为书名号。此外,"番柿"是"番茄"的古名,也应该加以说明。根据以上所说,我们把这一句改为:"明代一部讲种植知识的书《群芳谱》上就有关于番茄的记载,当时叫作'番柿'。"

(4)"作为"之后只能跟名词,不能跟动词。"作为"改为"供"。番茄最初在我国只供观赏,这跟上文说的欧洲的情形一样,把原句改为"不过那时也是只供观赏的",用一个"也"字,就把这层意思显示出来了。

(5)"直到……"以下改为"一直到四五十年前我国人民才开始食用番茄。目前番茄在我国已经是极普通的一种蔬菜作物了"。

[原文]第五段

番茄含有较多矿物质和很丰富的维生素甲、乙、丙和维生素丁原(1)。尤其维生素丙不但含量最丰富,还有煮熟后不受或少受破坏的独到之处,这是一般蔬菜所不及的(2)。番茄果实中还含有适量的,助消化的苹果酸和柠檬酸等与一定的糖类,使吃的时候酸甜可口(3)。再加之番茄中有较多的氨基酸,味道很鲜美(4)。

(1)这句话用了两个"和"字,层次既不清楚,念起来也别扭。不如把原句拆成两句,说:"番茄含有较多的矿物质,维生素甲、乙、丙和维生素丁原也很丰富"。

(2)这一句毛病很多。第一,"尤其"用得不对,从句子的结构上说,"尤其"后边不能跟"不但……还……"的格式。从内容上说,上一句提到番茄里所含的维生素甲、乙、丙和维生素丁原很丰富,那么这一句也只能从含量上进行比较,说"其中维生素丙的含量尤其丰富",才讲得通。现在原文这一句除了说到含量以外,还说"煮熟后不受或少受破坏",这一点跟上文所说无从进行比较,因此也说不上"尤其"。第二,"煮"的是番茄,不是维生素丙,"煮熟"不恰当,改成"加热"好些。第三,"不受或少受破坏"的说法费解,改为"不易受破坏"。第四,"独到"总是指人的技能、见解等等说的,东西没有什么"独到"之处。"独到之处"改为"特点"。

(3)"果实"不必说,删去。"适量"只能用在人力可以控制的事情上。番茄里含有多少苹果酸和柠檬酸是天生的,人力不能控制,不能说"适量"。其实原文"适量的"和"一定的"都不必说,删去好得多。"柠檬酸"后面的"等"字也可以去掉。"使吃的时候酸甜可口"的"使"字是多余的。有了它,句子就不通了。前边说"含有……助消化的苹果酸……",后边说"吃的时候酸甜适口",好像"酸甜适口"跟"助消化"之间有什么因果关系似的,其实作者并没有这个意思。根据以上所说,这一句改为:"番茄中还含有苹果酸、柠檬酸和糖类,不仅吃起来酸甜适口,而且还可以帮助消化。"

(4)这一句改为:"此外,番茄里所含的氨基酸也不少,所以有一种特别的鲜味。"

[原文]第六段

番茄生吃的风味很好,是夏季大众化的优良水果(1)。在食用前用开水烫一下,就很容易去皮,而且起了消毒作用(2)。不过烫久了就会变酸,这是因为果实中起缓冲作用的蛋白质受到破坏,酸味就显出来了(3)。

(1)"风味"无所谓好坏。"风味"改为"味道"。"优良水果"生硬,删去"优良"。说番茄是"大众化"的水果,前边最好把价钱便宜的特点指出来,否则"大众化"三个字没有着落。这一句改为:"番茄生吃的味道很好,价钱又便宜,是夏季大众化的水果。"

(2)改为:"食用以前用开水烫一下,不但容易去皮,同时也消了毒。"

(3)"缓冲作用"指什么不明确。揣摩作者的意思,似乎是说番茄里所含的蛋白质原来可以抵消一部分酸味,用开水烫过之后,蛋白质受到破坏,酸味就显出来了。这一句可以改为"这是因为本来可以抵消一部分酸味的蛋白质受到破坏的缘故"。

[改作]

番茄(西红柿)原产南美洲。十六世纪中叶美洲大陆被发现之后,才传到了欧洲。它在墨西哥的原名"托玛拖"也同时传了过去。一直到现在,欧美很多国家还管番茄叫托玛拖。番茄的果子很好看,当时欧洲人又管它叫"黄金苹果",把它当作观赏植物种在花园里或放在房间里当摆设;也有人用它来治疥疮,可就是不敢吃它,以为是有毒的东西。它的另一个名字"狼之桃"大概就是这样来的。

大约经过了一个半世纪,欧洲人才懂得吃番茄。这就是说,人们开始把番茄当作食物到现在不过二百五十年左右。这在农作物的食用历史中,要算是很短的了。一八一一年出版的一部德文植物学词典里第一次出现番茄可以食用的记载:"一般认为番茄是有毒的植物,可是西班牙人却用它的果实加上辣椒、大蒜和牛油做菜吃。葡萄牙人和波西米亚人还用番茄汁来调味;番茄汁略带酸味,异常可口。"

我国在三四百年前已经开始栽培番茄。明代一部讲种植知识的书《群芳谱》上就有关于番茄的记载,当时叫做"番柿"。不过那时也是只供观赏的,一直到四五十年前我国人民才开始食用番茄。目前番茄在我国已是极普通的一种蔬菜作物了。

番茄含有较多的矿物质,维生素甲、乙、丙和维生素丁原也很丰富。其中维生素丙,不但含量丰富,还有加热后不易被破坏的特点,这是一般蔬菜所不及的。番茄还含有苹果酸、柠檬酸和糖类,不仅吃起来酸甜适口,而且还可以帮助消化。此外,番茄里所含的氨基酸也不少,所以有一种特别的鲜味。

番茄生吃的味道很好,价钱又便宜,是夏季大众化的水果。食用前用开水烫一下,不但容易去皮,同时也消了毒。不过烫久了就会变酸,这是因为本来可以抵消一部分酸味的蛋白质受到了破坏的缘故。

①选自《文章讲评》,叶圣陶等著,语文出版社1992年版。题目为编者所加。略有删节。朱德熙(1920－1992),著名语言学家、教育家,江苏省苏州市人。

常见语意重复的短语

文贵简洁、通畅,正如孔子所说:"辞达而已矣。"在写作中,词语的运用是为了准确表达事实,言辞足以达意即可,没有必要为了追求所谓文采而堆砌词语,画蛇添足。以下词组语义重复的毛病,应当注意避免。

曾经一度、免费赠送、突然顿悟、一致公认、多年的夙愿、其目的是为了、目前当务之急、诉诸于武力、悬殊极大、不必要的损失、难言之隐的苦衷、来我校莅临指导、时速可达×公里小时、十里路左右的距离、大多以……为主、……之所以……的原因、沧海桑田的巨变、正方兴未艾、报刊杂志、破天荒第一次、提出质疑、让人贻笑大方、互相厮打起来、实属是、再次复发、邂逅相遇、我的拙作、您的令爱、欢迎您的垂询

中国人十大语文错误

1. 最容易混淆的概念是"祖国"和"新中国"。2009年是新中国建立60周年,在相关纪念活动和媒体报道中,"祖国60岁生日"频频出现,正确的说法应是"新中国60岁生日"。"新中国"特指中华人民共和国。

2. 最容易用错的称谓词是"家父"。"家父"只能用来称呼自己的父亲,属于谦辞。称呼别人的父亲,习惯上用敬辞"令尊"。一些电视访谈节目中曾出现此类错误。

3. 最容易搭配错误的短语是"戴上紧箍咒"。紧箍咒只能念,不能戴。

4. 最容易用错的成语是"首当其冲"。"首当其冲"意为首先受到冲击,遭遇灾难与不幸,不能理解为"冲锋在前"。正确用法如:"高家是北门一带的首富,不免要首当其冲,所以还是早早避开的好。"

5. 最容易写错的人名是"貂蝉",常被写成"貂婵"。貂蝉自幼入汉宫,任管理宫中头饰、冠冕的女官,貂尾与蝉羽皆为古代显官冠上之饰物。貂蝉因掌貂蝉冠而得名。

6. 最容易误认的繁体字是"晝"。"晝"是"昼"的繁体字,常被误认作"書"(书)或"畫"(画)。2010年中央电视台元宵晚会便把古诗名句"花市灯如昼"误读为"花市灯如书"。选入某教材的古文名篇《昼锦堂记》,也被误作《画锦堂记》。

7. 最容易书写错误的汉字数字是"〇"。常见的差错是:以阿拉伯数字"0"代替汉字数字"〇"。比如将"二〇一〇年"误写为"二0一0年"。

8. 最容易读错的金属元素名称是"铊"。2011年6月,中国矿业大学发生学生"铊中毒"事件,某些电视主持人在播报有关新闻时,把"铊中毒"读成了"tuó中毒"。"铊"是一个冷僻字,也是多音字。读tuó时,同秤砣的"砣";读tā时,则表示一种元素名称。

9. 最容易用错的计量单位是"摄氏度"。把"摄氏度"分开来说成"摄氏"多少"度",如"摄氏15度""摄氏20度"。准确的说法应是:"15摄氏度""20摄氏度"。摄氏度是法定计量单位,不能随意拆开。

10. 在标点符号使用中,很多人在寄信时喜欢在信封上将"收"字用括号括起来,而括号是用来标明注释性文字的,用在信封上则是错的。

流行歌曲歌词语病拾零

流行歌曲因其时代感强、传播速度快、传播范围广等特点成为人们日常精神生活中不可缺少的一部分。流行歌曲的歌词常常打破日常语言的表达模式,以获得一种特殊的审美效应。但语言变异过度,就出现了许多晦涩难懂的陌生化语言,甚至语病。

"家里盘着两条龙是长江与黄河,还有珠穆朗玛峰是最高山坡。"(高枫《大中国》)

"我看见一座座山/一座座山川……"(韩红《青藏高原》)

"狮子山下一间破屋,发现了沉睡的一个箱子,一笔天文数字。"(五月天《赌神》)

"仿佛如同一场梦,我们如此短暂的相逢……"(罗大佑《野百合也有春天》)

"当我想起你的时候,泪被你悄悄地偷走,当我放手你的温柔,就算覆水也会难收。"(汪苏泷《停止跳动》)

"直到和你做了多年朋友,才明白我的眼泪,不是为你而流,也为别人而流。"(陈奕迅《十年》)

多重定语的语序

如果中心语前面的定语不止一项,也就是说一个中心语前面有多个定语,这些定语就存在一个排列顺序的问题。一般来说,最基本的规则是限制性定语要在描写性定语的前面。例如:

姐姐的那条漂亮长裙非常贵。(领属+性状)

那所校园里高大的树木很多。(处所+性状)

如果多个定语都是限制性定语,按照距中心语由远到近的顺序依次是:领属性定语+表处所或时间的定语+指示代词或数量短语。如:

我在南京的那位同学明天要来北京。(领属+处所+指量)

如果多个定语都是描写性定语,一般来说,它们的顺序是:主谓短语+形容词或形容词性短语+不带"的"的表属性、质料等的形容词、名词。如:那个个子高高的漂亮的藏族姑娘。

综合起来,多向定语的顺序是:领属定语+时间处所词语+指量短语+动词性短语+形容词性短语+不带"的"的表属性、质料等的形容词、名词。例如:

哥哥的那件新买的羊皮大衣丢了。(领属+指量+动词+质料)

山脚下那条碧玉般清澈的小河是我儿时的天堂。(处所+指量+形容词+不带"的"的形容词)

从逻辑上讲,跟中心语关系越密切的定语就越靠近中心语。但是,有些词语比如量词短语就比较灵活,位置可前可后。例如:

哥哥新买的那件羊皮大衣丢了。(领属+动词+指量+质料)

公文写作中常见错误举隅

一、公文中易误用的标点

1.序号后标点误用

例如：

第一、……

第二、……

顿号(、)应改为逗号(,)。

序号(一)(二)(三),(1)(2)(3),①②③,既然用了括号或圆圈,就不能再加顿号及其他标点。

阿拉伯数字和拉丁字母作序号时后面不用顿号,应该用点号".。"(只有中文数字序号后面才使用顿号如"一、二、三、"等)。

2.表示数量范围的阿拉伯数字之间误用了一字线"—"或半字线"－",应该用浪纹线"～",如11月1日～11月5日,2～3天,20～30人,等等。浪纹线"～"可在插入菜单中的特殊符号里查找,也可在新罗马字体下按Shift＋～。

3.阿拉伯数字表示时间时,小时与分钟之间应当使用英文冒号,如6：00、23：00。不能使用中文冒号,如6：00、23：00。也不能用比号(∶)。

4.独立成段的小标题一般句尾不加标点,但经常有画蛇添足者。

二、公文中易误用的数字

1.二〇〇六年不能写成二00六年、二零零六年。

2.表示概数时使用了错误的形式,如3、4天,7、8个人,等等。表述这样的概数应该使用中文数字,并且数字之间不使用标点,如:一两天,三四天,七八个人,等等。(相邻的两个数并列连用表示合数时,需用顿号,如:一、二两个班,三、四两个月。)

3.误用阿拉伯数字表示约数。如"挖了半天,也不过10几斤"。"10几斤"应该写作"十几斤"。约数有两种情况:凡是带"几"的,必须用汉字,如几万人、十几天;其他用"多""余""左右""上下"等来表示的,则必须视上下文而定,以局部体例的统一为原则。一般情况下,也以汉字为宜。

4.数值使用不合规范。如"来自四面八方的4万3千5百元的捐款……"其中的"4万3千5百元"是不合规范的。数值使用需注意以下几点:

①专业性科技出版物用分节法。如7.356 422 748 456。

②非专业性科技出版物可采用传统的千分撇","(英文半角逗号)分节的方法,也可不分节。三亿四千五百万可写成345,000,000,也可写成34,500万或3.45亿,但一般不得写作3亿4千5百万。

③数值巨大的精确数字,为了便于定位读数或转下行,有关部门规定可作为特例使用。如 1990 年中国人口普查人数为 11 亿 3368 万 2501 人。

④一个用阿拉伯数字书写的数值不应断开移转下行。

三、公文中最易混淆的词

1."制定"与"制订"

"制定"即制作、定出。公文中习惯用在较大场合,以制定党和国家的路线、方针、政策、法律和法令等,如:"党的第十六次代表大会,为我们制定了全面进入小康社会的总任务和政治路线。"

"制订"即制作、订立。公文中习惯用于具体规章制度的订立。如:"我们单位相继制订了防火、门卫等安全管理制度。"

2."营利"与"盈利"

"营利"即谋取利润,"非营利组织"的界定,最重要的一条就是不得以追求利润为目的。

"盈利"指扣除成本后获得的利润。近义词"盈余",也可用作"赢利"。

3."需要"与"须要"

"需要"即对"缺乏"而言,还有"要求"的意思。词性为及物动词,后可带宾语。

"须要"即说明"应当"、"必须"的意思。词性为能愿动词,修饰限制动词。

4."权力"与"权利"

"权力"即可以管辖、统治、支配别人的权柄,受其管辖者必须服从。

"权利"即指一定的人被规定赋予的可以享受的权益。如:"公民有监督公共权力正确行使的权利。"

5."截止"与"截至"

"截止"即到期停止如"截止时间为 10 月 31 日"。

"截至"即到……为止如"截至 10 月 31 日"。

6."以至"与"以致"

"以至"即到、直到。用于时间、数量、范围的延伸或扩大。

"以致"即弄得,由此而造成,用于下半句的开头,表示结果。

7."和"、"与"、"及"

"和"口语色彩比较浓;"与"带一些文言色彩,常用于比较郑重的场合;"及"连接的成分虽然也是并列,但表达的意思上有轻重的分别,即前重后轻。

8."其间"与"期间"

"其间"是指某一段时间。"其"相当于"这""那"等指示代词。"其间"承上表示"这段时间里"或"那段时间里"。如果"其间"前面再加上"这"或"那",就重复了。

"期间"的用法恰恰相反,它前面应该加修饰成分,如"这期间""那期间""开会期间""外出期间"等等。

四、分析一则公告中的语病

《衡阳日报》1986 年 10 月 18 日第三版刊登了一则公告。照录如下:

衡湘大桥封航公告

　　经市政府批准,衡湘大桥施工需拉钢丝绳横跨湘江,为确保施工和通航安全。决定从一九八六年十月二十日至十一月二十日封航。每天封航时间:8:00—17:30,中午通航根据具体情况。在升航时间内一切来往船舶、竹木排筏禁止通过。希有关部门协助做好宣传教育工作。过往船舶、竹木排筏必须听从指挥,不准强行通过,在封航期间大桥上下游负责指挥船的执勤人员,坚守岗位,严格管理。

　　以上事项希遵照执行,特此公告。

湖南省衡阳港航监督所
衡阳市湘江公路桥建设指挥部
一九八六年十月十日

这则公告只有190个字,但不当之处却有五处之多。试分析如下:

第一,语序不当。

"经市政府批准",是一个介词词组,本来是"决定……封航"的状语,却处在"衡湘大桥施工需拉钢丝绳横跨湘江"一句的前边,作了这一句的状语,使人误以为,大桥施工需拉钢丝绳横跨湘江也要市政府批准。

第二,误用标点。

有两处。一处是,"为确保施工和通航安全"是"决定……封航"的状语,后边却用了句号,这个句号应改为逗号;另一处是,"过往船舶、竹木排筏必须听从指挥,不准强行通过",这一句话已经说完了,本应该用句号点断,结果却用了逗号。

第三,前后失调。

"中午通航根据具体情况",其前头的"中午通航"只具有肯定通航的一面性,而其后面的"根据具体情况"却具有肯定否定的两面性,因为"具体情况"包括允许通航的情况,也包括不允许通航的情况。要使前后平衡,可以改为"中午是否通航根据具体情况而定"。

第四,存在歧义。

"负责指挥船的执勤人员"是说负责指挥船舶的执勤人员,还是说在指挥船上负责的执勤人员?原意是前者,就该说成"指挥船舶"或"指挥船只",使其意义固定为一种。

第五,照应不周。

公告前边两处提到"船舶、竹木排筏",后边却只说"负责指挥船(只)的执勤人员"。那么,"竹木排筏"是不是"负责指挥船的执勤人员"指挥的对象呢?回答是肯定的。为了照顾前文,最好说成"负责指挥船筏的执勤人员",或"负责指挥船舶、排筏的执勤人员"。

语言表达实践

一、"名以物出,词随事来",汉语中那些古老的词汇都有自己的历史,有自己的故事,知其然而后知其所以然,才能写对、用对。请查阅相关资料,回答以下问题。

"足下"为什么是对人的尊称?

比喻过时事物是用"昨日黄花",还是"明日黄花"?

"日上三竿"指的是几时几分?

是"网开三面"还是"网开一面"?

二、请模仿例句,将"行道迟迟,中心有违。不远伊迩,薄送我畿。谁谓荼苦?其甘如荠。宴尔新昏,如兄如弟"翻译为现代白话诗。可参看《"新婚燕尔"是何方"燕"》课后知识链接中的注释。示例:

　　行道迟迟,——道路漫漫独向前,

　　中心有违。——心中怨恨向谁言。

三、请判断下面这句话标点符号的使用是否正确,特别注意括号与引号的用法。

如《世纪新语·文学》的"郑玄在马融门下。三年不得相见,高足弟子传授而已(郑玄投入马融的门下学习。三年也没见到马融,只是马融的弟子代替马融教郑玄)"。(摘自课文《"新婚燕尔"是何方"燕"》)

四、一个好的店名对于宣传经营特色、扩大商店的知名度、促进业务开展,提高经济效益都具有显著作用。请你为朋友的书店(或婴儿用品店、理发店、服装店等)设计一个贴切的富有创意的店名,并向同学说明取名缘由或设计理念。

五、《论中文的常态与变态》中,常态与变态分别指什么?请摘录文中所举的语病例子,并加以修改。

六、请将下面各长句改写成几个连贯的短句。可适当调整语序,增减词语。

1.中国文字相传是皇帝的史官,据说是有四只眼睛的名叫仓颉的人看见了地上的兽蹄儿、鸟爪儿印着的痕迹,灵感涌上心头而造的。

2.我是通过去过杭州的一位前辈带到乡间来的上面印着一幅与现今常见的游览图不同的题目叫做"人间天堂"的游览图的一把劣质折扇初识西湖的。

3.曾把母鸡下蛋的啼叫和诗人的歌唱相提并论,说都是"痛苦使然"的尼采的这个家常而生动的比拟恰恰符合中国传统里一个苦痛比快乐更能产生诗歌,好诗主要是不愉快、烦恼或"穷愁"的表现和发泄的流行的意见。

七、古人不轻易说"钱"字,提"钱"时,会用别称来代替。如称铜钱为"孔方兄""青蚨""官板儿""阿堵物"等,称银圆为"龙洋""龙大头""袁世凯"等,称特大银锭为"没奈何"等,即便是"掌管财政大权"的财神也要婉称为"赵公元帅"。请对这种语言现象进行分析,写一篇不少于200字的短文,要求语言简练通畅、标点正确。

八、请关注流行歌曲的歌词,摘录你认为存在语病的歌词,与同学交流。对于歌词的语病问题,有两种态度。一种认为歌词是最富有创造性的语言形式,它强调的是艺术感染力与音乐性,很难用常规的语法来对它进行约束,所以吹毛求疵地规范它的语法是没有必要的。另一种认为歌词本身就是一种流传非常广的文学形式,如元曲,无论哪种形式的语言作品,文法通顺是最基本的,然后才可谈其他。以上观点你赞同哪一种?请说说你的看法。

九、请关注生活中的语言,记录重复赘余的短语,如"付诸于实践""涉及到党群关系""学习先进楷模""这其中定有问题""心里一直耿耿于怀"等,并加以改正。

十、请修改下面短文。

(一)最近,某市出现了非法利用电脑诱骗中小学生参与电子游戏,对青少年身心健康产生了不良影响,社会反映十分强烈。引起了该市领导同志的高度重视。该市文化市场管理部门,日前取销了130家经营电脑游戏的非法场所,将没收的165套电脑分送给中小学校开展电脑教学。这一利国利民的举措受到了社会各方面的拥护。

(二)梦境与睡眠深浅程度有关。蒙眬入睡时,大脑皮层的抑制程度比较浅,梦境就更加相近现实生活,正是"日有所思,夜有所梦"。甚至有时自己也觉察到在做梦,所以不能主动地控制,只能听其自然发展。睡眠稍深一些,梦境则有明显的虚幻性和荒诞性,一时在东,一时在西,或者与死去的亲人在一起,而自己毫无判断辨别的能力。这就是大脑里抑制程度更深。比如,白天深思一道数学题,梦里也可能在做数学;白天搞技术发明,梦里也可能搞同样的工作。

第二单元

大道与术业

单元导语

从古至今，从宇宙万物到社会人生，大道运行，方术纵横。

道，规律、法则、道理、道德、修养……

术，技能、技术、方法、策略、计谋……

道是方向，术是方法；道是修为，术是表现；道为灵，术为体。

《孙子兵法》开篇便指出："兵者，国之大事，死生之地，存亡之道，不可不察也。故经之以五事，校之以计，而索其情：一曰道，二曰天，三曰地，四曰将，五曰法。"可见兵法之中，大道为本，技法为末。

遗憾的是，人们在现实生活中，往往认为术现实，好操作，更重要的是在满足私欲方面有实际和快速的效果，而道长远、虚渺、深奥，更重要的是离自己私利距离太远，于是弃道而求术，为了术而离经叛道。

当然，重道也非轻术。术于外，道于内，道与术辩证而统一。轻道重术，则智术滥用；轻术重道，则徒劳无功。

有道而乏术者，易招人陷害，且不能发挥其所长；精于术而乏于道者，乃无本之源，亦不能长久；只有精于术而明道者，才能生生不息！

话题讨论

黑猫白猫，能捉老鼠就是好猫。黑道白道，能成大业都是大道。

观点一 赞同前一句，反对后一句。黑猫白猫论，是强调实践的重要性，鼓励大胆地干，在实践中检验真理，与其"站在岸上观火"，不如"摸着石头过河"。而"黑道白道论"是完全错误的，"猫"黑白没有是非之分，"道"黑白则有合法违法之分，完全两回事。

观点二 反对前一句，赞同后一句。黑道、白道怎样界定？梁山好汉是黑道还是白道？有人说每一次朝代的变迁都是"土匪"变"义军"、"义军"变"国军"的过程。不论黑白，只要推动社会发展，为人民大众做出贡献，就是好"盗"，就是大道。黑猫、白猫，能"捉老鼠"就是好猫，那么"能看门"的就是不务正业的坏猫吗？这完全是单一价值判断论，这和仅以考试成绩来评判一个学生是否优秀有什么不同？

观点三 这两句话说的是同一个道理，做事要把握大局，不要拘泥于细枝末节，"条条道路通罗马"。医生给病人治病，不管用的是什么方法，把病治愈了就是王道。

观点四 这两句话都在推崇"成者为王，败者为寇"的价值观。只重结果，不重过程。能"致富"就是好猫，有所成就，就是好道。现在靠地沟油、毒奶粉、破坏环境致富的还少吗？

我的观点：

大学之道①

《大学》

《大学》在儒家典籍中可称得上是一篇结构严谨、体系完整的经典之作。《大学》经文205字,对儒家理想人格的修为之道进行了从内到外的总结,建构了一套以"三纲八目"为核心的道德修养体系。这套道德修养体系对中国思想文化的发展起到了举足轻重的作用。"穷则独善其身,达则兼济天下"的处世哲学,"学以致用"的务实精神,"天下兴亡 匹夫有责"的济世情怀,无不体现《大学》之宗旨。

大学之道②,在明明德③,在亲民④,在止于至善⑤。知止⑥而后有定,定而后能静⑦,静而后能安⑧,安而后能虑⑨,虑而后能得⑩。物有本末⑪,事有终始。知所先后,则近道矣。

古之欲明明德于天下者,先治其国;欲治其国者,先齐其家⑫;欲齐其家者,先修其身;欲修其身者,先正其心;欲正其心者,先诚其意;欲诚其意者,先致其知⑭。致知在格物⑮。物格而后知至,知至而后意诚,意诚而后心正,心正而后身修,身修而后家齐,家齐而后国治,国治而后天下平。

自天子以至于庶人⑯,壹是⑰皆以修身为本。其本乱而末治者否矣⑱。其所厚者薄⑲,而其所薄者厚⑳,未之有也。

《大学》古本线装书影

①本文节选自《四书集注·大学章句》,〔宋〕朱熹,岳麓书社1987年版。 ②大学之道:大学的宗旨。"大学",一是"博学"的意思,二是相对于小学而言的"大人之学"。古人八岁入小学,学习"洒扫应对进退、礼乐射御书数"等文化基础知识和礼节;十五岁入大学,学习伦理、政治、哲学等"穷理正心,修己治人"的学问。所以,后一种含义其实也和前一种含义有相通的地方,同样有"博学"的意思。"道"的本义是道路,引申为规律、原则等,在中国古代哲学、政治学里,也指宇宙万物的本原、本体,一定的政治观或思想体系等,在不同的上下文环境里也有不同的意思。 ③明明德:前一个"明"作动词,后一个"明"作形容词,弘扬光明正大的品德。 ④亲(xīn)民:"亲"同"新",用作使动,即革新、弃旧图新。亲民,也就是新民,使人弃旧图新、去恶从善。 ⑤止于至善:以至善为立足点、行为原则和最终归宿。止:达到且坚守不移。 ⑥知止:知道目标所在。止:目标,知之,则志有定向。 ⑦静:心不妄动。 ⑧安:所处而安。 ⑨虑:处事精详。 ⑩得:收获,达到至善的境界。 ⑪本:根,根本。末:末梢、枝节,不是根本的、重要的事物,跟"本"相对。 ⑫齐其家:管理好自己的家庭或家族,使家庭或家族和和美美,蒸蒸日上,兴旺发达。 ⑬修其身:修养自身的品性。 ⑭致其知:使自己获得知识。 ⑮格物:认识、研

究万事万物。⑯庶人:指平民百姓。⑰壹是:都是,一律。⑱本乱而末治者否矣:根坏死而树梢完美,是不可能的。⑲厚者薄:该重视的不重视。⑳薄者厚:不该重视的却加以重视。

《礼记》与《大学》

古有"三礼":《周礼》、《仪礼》与《礼记》。《周礼》(原名《周官》)是周朝官制及战国时列国制度的汇编。《仪礼》是春秋战国礼制汇编。《礼记》是先秦至两汉时期儒家关于礼治的文献选编,相传为西汉戴圣编纂,又称《小戴礼记》。《礼记》内容庞杂、繁富,是研究中国古代礼学的重要资料,也是研究孔子及早期儒家礼学思想的重要资料。《大学》原为《礼记》第四十二篇。宋朝程颢、程颐兄弟把它从《礼记》中抽出,编次章句。朱熹将《大学》、《中庸》、《论语》和《孟子》合编注释,称为《四书》,从此《大学》成为儒家经典。

初学入德之门

《大学》开篇即指出:"大学,孔氏之遗书,而初学入德之门也。于今可见古人为学次第者,独赖此篇之存。"从"初学入德"这一评价来看,《大学》应当着重于儒家思想的基本概念及其宗旨表述;从"为学次第"的评价来看,《大学》篇应当具有方法论的理论价值,也就是说《大学》的主要贡献在于"授人以渔"。《大学》的重点并不是要详解儒学思想内容,而是理论概述,使后人只要研习此篇就能够基本掌握儒家思想的主体脉络和进学方法。

三纲八目

《大学》提出了明明德、亲民、止于至善三条纲领,又提出了格物、致知、诚意、正心、修身、齐家、治国、平天下八个条目。八个条目是实现三条纲领的途径。在八个条目中,修身是根本的一条,"自天子以至于庶人,壹是皆以修身为本"。明明德是指弘扬光明正大的品德。新民是指让人们革旧图新。止于至善是指要达到最好的境界。本末是指做事要分清主次,抓住根本。格物、致知是指穷究事物的原理来获得知识。诚意就是"勿自欺",不要"掩其不善而著其善"。正心就是端正自己的心思。修身就是加强自身修养,提高自身素质。齐家就是管理好自己的家庭、家族。治国、平天下是谈治理国家的事。"三纲领"和"八条目",强调修己是治人的前提,修己的目的是治国平天下,说明治国平天下和个人道德修养的一致性,《大学》寄托了古人内圣外王的理想。

冯友兰:"内圣外王"现实意义探讨

所谓"内圣",是相对于人的内在心性修养而言,而"外王"是相对于人的社会功用而言,"内圣外王"使人由"内在"而走向了"外在"。人之存在,不能专属沉迷在自己的内心深处,寻求内心的和平与幸福,而应坚实地存在于社会之中,切实地承担社会责任。

任何社会中,皆有共相与殊相之分。"殊相"随世道的变迁而流变,而共相却永存于世道之中,不会随时代的变迁而变迁。冯先生称其为不变的道德,即儒家传统中的"仁、义、礼、智、信"。我们剥离掉这一道德标准的历史局限部分,挖掘其中蕴含的仁爱、责任、守诺、道义和对智慧的追思这一部分。这些不变的道德标准在现代社会的历史境遇中仍具有积极作用,对抵御当前人们思想浮躁、功利主义、利己主义、道德沦丧有着积极的内在规范作用。

(引自《冯友兰"内圣外王"的现代价值探讨》,吴晓蓉,《人民论坛》,2011年第2期)

孔子 曾子 子思 孟子

孔子名丘,字仲尼。其先宋人。父叔梁纥,母颜氏,以鲁襄公二十二年庚戌之岁十一月庚子,生孔子于鲁昌平乡陬邑。孔子卒,年七十三。曾子,孔子之门人,得孔子之真传。子思,孔子之孙,伯鱼之子,授业于曾子,传道于孟子。孟轲,邹人也,授业子思之门人。

道·德

失道而后德,失德而后仁,失仁而后义,失义而后礼。——《老子》

道生之,德蓄之,物形之,势成之。是以万物莫不尊道而贵德。——《老子》

物得以生谓之德。——《庄子·天地》

志于道,据于德,依于仁,游于艺。——《论语·述而》

握道而治,据德而行,席仁而坐,杖义而强,虚无寂寞,通动无量。——陆贾《新语·道基》

以道化民者,民亦以道归之,故尚自然。……以德教民者,民亦以德归之,故尚让。以功劝民者,民亦以功归之,故尚政。……以力率民者,民亦以力归之,故尚争。——邵雍《观物篇》

道人教年羹尧①

《清稗类钞》

年羹尧(1679—1726),清代康熙、雍正年间人,进士出身,官至四川总督、川陕总督、抚远大将军,被加封太保、一等公,高官显爵集于一身。他运筹帷幄,驰骋疆场,平息西藏乱事,平定青海叛乱,立下赫赫战功。雍正二年(1724)入京时,得到雍正帝特殊宠遇,真可谓位极人臣。但翌年②十二月,风云骤变,他被雍正帝削官夺爵,列大罪九十二条,赐自尽。

年遐龄有子曰羹尧,七岁时,遐龄辄③携之游山。一日,遇道人,遽④抚其顶曰:"是儿奇贵。惜欠后福。"又曰:"能从我学,或可变化气质。"遐龄遂延⑤道人馆其家。既至,择高楼,与羹尧共居,索桌凳数十具,置楼上,饮食便溺,以绳上下。约三年,乃下楼。遐龄从之,有时至楼下窃听,但闻楼上步履声,踊跃声,挪移桌凳声,指挥进退声,隐若演阵。逾年,则闻书声琅琅⑥,彻夜不息,书语隐奥⑦不可解。又逾年,寂然无声,从他楼窥之,则两人相对瞑坐而已。会遐龄妻病剧,亟⑧欲见子,遐龄不可。妻搥牀⑨哭泣,不得已,觅梯呼羹尧。道人张目曰:"败矣,学备而养未至,他日必以气偾⑩命也。"叹息辞去。自后遐龄屡戒羹尧养气,羹尧不悟。祸发,并欲逮遐龄,朱文端公轼⑪争之而罢。

①选自《清稗类钞·第四册》,清末民初徐珂编撰。此书汇辑野史笔记、家藏秘籍、传闻异辞,将清一代的朝野轶事遗闻及上至天文、下至地理各类人物事迹,仿照《宋稗类钞》《明稗类钞》体裁编写而成。②翌年:次年,明年。③辄:总是,就。④遽(jù):突然。⑤延:引进,请。⑥琅琅:玉字旁,形容金石相击声、响亮的读书声等。书声琅琅:形容声音清晰响亮。⑦隐奥:隐晦深奥。⑧亟(jí):急切。⑨牀(chuáng):同"床"。⑩偾(fèn):毁坏,败坏。⑪朱文端公轼:朱轼,字若瞻,号可亭,谥文端。前清名臣,历仕康熙、雍正、乾隆三朝,官至太子太傅、文华殿大学士,兼吏、兵二部尚书,为乾隆帝师。卒后次年归葬故里,乾隆帝御赐"帝师元老"。

成语"朝乾夕惕"与年羹尧之死

成语"朝乾夕惕",出自《周易·乾》:"君子终日乾乾,夕惕若厉,无咎。"乾乾,即自强不息;惕,小心谨慎。形容一天到晚勤奋谨慎,没有一点疏忽懈怠。

雍正三年二月,日月合壁,五星连珠,年羹尧表贺,本想用"朝乾夕惕"一词赞美雍正帝勤于政务,但竟将此语误写作"夕惕朝乾",雍正借此大加发挥,责其有意倒置。以"怠玩昏愦"

调任杭州将军。又因众官交章劾奏,罢将军任,尽削其职,逮至京师问罪。是年十二月(1726年1月),以92款罪被敕令自尽,年仅47岁。其子年富立斩,诸子年15以上者戍边,子孙未满15岁者待至时照例发遣,族中文武官员俱革职,其党羽皆处斩。

(参考《中华全二十六史》,第11册,中国华侨出版社2002年版)

年羹尧的"傲"与隆科多的"精"

年羹尧与隆科多,性格迥异,一个专横傲慢,睥睨万物,一个见风使舵,精明绝顶,却有着相似的际遇和命运。他俩都曾被雍正重用,是雍正依仗的左右臂,都曾权倾一时,一个是抚远大将军,一个是吏部尚书,但在两三年间,又都被雍正果断除掉,一个被赐死,一个被圈毙。

年羹尧的傲,是恃功自傲,目中无人。这是多年沙场功高盖世宠出来的。他自恃与雍正莫逆之交,自恃对清廷忠心耿耿,便无所顾忌,为人行事忘了法度,把同官当下属,令王公膝地郊迎,接上谕不依制迎诏,苛待部下,专权跋扈,引起朝野上下公愤。隆科多的"精",是精于算计,老奸巨猾。这是多年官场小心谨慎历练出来的。他能察言观色,能审时度势,遇事能掂个轻重,知道哪头炕热。顺境时能左右逢源,逆境时能养光韬晦。然而正是他的心机深密使他成为雍正的"心头之病",视他为一颗不知道什么时候就会爆炸的炸弹。

年羹尧至死都没想到自己会死,都不明白自己是因何而死。隆科多知道自己会死,也试图摆脱,但终究没有躲过雍正掌心。耐人寻味的是,雍正对隆科多的惩处,不是杖毙,不是赐死,而是"圈禁"。雍正最害怕的,不过是隆科多的那张嘴。一年之后,隆科多于禁所中死去。

年羹尧生得威风,死得糊涂。隆科多生得精明,死得窝囊。

(参考《年羹尧的傲与隆科多的精》,吴营洲,见《百家讲坛》2011年第7期)

盗亦有道①

庄 子

擅于讲故事的庄子,以"盗亦有道"的故事,推论世上"大盗不止"是由于圣人之道为大盗所用的缘故。圣智礼法本用以防盗制贼,却反被盗贼所窃,成为大盗之名器。借而批判"窃钩者诛,窃国者为诸侯"的社会现实,提出只有绝圣弃知、摒弃仁义,才能天下无事、民风朴鄙的思想主张。

跖之徒问于跖②曰:"盗亦有道乎?"跖曰:"何适③而无有道邪?夫妄意④室中之藏,圣也;入先⑤,勇也;出后⑥,义也;知可否⑦,知也;分均,仁也。五者不备,而能成大盗者,天下未之有也。"由是观之,善人不得圣人之道不立,跖不得圣人之道不行。天下之善人少,而不善人多,则圣人之利天下也少,而害天下也多。故曰:唇竭则齿⑧,鲁酒薄而邯郸围⑨,圣人生而大盗起。掊击⑩圣人,纵舍⑪盗贼,而天下始治矣。

庄子像邮票

①节选自《庄子》外篇《胠箧》。见王世舜《庄子注译》,齐鲁书社2009年版。 ②跖(zhí):即盗跖,原名展雄,又名柳下跖、柳展雄,相传是当时贤臣柳下惠的弟弟,为鲁孝公的儿子公子展的后裔,因以展为姓。系春秋战国之际奴隶起义领袖,在先秦古籍中被诬为"盗跖"和"桀跖"。 ③何适:适何,到什么地方。 ④妄意:凭空猜测。意同"臆"。 ⑤入先:率先进到屋里。 ⑥出后:最后退出屋子。 ⑦知可否:知道可否采取行动。 ⑧寒,即齿寒,唇竭:即唇反举向上。整句为唇亡齿寒之意。 ⑨"鲁酒"句:《淮南子》许慎注:"楚会诸侯,鲁、赵俱献酒于楚王,鲁酒薄而赵酒厚。楚之主酒吏求酒于赵,赵不与。吏怒,乃以赵厚酒易鲁薄酒,奏之。楚王以赵薄,故围邯郸也。"邯郸:赵国的京城。此例比喻事物的因果关系有不期然而然者。 ⑩掊(pǒu)击:抨击,打倒。 ⑪舍:放走。

胠 箧

《胠箧》乃《庄子》外篇之三,取篇首第一句话中"胠箧"二字为篇名。胠箧(qū qiè),"胠"指从旁打开,"箧"指箱子一类盛物器具,本义为撬开箱箧,后用为盗窃的代称。《史记·老子韩非列传》言庄子:"作《渔父》、《盗跖》、《胠箧》,以诋訾(zǐ)孔子之徒,以明老子之术。"此篇矛头直指儒家学说,抨击儒家所赞颂的"圣人"及其理论观念。文中指出所谓圣人以及圣、智之法,不仅不能治乱防患,反而对盗贼有利,反而对"窃国者"有利,因为它们成了"窃钩者"和

"窃国者"所凭借的工具。全文以犀利诙谐的笔调剖析了圣智仁义导致天下大乱的深层原因,并指出真正的大道为摒弃圣智礼法,复归人类原初状态时的自由和平等。

(引自《庄子直解》,姚汉荣编,复旦大学出版社 2000 年版)

所谓知者,有不为大盗积者也?

将为胠箧、探囊、发匮之盗而为守备,则必摄缄縢、固扃(jiōng)鐍(jué),此世俗之所谓知(zhì)也。然而巨盗至,则负匮、揭箧、担囊而趋,唯恐缄縢、扃鐍之不固也。然则乡之所谓知者,不乃为大盗积者也?(节选自《庄子·胠箧》)

译文:为了对付撬箱子、掏口袋、开柜子的小偷而做防范准备,必定要收紧绳结,加固插闩和锁钥,这就是一般人所说的聪明做法。可是一旦大强盗来了,就会背着柜子、扛起箱子、挑着口袋快速逃跑,还生怕绳结、插闩与锁钥不够牢固。既然如此,那么先前所谓的聪明做法,不就是给大盗做好了积聚和储备吗?

怀李叔同先生[①]

丰子恺

李叔同先生39岁那年,在杭州虎跑寺剃度出家,法号"弘一"。那个上海滩风流倜傥才华横溢的翩翩公子,那个在诸多艺术领域开风气之先的新文化运动先驱,放下世间所有的一切,卓越的成就,至深的亲情,难舍的爱情,开始了青灯相伴清苦的修行之旅。是什么使得一个人在事业的巅峰期,在人生臻于佳境的时候,毅然绝弃尘世,选择成为一名苦行僧呢?

弘一法师与弟子刘质平及丰子恺的合影

距今二十九年前,我十七岁的时候,最初在杭州的浙江省立第一师范学校里见到李叔同先生,即后来的弘一法师。那时我是预科生,他是我们的音乐教师。我们上他的音乐课时,有一种特殊的感觉:严肃。摇过预备铃,我们走向音乐教室,推进门去,先吃一惊:李先生早已端坐在讲台上。以为先生总要迟到而嘴里随便唱着、喊着,或笑着、骂着而推进门去的同学,吃惊更是不小。他们的唱声、喊声、笑声、骂声以门槛为界限而忽然消灭。接着是低着头,红着脸,去端坐在自己的位子里。端坐在自己的位子里偷偷地仰起头来看看,看见李先生的高高的瘦削的上半身穿着整洁的黑布马褂,露出在讲桌上,宽广得可以走马的前额,细长的凤眼,隆正的鼻梁,形成威严的表情。扁平而阔的嘴唇两端常有深涡,显示和蔼的表情。这副相貌,用"温而厉"三个字来描写,大概差不多了。讲桌上放着点名簿、讲义,以及他的教课笔记簿、粉笔。钢琴衣解开着,琴盖开着,谱表摆着,琴头上又放着一只时表,闪闪的金光直射到我们的眼中。黑板(是上下两块可以推动的)上早已清楚地写好本课内所应写的东西

(两块都写好,上块盖着下块,用下块时把上块推开)。在这样布置的讲台上,李先生端坐着。坐到上课铃响出(后来我们知道他这脾气,上音乐课必早到。故上课铃响时,同学早已到齐),他站起身来,深深地一鞠躬,课就开始了。这样地上课,空气严肃得很。

有一个人上音乐课时不唱歌而看别的书,有一个人上音乐时吐痰在地板上,以为李先生不看见的,其实他都知道。但他不立刻责备,等到下课后,他用很轻而严肃的声音郑重地说:"某某等一等出去。"于是这位某某同学只得站着。等到别的同学都出去了,他又用轻而严肃的声音向这某某同学和气地说:"下次上课时不要看别的书。"或者:"下次痰不要吐在地板上。"说过之后他微微一鞠躬,表示"你出去罢"。出来的人大都脸上发红。又有一次下音乐课,最后出去的人无心把门一拉,碰得太重,发出很大的声音。他走了数十步之后,李先生走出门来,满面和气地叫他转来。等他到了,李先生又叫他进教室来。进了教室,李先生用很轻而严肃的声音向他和气地说:"下次走出教室,轻轻地关门。"就对他一鞠躬,送他出门,自己轻轻地把门关了。最不易忘却的,是有一次上弹琴课的时候。我们是师范生,每人都要学弹琴,全校有五六十架风琴及两架钢琴。风琴每室两架,给学生练习用;钢琴一架放在唱歌教室里,一架放在弹琴教室里。上弹琴课时,十数人为一组,环立在琴旁,看李先生范奏。有一次正在范奏的时候,有一个同学放一个屁,没有声音,却是很臭。钢琴及李先生十数同学全部沉浸在亚莫尼亚气体中。同学大都掩鼻或发出讨厌的声音。李先生眉头一皱,管自弹琴(我想他一定屏息着)。弹到后来,亚莫尼亚气散光了,他的眉头方才舒展。教完以后,下课铃响了。李先生立起来一鞠躬,表示散课。散课以后,同学还未出门,李先生又郑重地宣告:"大家等一等去,还有一句话。"大家又肃立了。李先生又用很轻而严肃的声音和气地说:"以后放屁,到门外去,不要放在室内。"接着又一鞠躬,表示叫我们出去。同学都忍着笑,一出门来,大家快跑,跑到远处去大笑一顿。

李先生用这样的态度来教我们音乐,因此我们上音乐课时,觉得比上其他一切课更严肃。同时对于音乐教师李叔同先生,比对其他教师更敬仰。那时的学校,首重的是所谓"英、国、算",即英文、国文和算学。在别的学校里,这三门功课的教师最有权威;而在我们这师范学校里,音乐教师最有权威,因为他是李叔同先生的缘故。

李叔同先生为什么能有这种权威呢?不仅为了他学问好,不仅为了他音乐好,主要的还是为了他态度认真。李先生一生的最大特点是"认真"。他对于一件事,不做则已,要做就非做得彻底不可。

他出身于富裕之家,他的父亲是天津有名的银行家。他是第五位姨太太所生。他父亲生他时,年已七十二岁。他堕地后就遭父丧,又逢家庭之变,青年时就陪了他的生母南迁上海。在上海南洋公学读书奉母时,他是一个翩翩公子。当时上海文坛有著名的沪学会,李先生应沪学会征文,名字屡列第一。从此他就为沪上名人所器重,而交游日广,终以"才子"驰名于当时的上海。所以后来他母亲死了,他赴日本留学的时候,作一首《金缕曲》,词曰:"披发佯狂走。莽中原暮鸦啼彻几株衰柳。破碎河山谁收拾,零落西风依旧。便惹得离人消瘦。行矣临流重太息,说相思刻骨双红豆。愁黯黯,浓于酒。漾情不断淞波溜。恨年年絮飘萍泊,遮难回首。二十文章惊海内,毕竟空谈何有!听匣底苍龙狂吼。长夜西风眠不得,度群生那惜心肝剖。是祖国,忍孤负?"读这首词,可想见他当时豪气满胸,爱国热情炽盛。他出家时把过去的照片统统送我,我曾在照片中看见过当时在上海的他:丝绒碗帽,正中缀一方白玉,曲襟背心,花缎袍子。后面挂着胖辫子,底下缎带扎脚管,双梁厚底鞋子,头抬得很高,英俊之气,流露于眉目间。真是当时上海一等的翩翩公子。这是最初表示他的特性:凡事认真。他立意要做翩翩公子,就彻底地做一个翩翩公子。

后来他到日本,看见明治维新的文化,就渴慕西洋文明。他立刻放弃了翩翩公子的态度,改做一个留学生。他入东京美术学校,同时又入音乐学校。这些学校都是模仿西洋的,所教的都是西洋画和西洋音乐。李先生在南洋公学时英文学得很好;到了日本,就买了许多西洋文学书。他出家时曾送我一部残缺的原本《莎士比亚全集》,他对我说:"这书我从前细读过,有许多笔记在上面,虽然不全,也是纪念物。"由此可想见他在日本时,对于西洋艺术全面进攻,绘画、音乐、文学、戏剧都研究。后来他在日本创办春柳剧社,纠集留学同志,共演当时西洋著名的悲剧《茶花女》(小仲马著)。他自己把腰束小,扮作茶花女,粉墨登场。这照片,他出家时也送给我,一向归我保藏;直到抗战时为兵火所毁。现在我还记得这照片:卷发,白的上衣,白的长裙拖着地面,腰身小到一把,两手举起托着后头,头向右歪侧,眉峰紧蹙,眼波斜睇①,正是茶花女自伤命薄的神情。另外还有许多演剧的照片,不可胜记。这春柳剧社后来迁回中国,李先生就脱出,由另一班人去办,便是中国最初的"话剧"社。由此可以想见,李先生在日本时,是彻头彻尾的一个留学生。我见过他当时的照片:高帽子、硬领、硬袖、燕尾服、史的克、尖头皮鞋,加之长身、高鼻,没有脚的眼镜夹在鼻梁上,竟活像一个西洋人。这是第二次表示他的特性:凡事认真。学一样,像一样。要做留学生,就彻底地做一个留学生。

他回国后,在上海太平洋报社当编辑。不久,就被南京高等师范请去教图画、音乐。后来又应杭州师范之聘,同时兼任两个学校的课,每月中半个月住南京,半个月住杭州。两校都请助教,他不在时由助教代课。我就是杭州师范的学生。这时候,李先生已由留学生变为"教师"。这一变,变得真彻底:漂亮的洋装不穿了,却换上灰色粗布袍子、黑布马褂、布底鞋子。金丝边眼镜也换了黑的钢丝边眼镜。他是一个修养很深的美术家,所以对于仪表很讲究。虽然布衣,却很称身,常常整洁。他穿布衣,全无穷相,而另具一种朴素的美。你可想见,他是扮过茶花女的,身材生得非常窈窕。穿了布衣,仍是一个美男子。"淡妆浓抹总相宜",这诗句原是描写西子的,但拿来形容我们的李先生的仪表,也很适用。今人侈谈"生活艺术化",大都好奇立异,非艺术的。李先生的服装,才真可称为生活的艺术化。他一时代的服装,表出着一时代的思想与生活。各时代的思想与生活判然不同,各时代的服装也判然不同。布衣布鞋的李先生,与洋装时代的李先生、曲襟背心时代的李先生,判若三人。这是第三次表示他的特性:认真。

我二年级时,图画归李先生教。他教我们木炭石膏模型写生。同学一向描惯临画,起初无从着手。四十余人中,竟没有一个人描得像样的。后来他范画给我们看。画毕把范画揭在黑板上。同学们大都看着黑板临摹。只有我和少数同学,依他的方法从石膏模型写生。我对于写生,从这时候开始发生兴味。我到此时,恍然大悟:那些粉本原是别人看了实物而写生出来的。我们也应该直接从实物写生入手，何必临摹他人，依样画葫芦呢？于是我的画进步起来。此后李先生与我接近的机会更多。因为我常去请他教画，又教日本文。以后的李先生的生活，我所知道的较为详细。他本来常读性理的书，后来忽然信了道教，案头常常放着道藏。那时我还是一个毛头青年，谈不到宗教。李先生除绘事外，并不对我谈道。但我发见他的生活日渐收敛起来，仿佛一个人就要动身赴远方时的模样。他常把自己不用的东西送给我。他的朋友日本画家大野隆德、河合新藏、三宅克已等到西湖来写生时，他带了我去请他们吃一次饭，以后就把这些日本人交给我，叫我引导他们（我当时已能讲普通应酬的日本话）。他自己就关起房门来研究道学。有一天，他决定入大慈山去断食，我有课事，不能陪去，由校工闻玉陪去。数月之后，我去望他。见他躺在床上，面容消瘦，但精神很好，对我讲话，同平时差不多。他断食共十七日，由闻玉扶起来，摄一个影，影片上端由闻玉题字："李息翁先生断食后之像，侍子闻玉题。"这照片后来制成明信片分送朋友。像的下面用铅字排印着："某年月日，入大慈山断食十七日，身心灵化，欢乐康强——欣欣道人记。"李先生这时候已由"教师"一变而为"道人"了。学道就断食十七日，也是他凡事"认真"的表示。

但他学道的时候很短。断食以后，不久他就学佛。他自己对我说，他的学佛是受马一浮先生指示的。出家前数日，他同我到西湖玉泉去看一位程中和先生。这程先生原来是当军人的，现在退伍，住在玉泉，正想出家为僧。李先生同他谈得很久。此后不久，我陪大野隆德到玉泉去投宿，看见一个和尚坐着，正是这位程先生。我想称他"程先生"，觉得不合。想称他法师，又不知道他的法名（后来知道是弘伞）。一时周章③得很。我回去对李先生讲了，李先生告诉我，他不久也要出家为僧，就做弘伞的师弟。我愕然不知所对。过了几天，他果然辞职，要去出家。出家的前晚，他叫我和同学叶天瑞、李增庸三人到他的房间里，把房间里所有的东西送给我们三人。第二天，我们三人送他到虎跑。我们回来分得了他的"遗产"，再去望他时，他已光着头皮，穿着僧衣，俨然一位清癯的法师了。我从此改口，称他为"法师"。法师的僧腊④二十四年。这二十四年中，我颠沛流离，他一贯到底，而且修行功夫愈进愈深。当初修净土宗，后来又修律宗。律宗是讲究戒律的。一举一动，都有规律，严肃认真之极。这是佛门中最难修的一宗。数百年来，传统断绝，直到弘一法师方才复兴，所以佛门中称他为"重兴南山律宗第十一代祖师"。他的生活非常认真。举一例说：有一次我寄一卷宣纸去，请弘一法师写佛号。宣纸多了些，他就来信问我，余多的宣纸如何处置？又有一次，我寄回件邮票去，多了几分。他把多的几分寄还我。以后我寄纸或邮票，就预先声明：余多的送与法师。有一次他到我家。我请他藤椅子里坐。他把藤椅子轻轻摇动，然后慢慢地坐下去。起先我不敢问。后来看他每次都如此，我就启问。法师回答我说："这椅子里头，两根藤之间，也许有小虫伏着。突然坐下去，要把它们压死，所以先摇动一下，慢慢地坐下去，好让它们走避。"读者听到这话，也许要笑。但这正是做人极度认真的表示。

如上所述，弘一法师由翩翩公子一变而为留学生，又变而为教师，三变而为道人，四变而为和尚。每做一种人，都做得十分像样。好比全能的优伶：起青衣像个青衣，起老生像个老生，起大面⑤又像个大面……都是"认真"的缘故。

现在弘一法师在福建泉州圆寂了。噩耗传到贵州遵义的时候，我正在束装，将迁居重庆。我发愿到重庆后替法师画像一百帧,分送各地信善,刻石供养。现在画像已经如愿了。我和李先生在世间的师弟尘缘已经结束,然而他的遗训——认真——永远铭刻在我心头。

一九四三年四月,弘一法师圆寂后
一六七日,作于四川五通桥客寓

注释

①选自《丰子恺散文选集》,葛乃福编,百花文艺出版社2004年版。丰子恺(1898—1975),原名丰润,又名丰仁,号子恺。浙江桐乡人。散文家、画家、美术与音乐教育家。师从弘一法师,以中西融合画法创作漫画,风格简易朴实、意境隽永含蓄。 ②睇:斜着眼看。 ③周章:周折,苦心,引申为迟疑不决。 ④僧腊:僧尼受戒后的年岁。又称戒腊、法腊、夏腊、坐腊。 ⑤大面:传统戏曲脚色行当。京剧和某些地方戏中"净"的别称,俗称"大花脸"。多扮演净行中的正面人物。中国戏曲人物行当按传统习惯分"生、旦、净、末、丑"五类。近代,由于不少剧种的"末"行已逐渐归入"生"行,"生、旦、净、丑"成为戏曲行当的四种基本类型。中国传统戏曲的脸谱,一般应用于净、丑两个行当,其中"净"是男性花脸。

弘一法师

弘一法师,俗名李叔同,清光绪六年(1880年)阴历九月二十日生于天津官宦富商之家,1942年圆寂于泉州。他是"二十文章惊海内"的大师,集诗、词、书画、篆刻、音乐、戏剧、文学于一身,在多个领域,开中华灿烂文化艺术之先河。他把中国古代的书法艺术推向了极致,"朴拙圆满、浑若天成",鲁迅、郭沫若等现代文化名人以得到大师一幅字为无上荣耀。他是第一个向中国传播西方音乐的先驱者,所创作的《长亭送别歌》,历经几十年传唱经久不衰,成为经典名曲。同时,他也是中国第一个开创裸体写生的教师。他具有卓越的艺术造诣,先后培养出了名画家丰子恺、音乐家刘质平等一些文化名人。他苦心向佛,过午不食,精研律学,弘扬佛法,普渡众生出苦海,被佛门弟子奉为律宗第十一代世祖。他为世人留下了咀嚼不尽的精神财富,他的一生充

弘一法师像

满了传奇色彩,他是中国绚丽至极归于平淡的典型人物。太虚大师曾为赠偈:以教印心,以律严身,内外清净,菩提之因。赵朴初先生评价大师的一生为:无尽奇珍供世眼,一轮圆月耀天心。

(引自《经典诗文讲解与诵读》,孙力平主编,浙江大学出版社2011年版)

放下一切物质概念,境界一片空灵明净

出家后的李叔同,在受比丘大戒前,发下大愿:第一,放下万缘,一心向佛,不作寺院住持,不披剃出家徒众。第二,戒除一切虚文缛节,不开大座,不作法师,只以简易方式宣流法

音。第三,拒绝一切名利的供养与沽求,粗茶淡饭,鞠躬尽瘁,誓成佛道。第四,誓志创立风范,以戒为师,令人老实念佛,精严戒律。

(引自《国语文教学的多元探索》,梁桂珍著,1993年版)

刘质平忆弘一法师生活情况

先师入山初期,学头陀苦行,僧衲简朴,赤脚草履,不识者不知其为高僧也。中期身体较弱,衣服稍稍留意。晚年身体更弱,乃命余代制骆驼毛袄裤,以御寒冷。回忆先师五十诞辰时,余细数其蚊帐破洞,有用布补,有用纸糊,坚请更换不许。入闽后,以破旧不堪再用,始函命在沪三友实业社,另购透风纱帐替代。为僧二十五载,所穿僧服,寥寥数套而已。先师出家后,曾生大病三次。第一次在上虞法界寺,病未痊,被甬僧安心头陀跪请去西安弘法。师被迫,允舍身,有遗嘱纸付余。余以其不胜跋涉,在甬轮上设法救回,自轮船三楼负师下,两人抱头大哭。宁波同事,至今传为笑谈。第二次病于泉州草庵。据师函示:九死一生,为生平所未经历。后至厦门经黄丙丁医学博士,疗治三个月始愈。时师因著作未竣,故乐于医治。迨第三次病于泉州养老院,师则以功德已圆满,决心往生。谢绝医药,并预知迁化日期,曾致函夏师丏与余二人诀别云:"朽人已于九月初四日迁化,曾赋二偈,附录于后:君子之交,其淡如水。执象而求,咫尺千里。问余何适,廓尔亡言。华枝春满,天心月圆。"至人境界,固异寻常也。

(引自《弘一法师》,中国佛教图书文物馆编,文物出版社1984年版)

送别歌

李叔同

长亭外,古道边,芳草碧连天。晚风拂柳笛声残,夕阳山外山。天之涯,地之角,知交半零落。一瓢浊酒尽余欢,今宵别梦寒。

胡雪岩小传①

邓兴发

> 人物小传,是简略记载人物生平事迹的文章。胡雪岩,19世纪下半叶中国商界风云人物,有着离奇变幻的人生历程。作者仅用两千多字就将胡雪岩跌宕起伏、荣辱交织的一生展现在读者眼前,使读者对其生平经历、思想性格有一个清楚、客观、较全面的了解,实属不易。

胡雪岩,名光墉,字雪岩,生于1823年(清道光三年),祖籍安徽绩溪。

胡雪岩由于父亲死得早,读书无望,十多岁便进了钱庄当学徒。从扫地、倒夜壶开始,熬到师满成了钱庄的一名伙计。由于胡雪岩聪明伶俐,吃苦耐劳,再加上他能说会道,人缘极好,很快便得到老板的赏识,专门负责跑街收账,时间长了也渐渐知道了官场做派和世事人心,也结交了一些这样的朋友。王有龄便是其中的一位。胡雪岩通过与王有龄的交往,知道王有龄已捐了一个候补"盐大吏",但由于家道中落,穷困潦倒,再没有钱去打点上面,所以仍然没有补缺。同时,从王有龄的言谈中知道他素有在官场上干一番事业的志向。于是胡雪岩将自己收账得来的500两银票悉数借给了王有龄,叫他赶快北上进京打点,好补上空缺。

王有龄也是时来运转,北上途中碰到了他的幼时好友何桂清。在何桂清的帮助下,王有龄一路官运亨通,饮水思源,对胡雪岩感激不尽,在各个方面都给他提供方便。胡雪岩借助王有龄的权势,开钱庄、办丝行、创典当、买卖军火、贩运粮食等。在王有龄任巡抚时,胡雪岩已为自己捐了官,于是王有龄就委任他为粮台②。王有龄还以巡抚的名义下令:"全省凡解粮饷③须由胡雪岩汇兑,否则不予按纳。"这样,胡雪岩几乎掌握了浙江所有的战时财经。他翻手为云,覆手为雨,很快就聚敛了一大笔钱财。

1861年,太平军④第四次进入浙江,李秀成率军攻打杭州,将杭州闹了个水泄不通。到了11月,杭州城弹尽粮绝,出现人吃人的惨剧。

王有龄于是派胡雪岩冒死出城去上海采购粮食军需。胡雪岩历尽艰辛从上海采购来了粮食,却因为太平军将杭州城围困得水泄不通而无法将粮食送进城去,万般绝望只好改运宁波。杭州被太平军攻破,王有龄自杀殉节。胡雪岩的第一任官场靠山倒塌。

1862年2月(同治元年正月),胡雪岩把受王有龄委托从上海采购来,因故未运入杭州城的军需大米,作为见面礼谒见时任浙江巡抚的左宗棠,一下子得到了左宗棠的赏识和信任,从此开始了两人长达20多年的倾心交往和合作。胡雪岩又找到了新的官场靠山。左宗棠入驻杭州后,胡雪岩也成了他处理善后事宜的得力帮手,负责赈抚局⑤,设立粥厂、难民局、善堂、义塾、医局,掩埋暴露于野的尸骨及劝捐。

1865年1月,左宗棠调任闽浙总督,此时他已离不开胡雪岩了,便奏请同治帝调胡雪岩往福州,做他在福建"修明政事"的"论事之才"。

1866年,胡雪岩建议左宗棠在福州马尾港设立船政局,得到批准。胡雪岩利用与法国人的关系,出面与法国人谈判,达成《船政事宜十条》,并一手经理出入款和局务。

1867年初,左宗棠调往陕甘平定回民起义和捻军暴乱,胡雪岩被任为上海转运局委员,负责购运西洋军火,转运东南粮饷。左宗棠刚在陕甘安下营盘,粮饷就告急。当时整个清廷财政早已是千疮百孔,唯一的办法,就是向洋人贷款。4月,胡雪岩为左宗棠借到了第一笔洋款120万两银子。

1868年,左宗棠粮饷再度告急,胡雪岩又向洋人借了第二笔贷款100万两银子。

1872年,左宗棠进到甘肃,粮饷更是困难。有的士兵已经没有一件完整的衣服。西北的冬天来得早,去得迟,一般都是零下二十几度。左宗棠看在眼里急在心上。幸好有胡雪岩可以依靠,8月,胡雪岩捐制的加厚、加长棉衣2万件及劝捐的棉衣裤8000件运交左宗棠西征军后路粮台。这对左宗棠简直是雪中送炭!因为胡雪岩的这些表现,1873年,左宗棠上书皇帝,请求为胡雪岩的母亲赏匾,获准。

1874年,胡雪岩建起胡庆余堂药厂。不久便获得"江南药王"之称,与北京"同仁堂"平分秋色,有"北有同仁堂,南有庆余堂"之说,成为中国近代有名的药厂。

1875年,新疆阿古柏叛乱,左宗棠又奉命出征,督办新疆军务。胡雪岩继续担任西征军驻上海转运局委员,承担购运西洋军火、筹借洋款事务。在这期间,胡雪岩为左宗棠从汇丰银行借到500万两银子。

1878年5月15日,左宗棠郑重上了《道员胡光墉请破格奖叙片⑥》,历数胡雪岩的功绩,胡雪岩被清廷赏穿

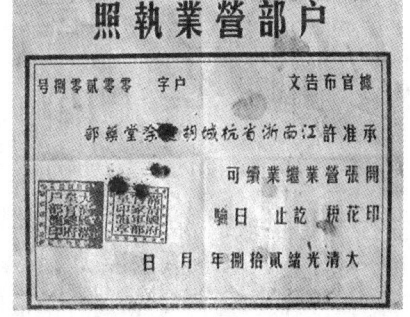

胡庆余堂药厂营业执照

黄马褂,许紫禁城骑马的殊荣。胡雪岩在杭州城内元宝街的住宅也得以大起门楼,连浙江巡抚到胡家,也要到大门外下轿。

1881年,胡雪岩因不满洋人操纵中国丝业,低价收购老百姓的生丝,开始陆续斥资收购上市新丝,欲与洋人一比高低,为中国商人出气,为百姓谋利。

1883年,胡雪岩投入银子2000多万两,囤积生丝达14万包,由于这年意大利生丝丰收,消息灵通的洋商都到意大利进货去了。胡雪岩囤积的生丝没法卖出,造成资金严重积压。加上中法战争升级,上海经济萧条,以及北洋系盛宣怀等人的制约、造谣,胡雪岩的阜康钱庄发生挤兑⑦风潮,破产倒闭,并波及整个金融界,许多钱庄票号纷纷倒闭,造成中国近代最早也是最大的一次金融混乱。

第二年,清廷下令清查阜康在各地的公私款项,下令革去胡雪岩的一切官衔荣誉。胡雪岩的讨债人排成了长龙。他的最大债权人恭亲王奕䜣的亲家文煜眼见胡雪岩破产,心里着急,追讨最紧,最后经左宗棠同意,胡雪岩以18万两的低价将价值数百万的胡庆余堂变卖给了文煜。声名显赫一时的胡氏家族,至此已经山穷水尽了。

1885年7月,胡雪岩的靠山左宗棠在福州去世。这对胡雪岩是一个不祥的讯号。左氏

在时,因为胡雪岩是他的得力干将,还有人碍着左相的面子,不敢将胡雪岩置于死地,但左宗棠一死,情形就发生了很大的变化。12月17日,户部尚书、军机大臣阎敬铭奏请将胡雪岩拿交刑部定罪,查抄胡氏的财产以报朝廷。等清廷的官员们来捉拿胡雪岩的时候,胡雪岩已于12月6日忧惧而死。

胡雪岩从学徒到中国有名的官商,从红人到弃儿,历尽人世盛衰荣辱。其发迹令人深思,其覆灭也令人深思。他的一生成了后世最生动的商场教科书。

①选自《胡雪岩商道宝典》,邓兴发编著,经济管理出版社2006年版。 ②粮台:官署名。清代行军时沿途所设经理军粮的机构。 ③解粮饷:押运粮饷。 ④太平军:太平天国军队的简称。 ⑤赈抚局:专门办理赈灾救济的机构。 ⑥片:夹片或附片,清政府公文一种。专折具奏外,另附纸于奏折内,再言他事,谓之夹片,或称附片。 ⑦挤兑:银行业固有名词,是指在银行券流通的条件下,银行券持有者争相到发行银行券的银行要求兑现贵金属货币的现象。当一家银行的信用发生动摇,准备金不足,银行券兑现发生困难,就会发生挤兑。挤兑可能使一家银行倒闭,甚至波及整个银行业。

胡庆余堂雪记国药号

同治十三年,筹胡庆余堂雪记国药号。光绪二年(1876)于杭购地十余亩,建胶厂。重聘浙名医,集古方,配丸散膏丹及胶露油酒,验方四百余,精其药丸,便于携服。其时战乱,疫疠肆虐,"胡氏辟瘟丹"、"诸葛行军散"、"八宝红灵丹"诸品颇受市应。其时,岩书"戒欺"字匾,以诫诸工。又制招牌曰:真不二价。有胡大善人之称。胡庆余堂延至今日,促中医之发展,扬吾国之文化,饮誉中外。(黎黍匀撰)

戒欺匾

胡庆余堂里面的招牌、匾额很多,大都是朝外挂的,惟独一横匾朝里,一般人难以发现,那就是面向耕心草堂悬挂的"戒欺"横匾。"戒欺"两个大字是胡雪岩亲自所写,"凡百贸易均着不得欺字,药业关系性命,尤为万不可欺。余存心济世,誓不以劣品弋取厚利,惟愿诸君心余之心,采办务真,修制务精,不至欺予以欺世人,是则造福冥冥,谓诸君之善为余谋也可,谓诸君之善自为谋也亦可。"这是创始人胡雪岩对胡庆余堂经营者的淳淳告诫,是胡庆余堂制药的铁定规则。

胡氏五字商训:天、地、人、神、鬼

天:天乃与生俱来之禀赋也。三岁看老,察人将来能否成事,首观其天生之才智。智乃谋之本,有智才有谋。智乃先天,谋乃后天。智者有先见之明,能审时度事,能占先机。

地:地乃后天之修为。古人云:天生我材,必有一用。有用者,必守信也。言必信,行必果。信乃人立身行事之本也。信者永存。为人之道,守信为最,信念不移,大事可成;无信念

或信念不坚者,事终不成,经商亦然。古来无信念而成巨贾者,鲜矣。

人:人生天地间,何以为人?人者,仁也;商人,商仁也。为商者,懂取舍,有所为,有所不为,是为大商人。仁人爱人,爱人者得人,得人者方能得天下也。

神:神乃心志,无神者,枉为人也。神者,料事精准,勇敢无敌。料事精准,是为智者;勇敢无敌,是为强者。勇而无智,一卒之能耳;智而无勇,腐儒之智耳。智勇兼全,方为神者。商者多虑,若非佐之以勇,辗转定夺,则心劳而机失也。

鬼:鬼乃人之魂魄,人无魂魄,则来日不多。鬼者,善谋也。谋者,取之有道也。人实则好,火虚则旺。然商道时实时虚,虚虚实实,真伪难辨,凡行商者,手法不活,难以成大器也。手活、业兴、时顺;手呆、业淡、事殆。鬼分大小。只看眼前者,小鬼是也;目光长远者,大鬼是也。

(引自《共产党员》,2009年第1期)

梵高的坟茔①

范 曾

不管他生前怎样的穷困潦倒,怎样地被唾弃被置疑,文森特·梵高从来都没有放下手中的画笔。他可以没有妻子家庭和子女,他可以没有爱情友谊和健康,他可以没有可靠而舒适的物质生活,他甚至可以没有上帝。但是,他不能没有这种比他自身更伟大的东西,创作的力量和才能,那才是他的生命。死后的盛名与他又有何干?他只知道一个人绝不可以让自己心灵里的火熄灭掉,而是要让它始终不断地燃烧,永远满怀真实与诚挚的感情去爱这个世界,即便在他最绝望的时刻。

梵高《自画像》

梵高一生卖不出一张画,即使当时在巴黎已渐渐成气候的雷诺阿、莫奈、莫利索的拍卖会,也累遭败绩,引起了一阵阵布尔乔亚们②的嘲笑、评论家的诟骂。人们根本不知道梵高,也就是他连被人嘲笑诟骂的资格也没有。在人生的道路上没有比被弃置不顾、被彻底忘却更痛苦的了,那是冰冷阴湿的黑夜、是狭窄深陷的冰窖,那是与死比邻的生。梵高爱叨烟斗,抽的是粗劣廉价的烟草,他曾在一张画上描写了一把最粗糙的木椅,在破烂的藤座上放着他的烟斗和用纸包着的些许烟草,它似乎向我们唱出了一首凄凉的身世之歌,一如这烟斗中袅袅的轻烟在人间消失,无影无踪。

一个伟大的天才,当他无法知道自己的艺术具有无限的生命、会永恒地受人热爱的时候,形骸之暂寓人世,那是毫无意义的。艺术既不能提供面包,那就让需要面包的艺术家速朽,而自裁便是最简捷的方式。梵高拿起了手枪,走到萨都的草坪,向心窝射了一枪,他在华贵的建筑前对这不平的社会用生命做一次壮烈的抗议。然而他没有倒下,一路流淌着鲜血回到他的卧室,他呻吟、流泪,无法说话,只有一声声悲惨的呻吟。据说天鹅之死都选择朝暾③初上的清晨,它如泣如诉如怨如慕地吟哦,向自己曾用美奂的羽翼装点的自然告别。而梵高,这一百年后将用他无量光焰烛照浑浊世界的伟大天才,他弥留之际的歌却这般凄厉惨烈。他死在深爱他的弟弟德奥的怀抱中。梵高一生寡于交游,在他遗体旁的只有他的好朋友、穷苦的医生加歇和画家歇尔启格。神父拒绝为自杀者作弥撒,甚至教堂不给灵车送葬,只有在附近的梅里小镇借来一辆破旧的灵车,将梵高遗体送到墓地。他的弟弟德奥为了慰藉他那对艺术以生命与之的兄长,曾和另一位朋友合伙仅仅以几十法郎买过梵高一张画,然而今天这一点点光明和温馨也深埋在梵高的心灵、深埋在这最简单的坟茔之中了。梵高生前曾有一封信致他亲爱的弟弟,信中说:"我相信终有一天,我有办法在一家咖啡馆办一次画展。"今天,所有的雄伟壮丽的画馆,无论奥赛博物馆或大皇宫,都以一展梵高的杰作为荣,荷兰和法兰西都争称梵高是她的儿子,在巴黎和阿姆斯特丹都巍然耸立着他的纪念馆,而一百年前,梵高的理想却是在咖啡馆一悬他的心迹。印度诗圣泰戈尔说:"一个人大为谦卑的时候,就是他接近伟大的时候。"这种"谦卑",倘若仅是知其当为而为之,那就近乎矫情,而梵高的谦卑来源于他的天真和懵懂,他完全不知道驻于他质朴灵魂深处的不朽天才,胜过了英国女王皇冠上的钻石。梵高只是画着,画着,热烈地不倦地画着,那是他灵智的本能,与是否是天才无关宏旨,他不会像毕加索每天清晨懒洋洋地睁开倦眼问妻子:"我是天才吗?我有天才吗?"

梵高过着清白无瑕的生活,他没有金钱的刺激、没有女人的诱惑、没有鲜花的慰藉。正如罗曼·罗兰说:"清贫,不仅是思想的导师,也是风格的导师,他使精神和肉体都知道什么是澹泊。"澹泊者,明于心而淡于欲,清于志而寡于营也。当罗丹命丰腴清丽的裸女模特儿们在画室翩然起舞,当莫提格里昂尼面对着妩媚而慵懒的美女,在画面上把她们的脸"令人愉快地拉长"时,梵高在哪里?他正对着一片平常的农田,一张破旧的靠椅,一双踏遍人间含辛茹苦的皮鞋,画这些巴黎的大师们不屑一顾的事物。然而我不知道有哪一位画家能像梵高画得那么动情、那么执著、那么令人神往,这就是天才之所以为天才的原因。看他画的所有自画像,那眼神没有一幅不咄咄逼人,那其中闪现的光芒有坚毅、有不平、有尊严,充满了对人生的批判和对自己命运的抗争。梵高在美术史上的出现确实是一个奇迹。作为一个东方艺术家,我欣赏他是因为他手法的神奇、色彩的高妙、构图的超绝。梵高远离了传统审美的藩篱,以所向无空阔的气势和才力俯瞰当代、睥睨①千秋,从而一扫艺术界的平庸浅薄和乡愿惰性。他有着崭新的、惊世骇俗的、前所未有的艺术感觉,有着战栗着的、流动着的、闪耀着的绚烂光彩。这种画风一旦问世,美术史就必须重写,色彩学乃至美学就必须修正,这正是梵高撒向人间的一个永恒的、不易解的谜。

本世纪三十年代西方某些评论家不能容忍梵高的离经背道,认为他的画只是神经不健全的产物,殊不知他们自己的神经正因作茧自缚而日见脆弱,受不了新事物出现的震动。这些评论家大体不是胃口欠佳、怪食品不好,便是属于信守狭隘,见过驼背恨马背不肿。半世纪后的今天,一些对艺术全然无知的神经病学者声称梵高的天才之谜在研究痴呆病患者中找到答案,说什么"这种人尽管可能永远不懂'艺术'这个词的含义,却能展现艺术才华"。有了这样的伪科学结论之后,他们还不甘心,梵高死后这么多年,他们在没有任何实证和临床记录的条件下,断言梵高患有癫痫病、精神分裂症、躁狂抑郁病,甚至还有口射病等多种病症,一位可恨的日本耳科专家断定梵高可能有梅尼埃尔氏病⑤……喂!你们这群蝉蛄般嗷噪的科学家烦不烦人?你们懂艺术吗?你们饶了梵高行不行?他生前很清醒,对艺术忠诚而痴迷,为人和蔼厚道,对友情很挚着,对弟弟、母亲很关切。"文生先生"在他客栈主人女儿阿德丽娜的眼中有一点点痴呆的痕迹吗?一位如此不朽的、质朴的艺术天才,生前备尝人间的辛酸,死后还要蒙受如此不逊的、披着科学外衣的诟辱,实在使人愤怒。当然,不排除艺术界中笨蛋太多,而小有才情者又装痴卖乖,很容易使人们把美术史上简单的问题弄得复杂化。

梵高不懂得"艺术"这个词的含义吗?他太懂了,他爱米勒,甚至临摹米勒的画,米勒是他的偶像,这是由于他质实无华的心灵和米勒相通,梵高与米勒素昧平生,梵高只能遥远地膜拜他。梵高的天真在于他不知道自己的艺术秉赋不但与米勒不同,而风发的才情更在米勒之上。我们可以认为梵高属于老子所谓的大智若愚的类型,他不太清楚自己的天才,那是由于艺术界汪洋大海般的平庸在压抑着他,于是他干脆不认为自己是天才。这是一幅多么令人心酸、令人恻隐、令人敬仰的品格。谈到这一切之后,我们回过头再看他所画粗陶或大瓷杯中插的,野地摘来的向日葵和蓝色野花,那向日葵像燃烧的一把火,那金黄色的花瓣临风摇曳,那一朵朵葵花或相向喁喁而谈,或低头若有所思,画面空间分布无与伦比的精神。梵高的激情不是一匹脱缰之马,只是他的马术高明,即使烈如焰火的骏骥,他也能立马歌啸。这些作品不仅充盈着天地的元气,甚或可以说是神灵赋予梵高超人的表现力,那岂仅仅是梵高依物描像,那是他在倾诉爱情,爱情就是艺术家的神灵。人们隐隐地知道毕加索风格的每一次突变,后面都有一个女人使他迷了心窍,那是一种真实的痴迷。而梵高却没有这样的艳遇和幸运,但是他的情人却在大地的草木盛衰中,天穹的日星隐耀中。啊!他爱得多么纯净而雅洁,他画自己慈爱的母亲,看那欲展又蹙的眉宇、那莹然含泪的双眸、那慈祥和蔼的嘴唇。梵高所歌颂的是人间最可珍惜的母爱,他知道普天下只有这颗心里贮藏着他和他的弟弟德奥。在梵高死前一年,他画了一张世称《没有胡须的梵高》的杰作,那是为了祝贺他母亲七十岁的生日,梵高记着这一天,为了他和弟弟德奥,她受苦受难却甘之如饴。他自画这张像给母亲,类似中国的平安家信,他告诉母亲,他的生活处境不似想象的恶劣,而且精神正常,不像传说中的癫狂。我相信当他饮弹未倒的那一整天,他觉得这一次的冲动将撕碎慈母之心而最终使他离开人间。我也相信,他所钟爱的一切之中只有一件使他歉疚,那就是他没有钱去侍奉老母,反而以结束自己的生命,给母亲带来永远无法慰藉的悲痛。

当今天这幅《没有胡须的梵高》在克甲斯蒂拍卖行被那些富商大贾竞相投标,最后以七千一百五十万美金卖出时,举世震惊、欢声雷动。而这一切和寂寞痛苦的梵高毫不相干。对此,我只想一挥作为一个艺术家的悲怆之泪。

古往今来的画家车载斗量,可谓恒河沙数,不可胜计。然而可大分为三:第一类画社会认为最好的画;第二类画自己所认为最好的画;第三类则是置好坏于度外,被冥顽不朽的力量驱动着画笔作画。第一类人终身勤于斯而不闻道;第二类人则"朝闻道夕死可矣";第三类则如《庄子》书中的啮缺与道合而为一,其人"若天之自高,地之自厚,日月之自明"。他的艺术就是天然本真的生命,世俗形骸消亡之日,正是他的艺术走向永恒之时。

我们来到梵高的坟茔。它坐落在一所极平凡的公墓里,梵高和他心爱的弟弟德奥合葬,两块墓碑,方身圆顶,没有任何纹饰,没有花岗岩的墓室,碑前只是一抔黄土,覆盖着长青的蕃藤,比起公墓的所有墓室都寒酸而简陋。没有比冬天于公墓凭吊更使人凄恻的了。然而梵高墓上的碧草却在刺骨寒风中颤动着不屈的生命。而告慰梵高之灵于九泉的,不是拍卖场的呼啸,而是一束束的鲜花,放在坟茔的四周。一位英国无名的旅游者在一张小纸上画着欧维尔教堂和梵高的像,他写道:"感谢您对绘画的挚爱,您的画使我有勇气走向完美的人生。"而一位儿童献上的是一束麦穗和几朵野花,他知道梵高生前酷爱这里的麦田和野草闲花,正是这些平凡的事物,点燃着梵高热烈的、不熄的艺术之火。公墓寂然无声,所有体面的、稍微精致的坟茔前都空无一物,这不禁使我想起鲁迅先生的《坟》,总有一些人是不会被人们忘却的。

①选自《范曾谈艺录》,范曾著,中国青年出版社2007年版。范曾(1938—),字十翼,别署抱冲斋主,江苏南通人,中国当代画家、书法家。 ②布尔乔亚:Bourgeoisie(资产阶级)音译,英语bourgeoisie来自法语,源于意大利语的"borghesia",而后者又是源于从希腊语"pyrgos"演化而来的"borgo",意思是村庄。因此"borghese"就是指在村庄中心拥有房子的自由人。Bourgeois指城镇的公民、市民。 ③朝暾(tūn):早晨的太阳。 ④睥睨(pì nì):眼睛斜着看,表示傲视或厌恶。 ⑤梅尼埃尔氏病:以阵发性眩晕伴恶心、呕吐为主,兼有波动性耳聋、耳鸣及耳内胀满感等临床表现的一种内耳膜迷路疾病。

梵高简介

文森特·威廉·梵高(Vincent Willem van Gogh,1853—1890),荷兰后印象派画家。他是表现主义的先驱,对西方20世纪的绘画艺术有深远的影响,特别是法国的野兽主义、德国的表现主义以及20世纪初的抒情抽象主义。梵高的作品,如《星夜》、《向日葵》与《有乌鸦的麦田》等,现已跻身于全球著名而昂贵的艺术作品行列。1890年7月29日,梵高终因精神疾病的困扰,在美丽的法国瓦兹河畔结束了年轻的生命,时年37岁。

梵高摒弃了一切后天习得的知识,漠视学院派珍视的教条,甚至忘记自己的理性。在他的眼中,只有生机盎然的自然景观,他陶醉于其中,物我两忘。他视天地万物为不可分割的整体,他用全部身心,拥抱一切。梵高作为一位极具个性化的画家崭露头角,距他去世时只有八年。

(参考《飞翔的耳朵:梵高画传》,付娜编著,时代文艺出版社2011年版)

印象主义

梵高着意于真实情感的再现,也就是说,他要表现的是他对事物的感受,而不是他所看到的视觉形象。

梵高在巴黎结识了印象主义画家之后,他的调色板就变亮了。他发现,他唯一深爱的东西就是色彩,辉煌的、未经调和的色彩。他手中的色彩特征,与印象主义者们的色彩根本不同。即使他运用印象主义者的技法,但由于他对于人和自然特有的观察能力,因而得出的结论也具有非凡的个性。

梵高把他的作品列为同一般印象主义画家的作品不同的另一类,他说:"为了更有力地表现自我,我在色彩的运用上更为随心所欲。"其实,不仅是色彩,连透视、形体和比例也都变了形,以此来表现与世界之间的一种极度痛苦但又非常真实的关系。而这一鲜明特征在后来成了印象派区别于其他画派而独立存在的根本。

(引自《色彩静物》,杨建飞主编,中国书店出版社2011年版)

Vincent:一首关于梵高的英文金曲

原创作者唐·马克林(Don Mclean)是一位美国出生的游吟歌手。1971年,唐·马克林在阅读了一本关于梵高生平的书之后,写下了这首歌的歌词。第二年,这首歌在英国音乐排行榜登上第一名。这首歌的主要灵感来自于梵高名作《星夜》。

Vincent

Starry, starry night

Paint your palette blue and gray

Look out on a summer's day

With eyes that know the darkness in my soul

Shadows on the hills

Sketch the trees and the daffodils

Catch the breeze and the winter chills

In colors on the snowy linen land

梵高名作《星夜》

Now I understand

What you tried to say to me

And how you suffered for your sanity

And how you tried to set them free

They would not listen; they did not know how

Perhaps they'll listen now

Starry, starry night

Flaming flowers that brightly blaze

Swirling clouds in violet haze

Reflect in Vincent's eyes of china blue

Colors changing hue

Morning fields of amber grain

Weathered faces lined in pain

Are soothed beneath the artist's loving hand

Now I understand

What you tried to say to me

And how you suffered for your sanity

And how you tried to set them free

They would not listen; they did not know how

Perhaps they'll listen now

For they could not love you

But still, your love was true

And when no hope was left inside

On that starry, starry night

You took your life as lovers often do

But I could've told you, Vincent

This world was never meant for one as beautiful as you

Starry, starry night

Portraits hung in empty halls

Frameless heads on nameless walls

With eyes that watch the world and can't forget

Like the strangers that you've met

The ragged men in ragged clothes

The silver thorn, a bloody rose

Lie crushed and broken on the virgin snow

Now I understand

What you tried to say to me

And how you suffered for your sanity

And how you tried to set them free

They would not listen; they did not know how

Perhaps they'll listen now

语言表达专题

提高信息筛选概括的能力

语文综合能力中,概括能力是最基本的,也是最重要的一种能力。今天的社会是信息的社会,我们每天都需面对繁杂的信息,如果没有一定的信息筛选与概括的能力,就不能使信息的表达和传递做到快速、扼要、准确。欠缺概括能力势必影响语言表达能力的发展。

概括是对具体的语言材料进行筛选分析,获取有价值的信息,然后按某种标准和逻辑关系对这些信息加以分类、理清、整合并简明扼要地表述出来。从认识的角度说,概括就是站在更高的层次上认识一类事物的本质特征及发展规律;从思维的角度说,概括就是从分析到综合,从具体到抽象;从表达的角度说,概括就是从含蓄到直白,从间接到直接,以简驭繁、化繁为简的语言运用过程。

一、概括性语言

非概括性语言是具体的、形象的、含蓄的、侧面的、反面的,概括性语言是综合的、抽象的、直白的、正面的。

例一

　　读书补天然之不足,经验又补读书之不足。盖天生才干犹如自然花草,读书然后知如何修剪移接;而书中所示,如不以经验范之,则又大而无当。

概括为:

　　读书补天然之不足,经验又补读书之不足。

这句话中的"盖天生才干犹如自然花草,读书然后知如何修剪移接;而书中所示,如不以经验范之,则又大而无当"是打比方和举例子,概括时具体形象的、侧面描写的、运用修辞的句子都要舍弃。

例二

　　即使仅得到鱼,也是一种成功,如果哪一个都不愿意舍弃,盲目地追求鱼和熊掌"二者兼得",最后什么都没有得到,那才是悲剧。

概括为:

　　即使仅得到鱼,也是一种成功。

正反面表达的语段,一般丢掉反面表达,抓住正面意思提炼即可。

例三

　　你见过一个能炒一盘菜的巨型青椒吗?你尝过长1米、重1500克的特大黄瓜吗?你听说过一亩地能产一吨的优质稻谷吗?这些农作物并非神话而是事实,它们的种子都有一个共同的特点,即经过太空之旅后而变得神奇无比。

概括为:

　　巨型青椒、特大黄瓜、高产优质稻谷都是种子经过太空之旅后变得神奇无比。

概括要以陈述对象为主语,要把被动句改为主动句,把感叹句、反问句改为陈述句,把双重否定句改为肯定句,把含蓄的表达变为直白的表达。

二、概括的方法

概括是基于材料的概括,是对材料的简要复述,不能主观臆断,不可妄自推理,一切都要依据材料。依据材料,并不是指照抄材料,而是指表述的内容在材料中要能找到直接的证据,合理的总结与提炼是必要的。

(一)提取要点法。寻找关键字、词、句,加以组合归纳。

例四 根据文段内容,指出爬山虎在环境保护中的作用(40字内)。

爬山虎在环境保护中发挥着多方面的作用。它的叶片较大,呈广卵型,宽10至20厘米。炎夏,从根部吸收的水分经叶片蒸腾,可带走空气中的热量,送来清凉。它的茎叶密集,覆盖在房屋墙面上,可以遮挡强烈的阳光,又可以使空气在叶片与墙面之间流动,因而降低室内温度。它的卷须式吸盘能吸收墙上的水分,有助于潮湿房屋的干燥;而干燥季节,有它遮蔽墙面,又可以保持房屋的湿度。它的绿叶的光合作用是提供氧气的重要途径。它的枝叶攀援在围墙、房屋的墙面上,可以吸收环境中的噪音,还能吸附飞扬的尘土。

概括为:

爬山虎有降低温度、调节湿度、制造氧气、吸收噪音、吸附尘土等多方面的环境保护作用。

(二)抽象说明法。把贯穿材料的中心提炼出来,从零散的信息中归纳出共同特征,并加以整合。

例五 阅读以下材料,请用概括性的语言回答文中"死海"是什么意思(100字内)。

根据某水产研究所的调查,1983年渤海鱼类有63种,2004年只有30种,带鱼、鲥鱼、真鲷、银鲳等几乎绝迹。(水生生物减少甚至灭绝。)

2007年,渤海实施监测的100个入海排污口中,有91个排污口超标排污,超标排污所占比例居渤海、黄海、东海、南海四大海域之首。调查显示,2003年至2007年,渤海全海域未达到清洁海域水质标准的面积年均2.25万平方公里,约占总面积的29%。主要污染物为无机氮、活性磷酸盐和石油类。污染物主要来源于陆源排污、河流输入和海上养殖业。近年来,渤海海域赤潮发生的频率和规模逐年上升。2000年至2007年,发生赤潮87次,累计赤潮面积2.05万平方公里,赤潮已经成为渤海海域主要海洋灾害之一。权威部门指出,如果不采取果断措施,渤海将在十几年后变成"死海"。那时,即使不向渤海输入一滴污水,单靠其与外界水体交换恢复清洁,至少也要200年。(海洋环境污染极其严重,环境自我调节能力大大下降。)

实际上,从世界范围看,海洋及其资源的破坏,波及面积相当大,其原因不单是污染,还包括过度捕捞、填海造地、盲目攫取海底能源等。海洋的污染将毁灭鱼儿的家园,但让人类不寒而栗的毁灭绝非仅此而已!(海洋资源遭破坏的人为因素——过度开发。)

概括为:

"死海"是指由于海洋环境被严重污染、海洋资源被过度开发使得海洋环境恶化从而导致水生动植物灭绝、海洋环境自我调节能力大大下降的海域。

(三)综合归纳法。把提取要点和抽象说明的方法结合起来进行概括。

例六《渤海碧海行动计划》近期目标难以实现有多方面原因,请依据给定材料进行概括。

海洋污染的治理难度非常大,特别是像渤海这样的内海,海水封闭性强,自身交换能力差,一旦污染,它的自我更新周期至少需要15年。

……在近期治理阶段,为遏制陆源排污,做了大量工作,但我国四大海区中,渤海沿岸超标排放的入海排污口最多,比例高达90%以上。渤海沿岸有分属在三省一市的13个城市,……政府管理部门以及三省一市地方政府又各自具有相关的管理职能,因此,很难进行海陆一体化的综合治理。有人戏谑这是"群龙闹海"——"海洋部门不上岸,环保部门不下海,管排污的不管治理,管治理的管不了排污"。众多主体分享渤海的环境效益与经济效益,这就使渤海成为典型的"公地",直接影响沿海地方政府治理的积极性,造成治理工作效率低下。《渤海计划》只是一个政策性文件,不具有法律强制性效应,执行过程中,难以借助法律手段实现管理体系、监测体系、投资体系、统计体系、评价体系的对接统一,这也直接影响了治理的效果。

分析——

自然原因:海洋污染的治理难度非常大,特别是像渤海这样的内海,海水封闭性强,自身交换能力差,一旦污染,它的自我更新周期至少需要15年。概括为"海水封闭性强,自身交换能力差,更新周期长"。

人为原因:①入海排污口最多,比例高达90%以上。概括为"污染严重,治理难度大"。②分属在三省一市的13个城市,很难进行海陆一体化的综合治理。"管排污的不管治理,管治理的管不了排污"。概括为"涉海部门众多,多头管理,权责分离,缺乏协调机制,难以进行一体化综合治理"。③众多主体分享渤海的环境效益与经济效益,这就使渤海成为典型的"公地",直接影响沿海地方政府治理的积极性,造成治理工作效率低下。概括为"沿海省市只顾追求各自利益,治理积极性不高,效率低下"。④《渤海计划》只是一个政策性文件,不具有法律强制性效应……概括为"《计划》不具法律效应,执行中缺乏法律手段的保障,难以实现体系对接"。

归纳概括——

渤海治理规划难以短期产生效果的原因有:一、渤海海域为内海,具有封闭性特征,自我净化能力差,所以短期治理难奏效。二、陆域入海排污口众多,污染严重,短期治理困难。沿岸各省市之间利益多元,各方只顾追求部门或局部利益,缺乏环境保护和治理的积极性。三、渤海沿岸涉及省市众多,管理部门职能不统一,缺乏统一的协调机制,责权不明,难以形成综合治理体系。四、治理规划属于政策性措施,缺乏法律强制力,影响治理的效果。

(四)分类归纳法。如果材料较多,内容繁杂,概括起来比较困难,可以先化繁为简,再化零为整,按如下三个步骤进行:

一是概括并列出各段或各组资料的大意;

二是将大意相近的加以合并,概括出各层资料的大意;

三是把各层的大意加以连结和提升,概括出整个资料的内容要点。

例七 请根据所给的十组材料(略),对"进城务工人员随迁子女受教育问题"进行概括和归纳。

第一步 概括每组材料大意——

①农民工子女学校数量有限,众多子女无学可上。

②公立小学费用高,门槛高。

③农民工子女学校收费较低,条件简陋,没有许可证,经费紧张,不敢加大硬件投资,教师队伍不稳定。

④学生交不起学费,辍学。

⑤学生想去公办学校上学,但学费太高。

⑥没有户口,无法在当地参加高考,必须回乡高考。

⑦公办学校使用地方实验教材。农民工子女回乡考试成问题。

⑧农民工子女在城市公办学校孤独、自卑,心理"边缘化"。

⑨农民工希望子女和城里孩子同样待遇,希望降低收费标准,希望有专门学校。

⑩子女因父母务工地点的变化而被迫转学,住处附近没有农民工子女学校。公办学校赞助费8000元。

⑪孩子在上学时曾遭受到拒绝,做了很多努力学校才接受,子女在学校有过不公平待遇。孩子学习成绩不理想,家长没有时间辅导子女学习。

第二步 合并重复信息,剔除无关信息——

民办学校③:没有许可证,经费少,条件差,师资和生源都不稳定。

公立学校②⑤⑦⑩:门槛高,收费高,教材不统一。

子女①⑥⑧:流动性强,没有固定住所,没有居住地户口,不能享受当地义务教育、参加当地升学考试,感觉受歧视。

家长④⑪:付不起学费,没时间辅导孩子。

第三步 归纳概括——

进城务工人员随迁子女受教育的诸多问题主要表现为:第一,民办学校没有许可证,经费少,条件差,师资和生源都不稳定;第二,公立学校门槛高,收费高,教材不统一;第三农民工子女流动性强,没有固定住所,没有居住地户口,不能享受当地义务教育、参加当地升学考试,感觉受歧视;第四,农民工自身经济条件差,付不起学费,没时间辅导孩子。

语言表达实践

一、背诵《大学之道》。说说你对古人"内圣外王"理想的理解。

二、将《道人教年羹尧》译为现代文,注意语言的简练精要,不超过400字。口头复述"道人教年羹尧"的故事,注意语言通顺连贯。

三、智、圣、勇、义、仁,不是儒家圣人之道吗?焉能用于盗贼身上?请联系历史与现实,谈谈你对"盗亦有道"的看法。

四、你赞同以下观点吗?黑猫白猫,能捉老鼠就是好猫。黑道白道,能成大业都是大道。课外查阅相关资料,用简要的语言对资料内容进行概括,形成自己的观点,准备课堂发言。

五、阅读《怀李叔同先生》,课外收集相关文献,对李叔同先生作更详细深入的了解。然后筛选所收集的材料,简要概括李叔同先生生平与成就,不超过800字。

六、课堂讨论:很多人并非在人生没有出路的时候选择出家,前如李叔同先生,现如北大柳智宇同学。请谈谈你对他们人生选择的个人看法。(柳智宇:曾以满分摘得国际数学奥赛金牌,后被保送至北京大学。大学毕业时,放弃美国麻省理工学院的全额奖学金,于北京龙泉寺出家,法名圣宇。)

七、阅读《梵高的坟茔》,根据课文内容概括出梵高的画风特点,并谈谈梵高悲剧给你的启示。

八、课外搜集对胡雪岩人生进行点评的资料,然后对信息进行归类整理,分条概括。

九、从年羹尧、李叔同、梵高中任选一人,课外搜集资料,模仿《胡雪岩小传》,撰写一篇不超过1500字的小传。

十、阅读下文,概括出事件的主要内容,要求概括全面、准确,语言精炼,不超过50字。

2012年,杭州市地铁1号线湘湖站工程施工工地发生大面积地面塌陷事故,造成17人死亡4人失踪,是至今中国地铁修建史上最大的事故。有记者详细报道了安监局调查造成此次重大事故的五个方面——违反安全原则、工程分段转包、工人几乎无安全培训、加快施工进度、线路规划受累商业利益。抛开现场施工人员所不能控制的因素不说,"违反安全原则"和"工人几乎无安全培训"与现场人员却有直接的关联。关于违反安全原则,作为拥有诸多工程技术人员、多年工程建设实践的中铁四局集团,不会不知道。深究其原因,主要是麻痹大意、懒惰、侥幸心理在作祟。一个多月前路面就有裂痕的预兆,在此条件下不采取有效整顿措施继续推进工程进度,听起来都令人毛骨悚然。至于安全培训,二十多位钢筋班和木工班的民工回答记者提问时说了一句很有意思的话:"他们要我们戴安全帽。"只能说明这样的安全培训流于形式,起不到实质性的作用。如此庞大的隧道工程,安全通道居然没有,真是让人难以置信。

十一、阅读下面的材料,请用自己的话简要概括阻碍糖尿病患者血糖达标的因素有哪些,不超过50字。

持久控制血糖达标是治疗糖尿病的关键,但在通往健康的路上,阻挡患者血糖达标的

"路障"也不少。现有的口服降血糖药物,虽然都能有效控制血糖,但尚不能持久有效地保护患者的胰岛素分泌功能,糖尿病患者的血糖也因此无法得到持久的有效控制;糖尿病是一种**渐进性疾病**,为了控制血糖,加大药物剂量或者联合用药往往不可避免,但低血糖是血糖达标的一大障碍;大多数药物的服药时间受进餐的影响,给患者长期、按时服药带来了极大不便,大大影响治疗依从性。

第四单元 远行与回归

单元导语

米兰·昆德拉说：生活在别处。

人类的渴望永远在尚未到达或已经离开的地方。

杰克·伦敦在旷野中呼唤。凯鲁亚克在公路上流浪。82岁的托尔斯泰垂垂暮年仍决然离家出走，8天后在一个阴冷的秋夜，孤独地死在无名的小站。是什么指引着他们的方向？

或许最美的景色永远在梦想的远方，再远的脚步也走不出心的距离。或许流浪只是一种生存姿态，一种生活方式。或许远离，只为了更好地归来，它并非迷惘，而是另一种坚定，正如歌中所唱："那一天，我不得已上路，为不安分的心，为自尊的生存，为自我的证明，路上的辛酸已融进我的眼睛，心灵的困境已化作我的坚定……"

在地上，仰望天空，是天堂；

在天上，俯瞰大地，是故乡。

话题讨论

谈谈对电影《荒野生存》中艾力克斯（Alex）离家出走最终丧生荒野的看法。

观点一 他的出走是成年前的一次不懂事，带点青春期的冲动与叛逆，他还没有强到能跟一切说再见，便上路了。艾力克斯对荒野生存缺乏充分准备，最终导致自己误食植物而身亡，这是对生命的不负责任。

观点二 把艾力克斯走入荒野简单地看成一次青春的冲动与叛逆，是完全没有看懂电影。这绝不是一次头脑发热式的未经理性思考的出走。艾力克斯抛弃曾经拥有的一切，是为了追寻一个真正的自我，寻求生存的价值或意义，在还没找到答案之前他并不想轻率地把自己交给世俗世界。Into the wild，是一个自我重建的过程，出走是为了更好地回归，只有 into the wild 才能 back to the society！

电影《荒野生存》海报

观点三 这是一种偏执的个人主义，狭隘的理想主义，艾力克斯只想摆脱文明社会，想要回到最原始的自然中去生活。殊不知人是社会的产物，离开群体个人将无法生存，彼此牵绊，彼此承担，才是真人生。最终，一心回归大自然的他被自然抛弃，死在荒野中废弃的车上。

观点四 很钦佩艾力克斯的勇气，我们每个人都有自己心中那无比自由的荒野，只是有些人已经习惯了将它掩盖，而艾力克斯却忠于自我，坚定地去追求。虽然他最后丧生荒野，但也好过盲目地抱着内心巨大的空洞躺在温暖的床上垂死的人吧。

观点五 这不是一次出走，而是一次回归。人回归自然，如同水滴回归海洋，游子回归故乡。"天地不仁，以万物为刍狗。"在自然面前，我们其实只是些花泥。

我的观点：＿＿＿＿＿＿＿＿＿＿＿＿＿＿＿＿＿＿＿＿＿＿＿＿＿＿＿＿＿＿＿＿＿＿

＿＿

＿＿

＿＿

＿＿

十八岁出门远行①

余 华

阅读《十八岁出门远行》这样的小说,如同走进一个语言的迷宫。新奇独特的语言,奇怪突兀的情节,反复出现的"旅店",扑朔迷离的寓意……在所有看似复杂离奇的现象背后,隐含着一个怎样的主题?迷宫的出口只有一个,但通往出口的路却有很多条。面对纷繁复杂的资料,只要你确立一个角度去梳理,只要你的方法科学,那么一切的复杂都将化为简单,然后直指主题。

柏油马路起伏不止,马路像是贴在海浪上。我走在这条山区公路上,我像一条船。这年我十八岁,我下巴上那几根黄色的胡须迎风飘飘,那是第一批来这里定居的胡须,所以我格外珍重它们。我在这条路上走了整整一天,已经看了很多山和很多云。所有的山所有的云,都让我联想起了熟悉的人。我就朝着它们呼唤他们的绰号。所以尽管走了一天,可我一点也不累。我就这样从早晨里穿过,现在走进了下午的尾声,而且还看到了黄昏的头发。但是我还没走进一家旅店。

我在路上遇到不少人,可他们都不知道前面是何处,前面是否有旅店。他们都这样告诉我:"你走过去看吧。"我觉得他们说得太好了,我确实是在走过去看。可是我还没走进一家旅店。我觉得自己应该为旅店操心。

我奇怪自己走了一天竟只遇到一次汽车。那时是中午,那时我刚刚想搭车,但那时仅仅只是想搭车,那时我还没为旅店操心,那时我只是觉得搭一下车非常了不起。我站在路旁朝那辆汽车挥手,我努力挥得很潇洒。可那个司机看也没看我,汽车和司机一样,也是看也没看,在我眼前一闪就过去了。我就在汽车后面拼命地追了一阵,我这样做只是为了高兴,因为那时我还没有为旅店操心。我一直追到汽车消失之后,然后我对着自己哈哈大笑,但是我马上发现笑得太厉害会影响呼吸,于是我立刻不笑。接着我就兴致勃勃地继续走路,但心里却开始后悔起来,后悔刚才没在潇洒地挥着的手里放一块大石子。

现在我真想搭车,因为黄昏就要来了,可旅店还在它妈肚子里。但是整个下午竟没再看到一辆汽车。要是现在再拦车,我想我准能拦住。我会躺到公路中央去,我敢肯定所有的汽车都会在我耳边来个急刹车。然而现在连汽车的马达声都听不到。现在我只能走过去看了。这话不错,走过去看。

公路高低起伏,那高处总在诱惑我,诱惑我没命奔上去看旅店,可每次都只看到另一个高处,中间是一个叫人沮丧的弧度。尽管这样我还是一次一次地往高处奔,次次都是没命地奔。眼下我又往高处奔去。这一次我看到了,看到的不是旅店而是汽车。汽车是朝我这个方向停着的,停在公路的低处。我看到那个司机高高翘起的屁股,屁股上有晚霞。司机的脑袋我看不见,他的脑袋正塞在车头里。那车头的盖子斜斜翘起,像是翻起的嘴唇。车箱里高高堆着箩筐,我想着箩筐里装的肯定是水果。当然最好是香蕉。我想他的驾驶室里应该也有,那么我一坐进去就可以拿起来吃了。虽然汽车将要朝我走来的方面开去,但我已经不在乎方向。我现在需要旅店,旅店没有就需要汽车,汽车就在眼前。

我兴致勃勃地跑了过去,向司机打招呼:"老乡,你好。"

司机好像没有听到,仍在拨弄着什么。

"老乡,抽烟。"

这时他才使了使劲,将头从里面拔出来,并伸过来一只黑乎乎的手,夹住我递过去的烟。我赶紧给他点火,他将烟叼在嘴上吸了几口后,又把头塞了进去。于是我心安理得了,他只要接过我的烟,他就得让我坐他的车。我就绕着汽车转悠起来,转悠是为了侦察箩筐的内容。可是我看不清,便去使用鼻子闻,闻到了苹果味。苹果也不错,我这样想。

不一会他修好了车,就盖上车盖跳了下来。我赶紧走上去说:"老乡,我想搭车。"不料他用黑乎乎的手推了我一把,粗暴地说:"滚开。"

我气得无话可说,他却慢慢悠悠打开车门钻了进去,然后发动机响了起来。我知道要是错过这次机会,将不再有机会。我知道现在应该豁出去了。于是我跑到另一侧,也拉开车门钻了进去。我准备与他在驾驶室里大打一场。我进去时首先是冲着他吼了一声:"你嘴里还叼着我的烟。"这时汽车已经活动了。

然而他却笑嘻嘻地十分友好地看起我来,这让我大惑不解。他问:"你上哪?"

我说:"随便上哪。"

他又亲切地问:"想吃苹果吗?"他仍然看着我。

"那还用问。"

"到后面去拿吧。"

他把汽车开得那么快,我敢爬出驾驶室爬到后面去吗?于是我就说:"算了吧。"

他说:"去拿吧。"他的眼睛还在看着我。

我说:"别看了,我脸上没公路。"

他这才扭过头去看公路了。

汽车朝我来时的方向驰着,我舒服地坐在座椅上,看着窗外,和司机聊着天。现在我和他已经成为朋友了,我已经知道他是在个体贩运。这汽车是他自己的,苹果也是他的。我还听到了他口袋里面钱儿叮当响。我问他:"你到什么地方去?"

他说:"开过去看吧。"

这话简直像是我兄弟说的,这话可真亲切。我觉得自己与他更亲近了。车窗外的一切应该是我熟悉的,那些山那些云都让我联想起来了另一帮熟悉的人来了,于是我又叫唤起另一批绰号来了。

现在我根本不在乎什么旅店,这汽车这司机这座椅让我心安理得。我不知道汽车要到什么地方去,他也不知道。反正前面是什么地方对我们来说无关紧要,我们只要汽车在驰着,那就驰过去看吧。

可是这汽车抛锚了。那个时候我们已经是好得不能再好的朋友了。我把手搭在他肩上,他把手搭在我肩上。他正在把他的恋爱说给我听,正要说第一次拥抱女性的感觉时,这汽车抛锚了。汽车是在上坡时抛锚的,那个时候汽车突然不叫唤了,像死猪那样突然不动了。于是他又爬到车头上去了,又把那上嘴唇翻了起来,脑袋又塞了进去。我坐在驾驶室里,我知道他的屁股此刻肯定又高高翘起,但上嘴唇挡住了我的视线,我看不到他的屁股。可我听得到他修车的声音。

过了一会儿他把脑袋拔了出来,把车盖盖上。他那时的手更黑了,他的脏手在衣服上擦了又擦,然后跳到地上走了过来。

"修好了?"我问。

"完了,没法修了。"他说。

我想完了,"那怎么办呢?"我问。

"等着瞧吧。"他漫不经心地说。

我仍在汽车里坐着,不知该怎么办。眼下我又想起什么旅店来了。那个时候太阳要落山了,晚霞则像蒸汽似地在升腾。旅店就这样重又来到了我脑中,并且逐渐膨胀,不一会便把我的脑袋塞满了。那时我的脑袋没有了,脑袋的地方长出了一个旅店。

司机这时在公路中央做起了广播操,他从第一节做到最后一节,做得很认真。做完又绕着汽车小跑起来。司机也许是在驾驶室里呆得太久,现在他需要锻炼身体了。看着他在外面活动,我在里面也坐不住,于是打开车门也跳了下去。但我没做广播操也没小跑。我在想着旅店和旅店。

这个时候我看到坡上有五个人骑着自行车下来,每辆自行车后座上都用一根扁担绑着两只很大的箩筐,我想他们大概是附近的农民,大概是卖菜回来。看到有人下来,我心里十分高兴便迎上去喊道:"老乡,你们好。"

那五个人骑到我跟前时跳下了车,我很高兴地迎了上去,问:"附近有旅店吗?"

他们没有回答,而是问我:"车上装的是什么?"

我说:"是苹果。"

他们五人推着自行车走到汽车旁,有两个人爬到了汽车上,接着就翻下来十筐苹果,下面三个人把筐盖掀开往他们自己的筐里倒。我一时间还不知道发生了什么,那情景让我目瞪口呆。我明白过来就冲了上去,责问:"你们要干什么?"

他们谁也没理睬我,继续倒苹果。我上去抓住其中一个人的手喊道:"有人抢苹果啦!"这时有一只拳头朝我鼻子狠狠地揍来,我被打出几米远。爬起来用手一摸,鼻子软塌塌地不是贴着而是挂在脸上,鲜血像伤心的眼泪一样流。可当我看清打我的那个身强力壮的大汉时,他们五人已经跨上自行车骑走了。

司机此刻正在慢慢地散步,嘴唇翻着大口大口喘气,他刚才大概跑累了。他好像一点也不知道刚才的事。我朝他喊:"你的苹果被抢走了!"可他根本没注意我在喊什么,仍在慢慢地散步。我真想上去揍他一拳,也让他的鼻子挂起来。我跑过去对着他的耳朵大喊:"你的苹果被抢走了!"他这才转身看了我起来,我发现他的表情越来越高兴,我发现他是在看我的鼻子。

　　这时候,坡上又有很多人骑着自行车下来了,每辆车后面都有两只大筐,骑车的人里面有一些孩子。他们蜂拥而来,又立刻将汽车包围。好些人跳到汽车上面,于是装苹果的箩筐纷纷而下,苹果从一些摔破的筐中像我的鼻血一样流了出来。他们都发疯般往自己筐中装苹果。才一瞬间工夫,车上的苹果全到了地下。那时有几辆手扶拖拉机从坡上隆隆而下,拖拉机也停在汽车旁,跳下一帮大汉开始往拖拉机上装苹果,那些空了的箩筐一只一只被扔了出去。那时的苹果已经满地滚了,所有人都像蛤蟆似地蹲着捡苹果。

　　我是在这个时候奋不顾身扑上去的,我大声骂着:"强盗!"扑了上去。于是有无数拳脚前来迎接,我全身每个地方几乎同时挨了揍。我支撑着从地上爬起来时,几个孩子朝我击来苹果,苹果撞在脑袋上碎了,但脑袋没碎。我正要扑过去揍那些孩子,有一只脚狠狠地踢在我腰部。我想叫唤一声,可嘴巴一张却没有声音。我跌坐在地上,我再也爬不起来了,只能看着他们乱抢苹果。我开始用眼睛去寻找那司机,这家伙此时正站在远处朝我哈哈大笑,我便知道现在自己的模样一定比刚才的鼻子更精彩了。

　　那个时候我连愤怒的力气都没有了。我只能用眼睛看着这些使我愤怒至极的一切。我最愤怒的是那个司机。

　　坡上又下来了一些手扶拖拉机和自行车,他们也投入到这场浩劫中去。我看到地上的苹果越来越少,看着一些人离去和一些人来到。来迟的人开始在汽车上动手,我看着他们将车窗玻璃卸了下来,将轮胎卸了下来,又将木板撬了下来。轮胎被卸去后的汽车显得特别垂头丧气,它趴在地上。一些孩子则去捡那些刚才被扔出去的箩筐。我看着地上越来越干净,人也越来越少。可我那时只能看着了,因为我连愤怒的力气都没有了。我坐在地上爬不起来,我只能让目光走来走去。

　　现在四周空荡荡了,只有一辆手扶拖拉机还停在趴着的汽车旁。有个人在汽车旁东瞧西望,是在看看还有什么东西可以拿走。看了一阵后才一个一个爬到拖拉机上,于是拖拉机开动了。

　　这时我看到那个司机也跳到拖拉机上去了,他在车斗里坐下来后还在朝我哈哈大笑。我看到他手里抱着的是我那个红色的背包。他把我的背包抢走了。背包里有我的衣服和我的钱,还有食品和书。可他把我的背包抢走了。

　　我看着拖拉机爬上了坡,然后就消失了,但仍能听到它的声音,可不一会儿连声音都没有了。四周一下子寂静下来,天也开始黑下来。我仍在地上坐着,我这时又饥又冷,可我现在什么都没有了。

　　我在那里坐了很久,然后才慢慢爬起来。我爬起来时很艰难,因为每动一下全身就剧烈地疼痛,但我还是爬了起来。我一拐一拐地走到汽车旁边。那汽车的模样真是惨极了,它遍体鳞伤地趴在那里,我知道自己也是遍体鳞伤了。

　　天色完全黑了,四周什么都没有,只有遍体鳞伤的汽车和遍体鳞伤的我。我无限悲伤地看着汽车,汽车也无限悲伤地看着我。我伸出手去抚摸了它。它浑身冰凉。那时候开始起风了,风很大,山上树叶摇动时的声音像是海涛的声音,这声音使我恐惧,使我也像汽车一样浑身冰凉。

我打开车门钻了进去,座椅没被他们撬去,这让我心里稍稍有了安慰。我就在驾驶室里躺了下来。我闻到了一股漏出来的汽油味,那气味像是我身内流出的血液的气味。外面风越来越大,但我躺在座椅上开始感到暖和一点了。我感到这汽车虽然遍体鳞伤,可它心窝还是健全的,还是暖和的。我知道自己的心窝也是暖和的。我一直在寻找旅店,没想到旅店你竟在这里。

我躺在汽车的心窝里,想起了那么一个晴朗温和的中午,那时的阳光非常美丽。我记得自己在外面高高兴兴地玩了半天,然后我回家了,在窗外看到父亲正在屋内整理一个红色的背包,我扑在窗口问:"爸爸,你要出门?"

父亲转过身来温和地说:"不,是让你出门。"

"让我出门?"

"是的,你已经十八了,你应该去认识一下外面的世界了。"

后来我就背起了那个漂亮的红背包,父亲在我脑后拍了一下,就像在马屁股上拍了一下。于是我欢快地冲出了家门,像一匹兴高采烈的马一样欢快地奔跑了起来。

一九八六年十一月十六日 北京

①选自小说集《十八岁出门远行》,余华著,作家出版社 1989 年版。余华(1960—),当代作家,浙江海盐人。中学毕业后,曾当过牙医,五年后弃医从文,1984 年开始发表小说。其小说多以传统的写实手法为外壳,在平静的叙述中穿插各种现代主义表现手法,在小说的结构、语言和叙述方式等方面都带有很强的实验性,是中国先锋派小说的代表人物。著有长篇小说《在细雨中呼喊》《活着》《许三观卖血记》《兄弟》,也写过不少散文、随笔、文论及音乐评论。长篇小说《活着》由张艺谋执导拍成电影。

余华:虚伪的形式

当我发现以往那种就事论事的写作态度只能导致表面的真实以后,我就必须去寻找新的表达方式。寻找的结果使我不再忠诚所描绘事物的形态,我开始使用一种虚伪的形式。这种形式背离了现状世界提供给我的秩序和逻辑,然而却使我自由地接近了真实。

(引自《虚伪的作品》,余华,见洪治纲编《余华研究资料》,天津人民出版社 2007 年版)

一千个读者就有一千个哈姆雷特

"一千个读者就有一千个哈姆雷特",这句话生动而又正确地说明了文学欣赏的个人差异。由于欣赏者个人的生活经历、文化教育、思想性格和兴趣爱好不同,他们在欣赏作品时总是根据自己独特的经历、思想、感情、气质和欣赏水平、审美倾向去感受和理解文学作品中的形象,并通过想象、联想去改造、补充同一形象,所以同一艺术形象在不同的欣赏者的心目中也就不完全一样了,对同一形象的评价也会产生差异。鲁迅说,对于《红楼梦》,经学家看见《易》,道学家看见淫,才子看见缠绵,革命家看见排满,流言家看见宫闱秘事。同样,对于《西厢记》,也是"文者见之为文,淫者见之为淫"。文学欣赏除了差异性,还有一致性、共同性。一致性,就是不同读者欣赏同一对象会有基本一致的认识和理解。这是因为欣赏主体要受欣赏客体——文学作品的制约和影响,欣赏者不能完全脱离和超越欣赏对象的内容和范围,而作为欣赏对象的文学形象是作品中实际描写出来的客体,是已经定型的形象。所以,读者欣赏同一对象时尽管有个人的差异性,但毕竟还是作品所描写的同一个实际形象,"那性格,那行为,一定有些类似,大致不差",还是有其一致性的。不同读者心目中的林黛玉虽有差异,但毕竟还是美貌体弱、聪颖过人、诗才横溢、多愁善感、自尊心强、追求爱情自由的林黛玉,而不是圆滑世故、虚伪做作、恪守封建伦理的薛宝钗,也不会和史湘云混淆起来。这就是文学欣赏的一致性。

(引自《文学理论自学指南》,叶云章编,暨南大学出版社 1993 年版)

年龄的别称

2~3 岁称作孩提,幼年泛称垂髫(tiáo)、总角,10 岁以下称黄口。女子 12 岁金钗之年,女子 13 岁豆蔻年华,女子 15 岁及笄(jī)之年,女子 16 岁破瓜年华、二八年华,女子 20 岁称桃李年华,女子 24 岁花信年华。男子 13~15 岁舞勺之年,男子 15~20 岁舞象之年,男子 15 岁志学之年或称束发,男子 20 岁弱冠之年。女子出嫁的年龄称为摽(biào)梅之年,30 岁以后的女性称半老徐娘。男子 30 岁而立之年,男子 40 岁不惑之年,50 岁年逾半百、知命之年、杖家之年、艾服之年,60 岁花甲、耳顺之年、杖乡之年,70 岁古稀、从心之年、杖国之年,80 岁杖朝之年,80~90 岁耄耋之年,90 岁鲐(tái)背之年,百岁则称期颐,又称"人瑞"。

(引自《不可不知的中国传统文化常识》,毛峰编著,中国妇女出版社 2008 年版)

走"人生"的长途①

鲁 迅

1925年,中国正处在乌云密布的黑暗年代,年仅二十几岁的许广平,目睹种种社会现实,感到人生渺茫,三月间,她向鲁迅发出了"给我一个真切的明白指引"的呼喊。鲁迅当即写了回信。信中,鲁迅用形象生动的比喻,简明扼要又偏僻入里地阐明了自己的态度。

鲁迅、许广平与
儿子海婴的合影

广平兄②:

……

我再说我自己如何在世上混过去的方法,以供参考罢——

一、走"人生"的长途,最易遇到的有两大难关。其一是"歧路",倘若墨翟③先生,相传是恸哭而返的。但我不哭也不返,先在歧路头坐下,歇一会,或者睡一觉,于是选一条似乎可走的路再走,倘遇见老实人,也许夺他食物来充饥,但是不问路,因为我料定他并不知道的。如果遇见老虎,我就爬上树去,等它饿得走去了再下来,倘它竟不走,我就自己饿死在树上,而且先用带子缚住,连死尸也决不给它吃。但倘若没有树呢?那么,没有法子,只好请它吃了,但也不妨咬它一口。其二便是"穷途"了,听说阮籍④先生也大哭而回。我却也像在歧路上的办法一样,还是跨进去,在刺丛里姑且走走。但我也并未遇到全是荆棘毫无可走的地方过,不知道是否世上本无所谓穷途,还是我幸而没有遇着。

二、对于社会的战斗,我是并不挺身而出的,我不劝别人牺牲什么之类者就为此。欧战的时候,最重"壕堑战",战士伏在壕中,有时吸烟,也唱歌,打纸牌,喝酒,也在壕内开美术展览会,但有时忽向敌人开他几枪。中国多暗箭,挺身而出的勇士容易丧命,这种战法是必要的罢。但恐怕也有时会逼到非短兵相接不可的,这时候,没有法子,就短兵相接。

总结起来,我自己对于苦闷的办法,是专与袭来的苦痛捣乱,将无赖手段当作胜利,硬唱凯歌,算是乐趣,这或者就是糖罢。但临末也还是归结到"没有法子",这真是没有法子!

以上,我自己的办法说完了,就是不过如此,而且近于游戏,不像步步走在人生的正轨上(人生或者有正轨罢,但我不知道)。我相信写了出来,未必于你有用,但我也只能写出这些罢了。

鲁迅。三月十一日。

①选自《两地书》,鲁迅、景宋(许广平)著,人民文学出版社2006年版。《两地书》系鲁迅与许广平在1925年3月至

1929年6月间的通信结集,共收信135封(其中鲁迅信67封半),由鲁迅编辑修改而成,分为三集,1933年4月由上海青光书局出版。鲁迅(1881—1936),原名周树人,字豫才,浙江绍兴人。中国白话文学的奠基者,新文化运动的启蒙思想家。1918年5月,首次以"鲁迅"笔名,发表中国现代文学史上第一篇白话小说《狂人日记》,奠定了新文学运动的基石。 ②许广平(1898—1968):广东南海人。五四运动期间参加天津女界爱国同志会和觉悟社活动。1922年考入北京女子高等师范学校国文系就学,成为鲁迅学生。1927年与鲁迅在上海正式同居,1929年,生子周海婴。鲁迅去世后,搜集、保存了鲁迅的大量文稿,出版《鲁迅全集》。 ③墨翟:墨子。《吕氏春秋·慎行论·疑似》曾语墨子"见歧道而哭之"。《淮南子·说林训》则记载:"扬子见逵路而哭之,为其可以南,可以北;墨子见练丝而泣之,为其可以黄,可以黑。"史书中往往把杨朱哭歧路与墨子泣练丝两件事并举,《吕氏春秋·当染》中即有"墨子见染素丝者而叹"之语,可见,《吕氏春秋·疑似》把哭歧路的"疑似"者说成墨子,当是误记。 ④阮籍(210—263):三国魏诗人,崇奉老庄之学,政治上则采谨慎避祸的态度。与嵇康、刘伶等七人为友,常集于竹林之下肆意酣畅,世称竹林七贤。《晋书·阮籍传》曾记他"时率意独驾,不由径路,车迹所穷,辄恸哭而反。"

鲁迅与许广平

　　从1925年3月到7月之间,鲁迅与许广平通信40余封,他们共同的理想和信念,渐渐升腾为爱情的火焰。但是,他们信中没有花呀月呀的辞藻,没有悱恻和缠绵的柔情,而是对社会人生问题严肃的探讨。许广平说:"没有灿烂的花,没有热恋的情,我们的心换着心,为人类工作,携手偕行……"

(引自《名人书信与日记》,范桥、张明高选编,贵州人民出版社1994年版)

泣歧路与哭穷途

　　杨朱的哭歧路,在后世不乏同调。魏晋名士阮籍在《咏怀诗》第二十三首中有"墨子悲丝染,杨朱泣歧路"句,《晋书·阮籍传》载他:"时率意独驾,不由径路,车迹所穷,辄恸哭而反。"因此,唐代诗人杜甫将杨朱与阮籍相提并论,写下"茫然阮籍途,更洒杨朱泣"的凄美诗句。然而,杨朱哭歧路是因为选择太多,而阮籍哭穷途则是由于无路可走。二者虽皆因路而哭,但哭的理由南辕北辙。还是魏晋名士刘伶来得洒脱,他常乘鹿车,携酒一壶,边走边喝,使仆人荷锸相随,告之"死便掘地以埋"。在黑暗的时代,走投无路的气节之士无非是死路一条。一切想明白了,倒也节省了泪水。

(引自《杨朱哭歧路与自由选择》,张海晏,《光明日报》2004年10月19日)

羊皮卷之一：今天，我开始新的生活①

〔美国〕奥格·曼狄诺

  本文选自《世界上最伟大的推销员》，一本在全世界范围内影响巨大的书，读它振奋人心，激励斗志。这本书一经问世，英文版销量当年突破100万册，迅即被译成18种文字，每年销量有增无减。经济学家茅于轼认为这本书的畅销正是因为奥格·曼狄诺把枯燥无味的经济学变成了娓娓动听的故事，而且它不是骗人的话，而是从生活中总结出来的真谛，令每一个读它的人产生共鸣。其实这本最畅销的励志书自始至终告诉我们一个最普遍的经济学原理：最稀缺的东西最值钱。商业活动中什么东西最稀缺呢？古往今来无例外的，敬业和守信是最缺的。

  今天，我开始新的生活。
  今天，我爬出满是失败创伤的老茧。
  今天，我重新来到这个世上，我出生在葡萄园中，园内的葡萄任人享用。
  今天，我要从最高最密的藤上摘下智慧的果实，这葡萄藤是好几代前的智者种下的。
  今天，我要品尝葡萄的美味，还要吞下每一粒成功的种子，让新生命在我心里萌芽。
  我选择的道路充满机遇，也有辛酸与绝望。失败的同伴数不胜数，叠在一起，比金字塔还高。
  然而，我不会像他们一样失败，因为我手中持有航海图，可以领我越过汹涌的大海，抵达梦中的彼岸。
  失败不再是我奋斗的代价。它和痛苦都将从我的生命中消失。失败和我，就像水火一样，互不相容。我不再像过去一样接受它们。我要在智慧的指引下，走出失败的阴影，步入富足、健康、快乐的乐园，这些都超出了我以往的梦想。
  我要是能长生不老，就可以学到一切，但我不能永生，所以，在有限的人生里，我必须学会忍耐的艺术，因为大自然的行为一向是从容不迫。造物主创造树中之王橄榄树需要一百年的时间，而洋葱经过短短的九个星期就会枯老。我不留恋从前那种洋葱式的生活，我要成为万树之王——橄榄树，成为现实生活中最伟大的推销员。
  怎么可能？我既没有渊博的知识，又没有丰富的经验，况且，我曾一度跌入愚昧与自怜的深渊。答案很简单：我不会让所谓的知识或者经验妨碍我的行程。造物主已经赐予我足够的知识和本能，这份天赋是其他生物望尘莫及的。经验的价值往往被高估了，人老的时候开口讲的多是糊涂话。
  说实在的，经验确实能教给我们很多东西，只是这需要花费太长的时间。等到人们获得智慧的时候，其价值已随着时间的消逝而减少了。结果往往是这样，经验丰富了，人也余生无多。经验和时尚有关,适合某一时代的行为,并不意味着在今天仍然行得通。

只有原则是持久的,而我现在正拥有了这些原则。这些可以指引我走向成功的原则全写在这几张羊皮卷里。它教我如何避免失败,而不只是获得成功,因为成功更是一种精神状态。人们对于成功的定义,见仁见智,而失败却往往只有一种解释:失败就是一个人没能达到他的人生目标,不论这些目标是什么。

事实上,成功与失败的最大分别,来自不同的习惯。好习惯是开启成功的钥匙,坏习惯则是一扇向失败敞开的门。因此,我首先要做的便是养成良好的习惯,全心全意去实行。

小时候,我常会感情用事,长大了,我要用良好的习惯代替一时的冲动。我的自由意志屈服于多年养成的恶习,它们威胁我的前途。我的行为受到品味、情感、偏见、欲望、爱、恐惧、环境和习惯的影响,其中最厉害的就是习惯。因此,如果我必须受习惯支配的话,那就让我受好习惯的支配。那些坏习惯必须戒除,我要在新的田地里播种好的种子。

我要养成良好的习惯,全心全意去实行。

这不是轻而易举的事情,要怎样才能做到呢?靠这些羊皮卷就能做到。因为每一卷里都写着一个原则,可以摒除一项坏习惯,换取一个好习惯,使人进步,走向成功。这也是自然法则之一,只有一种习惯才能抑制另一种习惯。所以,为了走好我选择的道路,我必须养成的第一个习惯是:

每张羊皮卷用三十天的时间阅读,然后再进入下一卷。

清晨即起,默默诵读;午饭之后,再次默读;夜晚睡前,高声朗读。

第二天的情形完全一样。这样重复三十天后,就可以打开下一卷了。每一卷都依照同样的方法读上三十天,久而久之,它们就成为一种习惯了。

这些习惯有什么好处呢?这里隐含着人类成功的秘诀。当我每天重复这些话的时候,它们成了我精神活动的一部分,更重要的是,它们渗入我的心灵。那是个神秘的世界,永不静止,创造梦境,在不知不觉中影响我的行为。

当这些羊皮卷上的文字,被我奇妙的心灵完全吸收之后,我每天都会充满活力地醒来。我从来没有这样精力充沛过。我更有活力,更有热情,要向世界挑战的欲望克服了一切恐惧与不安。在这个充满争斗和悲伤的世界里,我竟然比以前更快活。

最后,我会发现自己有了应付一切情况的办法。不久,这些办法就能运用自如。因为,任何方法,只要多练习,就会变得简单易行。

经过多次重复,一种看似复杂的行为就变得轻而易举,实行起来,就会有无限的乐趣,有了乐趣,出于人之天性,我就更乐意常去实行。于是,一种好的习惯便诞生了,习惯成为自然。既是一种好的习惯,也就是我的意愿。

今天,我开始新的生活。

我郑重地发誓:绝不让任何事情妨碍我新生命的成长。在阅读这些羊皮卷的时候,我绝不浪费一天的时间,因为时光一去不返,失去的日子是无法弥补的。我也绝不打破每天阅读的习惯。事实上,每天在这些新习惯上花费少许时间,相对于可能获得的快乐与成功而言,只是微不足道的代价。

当我阅读羊皮卷中的字句时,绝不能因为文字的精炼而忽视内容的深沉。一瓶葡萄美酒需要千百颗果子酿制而成,果皮和渣子抛给小鸟。葡萄的智慧代代相传,有些被过滤,有些被淘汰,随风飘逝。只有纯正的真理才是永恒的。它们就精炼在我要阅读的文字中,我要依照指示,绝不浪费,饮下成功的种子。

今天,我的老茧化为尘埃。我在人群中昂首阔步,不会有人认出我来,因为我不再是过去的自己,我已拥有新的生命。

①选自《世界上最伟大的推销员》,〔美国〕奥格·曼狄诺著,安辽译,海天出版社1996年版。奥格·曼狄诺(1923—1996),美国著名企业家、作家、演说家。著有《世界上最伟大的推销员》《成功与幸福的秘密》《世界上最伟大的演说家》等。

《世界上最伟大的推销员》简介

《世界上最伟大的推销员》包含三个部分:羊皮卷的故事、羊皮卷的实践、羊皮卷的启示。

羊皮卷的故事讲述推销员海菲的故事以及十道羊皮卷;羊皮卷的实践是制定完整而严格的道德和商业训练计划并付诸行动;羊皮卷的启示是面对上帝立约,进一步建立坚定不移的信心。一个简单的故事,10段深刻的道理阐释,54周的行动训练,12个人生誓言,使得这本书不再是一本推销员训练手册,而成为一本人生励志哲学启蒙读物,适合所有寻找人生价值的人阅读。

羊皮卷的故事

两千年前,在今天阿拉伯地区的沙漠地带,有一个赶骆驼的男孩,名叫海菲。他恳求老板改变他地位低下的生活,因为,他爱上了一位美丽的姑娘,而姑娘的父亲却富有而势利……

他的恳求获得了他的老板——大名鼎鼎的皮货商人柏萨罗的恩准。为了验证他的潜力,柏萨罗派他到一个名叫伯利恒的小镇去卖一件袍子。然而,他却失败了,因为出于一时的怜悯,他把袍子送给了客栈附近山洞里一个需要取暖的新出生的婴儿。海菲满是羞愧地回到皮货商那里,但一颗明星却一直在他头顶上方闪烁。柏萨罗将这种现象解释为上帝的启示,于是,他给了男孩十道羊皮卷,那里面记载着震撼古今的商业大秘密,有实现男孩所有抱负所必需的智慧。海菲怀揣着这十道羊皮卷,走向远方,正式开始了他独立谋生的推销生涯。他始终遵循卷中的原则,执著创业,最终成为了一名伟大的推销员,建立起一个浩大的商业王国……

羊皮卷由来

羊皮卷(parchment)一词来自古希腊时期文化中心之一的帕加马(Pergamon),今日土耳其之贝尔加马(Bergama)。埃及托勒密王朝为了阻碍帕加马在文化事业上与其竞争,严禁向帕加马输出埃及的纸莎草纸。于是帕加马人就发明了羊皮纸。羊皮纸是以羊皮经石灰处理,剪去羊毛,再用浮石软化而成的书写材料,表面光滑,书写方便,能够让鹅毛笔的书写呈现饱满的色彩。公元3~13世纪,欧洲各国主要用它书写文件,14世纪才逐渐被中国纸取代,18世纪有些国家仍用它书写重要法典文件,以示庄重。美国的第一部宪法、独立宣言、人权法案均用羊皮纸书写以显示其重要性。最早的圣经也是记载在羊皮上的,由于羊在犹太教中是神圣的动物,所以用羊皮卷书写《圣经》,方显教徒对神明的崇敬。渐渐地,羊皮卷成为重要典籍文章的代名词。

羊皮卷之九:我现在就付诸行动

My dreams are worthless, my plans are dust, my goals are impossible.

All are of no value unless they are followed by action. I will act now.

我的幻想毫无价值,我的计划渺如尘埃,我的目标不可能达到。一切的一切毫无意义——除非我们付诸行动。我现在就付诸行动。

阳光中的向日葵[1]

芒 克

向日葵因其向阳性,总是以热切地追随太阳、坚定不移地追求光明的形象出现在文学作品里。然而在这首诗里,诗人用"陌生化"的手法创造了一个另类的向日葵形象,"逐日"转向"背日",热爱转向憎恨,追随者成为反抗者。当惯常的思维被一一打破,一种奇异而新鲜、涌动着生命力与创造力的阅读体验便产生了。

你看到了吗
你看到阳光中的那棵向日葵了吗
你看它,它没有低下头
而是把头转向身后
就好像是为了一口咬断
那套在它脖子上的
那牵在太阳手中的绳索

你看到它了吗
你看到那棵昂着头
怒视着太阳的向日葵了吗
它的头几乎已把太阳遮住
它的头即使是在没有太阳的时候
也依然在闪耀着光芒

你看到那棵向日葵了吗
你应该走近它
你走近它便会发现
它脚下的那片泥土
每抓起一把
都一定会攥出血来

梵高《向日葵》

[1] 选自《现代诗歌赏析》,李新纯主编,延边人民出版社 2009 年版。芒克(1950—),原名姜世伟,当代诗人,朦胧诗的代表诗人之一。

向日葵花语

向日葵的花语是沉默的爱,一生执著一生等待的爱。关于向日葵,曾有一个凄美的希腊神话传说。克吕提厄(Clytie)是一位海洋女神。她曾是太阳神赫利俄斯(Helius)的情人,但后来赫利俄斯又爱上波斯(Persia)公主琉科托厄(Leucothoe)。妒火中烧的克吕提厄向波斯王俄耳卡摩斯(Orchamus)告发了琉科托厄与赫利俄斯的关系。俄耳卡摩斯下令将不贞的女儿活埋。赫利俄斯得知此事后,彻底断绝了与克吕提厄的来往。痴情的克吕提厄一连数天不吃不喝,凝望着赫利俄斯驾驶太阳车东升西落,日渐憔悴,最终化为一株向阳花(向日葵)。

(参考《健康花草大全集》,陈亚慧编,高等教育出版社 2010 年版)

突破定势思维的创意广告

禁止抽烟,连皇冠也不例外。(皇冠牌香烟广告)

其实,天仙的名气是吹出来的。(天仙牌电风扇广告)

不打不相识!(某打字机广告)

按捺不住,就快滚!(微软鼠标广告)

盲人协会真诚劝告您:千万不要酒后驾车。(公益广告)

别以为你丢了头发,应看作你赢得了面子。(理发店广告)

大事(石)化小,小事(石)化了。(消石冲剂广告)

立即下斑,禁止痘留!(美容院广告)

回答①（外一首）

北 岛

人们通常认为诗是特别的，诗是难懂的，所以对它采取干脆不理的态度（比如高考作文"诗歌除外"的要求），但这实在是语言的一种损失。其实，诗的语言可以是人人都懂的口语，"举头望明月，低头思故乡"、"明月松间照，清泉石上流"，最初的诗就是口头传唱的歌谣，只是诗的语言更加精粹凝练，是提炼过的语言的珍珠。简短的语言形式蕴含着丰富而深刻的情与意，可谓"字字珠玑"，就像舒婷诗中所说"也许藏有一个重洋，但流出来，只是两颗泪珠。呵，在心的远景里，在灵魂的深处"。生活是平凡庸碌的，然而思考让它闪闪发光，"黑夜给了我黑色的眼睛，我却用它寻找光明"，这才是诗的真义。

卑鄙是卑鄙者的通行证，
高尚是高尚者的墓志铭。
看吧，在那镀金的天空中，
飘满了死者弯曲的倒影。

冰川纪过去了，
为什么到处都是冰凌？
好望角发现了，
为什么死海里千帆相竞？

我来到这个世界上，
只带着纸、绳索和身影，
为了在审判之前，
宣读那被判决了的声音：
告诉你吧，世界，
我——不——相——信！
纵使你脚下有一千名挑战者，
那就把我算做第一千零一名。

我不相信天是蓝的；
我不相信雷的回声；
我不相信梦是假的；
我不相信死无报应。

如果海洋注定要决堤,
就让所有的苦水都注入我心中;
如果陆地注定要上升,
就让人类重新选择生存的峰顶。

新的转机和闪闪的星斗,
正在缀满没有遮拦的天空,
那是五千年的象形文字,
那是未来人们凝视的眼睛。

宣 告

——献给遇罗克②

也许最后的时刻到了
我没有留下遗嘱
只留下笔,给我的母亲
我并不是英雄
在没有英雄的年代里
我只想做一个人

宁静的地平线
分开了生者和死者的行列
我只能选择天空
决不跪在地上
以显出刽子手们的高大
好阻挡自由的风

从星星的弹孔里
将流出血红的黎明

①选自《北岛诗选》,北岛著,新世纪出版社1987年版。北岛(1949—),原名赵振开,中国当代诗人,朦胧诗派代表诗人之一。1978年同诗人芒克创办民间诗歌刊物《今天》。1989年移居国外,曾一度旅居瑞典等七个国家。2007年,他接受香港中文大学的聘请,现定居香港。 ②遇罗克(1942—1970),北京人。

《回答》赏析

　　北岛的《回答》标志着朦胧诗时代的开始。诗中展现了悲愤之极的冷峻,以坚定的口吻表达了对暴力世界的怀疑。诗篇揭露了黑白混淆、是非颠倒的现实,对矛盾重重、险恶丛生的社会发出了愤怒的质疑,并庄严地向世界宣告了"我不相信"的回答。诗中既有直接的抒情和充满哲理的警句,又有大量语意曲折的象征、隐喻、比喻等,使诗作既明快晓畅,又含蕴丰厚,具有强烈的震撼力。《回答》反映了整整一代青年觉醒的心声,是与已逝的一个历史时代彻底告别的"宣言书"。由于心里感受的真实的外象化,北岛的诗歌染上了一层阴冷的色彩,给人以冷峻凄怆的感觉。

　　（引自《经典诗文三百篇》,尹建国主编,北京师范大学出版社 2010 年版）

赠　别①

舒　婷

　　如果说北岛的诗是冷峻而苍凉的河,那么舒婷的诗则是温馨而柔婉的灯。舒婷的诗少了震耳发聩的哲思,却多了内敛律动的情感。她常常使用假设、让步或转折句式,将情感表达得曲折委婉,"我如果爱你/绝不像攀援的凌霄花/借你的高枝炫耀自己""也许路开始已错/结果还是错""也许燃尽生命烛照黑暗/身边却没有取暖之火""雾打湿了我的双翼/可风却不容我再迟疑"。甜蜜的忧郁,感伤的希望,温婉的果决,平静的潮起潮涌,古典的抒情方式与现代思潮,这些看似矛盾的内容,完美地融合在舒婷的诗句中,带来很强的艺术感染力。

　　　　人的一生应当有
　　　　许多停靠站
　　　　我但愿每一个站台
　　　　都有一盏雾中的灯
　　　　虽然再没有人用肩膀
　　　　挡住呼啸的风
　　　　以冻僵的手指
　　　　为我掖好白色的围巾
　　　　但愿灯就像今夜一样亮着吧
　　　　即使冰雪封住了
　　　　每一条道路
　　　　仍有向远方出发的人

　　　　我们注定还要失落
　　　　无数白天和黑夜
　　　　我只请求留给我
　　　　一个宁静的早晨
　　　　皱巴巴的手帕
　　　　铺在潮湿的长凳
　　　　你翻开蓝色的笔记
　　　　芒果树下有隔夜的雨声
　　　　写下两行诗你就走吧
　　　　我记住了

写在湖边小路上的
你的足迹和身影

要是没有离别和重逢
要是不敢承担欢愉和悲痛
灵魂还有什么意义
还叫什么人生

① 选自《舒婷诗文自选集》,舒婷著,漓江出版社1997年版。舒婷(1952—),原名龚佩瑜,当代诗人,朦胧诗派的代表人物之一。

心安是归处

　　人生长途漫漫，人们四处奔波，上下求索，为的就是建设一个属于自己的家园。"人总是怀着乡愁的冲动到处去寻找家园"，而且这条通往家园的路又是多么不容易寻找到。"何处是归程？长亭更短亭。"可是，白居易却说："我生本无乡，心安是归处。"又说："庾信园殊小，陶潜屋不丰。何劳向宽窄，宽窄在心中。"人真正的"宅"是"心宅"，真正的"家"是精神家园，真正的归宿是心灵世界，真正的拯救是自我救赎。

初出城留别[①]

白居易

朝从紫禁归，暮出青门[②]去。
勿言城东陌，便是江南路。
扬鞭簇[③]车马，挥手辞亲故。
我生本无乡，心安是归处。

白居易像

[①]选自《白居易诗选》，谢思炜选注，中华书局2009年版。白居易(772—846)，字乐天，晚年又号香山居士，唐代现实主义诗人，代表诗作有《长恨歌》《卖炭翁》《琵琶行》等。因朝中朋党倾轧，长庆二年(822年)，白居易请求外放，出守杭州。此诗为初离长安所作。经历多年宦海风波，作者此时的心情颇为平静旷达，与被贬江州时的处境、心情大不相同。　[②]青门：本指汉长安城东南门，因门色青，俗称为青门。后泛指京城城门。　[③]簇：此处为扬鞭驱赶的意思。

定风波[①]

苏　轼

　　王定国[②]歌儿曰柔奴，姓宇文氏。眉目娟丽，善应对。家世住京师。定国南迁归，余问柔："广南风土，应是不好？"柔对曰："此心安处，便是吾乡。"因为缀词云：
　　常羡人间琢玉郎，天教分付点酥娘。[③]自作清歌传皓齿，风起，雪飞炎海变清凉。[④]万里归来年愈少，微笑，笑时犹带岭梅香。[⑤]试问岭南应不好？却道，此心安处是吾乡。[⑥]

[①]选自《婉约词精品赏析》，喻朝刚、周航编，吉林文史出版社1997年版。苏轼(1037—1101)，字子瞻，号东坡居士，北宋眉山人。著名的文学家，唐宋散文八大家之一。学识渊博，多才多艺，在书法、绘画、诗词、散文各方面都有很高造诣。

书法与蔡襄、黄庭坚、米芾合称"宋四家",善画竹木怪石,其画论、书论也有卓见。系北宋继欧阳修之后的文坛领袖,散文与欧阳修齐名,诗歌与黄庭坚齐名,他的词气势磅礴,风格豪放,一改词的婉约,与南宋辛弃疾并称"苏辛",同为豪放派词人。 ②王定国,名巩,莘县(今山东莘县)人,王旦之孙,王素之子,曾通判扬州。"乌台诗案"中,因与苏轼交游受牵连,被贬为宾州(治所在今广西宾阳县南)监盐酒税。王巩赴岭南时,歌女柔奴同行,三年后一起北归。此词大约是王巩北归途中过黄州会见东坡时所作。 ③常羡人间琢玉郎,天教分付点酥娘:琢玉郎,容貌如美玉琢成的男子,此指王定国;点酥娘,肤色洁白滑腻如凝酥的女子,此指宇文柔奴。开篇两句以诙谐的语气,赞美这对才子佳人。词本为柔奴而作,但她是随其主人来访,故首句先提其主人。 ④"自作"三句:描写柔奴的歌声之美妙,用酷暑飞雪来形容清越的歌声带给人独特的艺术效果。 ⑤"万里"三句:描写柔奴历尽波折而风雨不动的安然心境。 ⑥这首诗不仅表达了诗人对柔奴睿智妙答的赞赏,同时表达了友人随遇而安、坦荡旷达心境在作者内心引起的共鸣和感叹,柔奴说出的正是诗人心声。巧的是,苏轼在写此词十年后也被贬到岭南。"此心安处是吾乡"成了他自己躬行体验的预言。

此花不在你的心外[①]

王守仁

作为自在之物的天地万物,其存在变化并不以人为转移。然而,意义世界却总是存在心中。大自然不偏不倚给予蛤蟆、蝴蝶的是同等的,它们的美丑之别,完全是人心灵的作用。同样道理,幸福是人的内心感受,而不是客观评价。人的想法决定了人的活法。只有心灵力量强大的人,才能做到"物物而不为物所物"。

先生游南镇,一友指岩中花树问曰:"天下无心外之物,如此花树,在深山中自开自落,与我心亦何相关?"先生曰:"你未看此花时,此花与汝心同归于寂。你来看此花时,则此花颜色一时明白起来。便知此花不在你的心外。"

王守仁像

①选自《传习录》,〔明〕王阳明撰,中州古籍出版社2004年版。王守仁(1472—1529),字伯安,浙江余姚人。中国明代哲学家、教育家、文学家和军事家。因筑室会稽阳明洞,故自号阳明子,世称阳明先生、王阳明。精通儒、释、道三教,且擅统军征战,是中国历史上罕见的全能大儒,心学之集大成者。

王阳明遗言

嘉靖八年(1529年),王守仁病重,上疏乞骸骨(指告老还乡),举郧阳巡抚林富自代,未奉诏即去职,死于途中。临终之际,门人问遗言,王守仁说:"此心光明,亦复何言?"灵柩过江西,沿途军民缟素哭送。

(引自《中华文化通志·地域文化典》,张正明、刘玉堂编,上海人民出版社1998年版)

王阳明名言

心即道,道即天,知心则知道、知天。

夫万事万物之理不外于吾心。

心外无理,心外无物,心外无事。

乾坤由我在,安用他求为?千圣皆过影,良知乃吾师。

目无体,以万物之色为体;耳无体,以万物之声为体;鼻无体,以万物之臭为体;口无体,以万物之味为体;心无体,以天地万物感应之是非为体。

情顺万物而无情,应无所住而生其心

阳明端居跌坐以求静一,体悟到在生死存亡的最危险时刻中,不仅一切贵贱、荣辱、是非、得失、成败等皆可舍之,甚至连生死都可舍之,置生死于度外,而一切舍之所剩下的则唯"心"而已,因为吾心良知是舍无可舍、损无可损者,是念兹在兹者。……阳明悟后起修,修以证悟,一心开二门。一方面他要置身于社会历史文化的创造活动之中,振人心,砺风气,对人生和宇宙承担责任,完成使命,使万物得其理,万事得其位,这体现了阳明之"仁";另一方面,在世上做事功的同时,他又能超越于一切贵贱、荣辱、是非、得失、成败之外,一切尘染皆不足以累其心,情顺万物而无情,应无所住而生其心,极高明而道中庸,不离微近纤曲而盛德存焉。

引自《王阳明"龙场悟道"之三时论》,王路平,
《河北大学学报》(哲学社会科学版),2010年第5期)

对于没有音乐感的耳朵来说,最美的音乐毫无意义

过去一段时间里,人们经常把这个故事当作主观唯心主义的典型来批判。事实上,如果换一个审美的角度来分析王阳明的话,就会发现这里别有一番天地。王阳明讲的心外无物,不是从单方面角度来说的,也不是说他不来山中看花,这个花就不存在。实际上,王阳明是从互动角度来讲的,如果他们不到山中看花,他们所感受到的这个花的美丽是不被人所知的,即此时此景是不存在的。正是由于人心与鲜花的此时此刻的契合,一方面,使鲜花的色彩成为真实的绽放,另一方面,人心也明朗起来。这是两者相得益彰的生动典范。否则,即使花再美丽无比,如果没有人去看花,那么它也可以说是不被人理解的;即使人心再灵明透彻,如果没有鲜花的映现,那么人心也是无从体现的。这就是同归于沉寂。诚如马克思所指出的:"对于没有音乐感的耳朵来说,最美的音乐毫无意义。"

(引自《中国社会建设中的意义和谐、政治和谐与利益和谐》,
陈天林著,中共中央党校出版社2006年版)

文学,心灵故乡①

刘鸿武

美国电影评论家大卫·丹比曾就媒体时代的读书生活做过这样的评论:"我拥有信息,但没有知识;我拥有观点,却没有原则;我有本能,却没有信念。我的记忆正消失于媒体生活的迷雾中,我是个看生活而不是个过生活的人。"有人说,这是一个消解文字的时代,一个读图的时代,我们还需要文学吗?德国诗人诺瓦里斯说哲学是"怀着一种乡愁的冲动到处去寻找家园",而经典阅读则是寻找精神家园的过程。

在座的各位同学,大家来昆明上大学,有没有在暮秋时节,去到滇池边上,看看那草海边晨雾下的芦苇地,那清晨烟云笼罩下的茫茫水面呢?你可能会说,这平平常常的景物,与我的心灵与生命有什么关系吗?不错,这样的景物,这样的景色,其实在大自然中是很寻常可见的,可是,正是这平平常常的景物,这千古以来就存在的一草一木、一山一水,它在我们每个人心中引起的感受是很不一样的。当你置身于这寻常景色中的时候,你是否会从中发现某种美好,感受到某种诗意的存在,并被它所感动呢?你是否会与这天地万物有了一种心灵的交流与对话,它是否会成为你生命世界中的一部分呢?或者说,当你面对那天地间的景物景色,你心灵上情感上如果从不曾有过什么特别的感觉,你不能用你的心灵眼睛看到什么特别的东西,只觉得那是个与你完全无关的自然世界,如果这样的话,那我们就说,你的生命可能就会少了一个诗意的世界,少了一个可以使心灵提升起来,自由起来,飞动起来的艺术化世界了。

这普通平常的一片草海,一片芦苇地,一片清秋的水面,怎么会说是我们一个可能的生命的诗意世界呢?其实,这个诗意的世界,本就来自于你自己内心。如果你本已有一个感受诗性情感的心灵世界,有一个经由文学艺术的审美情感长期熏陶滋润而构建起来的心灵结构,那么你可能就会在这个外在的世界中看到诗意,就可能在平常的世界背后感受到美好的东西,你可能就会"登山则情满于山,观海则意溢于海"。

那么,我们接着要问,人的这个内在的诗意的心灵结构,这个艺术化的心灵情感,对于人生,对于人生的快乐与幸福,有什么特别的意义吗?它又是如何获得、怎样养成的呢?我们说,人的外在生命世界或物质世界,总的来说都是比较确定,差别不大,也是很有限的。我们每天日常的生活,在某个城市、某处单位、某种环境里,工作、学习、上班,这是一个大体上确定的、有限的世界。但人还可以有另一个世界,人可以在心灵上,在情感上,在精神上,构建另一个世界。这个世界却因人而异,十分的不同,它也许可以无限之高远,无边之开阔,无穷之变化。如果你有这样一个心灵的世界,有这样一个情感的结构,那外在的那个普通平常的世界,可能就会被赋予了完全不同的意义。你的生命就会因此而有所不同,生活里突然会充满了丰富的色彩,美好的事物就会多起来,你的心灵会变得晴朗开阔,会飞扬起来,这世界可能会变得善解人意,温暖多情。人的精神家园与心灵故乡,其实就是这样建立起来的。

……

我们知道人立身于世,行走于天地间,不管地有多宽广,天有多辽阔,不管你走得再远,人总还是要有一个心灵回归之处,精神安顿之所,但这个可以安顿心灵的精神家园,可以抚慰心灵的故乡,今天它又在哪里呢?我们还能拥有吗?人的生活,人的存在,是一个通过劳作不断创造物质世界的过程,这是人生存的基础。可是如果生存仅仅等于不停地劳作,不停地追逐更多的物质财富,那人就可能是一种工具,成为各种欲望的奴隶。人的生活,其实是由两个世界构成的,一个是物质的世界,一个是精神的世界,这两个世界既有联系,又很不一样,它们之间的区别是很大的,也是不能相互取代的。但总的来说,物质的世界往往基于人的本能,是一个基于人的本能就会去追求的世界,而精神的世界,特别是那个有意义的、审美的、诗性的精神世界,却可能是一个人必须有主体意识,有了一种生命的提升意识后,才会去追寻的,因为它是非功利的。

我们可以看到,随着社会的发展,这个物质的世界可能正在变得越来越完善,可是当物质世界变得越来越丰富、越来越完善的同时,我们的心灵与精神世界是不是也随之变得美好呢?我们是不是真的感受到人生的意义与快乐呢?其实,当外在世界似乎变得越来越完备时,人的心灵与精神世界,可能是美好的,快乐的,但也可能不是,也可能会陷入另一种困境,另一种困惑中。这是因为,心灵故乡与精神世界的构建,不是基于人的本能就会主动去追求,它基于人的选择,基于人对美好、对理想的不懈追求,而这又正是在外在物质世界无限膨胀时容易失落的、容易被遗忘的。

我们今天所谈的人文科学意义上的文学,正是一个人难以割舍的心灵故乡,是一个美丽的精神家园,是一个可以使人超越生命的平庸与有限得以提升,以诗性的方式来理解生活,以艺术化的方式来追求一个有着绮丽风光、高远境界的世界。我们每个人的生命都是有限的,但是我们可以超越有限的生命,去追寻另一个无限开阔的精神世界,追寻另一种艺术的存在、诗性的存在。诗人说,人会"悲落叶于劲秋,喜柔条于芳春",当你以一颗艺术之心来看世界时,世界就是艺术的,可赏可亲的,当你以丰富的心灵来看世界时,世界就是无穷变化的,这时天地间的山、水、草、木,都成为你内心世界的一部分,都成为你生命的一部分。

人与人的差别,其实更多的不在于外在的地位与身份,而在于那个内心世界,在于那个内心世界对生命的理解与把握。也正是在文学的世界里,人性的平等与人格的尊严才得到了一种无差别的对待与尊重。因为文学世界里的美本身就是一种平民式的美。大家还记得王安石的那首诗吗?"墙角数枝梅,凌寒独自开。遥知不是雪,为由暗香来。"无论是一枝处于墙角的梅花,还是一株生于空谷的幽兰,它们都很平凡,但它们并不因无人观赏,不受瞩目就放弃对美好、对理想的追求,就不把自己内心中的那份美好,生命中最美的那个部分呈现出来。而文学正是通过在平凡世界里发现美、追求美,从而给人一种追寻自我尊严的无限力量与超越自我的广阔天地。当你看到春花春月、秋雨秋蝉就不由得吟咏起"迟迟白日晚,袅袅秋风生。岁华尽摇落,芳意竟何成"时,这是怎样一个心灵世界呢?当你看到青松明月、山间清泉就自然想起"明月松间照,清泉石上流"的诗句时,那又是怎样的境界呢?文学艺术正是这样一种追求内在完美和审美意趣的永恒努力,哪怕是一个字都不识的农民在劳作的时候,都可能会创造出一种有诗性美的生命方式,这才有了"牧童短笛"与"草原牧歌"那样的民间艺术。

当你以审美的眼光来理解你的生活,将你的生活用艺术化的方式表现出来时,你的生活就变得有所不同了,哪怕就只是做一件衣服,做一餐饭,你也可能有另一种感受。

确实,外在世界和社会环境,对人的支配与影响是非常大的,有时也是很沉重的,但也正因为如此,你更应该"关照好自己的心灵世界",如果你内心没有留给自己的心灵一片天地,那你很容易在外在环境与潮流的裹挟和追逐中迷失自我。文学的世界,也许正是我们保持心灵自由的一个基本方式。当你能体会到"大漠孤烟直,长河落日圆"的苍劲雄浑,体会到"野旷天低树,江清月近人"的天地灵魂,能在人生路上把持"行到水穷处,坐看云起时"的空灵心境,能获得"俯仰皆宇宙,不乐复何如"的生命境界时,文学也就给了你许多许多。

其实,人的生命本质上都是在追求着快乐与幸福的,但什么才是快乐与幸福,什么样的东西可以让我们感受到快乐与幸福,我们怎样才能感受到快乐与幸福呢?这在很大程度上,其实是取决于我们有着怎样的一个内在心灵与情感世界,取决于我们感受那快乐与幸福的心灵是什么的。我们可以说,塑造一个怎样的感受快乐与幸福的心灵情感世界,比直接去追求快乐与幸福本身更加重要,更加具有根本意义。大家都知道,宋代政治家和诗人范仲淹,曾经写下过"先天下之忧而忧,后天下之乐而乐"这样的传诵后世的诗句,大家都说这是一种高尚的境界,可能也是普通人达不到的境界。也许真是这样的,但其实对于范仲淹来说,他写下这样的诗句,他对人生有这样的理想,他能从这样的境界中感受到快乐,并不是他有意要去抬高自己,而是他真的能从这样的人生追求中,从这样的生命状态中,感受到真正的生命快乐与幸福。为什么这样说呢?因为范仲淹这样的政治家,他们有一个广泛的精神情感世界,他们可以从那天地宇宙之间,从那大自然的一草一木身上,感到美好,感受到快乐。他的快乐,并不是一定只能来自对于金钱、权位、财富的占有与享受。你看,正是这个写下"先天下之忧而忧,后天下之乐而乐"豪情壮语的范仲淹,也曾写过《苏幕遮》这样感悟大自然而情感细腻的诗词:

碧云天,黄叶地。秋色连波,波上寒烟翠。山映斜阳天接水。芳菲无情更在斜阳外。黯乡魂,追旅思。夜夜除非,好梦留人睡。明月楼高休独倚。酒入愁肠化作相思泪。

你只要读一读他写下的那些优美感人的诗句,只要读一读他写下的那些观察体悟大自然生命之美、天地山川之丽的诗文,你就可能知道,范仲淹这样的伟大诗人,他们对于人生快乐与幸福的获得,真是很广阔很丰富的,他对于快乐与幸福的理解与获得,真是有一个高远开阔的境界的,这个世界能给他生命意义,能给他生命快乐与幸福的东西,真是很多很多。

这样的人,才能做到"先天下之忧而忧,后天下之乐而乐"了。而一个缺乏这方面艺术人文情感修养,一个根本不能从天地万物之间感受到美好,感受到快乐的人,他作为人又一定要去追求快乐、追求幸福,那他就只能在或只能到那有限的世界里去追求,只能到那权力、财富、金钱、地位的世界中去追求,他能感受与体悟到的快乐幸福,也就十分有限了。

大家想一想,我们这个民族,我们这个国家,已经有几千年的历史,几千年的不曾中断的发展历史。这几千年来,支撑这个民族,支撑这个国家生存下来,延续下来的真正力量究竟是什么?如果它没有一种内在的精神,一种深深植根于民族心灵深处的东西,那它会是怎样的呢?有的东西,它那么重要,那么具有根本的意义,可往往又是我们不太容易看到和感受到的,就像空气,任何时候人都不能没有它,可它又是常常被人忽略掉的。这人文科学的精神世界,这文学艺术世界里的精神与理想、信念与追求,可能也就是空气一样的东西吧。迷失了它,这个民族,这个国家,就会从根本上出现问题了。

①选自《故乡回归之路》,刘鸿武著,清华大学出版社 2004 年版。有删节。刘鸿武,当代学者,著有《故乡回归之路》《文史哲与人生》《守望精神家园》《人文科学引论》《非洲文化与当代发展》《非洲艺术研究》等。

我的精神家园

如果没有书,没有书上的漂亮句子,没有对书和字的迷恋,我恐怕很难保证自己不会在很多人沉沦的蹉跎岁月里随之沉沦,也不会在日后不少同学下海经商或改行从政的风潮中始终以书为友——看书、教书、译书、写书。我时常想,如果生活中没有书没有字,而只有图像、手机、汽车、烟酒和山珍海味,那会是怎样的生活呢?那会是健全的生活吗?至少对于我不是。我害怕图像掏空我的想象,手机劫掠我的修辞,汽车惊散晨雾和夕晖,烟酒忽悠爸爸的书箱……一句话,怕它们侵蚀或置换我的精神家园。

(引自《高墙与鸡蛋》,林少华著,红旗出版社 2011 年版)

精神的三间小屋

第一间,盛着我们的爱和恨。

第二间,盛放我们的事业。

第三间,安放我们自身。这好像是一个怪异的说法。我们自己的精神住所,不住着自己,又住着谁?可它又确是我们常常犯下的重大失误:在我们的小屋里,住着所有我们认识的人,惟独没有我们自己。我们把自己的头脑,变成他人思想汽车驰骋的高速公路,却不给自己的思维留下一条细细的羊肠小道。我们把自己的头脑,变成搜罗最新信息网络八面来风的集装箱,却不给自己的发现留下一个小小的储藏盒。我们说出的话,无论声音多么嘹亮,都是别的喉咙嘟囔过的。我们发表的意见,无论多么周全,都是别的手指圈划过的。我们把世界万物保管得好好,偏偏弄丢了开启自己的钥匙。在自己独居的房屋里,找不到自己曾经生存的证据。如果真是那样,我们的精神小屋不必等待地震和潮汐,在微风中就悄无声息地坍塌。它纸糊的墙壁化为灰烬,白雪的顶棚变成泥泞,露水的地面变成了沼泽,窗棂破裂,露出惨淡而真实的世界。你的精神,孤独地在风雨中飘零。

(引自《精神的三间小屋》,毕淑敏著,
见祝宏编《涤荡心灵的名篇佳作》,吉林人民出版社 2010 年版)

诗意地栖居在这片大地上

"人充满劳绩,但还诗意地,栖居在这片大地上。"诗行的基调回响于"诗意地"一词上。此词在两个方面得到了强调,即:它前面的词句和它后面的词句。它前面的词句是:"充满劳绩,但……"听来就仿佛是"诗意地"一词给人的充满劳绩的栖居带来了一种限制。但事情恰好相反,限制是由"充满劳绩"这个短语道出的,对此,我们必须加上一个"虽然"来加以思考。虽然人在其栖居时做出多样劳绩,但是,人不仅培养自发地展开和生长的事物,而且也在建造(aedificare)意义上进行筑造,因为他建立了那种不能通过生长而形成和持存的东西。这种意义上的筑造之物不仅是建筑物,而且也包括手工的和由人的劳作而得的一切作品。于是,荷尔德林不仅使"诗意"免受一种浅显的误解,而且,通过加上"在这片大地上",他特地指示出作诗的本质。作诗并不飞越和超出大地,以便离弃大地、悬浮于大地之上。毋宁说,作诗首先把人带向大地,使人归属于大地,从而使人进入栖居之中。

(引自《人诗意地栖居》,〔德国〕海德格尔著,
见叶舟编《心灵鸡汤大全集》,企业管理出版社 2010 年版)

语言表达专题

如何让你的论述更有条理

把感知的东西、心里的想法说出来,是每一个人都会的事情,但是说得通畅、有条理、有层次却不容易。它需要你经常有意识地进行语言表达的训练才可以达到。把话说得通畅有条理有层次,听的人会一下子就能把握你的意思,会让人觉得你是个逻辑思维清晰、头脑清醒、办事得力的人。下面为大家提供几种让自己的表述看起来或听起来文理通畅的办法:

一、熟练使用总分总的论述结构

总分总结构是易掌握又高效率的论述方法。正如公司有级别之分,这样才能分工明确,有收有放,实现最高效率,不致成为一盘散沙;也好像学生希望老师上课重点明确,层次清楚,这样听课和做笔记就能有的放矢。总分总结构总能使一件复杂的事变得简单有条理。

总分总结构除了帮助写的人理清思想头绪外,还可以在最短时间内让读者了解最重要的信息,稳定读者情绪。以考试时论述题的回答为例,如果考官读了开头就了解文章大意,知道你要从哪几个方面来论述问题,哪怕中间部分有些词不达意,语意不连贯,也能够客观评分。

很多学生即使了解了总分总结构的重要性,也不能应用到写作或口语考试中,其原因是:第一,他们认为这种形式过于简单;第二,因为总分总需要抓大局,对喜欢考虑细节、见木不见林的学生而言很难适应。但是,它是一个很奏效的结构办法,也很容易掌握。

  首 段:提出中心论点   ——观点鲜明,避免偏题
  第二段:分论点一及其论述 ⎫
  第三段:分论点二及其论述 ⎬——保证论述内容的广度与深度
  第四段:分论点三及其论述 ⎭
  末 段:总结   ——呼应前文,有始有终,结构完整

实例:

  《必须跨过这道坎》

  中心论点:我们必须跨过"这道坎"

  分论点一:世界上"坎"的存在是必然的

  分论点二:我们生而为跨过"这道坎"而来

  分论点三:经历坎坷才能体会到人生大美

  总收全文:成人不自在,过"坎"即成人

二、使用序号分层次

正确地运用序号,能使文章层次清楚,逻辑分明,也便于读者阅读。使用序号要注意序号形式的统一。如:

  第一档:一、二、三……

第二档:(一)(二)(三)……

第三档:1.2.3.……

第四档:(1)(2)(3)……

第五档:①②③……

除了数字序号外,还可以使用:

"第一"、"第二"、"第三"……

"首先"、"其次"、"再次"……

"第一点"、"第二点"、"第三点"……

"一是"、"二是"、"三是"……

注意:加了括号的序号后就不要再加顿号或点号了,中文数字后加顿号,阿拉伯数字和字母后加下圆点(.),单独成行的小标题后均不加标点。同一层次各段内容是否列标题应一致,各层次的下一级序号标法应一致,若层次较少可不用加括号的序号。

三、"三点论"分层法

"三点论"是一套快速地把一些理念整理出一套逻辑的技巧,可使文字表达清晰、有条理,同时组织性强。"三点论"用在写演讲词(尤其是在极短的时间内即兴发言)、发表意见、写文章等方面都很有效,而且非常容易掌握。如:

时间:过去、现在、未来;初期、中期、后期;第一个十年,第二个十年,第三个十年;

地点:大陆、香港、台湾;家中、公司、市场;上、中、下;

人物:自己、对方、第三者;买方、卖方、中间人;上司、自己、下级;

其他方面:结果、因素、现象;生理、心理、情绪;准备、执行、检讨;等等。

活学活用:

①我发表三个见解——

②我就三个方面谈一下自己的心得——

③我讲三个事例——

④我就产品、市场和服务三个方面进行阐述——

⑤我们的任务是分三步走——

⑥我们目前有三个需重点解决的问题——

⑦就过去、现在和未来,我分三部分进行论述——

⑧我们的三步棋是——

⑨我对三个方面表示衷心的感谢——

运用三点论,可以让我们边想边讲、边讲边想,有助于我们组织语言,避免思维混乱的情况发生。

四、三段论式分层次

一般来说,对一个问题的论述,可采用"是什么→为什么→怎么做"三段论式结构。

如论述"勇气",提出:勇气是一种可贵的精神(是什么)→为什么说勇气很可贵:勇气是战胜困难的武器;勇气是事业成功的保证(为什么)→怎样培养自己的勇气:努力学习,提高认识水平,树立远大理想;积极参加实践活动,发扬拼搏进取精神;在日常生活中从点滴做起(怎么做)。

这种结构方式,三个部分之间有着很强的逻辑性,一般不宜颠倒。另外,"为什么"和"怎样做"部分都可以分几点来谈。

五、正反对照分层次

主体部分从正面、反面来论证(可先正后反也可先反后正,视情况而定),使文章观点鲜明。

如诠释"勇气",提出:每个人都应该培养自己的勇气→正面论证:有勇气才能战胜困难,有勇气才能取得成功;反面论证:没有勇气就难以成事,只会导致无所作为→引申总结:勇气很可贵,为人不可无勇气!

语言表达实践

一、阅读《十八岁出门远行》,对小说内容提出质疑,分小组讨论并发言(发言时,请注意表述的条理性)。在质疑讨论的基础上,多角度理解《十八岁出门远行》的主题。课堂讨论结束后,撰写《〈十八岁出门远行〉主题之我见》读后感,建议使用总分总或三段论的结构进行阐述。

二、阅读课文《走"人生"的长途》并课外查阅杨朱、阮籍的资料,说说"杨朱泣歧路"与"阮籍哭穷途"有何不同?

三、有人说,美是主观的;也有人说,美是客观的。联系课文《此花不在你心外》,以及王国维的"有我之境"与"无我之境",说说你对"美是主观的还是客观的"这个命题的看法。

四、朗读《阳光中的向日葵》《回答》《宣告》《赠别》,在这4首短诗中你读出了哪些相同的内涵,请分点概括并阐释。

五、为什么说"文学是心灵故乡"?请从"心安是归处"的角度,加以理解。

六、本部分结合公务员考试的试题,来分析如何回答好这种试题。

案例一

有考生在总结我国城市体制规划中所存在的问题时,这样答道:

> 材料中反映的我国在城市规划过程中由于制度不健全存在着很多问题,主要有:领导干部政绩观影响,不注重城市基础设施建设只重视形象工程建设,城市规划不科学、不合理,重速度不重质量,城市基础设施投入不足,城市规划领导责任不明,缺乏沟通,造成城市规划没有明确目标,城市规划中存在很多安全隐患和污染事件,城市规划者在城市规划中不客观不科学不能以公共利益为重。

以上的作答就是典型的条理不清晰、层次混乱、逻辑性不强。我们可以从阅卷老师的角度来审视这份答卷。从卷面上来看就显得比较臃肿,不便于老师阅卷,容易出现遗漏要点的现象,最终受影响的还是考生自己。

通过上面的分析,我们可以知道,所谓的层次、条理、逻辑都是为了更为直观有效地凸显答题的要点,给阅卷老师一目了然的清晰感。那么,怎样的答卷才是条理清晰、层次鲜明、逻辑性强呢?

同样可以从上面的案例中找出答案。第一步,先找出上面案例中问题的具体表现(摒弃语法等其他错误)。首先,没有以数字标注归纳相关要点,即要点之间缺少必要的区分度;其次,要点之间的层次、逻辑混乱不明,各要点混杂在一起。

第二步,比较规范的作答方式如下:

> 材料所反映的是我国城市规划体制不够健全等问题,这些问题产生的原因及所带来的影响有:
>
> ①快速的城市化进程,在工业发展中忽视了对民生和环境的合理规划;

②急功近利求发展,忽视了科学论证;
③城市的基础设施薄弱,公共安全存在隐患;
④公共安全管理缺乏协调和远见,体制运行需要改进;
⑤重新整治城市基础设施,花费了巨大代价。

上面的作答虽然没有做到尽善尽美,但主要内容一目了然,无论是卷面的整体还是答题的脉络都十分清晰,呈现了先思想、后体制的作答层次与逻辑思维。

案例二

一位考生在阐述如何弘扬主流文化时,这样总结道:

首先,应从我国文化产业和体制着手,通过发行光碟,书籍,报纸,电影等传统手段外,还应以网络为载体对具有我国传统文化的产品进行宣传。对现行体制进行调整,是宣传机构明确自己的责任和分工。其次,主流文化应打破传统,破而求立。吸取当下流行的艺术表达方式结合自身打造出新的符合当今潮流的主流文化,在主流文化中加入草根的贫民的表现形式,粘合起来使人耳目一新,这样才能在市场中站稳脚跟,使主流文化凸显出来。最后,文化及网络从业人员,应加强自身的行业素质,管理层面的人员,文化部门应加强监管机制,对每部作品应由管理层审核后上报文化主管部门,主管部门审批后方可发行。发现违规操作的,首先是对管理层进行处罚,做到责任到人。最大限度地对从业人员进行监管。

首先,这位考生忽视了申论的行文应以策论为重点,没有将所提措施分条逐段进行阐述,并联系材料背景或社会经济发展的要求进行必要性分析。其次,虽然考生用"首先""其次"等衔接词将各措施进行了概括,但措施之间逻辑混乱。在提出解决问题的措施时,考生同样应按照先阐述思想意识范畴的内容,后论述体制建设等方面措施的顺序,以增强申论行文的规范性与严谨性,给阅卷老师一种思维清晰、行文严密的良好感觉。

在具体的行文过程中,考生应该有"调度好文字之间的关系,才能胜任公务员岗位繁琐的工作"的思想意识。建议考生在行文之前,列一个简要的提纲,以增强行文、作答的组织筹划能力。当然,最为重要的还是应该在平时的练习中有意识地树立层次、条理、逻辑的意识,让有条不紊成为一种习惯、一种彰显自己能力的外在表现形式。

第五单元

知己与知彼

单元导语

在古希腊德尔斐太阳神殿前的一块石碑上铭刻着这样一句话："人啊，认识你自己。"苏格拉底也说："认识自己，方能认识人生。"认识自我成为古希腊人文精神的核心。然而人终究怎样才能看到自己，用双眼照见镜中的自己，还是低头凝视水中的倒影？无论如何，一个人最无法看见的是自己的容颜。你的眼望不见自己的眼，越近越看不见，这是永恒的悖论。古希腊神话里，犯下弑父娶母之罪的俄狄浦斯自行戳瞎双眼，反而使自己走进光明，"俄狄浦斯因失去了双眼而多了一只眼睛"，那多出的第三只眼，不是长在额头，而是长在心灵之上，那是一只用心灵关照自我的眼。在水边顾影自怜的那喀索斯迷失在自我的幻影中，正是因为没有这第三只眼。那喀索斯的自爱自恋，只有美，没有真，只有"非我"，没有"本我"。

老子说：知人者智，自知者明。能够知道别人的优劣长短，算是聪明人；能够认识自己的本性，则是明彻大悟之人。老子所说的自知，是内在的反省，是本真的认知，是从自己的内心去寻求人生的真谛。人们所有受苦的根源就是来自于不清楚自己是谁，而盲目地去攀附、追求那些不能代表我们自己的东西！

话题讨论

知人容易知己难？知己容易知人难？

观点一 知人难。俗话说：画虎画皮难画骨，知人知面不知心。即使此时知心，也不能保证彼时知心，人心者，瞬息万变也！贫贱时刎颈交，一为权欲所蔽，就变成不共戴天的死对头；创业时的挚友，一为利欲所蔽，就变成锱铢必较的仇人了。

观点二 知己难。俗话说：当局者迷，旁观者清。古诗也告诉我们："不识庐山真面目，只缘身在此山中。"认清楚自己是一件很难的事情，认清楚别人比较简单一些。

观点三 人与人的了解是一个双向的过程，在我们了解别人的时候也要让别人也了解我们。而自知是单向度的，"吾日三省吾身"即可，因而从客观条件上来说，自知自省易，知人难。

观点四 一面镜子，照了一辈子别人，就是没有照见自己。有一天，它邂逅了另一面镜子，才看见了自己的真面目。知道别人，需要识别察辨的能力；自知则需要内省返照的工夫，要清除内心的私情杂念，这比认识别人更高一层。

我的观点：_____

_____

_____

_____

_____

水仙花的故事①

梁羽生

影娥池上晓凉多，罗袜生尘水不波。
一夜碧云凝作梦，醒来无奈月明何！

〔明〕杜堇《咏水仙（古贤诗意图）》

这是元代诗人丁鹤年咏水仙花的名句。水仙花在中国诗人的想象里，常被比喻为清丽绝俗的仙女，例如清代大诗人龚定庵②所写的《水仙花赋》，就将水仙花当作"洛神"③的化身。赋中有几句道："有一仙子兮其居何处？是幻非真兮降于水涯。弹翠④为裙，天然妆束；将黄染额，不事铅华⑤。"读之真如见洛水仙女，在月色朦胧之夜，凌波冉冉而来。这首赋是龚定庵十三岁时写的，才气真是惊人！

说来倒很有趣，在中国诗词中，水仙花是仙女，但在希腊神话中，水仙花则是一个美男子。英文的 narcissus（水仙花）一字，本来就是希腊古代一个美男子的名字。

据说那西沙士（Narcissus）⑥生得太美了，常常临流独照，顾影自怜。有一个仙女名叫爱歌（Eche）⑦在林中遇见了他，一见倾心，苦苦追求，但那西沙士却不理不睬。爱歌本来是一个活泼可爱喜欢谈话的仙女，失恋之后，终日悲郁，远离她的同伴，独自漫游于山林中，她美丽的身体也渐渐因忧愁而消灭，只有余音不灭，散在山岭水涯。她临死前向女神维纳斯祷告，要求惩罚这狠心的少年。

维纳斯⑧就是爱神丘比特的母亲，她也是司恋爱、美丽、欢笑与结婚的女神。她一方面恼恨爱歌不知自重，有损仙女的尊严，于是罚她的幽灵居于山岩荫僻处，要复述她所听到的最后的声音，以儆戒其他仙女。英文中的"回声"（echo）一字，就是这样来的。但另一方面她也可怜爱歌的遭遇，决定惩罚那西沙士。有一个诗人写道："奥林匹斯山上的月暗云低，众女神在窃窃陈词，请将怒杯递给那狂妄的孩子，他委实轻觑了我们众女的神祇⑨。"描写的就是众女神请求维纳斯惩罚那西沙士时的情景。

有一天那西沙士又临流自照,他为自己美丽的面孔所迷惑,忽然在他的幻觉中,他自己的影子变成了极美丽的仙女,他开口向她说话,仙女的红唇也微微开阖,但却听不见语声;他伸出两臂,水中也有如雪的双臂向他伸来,他俯腰伸手想去抱她,但水面一被触动,仙女又迅速消失了。那西沙士因此发痴发狂,日夜守在池边,不饮不食不睡,终至于死,还不知道水中所见的仙女就是自己的影子。爱歌的仇报了,但众神很可怜那西沙士美丽的尸体,于是把他变成了水仙花,就以他的名字作花名。

〔英国〕约翰·沃特豪斯画作《爱歌和那西沙士》

因为有这个神话,所以心理学上又有一个名词,叫做"水仙花情结"(Narcissus Complex),意思便是"自恋狂"。不过心理学上有"自恋狂"的男子,却不一定像那西沙士那样漂亮,而只是极端的"自我欣赏"罢了。有自恋狂的男子,多是心理上极端内向,而自尊心和自卑感都很浓厚的人。

西洋诗歌也有不少以水仙花为题材,最著名的是法国象征派诗人保罗·梵乐希的《水仙辞》,此诗写于第一次世界大战期中,当时的法国诗坛有人评论道:"有一件比欧战更重大的事情发生了,那就是保罗·梵乐希发表了他的《水仙辞》!"这首长诗写得非常晦涩,据说一百个人看了就有一百种不同的解释。对于象征派的诗我不懂欣赏。法国当时的诗坛对梵乐希的诗那样推崇,也正是代表了一种颓废的倾向。

希腊神话中的水仙花故事太悲哀了,比较起来,还是中国的神话令人心情欢悦。中国神话中说:有一个老妇人名叫姚姥的,寒冬之夜梦见"观星"落地,化作水仙一丛,又美又香,就吃下去了,醒来生下一女,非常聪明,因名"观星"。"观星"即是"天柱"⑩下的"女史星"⑪,所以水仙一名女史花,又名姚女花。美丽的少女既是天上的星宿化生,又是清丽绝俗的花魂化身,真会引起诗人无限遐想。

①选自《笔花六照》(增订版),梁羽生著,广西师范大学出版社2008年版。梁羽生(1924—2009),本名陈文统,中国著名武侠小说家,代表作有《白发魔女传》《七剑下天山》《萍踪侠影录》等。 ②龚定庵:即龚自珍。龚自珍(1792—1841),清

末思想家、文学家。 ③洛神：即宓妃。传说中宓妃为伏羲氏女儿，因迷恋洛河两岸美丽景色，溺于洛水，成为洛水之神守望家园。按照中国的旧时花历十一月对应的是水仙花，花神为洛神（水中仙）。 ④軃(duǒ)翠：垂下的青绿色叶子。軃，下垂的样子。 ⑤铅华：中国古代妇女用的化妆品。中国妇女使用妆粉至少在战国就开始了，最古老的妆粉有两种成分，一种是以米粉研碎制成，故"粉"字从米从分，另一种妆粉是将白铅化成糊状的面脂，俗称"胡粉"，又称"铅华"。 ⑥Narcissus英文三种含义：水仙花，自恋者，那西沙士（希腊神话中溺死后化成水仙的美少年），也译作那喀索斯。 ⑦爱歌(Eche)：希腊神话中，Echo（拉丁文为 Eche）是一位森林女神。 ⑧维纳斯(Venus)：古代罗马神话故事中的女神，相对应于希腊神话的阿芙罗狄忒(Aphrodite)，小爱神丘比特(Cupid)是她的儿子。 ⑨神祇(qí)："神"指天神，"祇"指地神，"神祇"泛指神。 ⑩天柱：中国古代星官名，位于三垣之一紫微垣的东垣。在中国古典天文学中，将满天星斗划分为三垣二十八宿。三垣，即紫微垣、太微垣、天市垣。各垣都有东、西两藩的星，左右环列，其形如墙垣，故曰"垣"。 ⑪女史：中国古代星官名，位于三垣之一紫微垣的左垣。

放下"我执"

佛陀在《金刚经》中告诉人们："有我者，则非有我，而凡夫之人以为有我。"——"我"是什么？不过是地、火、水、风、感官、心识等元素因缘假合的幻化空体，复生复灭，没有一个固定不变的"我"在其中。然而我们无知凡夫总以为有个"自己的我"，于是为着这个虚幻的"我"，产生无尽的"我的"、"我要"……因此我们要放下这个痛苦烦恼的第一根源——"我执"。

（引自《西方哲学名言沉思录》，惟涛编著，朝华出版社2010年版）

损之又损，以至于无

老子曰："为学日益，为道日损。损之又损，以至于无。无为而无不为。"就是说，人对各种事物知识的学习，要每天增加积累，才能有所得；而追求大道的智慧，恰恰相反，要每天减除，渐渐消弭心中各种意识、欲求、妄想、情绪、杂念等等，直至空无所有的境界，即打开本自心中"道"的伟大智慧之门，达到无所不能为的最高创造性境界。人对外部世界的所有认知，都不可取代内心自我自识的智慧。无此后者，再多的知识也附着于迷茫的心灵，无法带来心灵的清醒、自由与幸福。这就是为什么赫拉克利特说"博学不等于智慧"的道理，也是为什么老子说"为学日增"还不够，必须"为道日损"的道理。

（引自《西方哲学名言沉思录》，惟涛编著，朝华出版社2010年版）

士为知己者死①
——刺客豫让传

司马迁

《史记·刺客列传》全文五千字,共记载春秋战国时六名刺客——曹沫、专诸、豫让、聂政、荆轲、高渐离的事迹。篇幅虽短,但情节跌宕起伏,细节惊心骇目,写人刻骨十分,读来慷慨激昂之气填满胸臆。太史公带着他特有的身世之感和爱憎,来书写这些"天壤间第一种激烈人",不爱其躯、一诺必践的壮举。他们本是些底层微贱之人,然而因为自己的能力、价值被人认同,因为人格上获得的些微平等,他们不惜付出性命,终身不悔。"风萧萧兮易水寒,壮士一去兮不复还!"与其默默地老死巷间和乡间,不如让自我价值在瞬间绚烂爆发。

　　豫让者,晋人也,故尝事范氏及中行氏②,而无所知名。去,而事智伯,智伯甚尊宠之。及智伯伐赵襄子③,赵襄子与韩、魏合谋灭智伯,灭智伯之后而三分其地。赵襄子最怨智伯,漆其头以为饮器④。豫让遁逃山中,曰:"嗟乎!士为知己者死,女为说⑤己者容。今智伯知我,我必为报仇而死,以报智伯,则吾魂魄不愧矣。"乃变名姓为刑人⑥,入宫涂厕⑦,中挟匕首,欲以刺襄子。襄子如厕,心动,执问涂厕之刑人,则豫让,内持刀兵,曰:"欲为智伯报仇!"左右欲诛之。襄子曰:"彼义人也,吾谨避之耳。且智伯亡无后,而其臣欲为报仇,此天下之贤人也。"卒释去之。

　　居顷之,豫让又漆身为厉⑧,吞炭为哑,使形状不可知。行乞于市,其妻不识也。行见其友,其友识之,曰:"汝非豫让邪?"曰:"我是也。"其友为泣曰:"以子之才,委质⑨而臣事襄子,襄子必近幸子。近幸子,乃为所欲,顾⑩不易邪?何乃残身苦形,欲以求报襄子,不亦难乎!"豫让曰:"既已委质臣事人,而求杀之,是怀二心以事其君也。且吾所为者极难耳!然所以为此者,将以愧天下后世之为人臣怀二心以事其君者也。"

　　既去,顷之,襄子当出,豫让伏于所当过之桥下。襄子至桥,马惊。襄子曰:"此必是豫让也。"使人问之,果豫让也。于是襄子乃数⑪豫让曰:"子不尝事范、中行氏乎?智伯尽灭之,而子不为报仇,而反委质臣于智伯。智伯亦已死矣,而子独何以为之报仇之深也?"豫让曰:"臣事范、中行氏,范、中行氏皆众人遇我,我故众人报之;至于智伯,国士遇我,我故国士报之。"襄子喟然叹息而泣曰:"嗟乎,豫子!子之为智伯,名既成矣,而寡人赦子亦已足矣。子其自为计,寡人不复释子!"使兵围之。

　　豫让曰:"臣闻明主不掩人之美,而忠臣有死名之义。前君已宽赦臣,天下莫不称君之贤,今日之事,臣固伏诛,然愿请君之衣而击之,焉⑫以致报仇之意,则虽死不恨。非所敢望也,敢布腹心⑬!"于是襄子大义之,乃使使持衣与豫让。豫让拔剑三跃而击之,曰:"吾可以下报智伯矣!"遂伏剑自杀。死之日,赵国志士闻之,皆为涕泣。

①选自《史记·刺客列传》,《史记》,司马迁著,韩兆琦评注,岳麓书社2004年版。司马迁(前145—前90),字子长,西汉夏阳(今陕西韩城,一说山西河津)人,中国古代伟大的史学家、文学家、思想家,被后人尊为"史圣"。 ②范氏、中行(háng)氏:春秋时晋有六卿,即范氏、中行氏、智氏、韩氏、赵氏、魏氏。先是智氏灭范氏、中行氏。后韩氏、赵氏、魏氏灭智氏。最终形成韩、赵、魏三家分晋。 ③赵襄子:晋国大夫,名毋恤,晋文公臣赵衰(cuī)的后代。智氏继向韩氏、魏氏求地后,向赵氏求地,赵氏不许,纠合韩氏、魏氏灭智氏。 ④饮器:饮具。有以为溲溺器者。《史记正义》刘云:"酒器也,每宾会设之,示恨深也。" ⑤说:通"悦"。 ⑥刑人:受过肉刑,形体亏损而服劳役的罪人。 ⑦涂厕:整修厕所。涂,以泥抹墙。 ⑧厉(lài):同"疠",恶疮。古又同"癞",麻风病。 ⑨委质:臣子向君主献礼,表示献身。质,通"贽",所送之礼物。 ⑩顾:反而。 ⑪数:列举罪状进行责备。 ⑫焉:这样,于是。 ⑬布腹心:披露心里话。

"士为知己者死"情结分析

在"人的觉醒"的历史长河中,人的孤独意识愈来愈沉重,人对知己的渴求也愈来愈强烈。知识分子不断从历史中寻找事例来强化这种情感体验,一厢情愿地把荆轲与燕太子丹、专诸与公子光、侯生与魏公子的知遇关系说成知己,用以寄托自己求盼知己的深情。《史记·刺客列传》在整理荆轲事迹时,有意突出了荆轲与高渐离的友情以及高渐离为报知己而刺秦王的壮举,令人废书而叹。这实际上是司马迁增饰故事、渲染情感的手法之一,同时也是司马迁鉴于自己遭祸之时,亲朋不救而惨受腐刑的遭遇而发出的哀怨与激愤之辞。面对西汉时代日益权势相倾、人情冷漠的现实,加之自身遭遇和痛切的感触,司马迁更加向往尊重、信任与理解等可贵的人际关系,并大力张扬知己、知遇行为的难能可贵。

(引自《"士为知己者死"辨》,常昭、常青,《济南大学学报》,2001年第四期)

刺客聂政

聂政,年青侠义,因除害杀人携母及姊聂荣(又作聂嫈 yīng)避祸齐地,以屠为业。当时,韩大夫严仲子与国相侠累廷争结仇,潜逃濮阳,闻政侠名,献巨金为其母庆寿,与政结为好友,求其为己报仇。聂政执意不收礼,说:母亲在世,不敢以死报答别人。聂政待母亡故守孝三年后,忆及严仲子知遇之恩,独自一人仗剑入韩都阳翟,伺机进入相国府以白虹贯日之势,刺杀侠累于阶上,继而格杀侠累侍卫数十人。最终寡不敌众被捕。因怕连累与自己面貌相似的姊姊,遂死前持剑自破其面。后被挖眼、剖腹。其姊在韩市寻到弟尸,伏尸痛哭,后撞死在聂政尸前。

古汉语的简约

"简约"是语言表达的重要原则之一,指的是用尽可能少的语言表示尽可能多的语义内容。古人作文多崇尚简约,王充《论衡》中也指出了"文贵约而指通,言尚省而趋明,辩士之言要而达,文人之辞寡而章"。《春秋》以一字寓褒贬,比如杀有罪为"诛",杀无罪为"杀",下杀上曰"弑"等。而《左传》更是简约的代表,其语言简练含蕴,词约意丰,如晋楚泌之战中,写晋师溃败时的狼狈之状云"中军、下军争舟,舟中之指可掬也"。为争渡船逃命,先上船者以乱刀砍争攀船弦者之手,落入船中的手指竟然"可掬"。简练的一句话,写出晋师争先恐后、仓皇逃命的紧张混乱场面。

名人自画像①

在生活与工作中经常会遇到向他人介绍自己的情况,它很可能是一次讲话的开场白,也可能是一次面试中展现自我风采的第一步。寥寥数语怎样才能给人留下深刻印象?怎样才能做到既朴实无华又充满个性与智慧?除了拥有一颗坦诚的心、一种正确的人生态度外,你还需要一点语言表达的技巧。

孔庆东自画像

孔庆东,男的;大好人,装的;北大教授,副的;文学博士,真的;围棋二段,业余的;排球裁判,专业的。犯罪前科:《47楼207》《超越雅俗》《谁主沉浮》《青楼文化》《井底飞天》《金庸侠语》《空山疯语》……真是血债累累啊!最新劣迹:《独立韩秋》。宣判结果:为非作歹几十年,胡言乱语罪滔天,字字血来声声泪,要为人民报仇冤。

马三立自画像

我叫马三立。三立,立起来,被人打倒;立起来,又被人打倒;最后,又立起来(但愿不要再被打倒)。我这个名字叫得不对;祸也因它,福也因它。

我今年85岁,体重86斤。明年我86岁,体重85斤。

我很瘦,但没有病。从小到大,从大到老,体重没有超过100斤。

现在,我脚往后踢,可以踢到自己的屁股蛋儿,还能做几个"下蹲"。向前弯腰,还可以够着自己的脚。头发黑白各一半。牙好,还能吃黄瓜、生胡萝卜,别的老头儿、老太太很羡慕我。我们终于赶上了好年头。托共产党的福,托三中全会的福。我不说了,事情在那儿明摆着,会说的不如会看的。没有三中全会,我肯定还在北闸口农村劳动。

其实,种田并非坏事,只是我肩不能担,手不能提。生产队长说:马三立,拉车不行,割麦也不行,挖沟更不行。要不,你到场上去,帮帮妇女们干点什么,轰轰鸡什么的……惨啦,连个妇女也不如。

也别说,有时候也有点用。生产队开个大会,人总到不齐。队长在喇叭上宣布:今晚开大会,会前,有马三立说一段单口相声。立马,人就齐了。

启功先生自画像

中学生,副教授。博不精,专不透。名虽扬,实不够。高不成,低不就。瘫趋"左",派曾"右"。面微圆,皮太厚。妻子亡,并无后。丧犹新,病照旧。六十六,非不寿。八宝山,渐相凑。计年生,谥曰陋。身与名,一齐臭。

作家琼瑶自画像

籍贯湖南,体重49公斤,1938年4月6日出生,属虎,O型血。不抽烟,不喝酒。不爱运动。最爱紫色,最爱冬天,最爱深夜,最爱吃柳丁。怪僻是不爱被陌生人拍照。基本个性好胜,不服输,别人认为我做不到的事,我一定要试试。

诺贝尔自画像

阿尔弗雷德·诺贝尔:仁慈的医生本该在他呱呱坠地之际,就结束他多灾多难的生命。

主要美德:平素清白,不牵累别人。

主要过失:终生未娶,脾气暴躁,消化不良。

惟一愿望:不要被人活埋。

最大罪恶:不敬鬼神。

重要事迹:无。这样说是不够的,还是多余了呢?在我们这个时代,有哪些事情才能叫做"重要的事迹"呢?在我们这个被称为银河系的小小的宇宙漩涡中,大约运行着一百亿颗太阳,但太阳如果知道了整个银河系有多大,它肯定会因为自己的渺小无比而感到羞愧不如。

①摘自《读写月报》(初中版),2008年第7—8期。

有简历为什么还需自我介绍

一个常规的面试,寒暄之后面试官提出的第一个问题几乎千篇一律:"请您简单地做一下自我介绍"。简历中情况已经写得很清楚了,这是否多此一举?面试官通过应聘者自我介绍要考察以下五方面内容:

第一,考察自我介绍内容和递交简历内容是否相冲突?如果简历是真实的,口述自我介绍就不会有明显出入。如果简历有假,自我介绍阶段一般就会露马脚。

第二,考察应聘者基本的逻辑思维能力、语言表达能力、总结概括能力。

第三,考察应聘者现场的感知能力与把控能力。

第四,考察应聘者初步的自我认知能力和价值取向。因为应聘者要叙述职业切换关键节点处的原因,尤其要考察职业变动的原因。

第五,考察应聘者是否听明白了面试官的话以及时间的掌控能力。"请您用3到5分钟做一自我介绍",而应聘者有时一介绍就超过10分钟,甚至20分钟。

所以说,自我介绍是应聘者在纸面之外最能够呈现能力的一个地方。一般情况下,也是应聘者在整个面试过程中唯一一次主动展示自我的机会。

(摘自《上饶晚报》,2011年7月21日)

求职自我介绍务必讲清下述六项内容

1. 姓名;
2. 爱好、籍贯、学历或业务经历(应注意与公司有关);
3. 专业知识、学术背景(应注意与岗、职有关);
4. 优点、技能(应突出能对公司所作的贡献);
5. 用幽默或警句概括自己的特点可加深他人的印象;
6. 致谢。

(引自《求职技巧一本全》,梅雨霖、梅薇薇主编,广西人民出版社 2008 年版)

戈麦自述[①]

戈 麦

　　介绍他人通常用第三人称，介绍自己用第一人称，但是思维永远没有定式。当你离开自己，作为旁观者审视那个熟视无睹的自己，和自己成为朋友，或许会给自我认知、自我反省带来一种新的思路。

　　和戈麦初次相识的人皆猜不出他的年龄与他的出生地，戈麦身高中上，瘦骨嶙峋。时而服饰考究，时而衣着破烂。面如峭石，时而乱须满腮，时而一览无余。目光锐利，石头一样的光芒被一副黑色眼镜遮住。言语宽容，又不乏雄辩。不愿好为人首，不愿寄人篱下。不愿做当代隐士，不愿随波逐流。

　　其实戈麦出生于三江平原广漠的旷野上，喜欢水，喜欢漫游；厌弃山，但不厌弃攀登。在戈麦身上看不到东北人的粗砺与世故，看不到乡野人的质朴，看不到都市人的浮滑。在戈麦24年的人生经历中，只用六个字就可以概括：成长、求学、工作。戈麦是个文化人，又是一把刺伤文化的匕首。

　　戈麦性格刚毅，但时而软弱，经不起很大的折腾。他说："人的一生只可能被砍到三次，第四次被砍倒，就全完了。"戈麦是个乐观的悲观主义者，看到过人生最为惨痛的一面，摸到过酷似自己的尸体；但他毕竟熬过来了，他说："遇到过不下去、忍不下去的时候，闭一下眼，就等于又活了过来。"

　　戈麦寓于北京，但喜欢南方的都市生活，他觉得在那些曲折回旋的小巷深处，在那些雨水从街面上流到室内、从屋顶上漏至铺上的诡秘生活中，一定发生了许多绝而又绝的故事。

　　戈麦选择写作，有很早的愿望，但开始稍晚，这其中有过极其矛盾的选择。戈麦时间充裕，但善于浪费，许多光阴在饮酒和打牌中流过。戈麦主张艺术家理应树立修远的信念，不必急躁，不必唐突，不求享誉于世，但求有补于文。他说写东西占用不了太多时间，但读书却需要很多精力。他认为一个诗人在写下每一首诗的时候，理应看到自己诗歌的未来。这种说法固然有其夸张的成分，但足以看出他修远的勇气。戈麦觉得诗与小说有其极为不同的思维方式，尤其是现代诗与现代小说更是这样，因为他反对双向修远；但他自己一直考虑一种双向修远的道路。也许有一天张力过大，一根弦就要绷断。

　　戈麦喜欢一切不可能的事，他相信一位年岁稍长于他的诗人的一句话："让不可能的成为可能。"他喜欢神秘的事情，如贝壳上的图案、彗星、植物的繁衍以及怀疑论的哲学。如果说到他的作品，他总是说：一切刚刚开始。戈麦有其深厚的文化功底和语言素养，涉猎的文风并不单一，有抒情诗和非抒情诗，他反对抒情诗歌的创作，他认为那东西可以用歌曲和日记代替。戈麦的小说趋向于现代小说风范,但不乏传统小说所带来的灵感和技巧。他讨厌我来写他,说:"这是几十年以后的事情。"

戈麦尊敬历史上许多位文学大师,如诗人雨果、庞德,更早的有荷马和英国玄学派诗人,在当代诗人中,他愿读曼杰施塔姆和埃利蒂斯。戈麦有时沉溺在传统小说那种漫长的阅读过程中,尤为愿读福楼拜和麦尔维尔。在当代小说家中,他对克劳德·西蒙和米兰·昆德拉经常反复阅读。这种嗜好的广泛性令人瞠目,其中诸位大师的思想、文风迥异而竟为一个年轻人排列到一种共同的趣味之中,令人困惑。这种宽宏的口味简直与戈麦的饮食口味大体相近。

戈麦欣赏叔本华的哲学,我怀疑若能从头再来的话,他很可能放弃文学生涯,因为他对哲学和思想史的东西有更大的兴趣。

戈麦写起散文信手而来,他觉得至少在写散文的时候可以让人感受到写作并不是一件苦差。他的散文一般是一遍写成,不打草稿,甚至写之前没怎么盘算。但他写的散文数量少得惊人,他为什么不干些省心省力的事情?

每次我走进戈麦的书房,书房内总是烟雾缭绕,戈麦嗜烟如命,总想戒,总戒不了。他说抽烟是一件可耻的事情。同样,戈麦厌弃喝酒,他说酒会使一个人丧尽了自尊。戈麦说他只大醉过一次,这已经足够让他讨厌了。

戈麦珍视友谊,但对人世的无常和背弃看得很透。在戈麦短暂的二十几年中,一定经历过许多次灾难,但戈麦对此一向缄口不言。

戈麦经常面露倦容,有时甚至不愿想25岁之后的光景。

在戈麦的方方面面,充满了难以述描的矛盾。我只能说,他是一个谦逊的暴君。

①选自《戈麦诗全编》,西渡编,上海三联书店1999年版。戈麦(1967—1991),原名褚福军,1985年考入北京大学中文系,1989年毕业后被分配至《中国文学》杂志社工作,1991年9月24日自沉于北京西郊万泉河。

另一个我

在《另一个我》里,博尔赫斯以他的真实身份出现在小说中。叙述者"我"即作者博尔赫斯遇见作家博尔赫斯,使本来一个独白叙述的作者的生平故事变成了一个"我"与一个"我"的对话。两个人都自称自己是博尔赫斯。一个自称"我"的博尔赫斯,在向读者讲述另一个博尔赫斯"他"的故事。小说的结尾这样写道:"那一位梦见了我,但并不是十分清楚地梦到了我。我现在才明白,他为什么梦到了美钞上的不可能有的日期。"留给读者一个谜团,哪一个才是梦中的"博尔赫斯"?

(引自《叙述学》,董小英著,社会科学文献出版社2001年版)

电影《两生花》

一个波兰少女,一个法国少女,一样的年纪,一样的名字,都叫维罗尼卡,都有着天籁般的嗓音和音乐天赋,但也都有心脏病。波兰的维罗尼卡热爱歌唱,但唱歌对她来说是有生命危险的,因为她有先天性心脏病。有一天,她为了发一个高音,死在了舞台上。她死去的瞬间,法国的维洛尼卡隐隐听到了歌声,感到突如其来的心痛。此后她总是感到莫名的孤独和忧伤,连爱情也抚慰不了她……导演基耶斯洛夫斯基借用"双重生命"这一神秘概念,表达了人的孤独——孤独是他电影中人物典型的存在状态,同时也表达了他悉心追求和向往的孤独者之间灵魂的感应和沟通。排除其中的神秘元素,两个维罗尼卡的故事,其实就是孤独者的形影相吊,是个体自己与自己心灵的对话,是一种生命的内省,是对和自己惺惺相惜的另一个灵魂的盼望。基耶斯洛夫斯基用这部影片,为每一个孤独者造影,让我们相信有另一个我的存在,有另一个我的陪伴,我们的生命并不孤单。

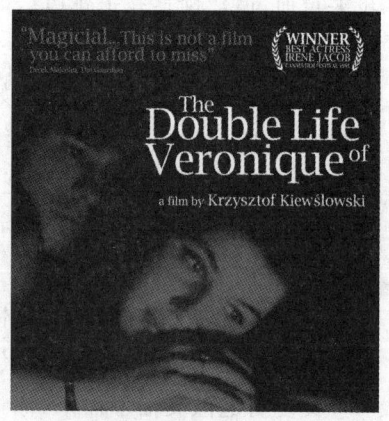

电影《两生花》海报

(引自《不准调头:世界电影大师的救赎之旅》,张秋著,东方出版中心2007年版)

钱本草①

张 说

不管是写人还是说物,构思很重要。好的构思可以化腐朽为神奇。《钱本草》系唐朝名臣张说仿古传《神农本草经》体式与语调撰著的一篇奇文。区区188字大处着眼,小处落墨,把钱的性质、利弊、积散之道描写得淋漓尽致,发人深思,促人警醒。这一切都得益于全文构思奇巧,设喻精辟。钱本为草,可以"治病"亦可"致病"。

钱,味甘,大热,有毒。偏能驻颜,采泽流润②,善疗饥寒解困厄之患,立验③。能利邦国、污贤达、畏清廉。贪婪者服之,以均平为良;如不均平,则冷热相激,令人霍乱④。其药采无时,采之非理则伤神。

此既流行,能役神灵,通鬼气。如积而不散,则有水火盗贼之灾生;如散而不积,则有饥寒困厄之患至。一积一散谓之道,不以为珍谓之德,取与合宜谓之义,使无非分谓之礼,博施济众谓之仁,出不失期谓之信,入不妨己谓之智。以此七术精炼方可。久而服之,令人长寿。若服之非理,则弱志伤神,切须忌之。

①选自《史论十三篇》,中央政策研究室哲学历史研究局著,红旗出版社2002年版。张说(yuè)(667—730):字道济,洛阳人。唐玄宗宰相,封燕国公,擅长文辞,当时朝廷重要辞章多出其手,有"大手笔"之称谓。 ②采泽流润:肌肤光彩润滑。 ③解困厄之患,立验:指若遭逢了意外困难或危险,以钱通融,困顿立解。 ④霍乱:中医学病名,泛指剧烈吐泻、腹痛等症。此处指用钱不当给人带来的副作用。

《钱本草》评析

首先,让我们想到钱是什么。钱是财富的象征物,是占有、支配、使用的标志。正如文中所言,"钱,味甘",让人羡慕,让人渴望。手中有了钱,"偏能驻颜",脸上泛光。男士派头十足趾高气扬;女士"采泽流润",披金挂银,胸挺气傲。然而,钱亦"有毒";能"污贤达"、"令人霍乱"。钱乃"大热、有毒"之物,如"服之非礼","取之不义",则必被钱"毒"所害,轻则"弱志伤神",铐锁相加,重则民愤难平,逆道被诛。"不以为珍","不取不义",方能免为其毒害。

第二,让我们想到钱之"毒"源于何处。钱之"毒",源于主观意志。主观意志中对金钱的贪婪,支配行为去"取之不宜","予之不宜",而使身心受其毒害。对金钱的追求过于贪婪,就是埋下了"毒"之种子,就会不择手段而"求之于不义"。

然而,钱"污贤达"但亦"畏清廉"。如果人人都能两袖清风,正气浩然,钱"毒"何在?钱"害"何来?由此可见,钱之毒由心生,钱之害由欲来。

第三,让我们知道钱该怎么"取"——"入不妨己谓之智"。

无论从事何种行业,只要光明磊落,不走歪门邪道,不因钱之"取之不宜"而妨害前程、影响命运,这便是明智之人。谋取不义之财,靠大贪大捞大骗大盗发家的富豪们,则事终有露,报终有时,必将因"取之不宜"而妨己、害己、灭己。

第四,让我们知道钱该怎么花。钱,大可至"能利邦国",小可至"解困厄之患";但用在大吃大喝、豪赌狂嫖、行贿谋私上,则会使人"霍乱"。《钱本草》告诉我们应该"积散相宜","博施济众"。

《钱本草》为世人开了一副"七谓"药方:谓道、谓德、谓仁、谓义、谓礼、谓信、谓智。只有做到这七点才能立足社会,人所敬之。

(引自《警世之言:〈钱本草〉》,张景林,见《老年人》2005年第12期)

权本草

权

味甘

引群贤

大热有毒

煎服莫等闲

滤私为公清廉

群众路线需实践

众人之事忌空谈

念念不忘权过期

私欲潜入贪发端

沧桑人间正道

立功莫留恋

立德艰难

勇退位

立言

贤

(引自《治学体会漫谈》,肖纪美著,冶金工业出版社2002年版)

《世说新语》(三则)①

刘义庆

《世说新语》是一部记载汉末至魏晋时期士族阶层的言行风貌和轶事趣闻的笔记体小说。书中1133个品人故事,描述了36种人性情境,反映了36种人性面相,甄别了36种人物品第。《世说新语》在文学史上能够占有一席之地,除了它在内容上是当时社会历史文化的一面镜子外,艺术手法的独特性也是它饮誉千古的重要原因之一。《世说新语》,文章短小精悍,语言简洁隽永。作者在叙写人物时,善于抓住最有特点的动作和语言,寥寥几笔,不求巨细无遗,只求传神写照,表现出人物的神情气质。这种创作手法很像绘画中的泼墨写意,遗貌而取神,着笔不多,却意味深长。形成了一种简澹、疏落而又有意境的美学风格,令读者回味不尽。

一②

桓公少③与殷侯④齐名,常有竞心。桓问殷:"卿何如我?"殷云:"我与我周旋久,宁作我⑤。"

二⑥

刘伶恒纵酒放达,或脱衣裸形在屋中,人见讥之。伶曰:"我以天地为栋宇,屋室为裈衣,诸君何为入我裈中⑦!"

三⑧

抚军问孙兴公:"刘真长何如?"曰:"清蔚简令⑨。""王仲祖何如?"曰:"温润恬和⑩。""桓温何如?"曰:"高爽迈出⑪。""谢仁祖何如?"曰:"清易令达⑫。""阮思旷何如?"曰:"弘润通长⑬。""袁羊何如?"曰:"洮洮清便⑭。""殷洪远何如?"曰:"远有思致⑮。""卿自谓何如?"曰:"下官才能所经,悉不如诸贤。至于斟酌时宜⑯,笼罩当世,亦多所及。然以不才,时复托怀玄胜⑰,远咏老庄,萧条高寄⑱,不与时务经怀,自谓此心无所与让也。"

①本文选自《世说新语》,中华书局2004年版。 ②《世论新语·品藻第九》。 ③少:年轻时。 ④殷侯:指殷浩。侯是敬称,等于"君"。 ⑤"我与"句:《晋书·殷浩传》作"我与君周旋久,宁作我也。"殷浩并不看重桓,既不甘退让,又不愿和他竞争,所以这样说。 ⑥《世说新语·任诞第二十三》。 ⑦裈(kūn):裤子。 ⑧《世说新语·品藻第九》。 ⑨清蔚简令:清高有才,简约美好。 ⑩温润恬和:温和柔顺,恬静平和。 ⑪高爽迈出:爽直豪放,超群出众。 ⑫清易令达:气质清悦,通晓事理。 ⑬弘润通长:胸怀宽舒,博学多能。 ⑭洮(táo)洮清便:洁身自好,清高脱俗。 ⑮远有思致:思想高远,颇有情趣。 ⑯时宜:时事。 ⑰托怀玄胜:寄托情怀于玄理。 ⑱萧条高寄:寂寞处世,托心高远。

魏晋风流

魏晋时期,《世说新语》中所记载的名士以他们的清谈举止、艺术创造给"风流"二字带来了新的意义,冯友兰先生正是从《世说新语》记载的刘伶裸形那种"任我"的潇洒和天地为栋宇的超越感中发现了"风流"的内核。"弃彼任我"就是要求人们在纷繁复杂的外事诱惑之中,丢弃一切看似宝贵实则累赘的东西而来任从自己本性的发展,做到这点就能保持心性,含其真纯。在魏晋时代那样一个混乱溷(hùn)浊的局面中,新的篡权者总是利用儒家的礼教对臣民进行钳制而自己却视礼教如无物,造成了伪礼教的盛行。对伪礼教的痛恶和强调自然人性的保持在很多魏晋名士那里就表现为一种"弃彼任我"的姿态。

冯友兰先生认为魏晋人的风流表现在许多方面。首先,风流的人应该具有高超的智慧,能够以最精粹的语言表达最精妙的思想,这就是《世说新语》中魏晋名士在清谈中展现的一种"行而上"的浪漫精神。再有,魏晋风流不仅体现在任从冲动而生活,还要有一份超越感,如刘伶在不拘形骸裸形被人发觉后,有着以天地为栋宇,屋室为裈衣的超越感,对来人戏谑嘲讽。……总之,"风流"从理论上讲是那种以"任我"为主体的,任从冲动而生,不被外物所累,来去逍遥,并且指向超越的美的风范。

(引自《魏晋风流与〈世说新语〉》,章桉,

见王友胜主编《亦鸣集》,上海古籍出版社 2009 年版)

应对的智慧

说话应对乃一种外交本领,中国人在这方面特别擅长,例如古代的晏殊、张仪、苏秦等许多谋臣,便是这方面的行家里手。他们巧妙的应对,能缓解面折廷争的紧张气氛,化干戈为玉帛。在历代野史笔记中,有很多巧妙的应对。有时以调侃方式打圆场,起到润滑剂作用;有时则以其人之"语",还治其人之身,挫去强者的傲气。明代陆楫《蒹葭堂杂钞》谈到过一件事——刘健和丘浚同朝,两人关系很好,"雅相敬爱",但出身不同,性格也各异。刘为北方人,在内阁独秉大权,却不太喜欢多读书,所谓"不事博洽"。而丘则是南方人,博览群书,"一时为学士所宗"。对此,刘很不服气,有次对客人说:"丘公所学如一仓钱币,纵横充满,而不得贯一绳。"丘浚听到后说:"我确实是这样的,不过刘公则有绳一条,而无钱可贯,独奈何哉?"一时传为士林佳话。

(引自《隽思妙寓的智慧》,张振华著,浙江人民出版社 1992 年版)

一个人的简历①

汪金友

简历并非清单式地罗列一个人的学习或工作经历,呈现荣誉和资历。制作简历需要有一个清晰的目的,基于不同的目的,简历可以有多种风格和布局。懂得"量体裁衣",截取不同的细节,将会呈现出不同的你。

1809年,出生在寂静的荒野上的一座孤独的小木屋里。

1816年,7岁,全家被赶出居住地。经过长途跋涉,穿过茫茫荒野,找到一个窝棚。

1818年,9岁,年仅34岁的母亲不幸去世。

1826年,17岁,已经什么农活都能干了,经常帮人打零工。

1827年,18岁,自己制作了一艘摆渡船。

1831年,22岁,经商失败。

1832年,23岁,竞选州议员,但落选了。想进法学院学法律,但进不去。

1833年,24岁,向朋友借钱经商,年底破产。接下来花了16年时间,才把这笔债还清。

1834年,25岁,再次竞选州议员,竟然赢了。

1835年,26岁,订婚后即将结婚时,未婚妻死了,因此,心也碎了。

1836年,27岁,精神完全崩溃,卧病在床6个月。

1838年,29岁,努力争取成为州议员的发言人,没有成功。

1843年,34岁,参加国会大选,落选了。

1846年,37岁,再次参加国会大选,这次当选了。

1848年,39岁,寻求国会议员连任,失败了。

1849年,40岁,想在自己的州内担任土地局长,被拒绝了。

1854年,45岁,竞选参议员,落选了。

1856年,47岁,在共和党的全国代表大会上争取副总统的提名,得票不到100张。

1858年,49岁,再度参选参议员,再度落败。

1860年,51岁,当选美国总统。

自己对自己的总结:家境贫寒,母亲早亡;孤苦奋斗,厄运不断。两次经商两次失败,十一次竞选八次失败。为此也曾经心碎过、痛苦过、崩溃过。有好多次,都绝望之极,担心自己会不会再爬起来。

自己对自己的评价:虽然心碎,但依然火热;虽然痛苦,但依然镇定;虽然崩溃,但依然自信。因为我坚信,对付屡战屡败的最好办法,就是屡败屡战,永不放弃。

他就是林肯,美国第十六任总统,一个令全世界都为之叹服的伟人。

①选自《美文读本》,李健、黄隽珊主编,江苏教育出版社 2008 年版。

听听简历阅读者怎么说

——"就职于一家大型公司的人事部门意味着一周会收到多达 50 份简历。很多人使用我已经看过无数次的令人厌烦的格式,像在画同一幅画似的。(这是件乏味的事。)如果遇到有错别字的简历,我会马上丢掉,因为我不会浪费时间考虑一个不会检查错别字的应聘者。"

——"我不喜欢应聘者在自己的简历上使用所有的文字处理或设计技巧,这些只能使简历背后真正的应聘者变得模糊不清。最终只会造成混乱转移我的注意力而不会吸引我。如果简历有阴影等装饰技巧,它只会让我想这个应聘者是否依赖这些装饰而不是他的能力吸引人。"

——"我不喜欢看到那些使用同样标题和套语批量生产出的简历,而是那些真正让我感觉到这个应聘者只是想为我工作,他熟悉我的企业并据此撰写了一份简历。目标不明确的简历只会浪费我的时间。"

(引自《简历速成篇》,凯瑟琳·休斯顿著,中国铁道出版社 2011 年版)

简历"瘦身"

大学生的简历大多厚厚一叠,设计精美,内容繁多。因为大学生在制作简历的时候,往往抱着尽善尽美的心态。他们为了突出自己的形象,充分展示自己的才能,把简历制作得面面俱到,生怕疏漏一些用人单位关注的细节部分,从而使自己在竞争中处于下风。然而出于时间的考虑,用人单位仔细阅读长篇大论的简历的可能性不大。"我们已经厌倦了阅读应聘者的简历,因为有相当一批简历花三四页的篇幅却只涵盖了一两个有用的信息片段。"成功的简历应该是尽可能在最短的篇幅内,提供最有价值的能引起企业兴趣的内容。用人单位最关心什么?无非是你是否具备足够的能力胜任他们提供的工作,把握住了这一点,就应在简历中有针对性地表明自己具有这方面的专长。如果你的内容能够在一页简历内体现出来,就不要用第二页来凑数。用一些简短的说明替代较长段落,而不要把很重要的信息放在大的段落中而被忽略。

(引自《求职的 81 个忠告》,蒋林编著,西苑出版社 2004 年版)

自荐书(二则)

自荐,即推销自己,是现代人求职择业的重要途径。自荐的传统自古就有,战国时毛遂自荐成为美谈,西汉东方朔凭《上书自荐》出人头地,但并非所有的自荐都有好的结果。李白的自荐信《与韩荆州书》,可谓文采斐然,以慷慨激扬之文字表达凌云之壮志,然而却没有打动当时被誉为伯乐的韩朝宗,反而落得狂妄之名。自荐,不仅应知己,更须知彼。知彼知己,方可百战不殆。

东方朔上自荐书①

班 固

臣朔少失父母,长养兄嫂。年十二学书,三冬,文史足用。②十五学击剑。十六学诗书,诵二十二万言。十九学孙吴兵法,战阵之具,钲鼓之教,亦诵二十二万言。③凡臣朔固已诵四十四万言。又常服子路之言④。臣朔年二十二,长九尺三寸。目若悬珠,齿若编贝;勇若孟贲,捷若庆忌,廉若鲍叔,信若尾生。⑤若此,可以为天子大臣矣。臣朔昧死,再拜以闻。

〔南宋〕吴道士画
《东方朔偷桃》

①选自《汉书·东方朔传》,〔东汉〕班固著,赵一生点校,浙江古籍出版社 2000 年版。东方朔(前154—前93),字曼倩,平原厌次(今山东惠民)人。性诙谐幽默,善辞赋,汉武帝时大臣、文学家。 ②"年十二学书"句:十二岁开始学习写字,历经三载,积累了足够的文史知识。 ③"十九学孙吴兵法"句:十九岁学习孙吴兵法,作战布阵的才能,以及操练指挥部队的方法,也能背诵得出二十二万字的兵书。孙吴兵法,战国时的孙武和吴起,以善用兵知名,后世多以孙吴并称。钲、鼓都是古军中乐器,此指用敲击钲、鼓为令来操练部队、指挥部队行动的方法。 ④常:通"尝",曾经。服:佩服,放在心上不忘。 ⑤孟贲(bēn):古之勇士。庆忌:春秋吴王之子,以勇捷闻名。鲍叔:齐桓公臣,早年与管仲分财,总取其少者。尾生:传说中守信者,与女子约会桥下,水来不去,终于淹死。

这是一篇写给皇帝的奏文,目的在于让皇帝见了,录取自己当官。照一般人的想法,应当以卑下自居,说些恭维皇帝陛下的话,博取皇帝的欢心。而本文除介绍身世外,却盛赞自己品貌俱全,才兼文武,而且说得理直气壮,绝无半点"奴才相"。为什么在上千位上书言事者中,东方朔这篇大言不惭、处处自占身分、不过一百三十字的自荐书,偏偏被武帝看中了呢?首先,东方朔胆识过人,确具非常之才,否则在执笔构思、写作此文时,决不可能把自己

151

的形象、才略描绘得如此非凡,如此自信满满。同时,作者对年纪轻轻(刘彻16岁即位)、抱着万丈雄心的皇帝思贤若渴的心理,颇为了解。换言之,皇帝见到如此奏文后作何感想,他是估计到了的。史称:"武帝初即位,征天下举方正贤良文学材力之士,待以不次之位,四方士上书言得失、自炫鬻(yù)者以千数","朔文辞不逊,高自称誉,上(武帝)伟之"。(《汉书》)综观东方朔一生为人行事,看似奇特,实则他对社会人情,认识得十分透彻。他的高超之处,便在于说起话来,亦庄亦谐,玩世不恭,但骨子里决不卑躬屈节,俯仰随人。他运用自己语言的智慧总能巧妙曲折地达到目的。

(引自《天下奇文》,萧艾,海南国际新闻出版中心1995年版)

求职自荐信①

曹袁军

《演讲与口才》在发表曹袁军这封求职自荐信时,在"编者按"中指出:"本文作者是位成功的书面自我推销者。在1200人之多的激烈竞争中,凭他一纸自荐信打动了老总,敲开了自己的机遇之门。他被这家效益极佳的经企总公司录用了。"

罗总:

您好!

您的事很多,但希望您能看完这封信。

我是一名经历过坎坷,尝过甜酸苦辣的人。因为敢于冒险,而品味过成功的丰硕果实;因为敢于冒险,也体验过触礁的震荡与凄凉。但是,这一切都锤炼了我作为企业人员所必须具备的成熟与胆识。

我的过去,正是为了明日的企业发展而准备,而蕴积;我的未来,正准备为经企总公司而奋斗、而拼搏、而奉献!现在正是经企总公司招兵选将待机而发的重要关头。我不想仅是锦上添花,我不想在凉爽的空调房里坐享其成!我想雨中送伞,我想雪中送炭,我想亲自去闯、去干!

1982年到1992年间,我经受过8年驾驶汽车、摩托车的锻炼,学过3年法律(西南政法学院法律专业函授生),经过6年办案(法纪与经济案件)的挑战与考验……

做文秘,我有作品见报;做驾驶,已有20万公里驾驶记录;做经营,我已摒弃了不切实际的梦想而变得自信和有主见。

兵马未动,先从败着想,瓮中捉鳖,才是稳操胜券。罗总,当初您闯海南,不也是三十六计,计计斟酌,力争万无一失,有失必补的吗?最坏的打算不就是要变卖公司价值五百万的房子、车子吗?实践证明,两万块钱闯海南建内江大厦体现的不仅是直观的赚钱三千万,而且是智慧、胆识与科学决策融合的立体结晶。

良鸟择木而栖,士为知己者"容"。当公司需要宣传、誊写文书时,也许我可以提笔"滥竽充数";当您为了提高办事效率而自己驾车的时候,也许我可以换换疲惫的您随同前往;当公司为法律事务而起纠纷,因为业务增多而难于应付的时候,我可以动腿挥手用所学法律,伶牙俐齿,摇旗呐喊,竭力为公司解一分忧虑,增一寸利润,挽一点损失……

我不能再说了,说多了我怕像王婆卖瓜。实践出真知,斗争长才干。我只需要在实践中去闯,去干。因为才干在实践中养成,也终究要在实践中体现!

罗总,一个合作机会,对我来说是一次良好的开端。

我期盼着好消息!

此致

敬礼!

自荐人:曹袁军
×年×月×日

①原载《演讲与口才》1993年第2期,本文选自《大学生与现代社会》,朱永新、陶新华、倪祥保主编,高等教育出版社2004年版,有删改。

这封自荐信之所以从众多的自荐信中脱颖而出,获得成功,主要在于以下三个方面:

第一,不落俗套的开头。一般求职信的开头总是这样写的:我叫某某,今年多少岁,男(或女),毕业于某某大学某某专业,我希望能到贵公司工作等等。如果大家都这样写,就缺乏个性特色,就难以吸引人了。文章如何开头,关系重大。好的开头就如一张网,能一下子就将读者的心"罩"住。这封信的开头虽无引人入胜的妙招,但做到了不落俗套。

第二,巧妙的自我展现。一般在自荐信中介绍自己的长处,总不外乎说自己干过什么和还能干些什么或者说自己擅长什么,获得过何种奖励等等,但这封自荐信并没有采用这种平铺直叙的介绍方法,而是一分为二地来介绍自己:"因为敢于冒险,而品味过成功的丰硕果实;因为探索冒险,也体验过触礁的震荡与凄凉。"既说成功也不隐瞒失败,说失败又暗示出自己的敢闯敢干的开拓风格。然后"我的过去""我的未来","我不想""我想"形成对比。语言颇有激情,突出了自己的坎坷经历和敢于探索与冒险的精神以及愿为经企公司奋斗、拼搏、奉献的志向(这些都是在创业中的企业家所看重的),情真辞切,充分地让人领会到其心可鉴,其才难得。

第三,别具一格的自荐。求职信的自荐部分一般都是表示决心要如何如何干,但本文的写法则别具一格。本文后面部分既赞罗总又赞自己,表现了技高一等的自荐策略。先夸罗总,夸他的气魄、胆略和智慧,这种赞美基于事实之上,所以读来不谄不媚,而且写出自荐人对罗总的了解,从而使阅读者产生一种亲切感与认同感;后夸自己,夸自己是建立在自己实绩和能力的基础上,不虚夸,而且很有分寸,"我不能再说了,说多了我怕像王婆卖瓜"。先纵后擒,先放后收。

总之,这封求职自荐信的成功可以归纳为以下四个方面:一是作者所表现的自信心,二是作者所具有的丰富阅历,三是作者所展示的多方面的才能,四是作者所表达的强烈的为经企总公司尽献才华的愿望。

简历和自荐信的区别

很多同学在求职的时候给用人单位投简历而不发自荐信,以为二者是一样的,其实不然。简历是把你的客观情况加以介绍,一般采取表格的形式,不具有更多的主观色彩,难免给人呆板的印象。尤其一些学历和学习成绩都一般的同学,他们的简历没有更多的"硬件",求职的时候如何使自己优势得以发挥? 写自荐信不失为一个好的手段。因为在自荐信中可以表达个人的品质,如你的谦虚好学、顽强意志、团队精神等。现在企业用人讲究情商,而情商在自荐信里可以得到很好的表现。虽然,很多同学的自荐信内容在简历中也提到了,但是换一种表达方法,也许就可以取得事半功倍的效果。所以,我们建议简历和自荐信同时使用。

自荐信的一般格式

1. 标题

在首行居中写"自荐信"三字。如果是根据用人单位的招聘广告有针对性地自荐,标题可写为"求职书"或"应聘书"。也可以不写标题。

2. 称呼

另起一行顶格写"××局长""××经理""尊敬的×××公司人事总监",也可以直接写用人单位名称或领导人的泛称。

3. 正文

另起一行空两格书写。如果称呼写的是个人,应先写一句问候的话,然后再另起一行空两格书写正文。正文是自荐信的核心部分,要条理清楚地写明以下几层意思:

(1) 基本情况介绍。包括姓名、性别、年龄、学历、政治面貌、职称、现任职务等。

(2) 业务情况及社会实践情况介绍。所修专业知识及岗位相关知识的掌握与熟悉情况;有关技能掌握情况;社会实践情况,应具体表述曾经从事的工作、担任的职务、取得的成绩荣誉等。

(3) 其他情况介绍。主要介绍自己的特长爱好、性格为人、工作态度等。这部分如果概括得准确适当,往往能给自己加分,增加录用的几率。

4. 结尾

向对方表明自荐的意向,提出给予录用的请求,以及被接受后的态度。一般先请求给予面试的机会,如"请给予面试的机会"等。最后写上感谢或致敬的祝颂语。

5. 落款

在结尾右下角写上姓名、日期及联系地址、电话等。如果信是打印的,应在自荐人署名处亲笔签名。

6. 附件

如有必要还可以附上个人简历表、学历复印件、成绩单、发表的论文、获奖证书等。

(引自《新编教师书写技能与书面表达训练》,刘敬瑞主编,华东师范大学出版社 2007 年版)

语言表达专题

简明的语言才是好语言

所谓"简明",即语言"简洁"、"明白"。"简"的要求:①所说的话应该包含交谈目的所需要的信息,②所说的话不能超出需要的信息。"明"的要求:①语言不能晦涩,②话语不能有歧义,③避免啰嗦,④要有条理。概括起来说,简明的要求就是:

第一,要表达必要的信息,使用相应的简练词句,没有多余的信息及词句。

第二,词句表意明确,没有费解的词句。

第三,根据语境决定详略,没有详略不当的毛病。用尽可能少的语言,传递尽可能多的信息,达到尽可能高的准确度和可理解度。

一、怎样做到语言表达简洁

1. 围绕中心,抓住要点

要做到语言简明,首先是每一句话都要围绕既定中心,不要节外生枝。不过仅仅围绕中心还是不够的,还应该抓住要点。俗话说"简明扼要",从表达上说,只有扼住"要",才能做到简明。

2. 善于概括,巧用指代

无论是书面表达还是口头表达,都不能总是具体叙述而不作必要的概括。只有把必要的叙述和概括结合起来,表达才能简明。再者,运用必要的复指成分,也是表达中不可少的。不用复指成分,就会啰嗦。

3. 避免重复,删除多余

鲁迅在谈到自己的写作经验时曾说过:尽量删除可有可无的文字。这是确保表达简明的又一方法。对目前学生写作中普遍存在的铺陈繁冗的现象来说,还要避免滥用修饰,滥加形容。

二、怎样避免表意不明

表意不明,令人误解或费解,是常见的语病,也是与"简明"的要求相违背的。怎样避免?

1. 少用单音节词,多用双音节词

有些单音节的多义词,一不小心,就会造成歧义。如"教育局通知李校长15日前去汇报开学工作"一句中,"前"是多义词,可以理解为"15日之前"去汇报,也可以理解为"15日前往"教育局汇报工作。如果要表达的是前一个意思,应改用"之前";如果要表达后一种意思,就该改用"前往",并删除"去"。

2. 调整语序,交代明确

语序不当,交代不明,也会造成歧义。如"章无忌背着公司总经理和副总经理偷偷地把这笔钱分别存入了两家银行"一句可以作多种理解,如果只是"背着总经理",可以改为"章无忌背着公司总经理,偷偷地和副总经理一道,把这些钱存入了两家银行"。如果是"背着公司总经理和副总经理",可以改为"章无忌背着公司总经理和副总经理,把这笔钱偷偷地存入两家银行"。还有其他理解、其他改法,这里不一一分析。

3. 指代清楚,如实直说

句子停顿的位置是否恰当,指代是否清楚,也影响着句意的表达。譬如:"这个精致的灯笼将作为今天得分最高嘉宾的礼品赠送给他。"这一句表达很不清楚。"作为嘉宾的礼品",既可以理解为送给嘉宾的礼品,也可以理解为嘉宾送人的礼品;句中的"他"指代也不明,作为前一义时,可以理解为"嘉宾",作为后一义时,可以理解为"别人"。这个句子可以这样改:这个作为礼品的精致的灯笼,将送给今天得分最高的嘉宾。也可以改为:这个精致的灯笼是嘉宾准备的礼品,今天谁得分最高将送给谁。这样的修改,意思都是明确的。从对这个例子的分析,我们可以认识道:为"简"而简,有时会事与愿违,表意反而不清楚。

辨别句子是否简明,要注意两点:一是推敲语句,看有无冗余信息、多余词语;二是看有无歧义,是否费解。

三、做到语言简明的几种方法

1. 删除多余法

把句内明显多余或可有可无的字词删去,抓主要内容,避免用词重复、啰嗦。例:

    在我十几年的生活经历里,小时候童年的有意思的事情是在草丛里捉蚂蚱。

"在我十几年的生活经历里",可改为"在我的记忆里","小时候"就是"童年"用词重复去掉一个,"有意思的事情"可改为"趣事",捉蚂蚱当然是在草丛里可以删去"在草丛里"。这句话可以这样说:在我的记忆里,童年趣事就是捉蚂蚱。

2. 长句化短法

把长句子改成几个短小的句子,个别词语和标点符号加以改动而句意保持不变,不仅能使语言表达更简练句意更明确,还能使语言更活泼表达更自然。例:

    古人类学是研究化石猿猴和现代猿猴与人类的亲缘关系、劳动在从猿到人转变中的作用、人类发展过程中体质特征的变化和规律等有关人类起源和发展问题的一个分支学科。

可改为:

    古人类学研究人类起源和发展规律,例如化石猿猴和现代猿猴与人类的亲缘关系、劳动在从猿到人转变中的作用、人类发展过程中体质特征的变化和规律等。它是人类学的一个分支学科。

长句的特点:一是修饰语多,二是并列成分多,三是某一成分的结构比较复杂。根据这些特点提取主干"古人类学是(人类学的)一个分支学科",再将修饰语按逻辑顺序组合即可。

3. 推敲词语法

要想使词语简练,还要在用词上进行推敲,尤其是动词、形容词,用词要准确。

    托着那圆圆的胖胖的壶身,我忍不住用三个手指夹起一小撮龙井茶叶,轻轻的、慢慢的、小心翼翼的放入壶中,放些热水,泡上第一壶茶。眼睛盯着壶中,绿叶们像精灵一样一时间向上翻向下滚跳起舞来,打着转转吸引我诱惑我,像绿色的眼睛一闪一闪的。

我忍不住吸一小口,当一股醇香回荡在唇边时,我觉得很舒服。(苏宁《小茶壶》)

评改:"圆圆的胖胖的"可改为"圆嘟嘟的","用三个手指夹起"可改为"捏起","轻轻地、慢慢的、小心翼翼的"重复,可改为"轻轻的","眼睛盯着"可改为"凝视","绿叶们像精灵一样"可改为"绿精灵们","一时间向上翻向下滚跳起舞来"可改为"霎时翻舞起来","吸引我诱惑我"改为"诱惑我","吸一小口"改为"呷一小口"。

4.明确段意法

每段话都要表达一个中心意思,如果用一句概括性的语言标示在开头或结尾,然后每句话都围绕这一中心意思逐层写来,能使段意更明确,层次更分明。

5.详略得当法

整篇文章在材料处理上做到详略得当,能突出中心的地方详写,与中心关系不大的略写,与中心无关的不写,这样也会使文章语言简练。

语言表达实践

一、阅读课文《水仙花的故事》，然后搜集希腊神话中"回声"仙女与"水仙花"美少年故事的相关资料，整理后进行口头复述。（Echo、Narcissus在中文译本中，有诸多译名：厄科、爱歌、艾可、爱可、那西沙士、纳齐苏斯、那喀索斯、那耳戈索斯……请根据故事情节，选择或创造一个最合适的译名）

二、阅读《水仙花的故事》，请说说什么是水仙花情结以及你对这种情结的理解。请注意叙述语言的简洁、通顺、明白、有条理。

三、自我介绍是向别人展示自己的一个重要手段，自我介绍好不好，直接关系到给别人第一印象的好坏。同时，自我介绍也是认识自我审视自我的重要手段。自我介绍忌讳平淡无奇，不能够把个人的特点展示出来。自我介绍忌讳写得冗长，无法勾勒出鲜明的轮廓。自我介绍还忌讳写成简历形式，条条框框，缺少生命活力。请模仿本单元《名人自画像》的写法，写一则简短但富有个性的自我介绍。

四、阅读课文《士为知己者死——刺客豫让传》，口头复述豫让的故事，注意语言的连贯流畅。

五、课外阅读《史记·刺客列传》，将其中描述专诸或高渐离的片段翻译为简约的现代汉语。字数不超过400字。

六、阅读课文《戈麦的自述》，模仿其手法使用第三人称为自己写一篇小传。

七、课外阅读博尔赫斯《另一个我》或者观看电影《两生花》，写一段小评论。字数不超过400字。

八、阅读《世说新语（三则）》，体会其语言的简约传神，洗练含蓄。课外搜集《世说新语》中巧妙应对的故事，并翻译为现代汉语，进行口头复述。

九、阅读课文《一个人的简历》，选择你最喜爱的历史人物，了解其生平，为其撰写简历，要求使用表格式简历格式。

十、模仿《钱本草》说明、议论的体式，创作一则《权本草》、《名本草》或其他。

十一、朗读《士为知己者死——刺客豫让传》、《世说新语（三则）》、《东方朔上自荐书》，体会文言文语言的简约。

十二、同样是自傲自诩、毫不谦逊的自荐信，东方朔的《上自荐书》令其出人头地，李白的《与韩荆州书》却石沉大海。课外查阅相关资料，整理概括后以总分总的结构有条理地阐述你的看法。

十三、新学期到了，学院学生会、团委及各大社团将招聘新学生干部，请结合自己的兴趣爱好与能力特长，自设竞聘岗位，写一封自荐信。

十四、阅读下面自荐信，指出其中的不足之处，并分条列出。

××经理：

你好！工作一定很忙吧？

我从《××日报》上的招聘广告中获悉贵酒店欲招聘一名经理秘书,特冒昧写信应聘。

两个月后,我将从工商学院酒店物业管理系毕业。我身高1.65m,相貌端庄,气质颇佳。在校期间,我系统地学习了现代管理概论、社会心理学、酒店管理概论、酒店财务会计、酒店客房管理、酒店餐饮管理、酒店前厅管理、酒店营销、酒店物业管理、物业管理学、住宅小区物业管理、应用写作、礼仪学、专业英语等课程。成绩优秀,曾发表论文多篇。熟悉电脑操作,英语通过国家四级,英语口语流利,略懂日语、粤语,普通话运用自如。去年下半学期,我曾在×××五星级酒店客房办化验室实习半个月,积累了一些实际工作经验。

我热爱酒店管理工作,希望能成为贵酒店的一员,和大家一起为促进酒店发展竭尽全力,做好工作。我的个人简历及相关材料一并附上,如能给我面谈的机会,我将不胜荣幸。

联系地址:××工商学院酒店物业管理系

联系电话:139××××××××

此致

敬礼!

求职人:×××
×年×月×日

刹那与永恒

第六单元

单元导语

花，不常驻，开了就会谢。

容颜芳华，也只存刹那之间。

有什么可以逃脱时间的掌控？

追寻的功名，经营的财富，外在的虚荣……

一切都无法久长。

有什么可以超越有限而达至永恒？或许只有爱可以，只有以心以血全然忘我的爱可以，只有以心以血的爱的奉献可以。

从古至今，爱情是文学与艺术创作中永恒的主题，人类歌颂爱情，孜孜不倦。无论小说、诗歌还是电影，无论虚构的还是真实的，在精神与物质、理想与现实、肉体与灵魂、理性与非理性的冲突中，爱情迸发出不可抵挡的能量，它冲破容貌、年龄、金钱、门第、观念、性别、宗教戒律，超越一切世俗甚至时间与生命。短暂的人生或许只有在这样一种超越之中才能达到永恒。

人无法永生，然而正因其无法永生，才可能背离生之虚幻。泰戈尔说：如果你将永生，那么你该为什么而活？庸碌平凡的人生中总有一些不平凡可以穿越时空，刹那化作永恒，迸射出眩目的光芒。

话题讨论

世上有永恒的爱情吗？

正方观点：
- 一定有，但因为珍贵所以稀有。
- 只要你相信，就有。
- 一切的爱，都在自己内心，永恒的爱在心里。
- 爱情不在朝朝暮暮，真爱永存心灵深处。
- 有，靠双方一起经营，信任很重要。信任有多远，爱就有多久。

反方观点：
- 爱情之火总会渐渐淡褪，爱情到最后都将变成亲情。
- 喜新厌旧是一种创新的精神，为什么到了爱情就变成了不道德？
- 世界上没有永恒的爱情，人都不是永恒的哪里来永恒的爱情呢？
- 再坚定的心意，也抵挡不住时光滴水穿石。
- 爱，是火花，是浪花，是生命中最绚丽的一瞬，你见过永远的火花、浪花吗？除非是假的，模型或雕塑。

我的观点：_____

_____

_____

_____

_____

《诗经》(二首)①

《诗经》是中国最早的一部诗歌总集,收入自西周初期至春秋中期大约500年间产生的305篇诗歌。《诗经》分风、雅、颂三部分,其中最富生命力的诗篇是风、雅中采自民间、出于里巷的歌谣。"男女有所怨恨,相从而歌。饥者歌其食,劳者歌其事。"(《春秋公羊传》)两三千年前,那些感叹过"一日不见,如三秋兮",坦露过"窈窕淑女,君子好逑""求之不得,寤寐思服"心声的男女主人公们,岁月的流沙早已将他们的生命掩埋,但爱的誓言却亘古流传,"执子之手,与子偕老"。

蒹 葭

蒹葭苍苍②,白露为霜。所谓伊人,在水一方。
溯洄从之③,道阻且长。溯游从之④,宛在水中央。
蒹葭凄凄⑤,白露未晞⑥。所谓伊人,在水之湄⑦。
溯洄从之,道阻且跻⑧。溯游从之,宛在水中坻⑨。
蒹葭采采⑩,白露未已。所谓伊人,在水之涘⑪。
溯洄从之,道阻且右⑫。溯游从之,宛在水中沚⑬。

伐 柯⑭

伐柯如何?匪斧不克⑮。
取妻如何?匪媒不得。
伐柯伐柯,其则不远⑯。
我觏之子⑰,笾豆有践⑱。

①本文选自《诗经注析》,程俊英、蒋见元注析,中华书局1991年版。 ②蒹葭:芦苇也,飘零之物,随风而荡,却止于其根,若飘若止,若有若无。思绪无限,恍惚飘摇,而牵挂于根。根者,情也。相思莫不如是。苍苍:茂盛深色状。 ③溯洄:逆流向上。从:追寻,探求。 ④溯游:顺流而下。 ⑤凄凄:同萋萋,茂盛状。 ⑥晞(xī):干。 ⑦湄(méi):水草交接处,即岸边。 ⑧跻(jī):高起,登上高处。 ⑨坻(chí):水中小沙洲。 ⑩采采:众多的样子。 ⑪涘(sì):水边。 ⑫右:道路弯曲。 ⑬沚(zhǐ):水中小沙滩。 ⑭柯:斧头的柄。 ⑮克:克服,完成。 ⑯则:法则。 ⑰觏(gòu):遇见。 ⑱笾(biān):古时竹制的盛果物的器具。豆:古时木制的盛食物的器具。践:排列,陈列。

风·雅·颂

《诗经》分为风、雅、颂三个部分。"风"是各地方的乐调,"秦风"、"魏风"、"郑风"如同今人说"陕西调"、"山西调"、"河南调"。现代汉语把采集民歌的活动又称为"采风"。如果说"风"是下里巴人的话,那么"雅"就是阳春白雪了。雅是宫廷宴飨或朝会时的乐歌,属正声雅乐,分大雅和小雅,小雅中也有一部分是采集来的民歌。颂主要是宗庙祭祀的乐歌,内容多为歌颂祖先功业的。在风、雅、颂这三大部分中,国风和小雅中的民歌是《诗经》中的精华。

(参考《诗经选》前言,余冠英著,中华书局 2012 年版)

赋·比·兴

《诗经》在写作上最常用的表现手法就是赋、比、兴。赋就是直言其事,也就是开门见山,有什么说什么,如:"青青子衿,悠悠我心。纵我不往,子宁不嗣(yí)音?"比,就是比喻。"我心匪鉴,不可以茹(留影)。""我心匪石,不可转也。我心匪席,不可卷也。"以常见事物的属性,去比况较为抽象的人的个性和心情,使人得到具体深刻的印象。兴是先言他物以引出所咏之词。比如《蒹葭》里的"蒹葭苍苍,白露为霜"就是起兴。"蒹葭"和"白露"跟全诗的内容并无多大关系,但这一起兴不仅引出下文,还给全诗创造一种朦胧、苍茫、飘渺的意境,以烘托主人公追求意中人可望而不可得的迷离怅惘之情。

(参考《诗经选》,刘逸生主编,周锡䪖选注,广东人民出版社 1984 年版)

《诗经》名句

- 死生契阔,与子成说。执子之手,与子偕老。——《诗经·邶风·击鼓》
- 溥天之下,莫非王土。率土之滨,莫非王臣。——《诗经·小雅·北山》
- 知我者,谓我心忧;不知我者,谓我何求。——《诗经·王风·黍离》
- 彼采萧兮,一日不见,如三秋兮。——《诗经·王风·采葛》
- 青青子衿,悠悠我心,纵我不往,子宁不嗣音。——《诗经·郑风·子衿》
- 它山之石,可以攻玉。——《诗经·小雅·鹤鸣》
- 战战兢兢,如临深渊,如履薄冰。——《诗经·小雅·小旻》
- 昔我往矣,杨柳依依。今我来兮,雨雪霏霏。——《诗经·小雅·采薇》
- 高山仰止,景行行止。——《诗经·小雅·车辖》

汉乐府(二首)①

"乐府"本是汉代专门掌管音乐的官署名称,后来把乐府官署所创作、采集、保存的诗歌称为"乐府"或"乐府诗"。这些诗歌中有一部分是供统治者祭祀祖先神明时使用的郊庙歌辞,其性质与《诗经》中的"颂"相似,另一部分则是民间流传的俗乐,称为乐府民歌,是汉乐府的精华部分。乐府民歌多出自于下层人民之口,语言风格质朴率真,不事雕琢,抒发感情强烈而直率。无论是表现战争、爱情,还是表现乡愁,都具有强烈的感情色彩。《上邪》中女主人公坦荡直白的爱情誓言,《日出入》中对宇宙无穷、人寿有尽的感叹,无不具有惊心动魄的感染力量。

上 邪

上邪!②我欲与君相知,长命无绝衰③。山无陵④,江水为竭,冬雷震震⑤,夏雨雪⑥,天地合,乃敢与君绝!⑦

日出入

日出入安穷⑧?时世不与人同。故春非我春,夏非我夏,秋非我秋,冬非我冬。泊如⑨四海之池⑩,遍观是邪谓何⑪?吾知所乐,独乐六龙⑫。六龙之调⑬,使我心若⑭。訾⑮,黄⑯其何不徕⑰下?

①选自《乐府诗集》,〔宋〕郭茂倩编撰,聂世美、仓阳卿校点,上海古籍出版社1998年版。 ②上邪(yé):犹言"天啊"。上,指天。邪,同"耶",感叹词。 ③长命无绝衰:使爱情永不断绝、衰退。长,永远。命,令也,使也。 ④陵(líng):山峰。 ⑤震震:指雷声。 ⑥雨(yù)雪:降雪。雨:名词活用,落下。 ⑦以上六句:一气举出五件不可能发生的事来起誓,表达女主人公对恋人忠贞不渝的炽热爱情。 ⑧安穷:何有穷尽。安:何。穷:尽。 ⑨泊如:飘泊而无所附着的样子。 ⑩池:潮汐,潮涨潮落。 ⑪遍观是邪谓何:是,指世界。邪:疑问词。谓何:该怎么办呢? ⑫六龙:传说日神驾六龙巡天,以成昼夜。 ⑬调(diào):调动,支配,驾驭的意思。 ⑭若:若然的样子,即和顺、满意的状态。 ⑮訾(zī):古同"咨",嗟叹声。 ⑯黄:指乘黄,传说中龙翼马身之神马名。 ⑰徕(lái):同"来"。

关于汉乐府歌诗的一般表演方式

两汉乐府歌诗艺术以娱乐和观赏为主,自然要在表演上下功夫。它不是简单的吟唱,而是诗乐舞相结合的表演。据现有的文献记载和出土文物考证,当代人一般认为汉代的歌舞娱乐表演主要在三种场合举行,那就是厅堂、殿庭、广场。……而演唱分为以下几种情况:第一种情况是单人的独弹独唱。《相逢行》:"小妇无所为,挟瑟上高堂。"《善哉行》:"何以忘忧,弹筝酒歌。"从以上诗句来看,当时的歌诗中有相当大一部分是可以独弹独唱的。第二种情况是一人主唱,其他人或伴乐或伴唱。……汉代有一种但歌,也就是不配乐器的徒歌,由一个人主唱,三个人相和。还有一种叫相和歌,其演唱形式是一个人手里拿着一种叫做"节"的乐器,一面打着节拍,一面唱歌。其他人在一旁用弦乐器或管乐器伴奏。第三种情况是以歌舞伴唱。中国古代本是诗乐舞三位一体,歌舞伴唱本是情理中事。但是就现在有关文献看,关于这方面的记载还不多。现存歌辞只有两篇,一为《圣人制礼乐篇》,一为《巾舞歌诗》。前者属于铎舞,后者属于巾舞。

(引自《中国古代歌诗研究——从〈诗经〉到元曲的艺术生产史》,
赵敏俐、吴相洲、刘怀荣等著,北京大学出版社 2005 年版)

《乐府诗集》选句

- 阳春布德泽,万物生光辉。——《长歌行》
- 少壮不努力,老大徒伤悲。——《长歌行》
- 悲歌可以当泣,远望可以当归。——《悲歌》
- 举手长劳劳,二情同依依。——《孔雀东南飞》
- 秋风萧瑟天气凉,草木摇落露为霜。——《燕歌行》
- 青青河畔草,绵绵思远道。——《饮马长城窟行》
- 心思不能言,肠中车轮转。——《古歌》
- 瓜田不纳履,李下不正冠。——《君子行》
- 露晞明朝更复落,人死一去何时归。——《薤露》

爱[1]

张爱玲

一次邂逅,一句简单的问话,一阵心跳,竟叫人回望终身。那么简单,却又那么说不清道不明。这真的是爱吗?真的是不变初衷的永恒在心的爱情吗?或许它只是一个人的关于爱的固执的幻想,一份未完成的夙愿在心底凝成的结,或者根本与爱情无关,只是表达在时间的无涯的荒野里,生存的无奈与命运无法把握的悲凉。

这是真的。

有个村庄的小康之家的女孩子,生得美,有许多人来做媒,但都没有说成。那年她不过十五六岁吧,是春天的晚上,她立在后门口,手扶着桃树。她记得她穿的是一件月白的衫子。对门住的年青人同她见过面,可是从来没有打过招呼的,他走了过来,离得不远,站定了,轻轻地说了一声:"噢,你也在这里吗?"她没有说什么,他也没有再说什么,站了一会儿,各自走开了。

就这样就完了。

后来这女子被亲眷拐了,卖到他乡外县去作妾,又几次三番地被转卖,经过无数的惊险的风波,老了的时候她还记得从前那一回事,常常说起,在那春天的晚上,在后门口的桃树下,那年青人。

于千万人之中遇见你所要遇见的人,于千万年之中,时间的无涯的荒野里,没有早一步,也没有晚一步,刚巧赶上了,那也没有别的话可说,惟有轻轻地问一声:"噢,你也在这里吗?"

注释

[1]选自《张爱玲文集》第四卷,安徽文艺出版社1992年版。张爱玲(1920—1995),中国现代作家,本名张煐。著有《金锁记》《倾城之恋》《半生缘》《红玫瑰与白玫瑰》等作品。

知识链接

人生若只如初见

- 人生若只如初见,何事秋风悲画扇。——纳兰性德《木兰花令·拟古决绝词柬友》
- 曾经沧海难为水,除却巫山不是云。——元稹《离思》
- 此情可待成追忆,只是当时已惘然。——李商隐《锦瑟》
- 花开堪折直须折,莫待无花空折枝。——杜秋娘《金缕衣》

- 此情无计可消除,才下眉头,却上心头。——李清照《一剪梅》
- 花非花,雾非雾。夜半来,天明去。来如春梦几多时,去似朝云无觅处。——白居易《花非花》
- 美丽的梦和美丽的诗一样,都是可遇而不可求的,常常在最没能料到的时刻里出现。——席慕容《初相遇》
- 我是天空里的一片云,/偶尔投影在你的波心——/你不必讶异,/更无须欢喜——/在转瞬间消灭了踪影。//你我相逢在黑夜的海上,/你有你的,我有我的,方向;/你记得也好,/最好你忘掉,/在这交会时互放的光亮。——徐志摩《偶然》

《爱》的原型故事

翻开胡兰成的《今生今世》,就可以看到,胡兰成庶母的经历与《爱》中那女孩的身世一模一样。《今生今世》写作时间为1954年～1959年,胡张之恋满打满算从1944年2月相识到1947年6月最后决绝,而张爱玲的散文《爱》发表于1944年4月,可见故事雏形是两人恋爱伊始张爱玲从胡兰成口中听来的。试看胡兰成笔下的俞家庶母故事:

> 女心就是凄凉喜悦的,但她那时尚未自觉,亦不知有凄凉。如此到了廿二岁,来做媒的人踏断门槛,她父母挑三捡四总难得相当,而她本人亦不在其意。忽一日,她去后园里树上晾手巾,见园门开着,就移步至河边路侧看看杏花,却遇着一个少年也在那里,她知是邻家的亲戚,挽了人来说过媒的,此刻不意相见,虽两人立处相隔数步路,彼此简单招呼得一声亦很不自然,她却心里一惊,她是现在才分明看见了自己是女身,且心里对他有感激,两人都觉不好意思,她更是站立不住,就逃回来了。就是那年四月里,她娘舅来说接她去东阳与表姊妹为伴绣花,焉知这娘舅是个不成材的,骗她去卖给绍兴城里一富室为妾,她到了才晓得,大哭大闹,少爷来同房。她打了他一记耳光。如此便又被转卖到上虞章村槐三家,那章槐三广有田地,人倒斯文,成日只弹丝吹竹,非常爱惜她,她也只得罢了。不到三年,那槐三病死,大妇才又把她卖给俞家的。

——胡兰成《今生今世》
(引自《海上花开又花落——读解张爱玲》,万燕,百花洲文艺出版社1996年版)

班扎古鲁白玛的沉默[①]

扎西拉姆·多多

我从未离弃信仰我的人,或甚至不信我的人,虽然他们看不见我,我的孩子们,将会永远永远受到我慈悲心的护卫。

——莲花生大师

你见,或者不见我
我就在那里
不悲不喜
你念,或者不念我
情就在那里
不来不去
你爱,或者不爱我
爱就在那里
不增不减
你跟,或者不跟我
我的手就在你手里
不舍不弃
来我的怀里
或者
让我住进你的心间
默然 相爱
寂静 欢喜

①选自《当你途经我的盛放》,扎西拉姆·多多,中信出版社2011年版。扎西拉姆·多多,当代女诗人,出生于广东。

《班扎古鲁白玛的沉默》的误传

曾经在网络上被反复转载的诗歌《班扎古鲁白玛的沉默》(标题后来更被窜改为《见与不

见》),被很多人误传为六世达赖喇嘛仓央嘉措的作品。其实这首诗出自多多从2007年5月开始写的《疑似风月集》的中集,在《沉默》之前还有《唱》和《说》,它们是同一个系列的。"班扎古鲁白玛"其实是梵文的音译。班扎,就是Vadjra,是"金刚"的意思;古鲁,就是Guru,是"上师";白玛,就是pema,是"莲花"的意思。"班扎古鲁白玛":金刚上师白莲花,也就是莲花生大师(第一个将佛法传入西藏的人,被认为是第二佛陀)。而莲花生大师的心咒就是"嗡阿吽,班扎古鲁白玛悉地吽",在起名字的时候,就是从这个心咒中取的。这一首《班扎古鲁白玛的沉默》的灵感,其实是来自于莲花生大师非常著名的一句话:"我从未离弃信仰我的人,或甚至不信我的人,虽然他们看不见我,我的孩子们,将会永远永远受到我慈悲心的护卫。"多多想要通过这首诗表达上师对弟子不离不弃的关爱,真的跟爱情、跟风月没有什么关系。即便如此,多多愿意,将荣耀归于仓央嘉措。

　　市面上几乎每本关于仓央嘉措的书都会提及这些,在这里老调重弹,只是希望读者明了,仓央嘉措所写诗歌流传下来的极少,且都为藏文所写,翻译过程中难免会有歧义,市面上存在太多有关仓央嘉措的伪作。愿读者通过此书能对仓央嘉措有所了解,结合其生平,辨别真伪。

　　(引自《那一世,我遇见了你:六世达赖仓央嘉措的今生今世》,史北,北方文艺出版社2011年版)

天真的预言(节选)①

〔英国〕威廉·布莱克

过去、现在和未来,在可以从微小观世界的心灵里,都不过是一瞬间。

原诗
To see the world in a grain of sand
And a heaven in a wild flower,
Hold infinity in the palm of your hand
And eternity in an hour.

译文1②　梁宗岱译
一颗沙里看出一个世界,
一朵野花里一座天堂,
把无限放在你的手掌上,
永恒在一刹那里收藏。

译文2③　李叔同译
一花一世界,
一沙一天国,
君掌盛无边,
刹那含永劫。

注释

①《天真的预言》是诗集《天真之歌》(Songs of Innocence)中的一首。这里所选为其开头四行。威廉·布莱克(1757—1827),18世纪英国浪漫主义诗人、画家。主要诗作有诗集《永恒的福音》《天真与经验之歌》《先知书》等。 ②选自《梁宗岱译诗集》,梁宗岱,湖南人民出版社1983年版。 ③李叔同译,宗白华在《中国艺术意境之诞生》一文中引用,见宗白华著《美学与意境》,人民出版社2009年版。

译文赏析

梁宗岱作为中国当代有名的诗人和翻译家,他的语言无疑具有散文化的诗性,即译文语言不是停留在诗歌形式表面,而是与内心情感相契合并精心锤炼。通过散文化语言凸显诗

歌语言蕴含的形象。"一颗沙里看出一个世界""一朵野花里一座天堂",以小衬大,其夸张、借代修辞的使用,不仅将诗歌"事物渺小,意义重大"的意境表现出来,而且使得整首诗歌虚实结合,既"形不散"又"神不散"。

然而,李叔同作为近代才气横溢的艺术教育家和一代高僧,他的译文语言平实,内容丰富,集通俗性、可读性、佛理性于一身。……佛曰:一花一世界,一木一浮生,一笑一尘缘,一念一清静。这一切都是一种心境。心若无物就可以一花一世界,一草一天堂。参透这些,一花一草便是整个世界,而整个世界也便空如花草。无限往往珍藏于有限之中,只有心无杂念懂得见微知著的人才能真正打开世界之门。

"花花世界"溯源

佛教关于"世界"的说法很多。如《华严经》说:"佛土生五色茎,一花一世界,一叶一如来。"又《梵网经》卷上说:卢舍那佛坐千叶大莲花中,化出千尊释迦佛,各居千叶世界中。其中每一叶世界的释迦佛,又化出百亿释迦佛,坐菩提树下。后俗语"花花世界"源于此。

(引自《俗语佛源》,中国佛教文化研究所编,天津人民出版社2008年版)

华严世界

华严世界,为事事圆融的世界,在一中有一切,在一切中只有一。……所以理在事中,万事同一理,一理即一切事,一切事只有一理,再进一步,还有一入一切,一切入一。万事在每一事中,即万物在一物中,一物在万物中。……这种华严世界有如香水海,一遍音人气;又如光明海,四面遍光明,无丝毫尘垢。在世界中,依照毗卢遮那佛(汉译:大日如来)的佛力,显出各种庄严,有种种差别,各种庄严相连,成世界网,一切平等。

(引自《中国哲学认识论》,罗光,台湾学生书局1995年版)

当你老了①

〔爱尔兰〕叶 芝

这是28岁的叶芝写给爱尔兰自治运动领导人毛特·岗的诗,这是一份持续一生的无望的爱。当所有的真情付出换来的只是一次又一次冷静的拒绝,这不能不说是一场爱的悲剧。然而,在这悲情之上,绽放的却是隽永的闪烁着爱的信念的诗篇。这些诗篇和爱一起,在我们的头顶上,闪烁不息,从不远离。只要你抬头,你便会看到它。

原诗

When you are old and grey and full of sleep,
And nodding by the fire, take down this book,
And slowly read, and dream of the soft look
Your eyes had once, and of their shadows deep;

How many loved your moments of glad grace,
And loved your beauty with love false or true,
But one man loved the pilgrim soul in you,
And loved the sorrows of your changing face;

And bending down beside the glowing bars,
Murmur, a little sadly, how love fled
And paced upon the mountains overhead
And hid his face amid a crowd of stars.

译文

当你老了,头白了,睡思昏沉,
炉火旁打盹,请取下这部诗歌,
慢慢读,回想你过去眼神的柔和,
回想它们昔日浓重的阴影;

多少人爱你青春欢畅的时辰,
爱慕你的美丽,假意或真心,
只有一个人爱你那朝圣者的灵魂,

爱你衰老了的脸上的痛苦的皱纹;

垂下头来,在红光闪耀的炉子旁,
凄然地轻轻诉说那爱情的消逝,
在头顶的山上它缓缓踱着步子,
在一群星星中间隐藏着脸庞。

(袁可嘉译)

① 选自《中外抒情诗选》,王天红等编著,吉林人民出版社1999年版。叶芝(1865—1939),爱尔兰诗人和剧作家。1923年获诺贝尔文学奖。早期作品带有唯美主义倾向和浪漫主义色彩。19世纪90年代后,因支持爱尔兰民族自治运动,诗风逐渐走向坚实明朗和接近现实。本诗为毛特·岗而作,她是爱尔兰自治运动中的重要人物,是叶芝一生爱慕的对象。

现实之死,正是艺术的开始

肉体生命往往无法克服欲望的腐蚀,爱与被爱的渴望无时不在撕咬着一个个疲惫的心灵,而纯粹的精神之爱又是多么难以为继。时间之流逝何其缓慢,不知不觉中吞噬着饱受折磨的欲望巨轮,策马前行的骑士感慨万千:"为你一个人——认识了所有的痛苦!"然而,现实之死,正是艺术的开始。

(引自《谛听心灵——英美文学史随笔及作品赏析》,杨东升著,
知识产权出版社2011年版)

《当你老了》解读

诗歌虚拟了一个暮年的老人,字字句句都是诗人对未来的想象。诗的语言谈不上精致,却给人最入骨的感觉。人的一生,或短暂,或无期,但是正当年少的心却不愿意相信激情的消却,不愿看到白发的未来。白发是岁月沉重的叹息,这是怎样的一种无奈,时光对每一个人的公平,是生命无法抑制的。但是诗人却以这种沉重为起点,吟诵爱情,回忆往事。没有年轻时理所应当的一泻千里般的热烈情感,诗人表现出的是与年龄不相符合的平静的真挚的倾诉。舒缓的调子如同一首优雅的华尔兹,舞出了透明的淡淡哀伤,仿佛浅浅的溪水在林中流淌。当爱情刻上了深深的痛苦的印记,经受了时间的重重考验,爱才会显示出它的高贵,它的纯洁,它的美。

(引自《力量的源泉——新世纪共青团干部必读(文史卷)》,王俊刚,山西教育出版社2006年版)

叶芝墓志铭

"Cast a cold eye/ On life, on death/ Horseman, pass by!""向生活,向死亡/冷冷看上一眼/骑士啊/向前!"这是叶芝为自己写的一首墓志铭,常为后人传述追思,甚至出现在很多酒吧的墙壁上。这也许是叶芝的一生以及他的作品最好的解释。

(引自《荣膺诺贝尔奖的名人故事》,郭漫著,航空工业出版社2010年版)

胡笳十八拍①

蔡 琰

东汉末年,社会动荡,蔡文姬在逃难中被匈奴所掳,流落塞外,后做了左贤王的妃子阏氏,生有二子。12年后,曹操统一北方,念好友蔡邕之交情,用重金赎回了蔡文姬。文姬归汉后,参考胡人声调,结合自己的悲惨经历,创作了琴曲《胡笳十八拍》,这里选录了第八拍、第九拍。《胡笳十八拍》那种不羁而雄浑的气魄,滚滚怒涛一样不可遏抑的悲愤,绞肠滴血般的痛苦,震撼着每一个听者与读者,成为千古绝唱。如果没有如此深邃的痛苦体验,纵有绝世才华,也绝然写不出这般感人的文字。

为天有眼兮何不见我独漂流?为神有灵兮何事处我天南海北头?我不负天兮天何配我殊匹?我不负神兮神何殛我越荒州?制兹八拍兮拟排忧,何知曲成兮心转愁。

天无涯兮地无边,我心愁兮亦复然。人生倏忽兮如白驹之过隙②,然不得欢乐兮当我之盛年。怨兮欲问天,天苍苍兮上无缘③。举头仰望兮空云烟,九拍怀情兮谁为传。

①节选自《乐府诗集》,郭茂倩编撰,聂世美、仓阳卿校点,上海古籍出版社1998年版。"笳"是汉代鼓乐中的主要乐器。胡笳善于表现凄怆、哀怨的情感,富有悠远的穿透力,很符合边远游牧民族英勇强悍的个性及牧马吹奏的特色。在汉魏历史上流传有不少运用笳声作战的故事。蔡琰(177? —239?),字文姬,东汉大文学家蔡邕的女儿,中国历史上著名才女和文学家,代表作有《胡笳十八拍》《悲愤诗》等。另说《胡笳十八拍》并非蔡文姬的作品,而是后人所作,有学者认为《胡笳十八拍》为唐代琴家董庭兰(即董生)所作。 ②倏忽:一闪即逝的样子。白驹过隙:出自《庄子·知北游》,"人生天地间,若白驹之过隙,忽然而已"。白驹:日光。隙:墙缝。 ③上无缘:无法上(天)。缘:因,办法。

中华古韵十大名曲

中华古韵,有"十大名曲"之说,这十大古曲分别为:《高山流水》(古琴曲)、《广陵散》(古琴曲)、《平沙落雁》(古琴曲)、《梅花三弄》(古琴曲)、《十面埋伏》(琵琶曲)、《夕阳箫鼓》(琵琶曲)、《渔樵问答》(琴箫曲)、《胡笳十八拍》(古琴曲)、《汉宫秋月》(二胡曲)和《阳春白雪》(琵琶曲)。这些乐曲大多被附以历史典故为旁衬。据考证,这些古代名曲的原始乐谱大都已经失传,现在流传的不少谱本都是后人伪托之作。

蔡文姬坎坷人生

蔡文姬的父亲是东汉大名鼎鼎的蔡邕。蔡邕是大文学家,也是大书法家。蔡文姬生在这样的家庭,受这样一位博学多才的父亲的影响,自幼便显露非凡才情,擅写诗作赋,妙于音律。蔡文姬童年生活应该是幸福的。然而命运偏偏和她作对,成年不久父亲被诬害死于狱中,新婚一年左右的丈夫又猝然病故,她不得已回到娘家。短短几年,父死夫亡,蔡文姬的精神已经到了崩溃的边缘,可未料更大的劫难还在后面。兴平二年(公元195年),朝中发生董卓余党李郭之乱,杨奉等人竟引南匈奴军进入中原平乱,战火一直蔓延到文姬的家乡陈留围县。结果文姬被乱军所虏,那年她23岁,一路上饱受番兵的凌辱和鞭笞。后来被献给了匈奴的左贤王作了妃子,饱尝了异族异乡异俗生活的痛苦。在异族生活的12年里,她学会了吹奏胡笳,学会了一些异族的语言,还为左贤王生了两个孩子。后来曹操统一北方,力图文治的时候感念好友蔡邕之交情,得知文姬流落南匈奴,特派使者携黄金千两,白璧一双,将她赎回。蔡文姬在异族的生活虽然痛苦,但是一想到要永远离开自己的亲骨肉,反而分不清是悲是喜,只觉得柔肠寸断,泪如雨下,在汉使的催促下,她在恍惚中登车而去,在车轮辚辚的转动中,12年的生活,点点滴滴注入心头,从而留下了动人心魄的《胡笳十八拍》。《胡笳十八拍》全曲共十八段,运用宫、徵、羽三种调式,音乐的对比与发展层次分明,分两大层次,前十来拍主要倾述作者身在胡地时对故乡的思恋,后一层次则抒发出作者惜别稚子的隐痛与悲怨。"拍"在突厥语中即为"首",起"胡笳"之名,是琴音融胡笳哀声之故,极力表现了文姬思乡、离子的凄楚和哀怨。

(参见《中国人最该读的文化常识》,于帆主编,安徽教育出版社2009年版)

刹 那①

朱自清

"生活中的各种过程都有它独立的意义和价值——每一刹那有每一刹那的意义与价值！每一刹那在持续的时间里，有它相当的位置。"

——朱自清《给俞平伯的信》

我所谓"刹那"，指"极短的现在"而言。

我们所要体会的是刹那间的人生，不是上下古今东西南北的全人生！

着眼于全人生的人，往往忘记了他自己现在的生活。他们或以为人生的意义与价值在于过去；时时回顾着从前的黄金时代，涎垂三尺。而不知他们所回顾的黄金时代，实是传说的黄金时代！——就是真有黄金时代，区区的回顾又岂能将它招回来呢？他们又因为念旧的情怀，往往将自己的过去任情扩大，加以点染，作为回顾的资料，惆怅的因由。这种人将在惆怅、惋惜之中度了一生，永没有满足的现在——一刹那也没有！惆怅惋惜常与彷徨相伴；他们将彷徨一生而无一刹那的成功的安息！这是何等的空虚呀。

着眼于全人生的，或以为人生的意义与价值在于将来；时时等待着将来的奇迹。而将来的奇迹真成了奇迹，永不降临于笼着手、垫着脚、伸着颈只知道"等待"的人！他们事事都等待"明天"去做，"今天"却专为作为等待之用；自然的，到了明天，又须等待明天的明天了。这种人到了死的一日，将还留着许许多多明天"要"做的事——只好来生再做了吧！他们以将来自驱，在徒然的盼望里送了一生，成功的安慰不用说是没有的，于是也没有满足的一刹那！"虚空的虚空"便是他们的运命了！这两种人的毛病，都在远离了现在——尤其是眼前的一刹那。

着眼于现在的人未尝没有。自古所谓"及时行乐"，正是此种。但重在行乐，容易流于纵欲，结果偏向一端，仍不能得着健全的、谐和的发展——仍不能得着好好的生！况且所谓"及时行乐"，往往"醉翁之意不在酒"，不过借此掩盖悲哀，并非真正在行乐。杨恽说："及时行乐耳；须富贵何时！"明明是不得志时的牢骚语。"遇饮酒时须饮酒，得高歌处且高歌"，明明是哀时事不可为而厌世的话。这都是消极的！消极的行乐，虽属及时，而意别有所寄；所以便不能认真做去，所以便不能体会行乐的一刹那的意义与价值——虽然行乐，不满足还是依然，甚至变本加厉呢！欧洲的颓废派，自荒于酒色，以求得刹那间官能的享乐为满足；在这些时候，他们见着美丽的幻象，认识了自己。他们的官能虽较从前人敏锐多多，但心情与纵欲的、及时行乐的人正是大同小异。他们觉到现世的苦痛，已至忍无可忍的时候，才用颓废的办法，以求暂时的遗忘；正如糖面金鸡纳霜丸一般，面子上一点甜，里面却到心都是苦呀！友人某君说，颓废便是慢性的自杀，实能道出这一派的精微处。总之，无论行乐派还是颓废派，深浅虽有不同,却都是"伤心人别有怀抱";他们有意或无意的企图"生之毁灭"。这是求生意志消极的表现;这种表现当然不能算是好好的生了。他们面前的满足安慰他们的力量,决不抵他们背后的不满足压迫他们的力量;他们终于不能解脱自己,仅足使自己沉沦得更深而已!他们所认识的自己,只是被苦痛压得变形了的,虚空的自己;决不是充实的生命,决不是的!所以他们虽着眼于现在,而实未体会现在一刹那的生活的真味;他们不曾体会着一刹那的意义与价值,仍只是白辜负他们的刹那的现在!

我们目下第一不可离开现在,第二还应执著现在。我们应该深入现在的里面,用两只手揪牢它,愈牢愈好!已往的人生如何的美好,或如何的乏味而可憎;已往的我生如何的可珍惜,或如何的可厌弃,"现在"都可不必去管它,因为过去的已"过去"了。——孔子岂不说"往者不可谏(谏:挽回,规劝)"么?将来的人生与我生,也应作如是观;无论是有望,是无望,是绝望,都还是未来的事,何必空空操心呢?要晓得"现在"是最容易明白的;"现在"虽不是最好,却是最可努力的地方,就是我们总能管的地方。因为是最能管的,所以是最可爱的。古尔孟曾以葡萄喻人生:说早晨还酸,傍晚又太熟了,最可口的是正午时摘下的。这正午的一刹那,是最可爱的一刹那,便是现在。事情已过,追想是无用的;事情未来,预想也是无用的;只有在事情正来的时候,我们可以把捉它,发展它,改正它,补充它;使它健全,谐和,成为完满的一段落,一历程。历程的满足,给我们相当的欢喜。譬如我来此演讲,在讲的一刹那,我只专心致志地讲;决不想及演讲以前吃饭,看书等事,也不想及演讲以后发表讲稿、毁誉等事。——我说我所爱说的,说一句是一句,都是我心里的话。我说完一句时,心里便轻松了一些,这就是相当的快乐了。这种历程的满足,便是我所谓"我生相当的意义与价值",便是"我们所能体会的刹那间的人生"。无论您对于全人生有如何的见解,这刹那间的意义与价值总是不可埋没的。您若说人生如电光泡影,则刹那便是光的一闪,影的一现。这光影虽是暂时的存在,但是有不是无,是实在不是空虚;这一闪一现便是实现,也便是发展——也便是历程的满足。您若说人生是不朽的,刹那的生当然也是不朽的。您若说人生向着死之路,那么,未死前的一刹那总是生,总值得好好地体会一番;何况未死前还有无数的刹那呢?您若说人生是无限的,好,刹那也可说是无限的。无论怎样说,刹那总是有的,总是真的;刹那间好好的生总可以体会的。好了,不要思前想后的了,耽误了"现在",又是后来惋惜的资料,向谁去追索呀?你们"正在"做什么,就尽力做什么吧;最好的是-ing,可宝贵的-ing呀!你们要努力满足"此时此地此我"!——这叫做"三此",又叫做刹那。

言尽于此,相信我的,不要再想,赶快去做你今晚的事吧;不相信的,也不要再想,赶快去做你今晚的事吧!

①选自《朱自清作品精选》,朱自清著,崇文书局2011年版。有删节。朱自清(1898—1948),字佩弦,原籍浙江绍兴,生于江苏东海,现代著名散文家、诗人、学者、民主战士,主要作品有《踪迹》《背影》《春》等。

"刹那"有多长

刹那，外来词，来自梵文。常见到"刹那""瞬间""弹指""须臾"等字眼，都是表示非常短暂的时间概念。在《僧只律》中即有这样的记载："一刹那为一念，二十念为一瞬，二十瞬为一弹指，二十弹指为一罗预，二十罗预为一须臾，一日一夜有三十须臾。"据此，可推算出具体时间来。即一天一夜24小时有480万个"刹那"或24万个"瞬间"，1万2千个"弹指"，30个"须臾"。再细算，一昼夜有86400秒，那么，一"须臾"等于2880秒，一"弹指"为7.2秒，一"瞬间"为0.36秒，一"刹那"却只有0.018秒。

(参见《天文·时间·历法》，李芝萍、贾焕阁编著，气象出版社2003年版)

朱自清的"刹那主义"

如果说俞平伯的"刹那主义"与佛教"空"的意识联缘，那么朱自清的"刹那主义"似乎与佛教无多大的瓜葛。两者同样是无视过去与将来，同样是割裂时间与人生过程的关系，俞平伯所执著的是远离人世的"强制吾心"的禅宗哲学，"与一切外物相遇，不可著意，著意则滞；不可绝缘，绝缘则离……这种况味正在不著不离之间"；朱自清则是执著于"情意猝发"的有为，不是"不著不离"的无为，对生活他不是漠视人生，而是珍惜光阴、探索人生的态度。他的"刹那主义"既不是颓废主义的空虚，也不是资产阶级及时行乐的狂热，是为了解脱时代的抑郁症，而采取的狷者的生活态度和务实的风格。

被认为现代文学史上第一首抒情长诗的《毁灭》，正是诗人"刹那主义"哲学的真实记录与写照。……"如轻烟"、"如浮云"的人生，应速速求得它的毁灭，让自己从消沉中得到解脱，回到"生之原上"，还原一个"平平常常"即"平凡主义"的"我"，以求得人生每刹那的价值："从此我不再仰眼看青天，/不再低头看白水，/只谨慎着我双双的脚步，/我要一步步踏在泥土上，/打上深深的脚印！"朱自清就是这样延伸着他脚下的路。

(引自《朱自清散文艺术论》，吴周文等著，江苏教育出版社1994年版)

没有哪艘船能像一本书[①]

〔美国〕狄金森

人生有限,人一生所经历的时间、空间有限,但阅读却可以无限延长扩大人生时空。那些文字,那些跳跃在文字间的思想,穿越历史时空带你进入一个没有时空限制的世界,经历你不可能经历的一切,到达你不可能到达的地方,将自己有限的生命投入到滔滔不尽的时间之流,在有限的时空中体验到永恒。

There is no frigate like a book
To take US lands away
Nor any coursers like a page
Of prancing poetry——

This traverse may the poorest take
Without oppress of toll——
How frugal is the chariot
That bears the human soul.

没有哪艘船能像一本书
带我们跨越千山万水
也没有一匹骏马能像
一页跳跃着的诗行那样——
把人带往远方。

这渠道最穷的人也能走
不必为通行税伤神——
这是何等节俭的车
承载着人的灵魂。

[①]选自《狄金森诗选》,江枫译,湖南人民出版社1984年版。艾米莉·狄金森(Emily Dickinson,1830—1886),美国传奇诗人。她20岁开始写诗,早期的诗大都已散失。1858年后闭门不出,70年代后几乎不出房门,文学史上称她为"阿默斯特的女尼"。她在孤独中埋头写诗,留下诗稿1775首。直到美国现代诗兴起,她才作为现代诗的先驱者得到热烈欢迎,对她的研究成了美国现代文学批评中的热门。1950年,哈佛大学买下了她诗歌的全部版权。

沙之书①

〔阿根廷〕博尔赫斯

> ……你的沙制的绳索……
> ——乔治·赫伯特②

线是由一系列的点组成的;无数的线组成了面;无数的面形成体积;庞大的体积则包括无数体积……不,这些几何学概念绝对不是开始我的故事的最好方式。如今人们讲虚构的故事时总是声明它千真万确;不过我的故事一点不假。

我单身住在贝尔格拉诺街一幢房子的四楼。几个月前的一天傍晚,我听到门上有剥啄声。我开了门,进来的是个陌生人。他身材很高,面目模糊不清。也许是我近视,看得不清楚。他的外表整洁,但透出一股寒酸。

他一身灰色的衣服,手里提着一个灰色的小箱子。乍一见面,我就觉得他是外国人。开头我认为他上了年纪;后来发现并非如此,只是他那斯堪的那维亚人似的稀疏的、几乎泛白的金黄色头发给了我错误的印象。我们谈话的时间不到一小时,从谈话中我知道他是奥尔卡达群岛③人。

我请他坐下。那人过了一会儿才开口说话。他散发着悲哀的气息,就像我现在一样。

"我卖《圣经》。"他对我说。

我不无卖弄地回说:

"这间屋子里有好几部英文的《圣经》,包括最早的约翰·威克利夫④版。我还有西普里亚诺·德瓦莱拉的西班牙文版,路德的德文版,从文学角度来说,是最差的,还有武尔加塔的拉丁文版。你瞧,我这里不缺《圣经》。"

他沉默了片刻,然后搭腔说:

"我不光卖《圣经》。我可以给你看看另一部圣书,你或许会感兴趣。我是在比卡内尔⑤一带弄到的。"

他打开手提箱,把书放在桌上。那是一本八开大小、布面精装的书。显然已有多人翻阅过。我拿起来看看;异乎寻常的重量使我吃惊。书脊上面印的是"圣书",下面是"孟买"⑥。

"看来是19世纪的书。"我说。

"不知道。我始终不清楚。"他回答说。

我信手翻开。里面的文字是我不认识的。书页磨损得很旧,印刷粗糙,像《圣经》一样,每页两栏。版面分段,排得很挤。每页上角有阿拉伯数字。页码的排列引起了我注意,比如说,逢双的一页印的是 40,514,接下去却是 999。我翻过那一页,背面的页码有八位数。像字典一样,还有插画:一个钢笔绘制的铁锚,笔法笨拙,仿佛小孩画的。

那时候,陌生人对我说:

"仔细瞧瞧。以后再也看不到了。"

声调很平和，但话说得很绝。

我记住地方，合上书。随即又打开。尽管一页页地翻阅，铁锚图案却再也找不到了。我为了掩饰惶惑，问道：

"是不是《圣经》的某种印度斯坦文字的版本？"

"不是的。"他答道。

然后，他像是向我透露一个秘密似的压低声音说：

"我是在平原上一个村子里用几个卢比和一部《圣经》换来的。书的主人不识字。我想他把圣书当做护身符。他属于最下层的种姓；谁踩着他的影子都认为是晦气。他告诉我，他那本书叫"沙之书"，因为那本书像沙一样，无始无终。"

他让我找找第一页。

我把左手按在封面上，大拇指几乎贴着食指去揭书页。白费劲：封面和手之间总是有好几页。仿佛是从书里冒出来的。

"现在再找找最后一页。"

我照样失败；我目瞪口呆，说话的声音都变得不像是自己的：

"这不可能。"

那个《圣经》推销员还是低声说：

"不可能，但事实如此。这本书的页码是无穷尽的。没有首页，也没有末页。我不明白为什么要用这种荒诞的编码办法。也许是想说明一个无穷大的系列允许任何数项的出现。"

随后，他像是自言自语地说：

"如果空间是无限的，我们就处在空间的任何一点。如果时间是无限的，我们就处在时间的任何一点。"

他的想法使我心烦。我问他：

"你准是教徒喽？"

"不错，我是长老会派。我问心无愧。我确信我用《圣经》同那个印度人交换他的邪恶的书时绝对没有蒙骗。"

我劝他说没有什么可以责备自己的地方，问他是不是路过这里。他说打算待几天就回国。那时我才知道他是苏格兰奥尔卡达群岛的人。我说出于对斯蒂文森[⑦]和休谟[⑧]的喜爱，我对苏格兰有特殊好感。

"还有罗比·彭斯[⑨]。"他补充道。

我和他谈话时，继续翻弄那本无限的书。我假装兴趣不大，问他说：

"你打算把这本怪书卖给不列颠博物馆吗？"

"不。我卖给你。"他说着，开了一个高价。

我老实告诉他，我付不起这笔钱。想了几分钟之后，我有了办法。

"我提议交换，"我对他说，"你用几个卢比和一部《圣经》换来这本书；我现在把我刚领到的退休金和花体字的威克利夫版《圣经》和你交换。这部《圣经》是我家祖传。"

"花体字的威克利夫版！"他咕哝说。

我从卧室里取来钱和书。我像藏书家似的恋恋不舍地翻翻书页，欣赏封面。

"好吧,就这么定了。"他对我说。

使我惊奇的是他不讨价还价。后来我才明白,他进我家门的时候就决心把书卖掉。他接过钱,数也不数就收了起来。

我们谈印度、奥尔卡达群岛和统治过那里的挪威首领。那人离去时已是夜晚。以后我再也没有见到他,也不知道他叫什么名字。

我本想把那本沙之书放在威克利夫版《圣经》留下的空档里,但最终还是把它藏在一套不全的《一千零一夜》后面。

我上了床,但是没有入睡。凌晨三四点,我开了灯,找出那本怪书翻看。其中一页印有一个面具。角上有个数字,现在记不清是多少,反正大到九次幂。

我从不向任何人出示这件宝贝。随着占有它的幸福感而来的是怕它被偷掉,然后又担心它并不真正无限。我本来生性孤僻,这两层忧虑更使我反常。我有少数几个朋友;现在不往来了。我成了那本书的俘虏,几乎不再上街。我用一面放大镜检查磨损的书脊和封面,排除了伪造的可能性。我发现每隔两千页有一帧小插画。我用一本有字母索引的记事簿把它们临摹下来。簿子不久就用完了。插画没有一张重复。晚上,我多半失眠,偶尔入睡就梦见那本书。

夏季已近尾声,我领悟到那本书是个可怕的怪物。我把自己也设想成一个怪物:睁着铜铃大眼盯着它,伸出带爪的十指拨弄它,但是无济于事。我觉得它是一切烦恼的根源,是一件诋毁和败坏现实的下流东西。

我想把它付之一炬,但怕一本无限的书烧起来也无休无止,使整个地球乌烟瘴气。

我想起有人写过这么一句话:隐藏一片树叶的最好地点是树林。我退休之前在藏书有九十万册的国立图书馆任职;我知道门厅右边有一道弧形的梯级通向地下室,地下室里存放报纸和地图。我趁工作人员不注意的时候,把那本沙之书偷偷地放在一个阴暗的搁架上。我竭力不去记住搁架的哪一层,离门口有多远。

我觉得心里稍稍踏实一点,以后我连图书馆所在的墨西哥街都不想去了。

①选自《博尔赫斯小说集:小径分岔的花园》,王永年译,浙江文艺出版社 2002 年版。博尔赫兹:阿根廷诗人、小说家、散文家兼翻译家,被誉为作家中的考古学家。掌握英、法、德等多国文字。 ②乔治·赫伯特(1593—1633):英国玄学派诗人、牧师。著有诗集《寺庙》和散文集《寺庙的牧师》,均系宗教作品。"沙制的绳索"是指靠不住的东西。 ③奥尔卡达群岛:在苏格兰北面,其中最大的是梅因兰岛,首府为柯克沃尔。 ④约翰·威克利夫(1324—1384):英国宗教改革家,他的弟子珀斯维等于1380年根据武尔加塔的《圣经》拉丁文版将其译成英文。 ⑤比卡内尔:印度西北部拉贾斯坦邦地名。 ⑥孟买:印度大城市和最大港口,马哈拉施特拉邦首府,在孟买岛上。 ⑦斯蒂文森(1850—1894):英国小说家。主要作品有《金银岛》《诱拐》等,大多描写冒险或怪诞离奇的故事。 ⑧休谟(1711—1776):英国哲学家。主要著作有《人性论》《人类理解力研究》等。 ⑨罗比·彭斯(1759—1796):苏格兰诗人。诗歌多写苏格兰青年的日常生活、爱情以及对自由平等的追求。

博尔赫斯式迷宫文学

博尔赫斯所有作品的最大特点是对时间的思考。他对时间概念的认识包含了人类诸多的假设和猜想。他在讲演论文《时间》中提到："时间是个根本问题,我想说我们无法回避时间。我们的知觉在不停地从一种状况转向另一种状况,这就是时间,时间是延续不断的。"博尔赫斯对时间观念的理解在他的文学作品中的表达方式之一就是循环时间。博尔赫斯并没有在小说中明确地演绎循环时间,但是在其作品中出现的各种各样的时间形式都带有"圆形"痕迹。博尔赫斯的循环时间观念不是单纯的时间起点与终点的重合,而是采用间接的手法展现,"循环"感更多的是由事件或者自我的重合而造成的同一性带来的,而不是机械的时间重复。

小说《圆形废墟》关注点是自我实在性问题,但同时也展现了循环时间这一问题。魔法师要用梦来造出一个尘世间不曾有过的人。他起初的尝试没有成功,他创造的学生太世俗。几经努力,魔法师终于创造出一个满意的小伙子,但是这个小伙子只是个影子,这个影子又跑到另一个庙宇开始他自己的创造。最终魔法师发现自己也只不过是个影子,是其他人梦中的产物。谁是第一个做梦的人?这篇小说既是对自我虚无性的一种想象,又采用了时间循环的手法画了一个做梦者与梦中影子的循环往复的圆圈。这种独特的观念更给博尔赫斯的小说增添了不少迷宫色彩,形成了独特的博尔赫斯式迷宫文学。

(引自《〈盗梦空间〉与博尔赫斯的迷宫》,梁军童,《电影文学》2011年第22期)

电影《盗梦空间》与博尔赫斯

在惊人的《骇客帝国》之后,还没人能把一部电影拍得如此错综复杂而又迷人有趣。它的主旨显然是博尔赫斯式的——我们如何分辨梦境和现实。博尔赫斯在他的小说中经常玩弄的"花招"就是:博尔赫斯遇见另一个博尔赫斯,声称前者不过是在一个梦里;或者有人在短暂的梦中创造新的世界,醒来却面临行刑队黑洞洞的枪口……博尔赫斯对梦境情有独钟。

《盗梦空间》更像是诺兰对逝去24年的老博尔赫斯的致敬之作,那些精心设计的迷幻桥段、梦与梦之间的关联、梦与现实的对接都像极了博尔赫斯小说,迷宫,镜子更是博尔赫斯的著名标签。和小说最大的不同在于,诺兰用极致夸张的影像元素还原了模糊神奇的梦境,最妙的是在费舍尔第二层梦境中坠落的奔驰客车连接了第一、第三、第四层梦,被无限延长的下坠过程让重力法则彻底失效,变成电影中最迷人、最招摇的标志性事件。

(引自《〈盗梦空间〉向博尔赫斯致敬》,陈鹏,《瞭望》2010年第38期)

语言表达专题

怎样使语言表达更严谨更有逻辑性

一、重视语言运用中的逻辑问题

无论是口头语言的表达还是书面语言的表达，首先要做到准确。准确属于概念、判断和推理的问题，这些都是逻辑问题。所谓表达的准确，就是要概念明确，判断恰当，使用概念和判断进行推理的时候合乎逻辑。表达还要鲜明、生动，鲜明、生动要以准确作为前提，所以也有逻辑问题。郭沫若关于文风问题答《新观察》记者问中的一段话，对我们思考这方面的问题很有启发：

要使文章写得好，恐怕总得懂一点逻辑、文法和修辞。写文章的目的是要给人家看的，不是给你自己看的，所以不能只有你自己懂，主要是要使人家懂。要把你的思想表达出来，传达给别人，你自己先要有准确的概念和见解，然后如实地表达出来。你所看到的客观事物，总要使得没有看到的人也浑如在眼前。而要做到这样，当然要懂得一点逻辑和文法，因为不合逻辑就不通，不合文法也就不通。

自然，一段文章（或者一段话）如果出现了不通顺的毛病，除了有逻辑问题之外，还常常同时有语法问题以至修辞的问题。不过，因为语言是表达思想的工具，在运用语言的时候，很难把逻辑、语法、修辞的问题截然分开。我们往往对语法问题和修辞问题还比较注意，对逻辑问题却注意得不够。在我国，逻辑知识很不普及。（我们的中学没有设置逻辑课，有的国家中学是设有逻辑课的；我们的大学也不是所有系科的学生都学逻辑学；我们的书籍报刊的编辑和中小学教师中有一部分的人没有系统地学习过逻辑学。）书籍报刊里的一些文章，甚至有的作家的作品里（更不用说学生的作文了），不合乎逻辑的句子、段落，是屡见不鲜的。下边来看一些例子。

(1) 一个科学家，如果仅有为人民服务的良好愿望，在业务上却没有成就，人民便不需要这种没有科学的科学家。

(2) 路上行人的神态各不相同：青年工人的健壮的身影，老年人的豪爽，少年们的朝气，儿童们的天真烂漫；上班的，匆匆奔向自己的工作岗位，上学的愉快地走向学校，……去迎接新的一天的战斗生活。

这两个句子都有概念不明确的毛病。例(1)，科学家是指研究某一门科学、有一定成就的专门家。如果他"在业务上没有成就"，那至多是个科学工作者，还不能以"家"相称。这里，由于对"科学家"这个概念理解含糊，这一句的叙述是自相矛盾的。例(2)，要说的是行人的不同"神态"。"神态"指人的神情态度，但是冒号后面说的很少属于"神态"这个概念的范围。"身影"不是神态，"豪爽"多指人的性格豪放爽直，"朝气"指奋发有为的精神，都不是神态。只有"天真烂漫"的样子可以说是一种神态。分号后面的句子指人的行为，又超出了"神态"的范围。由于对以上几个概念理解不确切，把不同类的概念并列在一起，句子就不通顺了。这些例子表明，必须明确概念的内涵，反映在用词、搭配恰当上，否则，就会影响我们准确地反映客观事物,表达思想。

(3)全盘肯定或全盘否定都是错误的,是违背历史唯物主义的。因为农民起义领袖在推翻封建王朝之后,自己当了封建帝王,这是一个规律,任何人都不例外,不应苛责朱元璋。

(4)他(指陈景润同志)是否为了显身扬名呢?这正像黄继光舍身堵枪眼是否为他的事迹列入教科书、刘胡兰英勇就义是否为她能得到毛主席的题词一样,伟大的创举往往不是人们预先想到他成功后的名誉而去行动的。

(5)在国际上我国外交打开了新的局面,签订了《中日和平友好条约》,实现了中美关系正常化,胜利进行了中越边境自卫反击战,打击了霸权主义,进一步提高了我国的国际威望。

例(3)和例(4)两段话,都是在论证问题时,没有照顾好前后判断间的逻辑联系。例(3),在论证前一句提出的论题时,没有把原因说全面,"因为"之后只说明了"全盘否定"是错误的,并没有论及"全盘肯定"也是错误的。例(4),读起来感到有些绕弯子。如果把问号后的一句改为"这正像黄继光舍身堵枪眼不是为他的事迹列入教科书,刘胡兰英勇就义不是为她能得到毛主席的题词一样",更顺当一些。这两句是和后面的那句话照应的,共同回答开头提出的问题,这两句都用上"是否",就无法与后一个否定判断相应了。例(5),我国外交打开了新的局面,这个新的局面是什么?下面讲签订了《中日和平友好条约》,实现了中美关系正常化,这都是打开了外交新局面。可是,胜利地进行了中越边境自卫反击战,怎么能算是打开外交的新局面呢?其实,这是另一层意思了,不能放在打开外交新局面一句话中来说,应该分成两句话说就清楚了。

二、学习、掌握几种逻辑推理的方法

推理是由一个或几个已知的判断推出一个新的判断的思维形式。推理由前提和结论组成,前提和结论之间反映了事物之间的密切联系,在言语交际中,如果注意了前提真实和推理有效这两个必要条件,还能讲究语言表达的方式方法的话,一般能使一篇文章、一席讲话成为一个完整的有机整体。

(一)演绎推理

演绎推理是从一般性前提推出个别性结论的推理形式。一般逻辑教科书为了阐述知识的方便,总是以完整的论式为例子。例如:

  人类能制造工具并使用工具从事劳动,来支配和改造自然,
  一般动物不能制造工具并使用工具从事劳动,来支配和改造自然,
  故一般动物不是人类。

但是,完整的论式在说话和写文章时用得很少,因为说话有一定的语言环境,作文有特定的上下文,有些话往往是不言而喻的,人们可以甚至必须运用省略的表述形式,才能避免繁冗之弊。上面这个完整的论式,可以这样表述的:

  恩格斯指出了人类与动物最本质的区别,即人类能制造工具并使用工具从事劳动,

来支配和改造自然,而一般动物则不能。

这就是一个省略了的结论的三段论,因为这个结论是不证自明的。

(二)归纳推理

归纳推理是通过多个个性来概括类的共性,是以个别知识为前提推出一般结论的推理。用归纳推理进行论证的,称之为归纳论证。

归纳推理经常用在论说文中,从个别中概括出一般的属性,让读者在更高的层次上认识事物本质。例如,方祥生写的《嘴上说人权心里想霸权》一文,运用的是归纳论证。文章首先列举了美国国内践踏人权的5个典型事例,如美国枪杀案不绝于耳,平均每天有80多人因枪杀案毙命;美国贫富两极分化严重,1%最富有的美国人拥有全国财产的40%,3200多万人生活在贫困线以下;……然后列举了美国对外穷兵黩武的8个典型事例,如美国军费开支和军火出口总额均占世界首位,其中军费开支占全球的1/3,军火出口占全球的36%。仅20世纪90年代以来,美国对外使用武力就达40多次。在伊拉克、科索沃战争期间,美多次使用集束炸弹、贫铀弹等国际法禁用的武器,造成不计其数的贫民伤亡,对受害地区的生态环境和居民健康留下了长期的灾难性影响。……作者从这些典型事例具有的共同属性中得出一般性结论:美国真正关心的并不是人权,而是利用人权来推行霸权。

由于作者在前提中提供的是典型的、尽人皆知的事例,并将这些事例捆绑在一起,就像集束手榴弹一样产生了巨大的威力。从上面两例可以看出,有了充分有力的论据,才会有令人叹为观止的论题。

(三)类比推理

类比推理是根据两个(或两类)对象在一系列属性上相同(或相似),推断它们在另一属性上也相同(或相似)的推理。

> 加利福尼亚州与中国浙江省在地形、土质、水文、气温、降雨量等方面是相似的,
> 中国浙江省适合种植优质柑橘黄岩蜜橘,
> _____
> 所以,加利福尼亚州也适于种植这种优质柑橘。

类比推理的一般形式是:

A 对象具有 a、b、c、d 属性,
B 对象具有 a、b、c 属性,
_____
所以,B 对象很可能具有 d 属性。

运用逻辑方法构成类比主要是归谬法。归谬式类比是从对方的观点中引申出一个与之相仿的观点,但这观点于情于理都很荒谬,明眼人一看便知。仿与被仿的观点同属一类,既然仿者荒谬,那么可推知被仿者也荒谬。例如,有人在反驳"今世杀了什么生物,来世就要变成什么生物"时说:"照你的说法,大家都杀人好了。你说杀什么将来变什么,杀牛变牛,杀猪变猪,如果你的说法是对的,那么只有杀人,来世才能变成人。"杀猪、杀牛都属于杀生一类事物,既然杀人来世变人是荒谬的,那么杀猪变猪、杀牛变牛的轮回报应理论也是荒谬的。

表达归谬法的一般是假设复句,只不过有些是显性的,在表达中用了"如果"、"假如"、"就"等一类关联词语。有些是隐性的,即没有出现上述关联词语,靠反驳部分表达的内容是

否荒谬去断定。

（1）有关专家认为，"田力宝"的问题，是一个科学的问题，应该用科学的方法和态度来对待它。……"田力宝"技术的研究、中试产品工艺过程、中试田间施用是三个既有关系又不能混为一谈的环节。不能因为部分产品质量不好或局部施用效果不佳，就彻底否定整个发明。如果发现一只伪劣灯泡，就把爱迪生说成是骗子，并把发明置于死地，恐怕我们今天还不能享受现代化的光明。（陶国峰、卢跃刚：《科学的呜咽——"田力宝"事件备忘录》）

（2）前不久，广东中旅在其推出的国际国内游"VIP系列团"中打出这么一句提示："如果服务满意，请支付导游小费20元/天。"对此，广东中旅负责人的解释是，随着旅游市场的激烈竞争，各大旅行社的利润也在减少……

旅行社不从自身检讨原因，改进导游服务，直面竞争，反而要求旅客支付本不该支付的"小费"，这就好比法官没有秉公断案，当事人提出抗议时，法院却以"我们的工资太少"为由要求当事人支付"小费"，不然就不秉公断案。这岂不成了赤裸裸的索赔?!（朱金中：《如此要"小费"是变相索赔》）

例（1）中"因为部分产品质量不好或局部施用效果不佳，就彻底否定整个发明"，这与"发现一只伪劣灯泡，就把爱迪生说成是骗子，并把发明置于死地"的性质相同。作者用假设复句将荒谬之处表达出来，显得非常醒目。例（2）没有用"如果……那么"的假设复句来表达归谬，但以"法官没有秉公断案……"为喻体，以"旅游团要求旅客支付小费"为本体构成比喻，通过形象的张扬来归谬，同样达到了反驳的目的。

（四）运用短评写作提高语言的逻辑性

短评，是一种短小精悍的论述性文章。它篇幅短小，几百字内要表明观点、说清看法，对事对人进行精辟有力的评析，它对思维的严密性、语言的逻辑性提出更高的要求。

现实生活中短评应用广泛，形式多样。可以用于思想政治工作，也可以用于经济研究活动；既可以评人评事，也可以评文评书；可在新闻写作中以"述评"形式出现，可在公务文书中以"批语"形式出现，还可以单独以"短评"、"编者按"等形式出现。

短评有三个较为明显的特点：针对性、单一性、通俗性。

第一，针对性。短评跟一般的议论文一样，必须有一个明确的观点。赞成什么，反对什么，要旗帜鲜明，切中要害。短评的标题一般就是短文的观点、主题或者提出的问题。

第二，单一性。由于短评的篇幅所限，论题的范围不能太大，只能是作者日常工作、学习、生活中的一得、一识、一见。也就是说，论题的面要窄一些，论点要集中一些。所以举例不能太多，问题也不可涉及太大，要就事论事，选取典型现象，一针见血，从而征服读者。

第三，通俗性。相比于论文，短评有点像音乐中的通俗唱法，歌唱技巧不像美声唱法那么高，歌词内容也比较大众化，明白易懂。短评的语言要求准确、精炼，这是与其短小精悍的特点分不开的。为了增强文章的可读性，短评的语言往往还要求生动活泼，通俗易懂。

短评的表达易于为人掌握，可以拥有大量的作者群和读者群，题材也比较大众化，如许多报刊开辟的"群言"、"今日论语"、"读者论坛"、"七嘴八舌"等栏目，都是短评的园地。

需要注意的是,初写短评时,容易把它写成读后感。短评和读后感虽然都同属议论文的范畴,但它们之间也有一些区别:短评重在"评",从具体现象阐发出某种意义、某种道理、某种独到的见解;读后感则重在"感",写自己读后、观后的独特感受。

(参考《语法、逻辑、修辞教学论集》,田小琳、黄成稳编,新蕾出版社1984年版)

语言表达实践

一、请用2~3分钟复述一个迄今为止给你留下最深刻印象的爱情故事,并作简要评述,发言时请注意语态语势。

二、课外通过文献查阅,了解张爱玲、蔡文姬、陆游等人的爱情与婚姻,选择其中之一,写一篇《××的爱情与婚姻》的简评,请从一个角度来论述,观点鲜明,语言精练,字数不超过500字。

三、《班扎古鲁白玛的沉默》这首诗的作者被误传为仓央嘉措,内容被误读为情诗,对这种现象你有什么看法?请分点分条谈谈自己的看法。

四、爱情"永恒"吗?为什么?请课外查阅资料,搜集丰富的事例对自己的观点进行论证,准备课堂发言。

五、阅读《当你老了》,了解叶芝与毛特·岗的故事,为这首诗写一段创作背景简介,并加以简要的评论。

六、学完本单元后,请谈谈你对下面两句话的看法。

"所有的光阴,不过是无数个刹那合集。"

"不要奢望永恒,人生只有刹那。"

七、阅读《沙之书》,了解博尔赫斯这位作家,思考作者通过"沙之书"要表达怎样的主题。请为《沙之书》写一段简要的阅读推荐语。

第七单元

相濡与相忘

单元导语

在现实生活里，并不是每一个人都意识到不可推卸的道德责任。相反，由于根深蒂固的欲望和利己动机，人往往害怕承担责任，倾向于为自己辩解和推卸责任。于是，人与人之间存在敌意，存在隔膜以及源自自私的麻木，世界也因此变冷变黑变得混乱无序。幸而在曲折的历史长河中，不论在什么时代，总有一种来自心灵深处的光辉照亮黑暗。

古往今来，许许多多伟大人物的经历都可以证实，总有一种神秘的力量会引导那些追求至善的人把全世界、全人类的重任都放在自己的肩上。不管相识与否，不管隔着千山万水，昭示的信念只有一个：个人对世界、对人类负有多么重大的责任！这听起来似乎不可思议，然而却是真理（人类的命运密切相连，息息相关，每一个人是无限链条中的一个环）。只是这种责任不是外部强加给个体的，它只是使命感的召唤。自由的人可以选择服从这个召唤，也可以选择不理睬这个召唤。

选择相濡以沫，还是相忘江湖？选择匡时济世，还是独善其身？选择烈日下为正义奔走疾呼，还是黑暗中桀骜地坚守皓月？……然而，不管怎样，不管选择哪一种方式，都是听从良知的召唤，都是通往至善的道路，都是寻求救世的良方。

话题讨论

"泉涸,鱼相与处于陆,相呴以湿,相濡以沫,不如相忘于江湖。"真正的大爱,究竟是相濡以沫,还是相忘于江湖?

观点一 我觉得大爱是相濡以沫,在困境中不离不弃相互支持着。老实说相忘于江湖这种境界不太明白。"泉涸"这种困境下,江湖都没了,还想着在江湖自由自在地生活,这是空想,和大爱有什么关系?

观点二 "相濡以沫",或许令人感动;而"相忘于江湖"则是一种境界,或许更需要坦荡、淡泊的心境吧。能够忘记,能够放弃,也是一种幸福。

观点三 我赞同相濡以沫!相忘于江湖固然美好洒脱,逍遥自在,但过于理想主义,生活是不会一帆风顺的,不管是谁,总会遇到一些挫折,磕磕绊绊。而这时,我们更需要的是相濡以沫,共度难关!相濡以沫更贴近现实,也很好地体现了人性的真善美。

观点四 我认为该相忘于江湖,因为人性本善,既然在平淡中就能体会人性的温度,又何必用苦难进行考验。生命是用来好好活的,而不是用一道道的关卡来一次次地磨炼,不是说没有相濡以沫没有同甘共苦就不幸福了。

观点五 大爱无言,大音希声,大象无形,大悲无泪……真正的大爱,相忘于江湖啊!

我的观点:_____

_____

_____

_____

_____

三年之丧①

《论语》

孔子坚持的居丧制度，受到当时以及后来很多学派的质疑与批评，但是，宰予作为孔子的弟子，敢于对老师的学说当面提出异议，说出自己的见解，是令人佩服的。宰予从可行性与成效性上指出三年之丧的弊端，而孔子却从"礼"发乎于"情"，从情感自觉追求的角度反驳了学生的质疑。2500年前的这一堂课，在师生间的问答中，我们见识了孔老夫子对"孝悌，人之本"的坚持，也领略了儒家弟子好学善思的风采。

宰我②问："三年之丧，期③已久矣。君子三年不为礼，礼必坏；三年不为乐，乐必崩。旧谷既没，新谷既升④，钻燧改火⑤，期可已矣。"

子曰："食夫稻，衣夫锦，于女安乎？⑥"

曰："安。"

"女安，则为之！夫君子之居丧，食旨⑦不甘，闻乐不乐，居处不安，故不为也。今女安，则为之！"

宰我出。子曰："予⑧之不仁也！子生三年，然后免于父母之怀。夫三年之丧，天下之通丧也。予也有三年之爱于其父母乎？"

①选自《论语·阳货》，张燕婴译注，中华书局2006年版。②宰我，字子我，亦称宰予，春秋末鲁国人，孔子著名弟子，为孔子门下"十哲"之一，列言语科第一。宰予昼寝，曾受孔子严厉批评。"宰予昼寝，子曰：'朽木不可雕也，粪土之墙不可圬（wū）也！'"（《论语·公冶长》）③期（jī）：一年。④旧谷既没，新谷既升：旧谷已吃完，新谷刚收上来。意谓该过去的就该过去，该来的正在到来，人应顺应自然的节律，因而一年守丧即可。⑤钻燧改火："钻燧"，就是钻木取火的意思。"改火"，或称"改木"，古代钻木取火，所用之木，因季节的更改而更改。《周书·月令》有更火之文，春取榆柳之火，夏取枣杏之火，季夏取桑柘之火，秋取柞楢之火，冬取槐檀之火。旧木用完，新木相接，谓之"传薪"。也是说一年丧期即可。⑥古人以稻为贵，居丧者不食，锦衣为文采之衣，居丧者服素服。⑦旨：美味。⑧予：指宰我。

古代居丧制度

　　三年之丧,古代丧服中最重的一种,即臣为君、子为父、妻为夫等要服丧三年。《礼记·丧大记》记载:"父母之丧,居倚庐,不涂,寝苫枕块,非丧事不言。"在父母下葬以前,孝子必须住在临时搭盖的茅草房里,墙上不能涂泥,要睡在草垫上,用土块作枕头。除了丧事之外,什么事也不能谈论。丧礼结束后,在衣着、饮食、起居等方面要遵守一些特殊规定。如,停枢期间,只能食粥,穿极粗疏的麻布丧服(即斩衰);安葬以后,只能疏食水饮,穿麻缕稍稠的丧服;周年之后,才能食菜果,穿有浅绛色领边的丧服;两周年之后,穿细麻布制成的深衣。在居丧期间,除了要穿丧服,按时祭祀以外,还要遵守一些制度,称为"守制"。主要遵守以下内容:(1)一般人要谢绝应酬事务,做官的则要解除职务,在家守孝二十七个月(不计算闰月),官员因为怕解除职务而隐匿亲丧,要受到严厉的惩罚;(2)禁止婚娶;(3)禁止饮宴;(4)禁止赴考。

　　　　　　　　　　(参考《每天读点文化常识》,邓多编,海潮出版社2009年版)

孝悌为仁之本

　　仁是造化生生不息之理,虽弥漫周遍,无处不是,然其流行发生,亦只有个渐,所以生生不息。……譬之木,其始抽芽,便是木之生意发端处。抽芽然后发干,发干然后生枝生叶,然后是生生不息。若无芽,何以有干有枝叶?能抽芽,必是下面有个根在。有根方生,无根便死。无根何从抽芽?父子兄弟之爱,便是人心生意发端处,如木之抽芽。自此而仁民,而爱物,便是发干生枝生叶。……不抽芽便知得他无根,便不是生生不息,安得谓之仁?孝悌为仁之本,却是仁理从里面发生出来。

　　　　　　　　　　(引自《传习录》上,王守仁,《王阳明全集》,上海古籍出版社1992年版)

墨子:厚葬久丧不是圣王之道

　　《墨子·节葬下》记载了这样一段对话,有人问:"厚葬久丧不是圣王之道吗?"墨子说:不是的,尧、舜、禹都是在旅途中死去的,他们着衣不过三件,占地不足三尺,下不至泉水,上不透臭气,甚至任凭牛马追逐、市人践踏,"故以此三圣王者观之,则厚葬久丧,果非圣王之道"。又问:既然不是圣王之道,为什么人们"为而不已、操而不择"呢?墨子称这是"便其习而义其俗者也"。他列举了各地一些流行不止的丧葬奇俗,诸如:沐国人将长子肢解吃掉,认为宜于生养弟弟,祖父死后将祖母抛弃,认为不能与鬼的妻子同住;炎国人将死去的亲人剔掉皮肉,仅葬其骨;仪渠国人的亲人死后聚柴而焚烧,以尽孝道。墨子说:"此上以为政,下以为俗,为而不已,操而不择,则此岂实仁义之道哉?"……由此可见在服丧的问题上儒、墨两家针锋相对。

　　　　　　　　　　(引自《数与数术札记》,俞晓群,中华书局2005年版)

《孟子》(节选)①

孟　子

　　孟子是中国思想史上第一个提出性善论,并从性善论方面系统论述人性的思想家。孟子将"恻隐之心"作为人异于禽兽、高于禽兽的本质特性,而且认为人性善是天赋的,善端先天存在于人心之内,不是从外面修得的。人修德,是为了扩充人心先天固有的善端,去发展它,而不是从外界把人性所不具备的善加在人性上面;人行善,不是企图在人性上加善,而是发自内心地给予他人以善。

一

　　孟子曰:"人皆有不忍人之心②。先王有不忍人之心,斯有不忍人之政矣。以不忍人之心,行不忍人之政,治天下可运之掌上。所以谓'人皆有不忍人之心'者,今人乍③见孺子将入于井,皆有怵惕④恻隐之心,非所以内交⑤于孺子之父母也,非所以要誉⑥于乡党朋友也,非恶其声而然也。由是观之,无恻隐之心,非人也;无羞恶之心,非人也;无辞让之心,非人也;无是非之心,非人也。恻隐之心,仁之端⑦也;羞恶之心,义之端也;辞让之心,礼之端也;是非之心,智之端也。人之有是四端也,犹其有四体也。有是四端而自谓不能者,自贼者也;谓其君不能者,贼其君者也。凡有四端于我者,知皆扩而充之矣,若火之始然⑧,泉之始达。苟能充之,足以保四海;苟不充之,不足以事父母。"

二

　　孟子曰:"口之于味也,目之于色也,耳之于声也,鼻之于臭也,四肢之于安佚⑨也,性也。有命焉,君子不谓性也。仁之于父子也,义之于君臣也,礼之于宾主也,智之于贤者也,圣人之于天道也,命也。有性焉,君子不谓命也。"

①节选自《孟子》,万丽华、蓝旭译注,中华书局 2006 年版。孟子(前 372—前 289):名轲,字子舆,是继孔子之后的儒家大师。主张实行"仁政",强调"民贵君轻",重视民心向背,提出"性善"论。有"亚圣"之称,与孔子合称为"孔孟"。　②不忍人之心:怜悯心,同情心。　③乍:突然、忽然。　④怵惕:惊惧。恻隐:哀痛,同情。　⑤内(nà)交:结交,内同"纳"。　⑥要(yāo)誉:博取名誉。要同"邀",求。　⑦端:开端,源头。　⑧然,同"燃"。　⑨佚(yì):同"逸"。

恻隐之心有"隐显",而无"有无"

讲性善,并不是说生下来就是圣人,并不妨碍修行。而且正因性善,修行始可能。如不肯定性善,则一切修行,全成依他,乃无源之水,无根之木。"恻隐之心,人皆有之",是说在德性上,人同有此本,但不是说人随时皆有恻隐之心流露,如此便是圣人。恻隐之心的肯定是一事,表现不表现又是一事。故吾常说恻隐之心有"隐显",而无"有无"。有隐显,就是表现不表现的问题。不可说有无,乃是说这是天造地设,定然而不可疑者。而表现不表现,则靠经验教育的引发;表现程度的大小,则靠根器。恻隐之心是道德的本心,是实践的先天根据,即以此说为内在而固有。不表现此本心的,在成人其心即全为私欲的心,在孺子即为无知无识的混沌。赤子之心,不就是良知本心?他表现恻隐之心,是他的良知本心呈露;不表现,则只是混沌,而混沌不是良知本心。要表现,必须有一步"自觉",此在古人,即说功夫,在今日,即说教育或经验引发。

(引自《人文讲习录》,牟宗三,吉林出版集团有限责任公司 2010 年版)

孟子名言

当今之世,舍我其谁也? ——《孟子·公孙丑下》

我善养吾浩然之气。——《孟子·公孙丑上》

富贵不能淫,贫贱不能移,威武不能屈。此之谓大丈夫。——《孟子·滕文公下》

鱼,我所欲也。熊掌,亦我所欲也。二者不可得兼,舍鱼而取熊掌者也。生,亦我所欲也。义,亦我所欲也。二者不可得兼,舍生而取义者也。——《孟子·告子上》

大人者,不失其赤子之心者也。——《孟子·离娄下》

老吾老,以及人之老;幼吾幼,以及人之幼。——《孟子·梁惠王上》

不以规距,不能成方员(圆)……不以六律,不能正五音。——《孟子·离娄上》

故天将降大任于是人也,必先苦其心志,劳其筋骨,饿其体肤,空乏其身,行拂乱其所为,所以动心忍性,曾益其所不能。——《孟子·告子下》

《荀子》(节选)①

荀 子

在古希腊,亚里士多德作为柏拉图的学生对其恩师的哲学思想进行了毫不留情的批评,创立了与柏拉图的理念论截然不同的哲学体系——经验论,因而有了那句"吾爱吾师,吾更爱真理"的名言。无独有偶,在中国差不多同一时期,荀子在孟子之后,提出了与其前辈完全相对的性恶论,并且他的两位弟子后来成为法家思想的代表人物,以致后人对荀子儒家代表人物的身份提出了质疑,欲将其开除出儒家大师的队伍。然而,人类思想就是在这样的一次又一次激烈的交锋之中,丰富并深刻起来。

一

孟子曰:"人之学者,其性善。"②

曰:是不然③。是不及④知人之性,而不察乎人之性、伪之分者也。凡性者,天之就也,不可学,不可事⑤;礼义者,圣人之所生也,人之所学而能,所事而成者也。不可学、不可事而在人者谓之性,可学而能、可事而成之在人者谓之伪,是性、伪之分也。今人之性,目可以见,耳可以听。夫可以见之明不离目,可以听之聪不离耳,目明而耳聪,不可学明矣。

二

今人之性,饥而欲饱,寒而欲暖,劳而欲休,此人之情性也。今人饥,见长⑥而不敢先食者,将有所让也;劳而不敢求息者,将有所代也。夫子之让乎父、弟之让乎兄、子之代乎父、弟之代乎兄,此二行者,皆反于性而悖于情也。然而孝子之道,礼义之文理也。故顺情性则不辞让矣,辞让则悖于情性矣。用此观之,人之性恶明矣,其善者伪也。

①节选自《荀子·性恶》,安小兰译注,中华书局2007年版。荀子(约公元前313—前238),名况,尊号"卿",儒家学派代表人物。他针对孟子"性善论"提出"性恶论",针对儒家"天命论"提出"人定胜天"思想。法家代表人物韩非、李斯是其入室弟子。 ②人之学者,其性善:人们要学习,是那本性的善良。 ③不然:不是这样的。 ④不及:不能够。 ⑤事:从事,做,人为。 ⑥见长:看见父亲兄长。

性恶论的三点证明

关于人性恶荀子也提出了三点证明。其一是逻辑的证明。荀子借用了逻辑上模拟的方法。他说,就像弯曲的树木要经过整治才能直,钝的工具必须经过磨砺才能锋利一样,后天如果没有圣人的教导,就会变成小人,可见人性原本是恶的。其二是诉诸常识的证明。荀子说,人只有对心中缺少的东西,才会向外寻求,就好像去挣钱是因为没有钱,现在人人都说要做善事,这不是证明他心中原本没有善吗?其三是心理学证明。人生来就是好利、残忍、追求享乐的,顺其发展,肯定会导致争斗和淫乱,这就说明人性是恶的。

(引自《人际交往心理学》,刘晓新、毕爱萍主编,首都师范大学出版社2003年版)

欲不可去,求可节也

"欲"是人性中本来所具有的,所以是"不可去"的。不能从有欲变成无欲,也不能从多欲变成寡欲,正确的办法是导欲和节欲,由心按照生活之道和正常需要去引导欲望之动和合理地节制欲望之动。如果人不能以心合理地引导欲望的追求,使其走正道,就不仅会成为"违礼义"的小人,而且和禽兽差不多了。……荀子认为,要引导欲望走向正道,就必须依靠"心"的主掌作用,"心也者,道之主宰也"。欲望要求的多与寡,和人的善恶、社会的治乱没有直接的关系,和心能否知之所可有直接关系。……心控制欲望的进退,使之适度,达到求得而得到满足,节制不失欲,即"进则近尽,退则节求,天下莫之若也"。

(引自《中国思想通史》(先秦卷),姜国柱,武汉大学出版社2011年版)

荀子名言

不登高山,不知天之高也;不临深溪,不知地之厚也。——《荀子·劝学》

神莫大于化道,福莫大于无祸。——《荀子·劝学》

不积跬步,无以至千里;不积小流,无以成江海。——《荀子·劝学》

锲而舍之,朽木不折;锲而不舍,金石可镂。——《荀子·劝学》

君子役物,小人役于物。——《荀子·劝学》

道虽迩,不行不至;事虽小,不为不成。——《荀子·劝学》

自知者不怨人,知命者不怨天;怨人者穷,怨天者无志。——《荀子·不苟》

不能治近,又务治远;不能察明,又务见幽;不能当一,又务正百,是悖者也。
——《荀子·王霸》

国者,天下之大器也,重任也。——《荀子·王霸》

用国者,得百姓之力者富,得百姓之死者强,得百姓之誉者荣。——《荀子·王霸》

《墨子》(节选)①

墨 子

　　春秋战国,百家争鸣,各家各派都不遗余力地宣传自己的主张,批判对方的观点。其中儒墨之辩是当时最激烈最著名的一场思想论辩。围绕着"仁爱"与"兼爱"、"礼乐"与"非乐"、"天命"与"非命"……儒墨两家各执己见,争锋相对。作为先秦时期的两大显学,面对礼崩乐坏的社会现实,虽然各有各的理想与追求、理论与方法,但有一点是相同的,那就是都不是为了一己之利,而是为国为天下。然而,历史给予儒、墨两家的命运却是如此不同,一个"独尊",一个"中绝";儒家思想的发展是一条长河,墨家思想却在汉初便销声匿迹,一直到两千年后的清末才重新被关注。这其中的奥秘,当你打开《墨子》这本书或许会明白。

　　圣人以治天下为事者也,必知乱之所自起,焉能治之;不知乱之所自起,则不能治。譬之如医攻②人之疾者然:必知疾之所自起,焉能攻之;不知疾之所自起,则弗能攻。治乱者何独不然!必知乱之所自起,焉能治之;不知乱之所自起,则弗能治。圣人以治天下为事者也,不可不察乱之所自起。

　　当③察乱何自起,起不相爱。臣子之不孝君父,所谓乱也。子自爱不爱父,故亏父而自利;弟自爱不爱兄,故亏兄而自利;臣自爱不爱君,故亏君而自利,此所谓乱也。虽父之不慈子,兄之不慈弟,君之不慈臣,此亦天下之所谓乱也。父自爱也,不爱子,故亏子而自利;兄自爱也,不爱弟,故亏弟而自利;君自爱也,不爱臣,故亏臣而自利。是何也? 皆起不相爱。

　　虽至天下为盗贼者亦然。盗爱其室,不爱其异室,故窃异室以利其室;贼爱其身,不爱人,故贼人以利其身。此何也? 皆起不相爱。

　　虽至大夫之相乱家,诸侯之相攻国者亦然。大夫各爱其家,不爱异家,故乱异家以利其家;诸侯各爱其国,不爱异国,故攻异国以利其国。天下之乱物④,具⑤此而已矣。察此何自起? 皆起不相爱。

　　若使天下兼相爱,爱人若爱其身,犹有不孝者乎? 视父兄与君若其身,恶⑥施不孝? 犹有不慈者乎? 视弟子与臣若其身,恶施不慈? 故不孝不慈亡⑦有。犹有盗贼乎? 故视人之室若其室,谁窃? 视人身若其身,谁贼? 故盗贼亡有。犹有大夫之相乱家、诸侯之相攻国者乎? 视人家若其家,谁乱? 视人国若其国,谁攻? 故大夫之相乱家、诸侯之相攻国者亡有。若使天下兼相爱,国与国不相攻,家与家不相乱,盗贼无有,君臣父子皆能孝慈,若此则天下治。

　　故圣人以治天下为事者,恶得不禁恶而劝爱⑧! 故天下兼相爱则治,交相恶则乱。故子墨子曰,"不可以不劝爱人"者,此也。

①选自《墨子·兼爱上》,据孙诒让《定本墨子间诂》本,见《中国历代文学作品选》上编,朱东润主编,上海古籍出版社1980年版。墨子:名翟(dí),墨家学派创始人,战国时期著名思想家、政治家、军事家。主张"兼爱"、"非攻"、"尚贤"、"节用"。战国时期墨家与儒家并称为显学。墨家是一个有着严密组织和严格纪律的团体,最高领袖被称为"巨子"。兼爱是墨家学派最有代表性的理论之一。所谓兼爱,其本质是要求人们爱人如己,彼此之间不要存在血缘与等级差别的观念。墨子认为,不相爱是当时社会混乱最大的原因,只有通过"兼相爱,交相利"才能达到社会安定的状态。这种理论具有反抗贵族等级观念的进步意义,但同时也带有强烈的理想色彩。 ②攻:治。 ③当:借作"尝",作尝试解。 ④乱物:犹乱事。 ⑤具:同"俱"。 ⑥恶(wū):何。 ⑦亡:作动词,通"无"。 ⑧恶(wū)得不禁恶(wù)而劝爱:前一"恶"字作"何"解,后一"恶"字作"仇恨"解。

墨家"巨子"制

同先秦其他各家相比,墨家的一个显著特点是,其内部奉行严格的制度或纪律。这种制度和纪律使墨家成为一个半军事化的政治组织。墨家的组织制度为巨子制。巨子又叫"钜子",是该学派的最高首领。巨子制有如下几个特征:第一,这个团体内部下级对上级有绝对服从的义务。墨子生前,弟子一百八十人皆可使赴火蹈刃,死不旋踵。墨子死后,巨子们对服役者同样有生杀予夺之权。第二,这个团体内部有严格的法,此法连巨子也得无条件遵循。第三,这个团体内的一切事务均由巨子操纵。无论是出仕也好,还是辞职也好,都由巨子统一安排。团体内的成员似乎要向巨子交纳一定的俸禄或钱财,以便实行"多财分贫"的理想。

第四,后任巨子由前任巨子指定,而巨子当系终身制。墨者"以巨子为圣人,皆愿为之尸,冀得为其后世"。

(引自《墨子与中国文化》,张永义,贵州人民出版社2001年版)

墨子在科学领域的贡献

数学方面——墨子是中国历史上第一个从理性高度对待数学问题的科学家,他给出了一系列数学概念的命题和定义,如"倍""同长""中""圆""直线""正方形""三点共线"等,这些命题和定义都具有高度的抽象性和严密性。

物理学方面——墨子关于物理学的研究涉及到力学、光学、声学等分支,给出了不少物理学概念的定义,并有不少重大的发现。如:作用力与反作用力,运动与阻力的关系等。现在人们一般都习惯于把杠杆定理称为阿基米德定理,其实墨子得出杠杆定理比阿基米德早了200年。墨子对平面镜、凹面镜、凸面镜等进行了相当系统的研究,是世界上第一个完成小孔成像实验的科学家,被誉为"现代摄影祖师爷"。

机械制造方面——墨子是一个精通机械制造的大家,几乎谙熟当时各种兵器、机械和工程建筑的制造技术,并发明制作了许多军事器械。

(参考《中国历史百科全书》第4卷,徐寒主编,吉林音像出版社2004年版)

《庄子》(三则)①

庄　子

　　庄子的哲学思维空间是开放的。他通常不受主客体的局限,思维和精神邀游于无限的宇宙中。他认识事物,并非把自己固定于一个视点,而是善于变换视点,作换位思考,从而得到对事物较为全面的认识。在他看来,世俗之人用肤浅的思维以一己的角度认识事物体验生活,只能把握事物的表象,而不能把握事物的本质,只能囿于成见,无法超然物外。

一

　　庄子妻死,惠子吊之,庄子则方箕踞鼓盆②而歌。惠子曰:"与人居,长子老身③,死不哭亦足矣,又鼓盆而歌,不亦甚乎!"庄子曰:"不然。是其始死也④,我独何能无概⑤! 然察其始而本无生⑥;非徒⑦无生也,而本无形;非徒无形也,而本无气。杂乎芒芴⑧之间,变而有气,气变而有形,形变而有生。今又变而之死,是相与为春秋冬夏四时行也⑨。人且偃然寝于巨室⑩,而我噭噭然⑪随而哭之,自以为不通乎命,故止也。"

二

　　泉涸,鱼相与处于陆,相呴以湿⑫,相濡以沫⑬,不如相忘于江湖。与其誉尧而非桀⑭也,不如两忘而化其道。

三

　　庄子与惠子游于濠梁⑮之上。庄子曰:"鯈鱼⑯出游从容,是鱼之乐也。"惠子曰:"子非鱼,安知鱼之乐?"庄子曰:"子非我,安知我不知鱼之乐?"惠子曰"我非子,固不知子矣;子固非鱼也,子之不知鱼之乐,全矣⑰!"庄子曰:"请循其本⑱。子曰'汝安知鱼乐'云者,既已知吾知之而问我⑲。我知之濠上也。"

　　①选自《庄子浅注》,曹础基注,中华书局2000年版。庄子(约前369—前286),名周,道家学派代表人物。现存《庄子》一书,又名《南华经》。道教尊其为"南华真人"。　②箕踞(jù):盘腿而坐,其形如簸箕,故而得名,古人是屈膝跪地,臀部坐在脚跟上,为标准坐态。盘腿而坐是比较随便的坐式。鼓盆:敲击瓦盆作歌唱之拍节。　③长子老身:为倒装句式,孩子长大,身体老迈。　④是:此,指庄子之妻。始死:刚刚死的时候。　⑤概:借为慨,慨叹、哀伤之意。　⑥无生:未曾生。庄子认为生死不过是物象幻化,本没有什么分别,生也是未曾生。　⑦徒:独,仅仅。　⑧杂乎芒芴(wù):一种恍惚迷离、亦真亦幻的神秘状态,是从无到有转化的中间环节,也是天地万物的起点。芒芴:恍惚的样子。　⑨此句比喻死生如同四时运行一样自然。　⑩且:假如。偃然:安息的样子。巨室:比喻天地之间。　⑪噭噭(jiào)然:哀哭声。　⑫相呴(xǔ)以湿:用湿气互相呼吸。呴:吐气。　⑬相濡以沫:用口沫互相润湿。濡:沾湿。沫:唾沫。　⑭誉尧而非桀:称颂尧而谴责桀。　⑮濠

梁:濠水之滨。濠,水名,在现在安徽凤阳。梁:拦河堰。 ⑯鲦(tiáo)鱼:一种淡水中的白色小鱼,又名白鲦。 ⑰全矣:完全如此。意即无可辩驳。 ⑱循其本:意思是要从最初的话题说起。循,追溯。本,始。 ⑲既已句:"汝安知鱼乐"这句话本来是一反诘问句,意谓:"你怎么知道鱼快乐呢?"庄子却用偷换概念的手法进行诡辩,说惠子问的是"你哪儿知道鱼快乐?"把所问的问题换成了地点。这样一来原来的反诘问句就已经包含了肯定庄子是知道鱼的快乐的意思,只是问庄子是在哪儿知道的罢了。故庄子抓住这一点,说明惠子是在已经承认他知道了鱼的快乐的前提下提出问题的。

无情之情

在《德充符》篇中,庄子与惠子有一段关于人有情无情的对话。庄子主张人无"情",惠子很不理解。站在世俗的角度来看,这是不可思议的。人有七情六欲,受外界物质和内在欲望的干扰,何以能无情?庄子曰:"吾所谓情"者,正是"不以好恶内伤其身"的、因人之性的自然之情,与礼乐政教之情势同水火。

什么是庄子的自然之情?"自然"是《老子》的重要概念,它明确认为:"道法自然。"在"道法自然"原则下,人类是什么地位呢?"辅万物之自然而不敢为",即人是"万物之自然"辅助者。作为辅助者,人从行为到感情,只能顺任自然,形成自然情感,或者说"无情之情",才是道家追求的境界。不过,《庄子》的"人而无情",只是批评流于世俗的情,而并非真的没有人之情,与木石一般。在《庄子》看来,世道衰落,起于"去性从心",即舍弃人的真性,而顺从人的心机。人与人以心机相来往,天下岂能安定?于是便制作礼仪,出现百家之学。世俗的礼仪破坏了人的天然素质,世俗之学淹没了人的心灵,天下之民迷乱,无法返回到恬淡的性情,回复自然的本性。换句话说,人的心灵不能处于"纯素"状态而陷于心机争斗之中,是人情不能返于自然的关键。因此,抛弃俗学,去除俗思,归于自然真性,才能"哀乐不能入",凄然似秋,暖然似春,喜怒通四时,形成"无情之情"。

(引自《大家精要·庄子》,商原著,云南教育出版社2011年版)

庄子名言

> 吾以天地为棺椁,以日月为连璧,星辰为珠玑,万物为送赠。吾葬具岂不备邪?——《庄子·列御寇》
> 天地与我并生,万物与我合一。——《庄子·齐物论》
> 人生天地之间,若白驹过隙,忽然而已。——《庄子·知北游》
> 独与天地精神往来,而不敖倪于万物。——《庄子·天下》
> 夫大块载我以形,劳我以生,佚我以老,息我以死。故善生者,乃所以善死也。
> ——《庄子·大宗师》

老子语录①

老　子

　　《老子》，又名《道德经》，主要讲述宇宙万物之源及变化之道，并由此涉及社会、人生、治国、修身之道，用朴素的辩证思维构建起中国最古老的哲学体系。老子第一个提出了"道"并把它作为哲学的最高范畴。认为一切事物都有正反两方面，并能由对立而转化。主张自然、无为，即顺应自然而为。

　　人法地，地法天，天法道，道法②自然。（《老子·第二十五章》）
　　道常无为而无不为。（《老子·第三十七章》）
　　天下皆知美之为美，斯恶矣；皆知善之为善，斯不善矣。（《老子·第二章》）
　　甚爱必大费，多藏必厚亡。知足不辱，知止不殆。③（《老子·第四十四章》）
　　不尚贤，使民不争；不贵难得之货，使民不为盗；不见可欲，使民心不乱。④（《老子·第三章》）
　　天地不仁，以万物为刍狗；圣人不仁，以百姓为刍狗。⑤（《老子·第五章》）
　　大方无隅，大器晚成，大音希声，大象无形。⑥（《老子·第四十一章》）
　　知人者智，自知者明。胜人者有力，自胜者强。知足者富，强行者有志。不失其所者久，死而不亡⑦者寿。（《老子·第三十三章》）
　　上善若水。水善利万物而不争。处众人之所恶，故几于道。居善地，心善渊，与善仁，言善信，正善治，事善能，动善时。夫唯不争，故无尤。⑧（《老子·第八章》）

①选自《老子道德经注校释》，楼宇烈校释，中华书局2008年版。　②法：效法。　③厚：形容损失的"多"与"费"。殆：危害，危困。（过于爱惜反而招致更大的破坏，财宝藏多了反而会有巨大的损失。知足则不会遇到羞辱，知道适可而止则不会遇到危险。）　④贤：崇尚贤明的人。不见可欲：不显露可以引起欲望的东西。　⑤刍狗：草和狗。一说刍狗，古时祭祀所用之物。束刍为狗，以谢过求福，始用终弃，比喻轻贱无用之物。天地不具有人类的礼法观念和价值意识，它是不仁的，因为它无私无为，无所欲求。天地间的一切事物都按照自身的规律发展变化、生长消亡，没有什么天神地祇的主宰和支配。圣人应该取法天地，清静无为，这样才能使国家得到治理。　⑥隅：角。希：通"稀"。　⑦死而不亡：身死而不被人遗忘，亦即精神不死。　⑧最完美的德行像水那样。水善于帮助万物而不与万物相争。它停留在众人所不喜欢的地方，所以接近于道。居住要像水那样安于卑下，存心要像水那样深沉，交友要像水那样相亲，言语要像水那样真诚，为政要像水那样有条有理，办事要像水那样无所不能，行为要像水那样待机而动。正因为像水那样与万物不争，所以才没有烦恼。几于道：差不多接近于道。几：近。尤：烦恼。

老子档案

姓名：姓李，名耳，字伯阳

朝代：春秋

生卒年：约公元前571年—约公元前471年

出生地：楚国苦县（今河南鹿邑）

职务：守藏室之史

特长：思辩

生平纪事：

约公元前571年出生于楚国苦县厉乡曲仁里（河南鹿邑）。因其双耳长大，故起名为"聃"。

约公元前521年，成为东周王室的守藏室之史。

约公元前501年，孔子问礼于老子。

约公元前499年，辞官回乡隐居。开始埋头著书立说。

约公元前478年，遇劫难，著作被焚。遂大悟。西出函谷关，遇关令尹喜，写下五千言的《老子》，绝尘而去，不知所终。

传言死于约公元前471年7月21日。

评价：

老子是中国，也是全世界最早具有朴素辩证法思想的伟大哲学家，堪称中国古代思想先哲第一人。他对当时的社会、政治表示不满，有不少批评。他提出"少私寡欲"的人生态度和"小国寡民""清静无为"的社会政治理想。他提出的人生态度和社会政治理想，不免有消极的地方，但其思想中确也包含了深刻的智慧。它曾被人们广泛运用于各个方面，发挥了重要的作用。他的思想，在整个中国文化发展历程中，与儒家刚健有为的思想起着互补的作用。

（选自《中国名人快读》，丁华民、志敏主编，吉林文史出版社2006年版）

语言表达专题

辩论常用技巧

一、以问代答

在辩论中,对立方常常提出一些敏感的或难以回答的问题。如果不能正面回答,便可采用以问代答法,向对方提出一个与之相关、其实质内容却又背道而驰的问题,使对方无法回答,从而化被动为主动。

在"艾滋病是医学问题不是社会问题"的辩论中,正反双方一番唇枪舌剑的对战:

反方:一个人得了病不是社会问题,今天千百万人得了艾滋病,请问对方辩友会不会造成社会问题?

正方:千百万人还曾得过感冒,千百万人也曾得过心脏病,难道心脏病是社会问题吗?

二、模糊作答

当对方的问题提得很尖刻很棘手,任何明确的答案都会对本方不利,此时便可采用模糊应答法。可以答非所问,也可以巧妙地转换话题,总之让对方不得要领,却又无话可说。

在"流动人口的增加有利于城市的发展"的辩论赛中:

反方:请对方辩友正面回答,你们为城市的发展选择何种模式?

正方:健康的发展模式,而这个健康的模式就离不开流动人口的增加。我请问对方辩友,你们既不让流动人口增加又不让流动人口减少,你到底让流动人口怎么办呢?(笑声、掌声)

正方若老老实实地去回答自己对城市发展模式的选择,那就正中反方的下怀,不但费时费力,还将受制于人。

三、借力打力

所谓借力打力,就是借助于对立方所举的事实或引用的理论,巧妙地换一个角度,借题发挥,使问题回到本方立场上来,或者得出有利于本方的结论。

来看关于"人性本善"的辩论中的一段辩词:

正方:我倒想请问对方辩友,在人性本恶之下,我们为什么要法律,为什么要惩治的制度呢?

反方:对呀,这不正好论证了我方观点嘛!(笑声、掌声)如果人性都是善的还要法律和规范干什么?(掌声)

四、移花接木

在"知难行易"的论辩中曾出现过如下一例:

反方(知易行难):古人说"蜀道难,难于上青天",是说蜀道难走,"走"就是"行"嘛!

要是行不难,孙行者为什么不叫孙知者?

正方(知难行易):孙大圣的小名是叫孙行者,可对方辩友知不知道,他的法名叫孙悟空,"悟"是不是"知"?

反方的例证看似有板有眼,实际上有些牵强附会,正方敏锐地发现了对方论据的片面性,果断地从"孙悟空"这一面着手,以"悟"就是"知"反诘对方,使对方提出的关于"孙大圣"的引证变成抱薪救火、惹火烧身。

五、现身说法

请欣赏"女性比男性更需要关怀"的辩论赛中的一段辩词:

反方:中国人有句老话说,男儿膝下有黄金,男儿有泪不轻弹。但是我们需要的是男女有泪可以一起弹。为什么不能一起弹?可见男性内心生活的封闭啊!换句话说,我们的男性在社会和心理方面都受到了压抑,我们要关怀男性,才能解决这样的问题。

正方:我不知道你能有什么问题,我没有受到压抑啊!(长时间热烈掌声)

六、因人施辩

首届国际华语大专辩论会决赛时,著名武侠小说大师金庸先生是评委之一,因而复旦大学队在论证本方"人性本恶"的观点时,就引用了金庸的作品:

"对方辩友,难道你还要对着《天龙八部》中的恶贯满盈、无恶不作、凶神恶煞和穷凶极恶这四大恶人谈什么性本善吗?"(掌声、笑声)

金庸就坐在评委席上,大家又都十分喜爱他的武侠小说,这样一来,情景理趣交融在一起,天平自然就会倾向复旦大学队了。

七、以谬制谬

明知对立方的观点或做法是错误的,却先假定它是正确的,并以此为前提条件,引申出一个荒谬的后果来。以此法推理,否定后果必否定前因,因此可以从后果的荒谬推导出前因的荒谬。

下面是关于"足球比赛引进电脑裁判利大于弊"辩题中,正方西安交大队对反方新南威尔士大学队的一节辩词:

正方:对方说,因为足球是人的运动,所以她才喜欢,所以不要引进任何一种辅助性的工具。如果真的是这样的话,大家都不要穿球鞋,大家都不要穿衣服,光着身子光着脚踢球,那才是的的确确、彻彻底底的人的运动。(掌声)

语言表达实践

一、阅读《三年之丧》,你认为传统文化中的"居丧制度"有实施的必要吗?提示:"礼节"只是一种形式吗?"礼"和"礼节"有何不同?

二、庄子认为"相濡以沫,不如相忘于江湖","相濡以沫"并非真正的"仁","相忘于江湖"才是真正的"仁",你同意吗?"相濡以沫"和"相忘于江湖",你赞同前者还是后者,请撰写发言稿。

三、孟子曰"人性本善",荀子曰"人性本恶",你赞同哪一个,为什么?搜集相关资料,撰写辩论词,与同学进行辩论。

四、阅读《墨子(节选)》,简要概括墨子兼爱思想,并思考"兼爱"思想在现代社会有可能实现吗。阅读相关文献,撰写发言稿。

五、观看国际大专辩论赛《金钱是万恶之源》(2001年初赛第四场)或其他辩论赛视频,摘录正方与反方精彩辩论词各一段。

六、观看电影《墨攻》,以"梁城面对赵国十万大军应该投降求和"和"梁城面对赵国十万大军应该誓死抵抗"为辩题,确定自己的立场,撰写辩论词,展开辩论。

七、对孟子的"恻隐之心",有很多人发生怀疑,有人举例说:"两个孺子在井旁玩耍,一个不知危险地掉下井去,另一个看了也不知道有什么生命危险,丝毫无动于衷,更谈不到大声呼救或自己设法援救。可见恻隐之心,只能在大人方面讲,只是一个人懂得人事后的一种同情心,在很小的小孩子,就根本不会发生疑问,所以恻隐之心,恐怕不是先天的。"在了解孟子人性本善说的基础上,拟写辩词对以上质疑进行有力的反驳。

第八单元

传统与现代

单元导语

一个民族，经历无数冲击，却依然屹立不倒，必然有某些内在的强固的东西存在，是什么呢？是来自传统文化的生命力。

中国文化传统，是构成中国文化的特质，没有这种文化的继承，则无法保持中华民族在文化上的延续性，则将失去民族的独立性。

所以，从一般意义上讲，传统文化对现代人来说是赖以生存和发展的理性工具。

人是社会中的人，是历史中的人，也是文化中的人。没有哪一个人是孤立于历史文化之外的。不管你如何时尚，如何现代，你也抛不掉你的过去，斩不断你的文化之根。

话题讨论

你认为中国风水是科学,是技术,是文化,还是迷信?

观点一 风水学其实就是心理学。我表姐家的床移过位置,照阿姨们的话说就是房梁正压胸口,不吉利。这虽然有迷信的成分,但我觉得多少有点道理,躺在床上抬头就是房梁,确实会有压抑感。还有建房子坐北朝南,依山傍水,不是很有道理吗?

观点二 风水,就像宗教一样,只能当寄托,不能当作衡量生活事物的准则。

观点三 有一定的迷信,但也有一定的科学依据,求风水总能达到一定的心安效果。风水学天人合一的核心内容对构造和谐社会具有积极意义。

观点四 我认为风水不是科学,如果是科学的话,那它用了什么样的科学理论与科学方法呢?如果看风水是科学,那么看相算命也是科学了。

观点五 我认为"风水"这种东西,如果理性地应用就是"科学",以此研发出来的就是"技术",只是看看理论知识的那就是"文化",而不会运用甚至乱用来行骗的那就是"迷信"了。

我的观点:_____

乾卦第一①

《周易》

　　《周易》是儒家经典之一。其内容包括"经"和"传"两个部分："经"指的是六十四卦符号和说明这些符号含义的简短文辞——卦辞与爻辞；"传"则是对"经"的再解释，即阐释卦爻符号和卦爻文辞深刻而丰富的象征意义。"经"和"传"产生的时代相隔甚远，相传"经"由伏羲画八卦、周文王演六十四卦而成，"传"则由孔子所撰写。《周易》所蕴含的内容极其丰富，是一部对后代社会和民族文化产生重大影响的博大精深的著作。无论孔孟之道、老庄学说，还是《孙子兵法》，抑或是《黄帝内经》《神农易学》，无不和《易经》有着密切的联系。《周易》六十四卦，乾卦为第一卦，说明《周易》强调阳刚力量在决定事物发展的矛盾中居于主要地位，这和强调阴柔为主导力量的商易《归藏》恰好相反。强调阳刚，不等于不要阴柔，不等于说阳刚的表现没有起伏变化。乾卦六爻，从初九到上九，就显示了阳刚力量从萌发到成长、旺盛以至衰弱的起伏过程。从象征的角度看，乾卦勉励人奋发进取，但进取要注意顺应形势，或向外以建立功业，或向内以提高德行。该向外而不进，被动消极，是没出息；时不宜却外进，不知转向内以充实自己，这叫愚蠢。

　　　　☰② 乾上
　　　　☰　 乾下
　　乾：元，亨，利，贞③。
　　初九④，潜龙勿用⑤。
　　九二，见龙在田，利见大人⑥。
　　九三，君子终日乾乾，夕惕若。厉无咎⑦。
　　九四，或跃在渊⑧，无咎。
　　九五，飞龙在天，利见大人⑨。
　　上九，亢龙有悔⑩。
　　用九⑪，见群龙无首⑫，吉。

①选自《易经》，徐澍、张新旭译注，安徽人民出版社1992年版。以朱熹《周易本义》为底本，马王堆汉墓出土的《帛书周易》为校本。　②☰：乾卦的卦象、符号。《周易》六十四卦，每卦都有自己的符号和名称。　③元，亨，利，贞：这四个字放在卦名后面，称作卦辞，作用是概述一卦的含义。《周易》作者通过对大自然的直感的观察，认为乾（天）的本质是刚健的阳

气,这种阳气沿春、夏、秋、冬四季循环往复,呈现出元始、亨通、和谐有利、贞正坚固这四种德行,制约、主宰着整个大自然。 ④初九:这是爻题,即爻的名称,由爻的位置和爻的性质两部分组成。爻的位置由下往上,依次叫初、二、三、四、五、上;爻的性质有阴、阳两种,阴爻的符号是"— —",用数字"六"来表示,阳爻的符号是"——",用数字"九"来表示。 ⑤潜龙勿用:初九位于卦的最下方,说明阳气力弱,时机尚未成熟,所以不宜急于有作为。 ⑥大人:龙所象征的伟大人物,一般有两种含义,其一,指有道德有理想的人,其二,指有道德而又有极高权位的人。九二地位不高,这里的"大人"为第一种含义。 ⑦厉无咎:厉,危险,指九三居下卦上位,处境不好;无咎,指本来有咎,但由于主观努力,严格律己,所以有咎转化为无咎。咎,灾病、过错、罪祸。 ⑧或跃在渊:即或跃或在渊。《周易》惯例,认为第三、第四爻位比较难处。三位在下卦之上,四位在上卦之下,容易下受抗,上受压。本句中的"或"字,就是针对这种处境说的。 ⑨九五:九为阳爻,五为爻位。这个爻位在上卦之中,象征事物发展的最完美的阶段。以封建社会的政治地位相比,是有道德的男性居于最高的统治地位。古代称帝王为"九五至尊",称帝位为"九五之位",源出于此。 ⑩亢:过分、极点。《周易》通例,以上爻表示盛极必衰的道理,如果当事者认识到盛衰转变的关键,爻辞就说"有悔"。认识不到,则说"吝"。就本爻来说,"亢"是上九的客观处境,"悔"是上九的理性认识。 ⑪用九:乾卦特有的爻题。汉帛书《周易》作"迥九"。迥,通。用九即为通九,犹言六爻皆九。通则变,亦指全阳爻将尽变为阴爻,反映了《易经》的阳中有阴、阴中有阳、阴阳相互对立又相互转化的思想。 ⑫见(xiàn)群龙无首:见群龙,表示乾阳的刚健;无首,不自封为首领,表示出坤阴柔顺的特点。

乾卦象征天的纯阳至健的性质,特点是元始、发展、成熟和收藏。

初九,时机未到,龙潜伏水中,不要有所作为。(初九,阳刚之气初起,力量尚属微弱,不可过早施展才用,所以说"潜龙勿用"。喻君子暂时位卑力微,需养精蓄锐,韬光养晦,等待时机。)

九二,龙出现在地面上,利于出现大人物。(喻君子崭露头角,迈开了重要一步,虽距最后成功尚远,但居中不偏,已具备成功的素质,故有大人之誉。)

九三,君子白天兢兢业业,夜里警惕戒惧。(喻君子身居高位而不骄傲,屈居人下而不忧愁,兢兢业业而又随时反省,所以虽面临危险而无灾祸。)

九四,或者腾跃上进,或者退处在渊,审时度势,不会有过错。(象征着君子处于进可取誉、退可免难的转折时期。)

九五,龙已高飞上天,利于出现大人物。(喻圣人有龙德,飞腾而居天位,德备天下,为万物所瞻睹,故天下利见此居王位之大人。)

上九,龙高飞穷极,终将有所悔恨。(说明物极必反,极端的状态不能持久。不可只晓得进取而不知及时引退,只晓得生存而不知终将衰亡,只晓得获利而不知所得必失。只有知道进退存亡的道理,才能在行动上掌握分寸,没有悔恨。)

用九,出现的一群龙,都不自封为首领,这样一定吉祥。(群龙谁也不居其首,只是相互平等,自由自在共存,如天道的运转,无私无偏,天下平治。)

乾坤并建,刚柔相济

就宇宙自然的法则而言,天道之刚健有力与地道之柔顺宽容双向互补,协调并济,共同促成了万物的化生。厚德载物与自强不息,分别强调了欲有所成就者应具备的品德的两个不同侧面。自强不息指进取果敢,性属刚健;厚德载物指宽厚涵容,性属柔顺。如同宇宙的自然法则那样,此二者也应当结成一种双向互补、协调并济的关系,合之则两美,离之则两伤。比如纯任刚健以治物,其弊往往悖逆物性,专制独裁;一味柔顺以处世,则会流入谄媚逢迎,有失正道。因此,乾坤并建,刚而能柔,柔中有刚,把二者结合得恰到好处而形成一种中和之美,是管理艺术的最高境界,也是从事人事管理所应当奉行的基本原则。这种原则无论是对领导者还是对被领导者来说,都是普遍适用的。比如对身居高位的领导者来说,要想成就事业,一方面要有自强不息的奋斗精神,另一方面也要虚怀若谷,涵容属下,恶盈好谦,润物无声。这就是厚德载物与自强不息精神的辩证的统一,有机的结合,可以防止自己染上专横武断、刚愎自用的独裁作风。

(引自《周易现代解读》,余敦康,华夏出版社2006年版)

日常生活与易学

"卖东西",为什么不说"买南北"呢?据有关资料记载,按文王八卦方位,南为离,属火,北为坎,属水。篮子装不得水火,故不能买南北。而东为震,属木,西为兑,属金,而篮可装木金,故可买东西。又如,我们时常称突然改变主意或做法称为"变卦",这又是一个地地道道的易学名词。另外,中国人取名的学问与《周易》亦有很深的渊源,如蒋介石,字中正,其名字即源于《豫》卦六二爻:"介于石,不终日,贞吉。象曰:不终日贞吉,以中正也。"取这个名字表达了这样的愿望:希望将来不仅"守志耿介似于石",而且能"见几之速,不待终竟一日,去恶修善恒守正"。再如,民国初上海县杜行镇有一家著名的商店,店主屠秉钧,出身于清末秀才之家,稍通《易》,故其店取名"三泰"。三泰是成语"三阳开泰"的省称,易学中有把卦与季节、月份相联的流派,十月为坤卦,纯阴之象;十一月为复卦,一阳在下;十二月为临卦,二阳在下;正月为泰卦,三阳在下。所以三阳在下一方面反映了泰卦卦形的特点,另一方面标志着冬尽春来,象征春意盎然,对店家则意味着财运亨通。

(引自《周易与中国文化》,唐韧、仇如慧著,广东教育出版社2009年版)

《西游记》中的易学

美籍华裔刘达教授在《道与中国文化》一书,以八卦意识研究唐僧师徒四人性格以及在全书结构中所处的位置。猴王孙悟空被视为"离"卦的象征。离为阳卦,其象为火,为中女,这与孙悟空红脸(火)的形象和好动调皮(阳)、不近女色(本为中女)的性格是一致的。不仅如此,连猴王的取名也大有意思,因为猴性调皮,是感情奔放的表现,所以只有向往虚空、宁静,方能成仙,于是为其取名悟空。猪八戒是"坎"卦的象征。坎为阴卦,其象为黑、为水、为中男,这与猪八戒临敌时常作儒夫(阴),见女色则贪恋不舍(中男)的性格又完全一致。水,在人体指肾脏,在华人观念中肾决定人的性能力。因此猪八戒成功的关键在于控制个人性欲能力,所以取名为悟能。沙和尚代表"坤"卦。坤,其象为黄、为土、为中,故其个性如大地之宽厚,处两位个性相反的师兄之间,常常起到居中调停的作用。白马是天龙的化身,代表

"乾"卦。乾,为阳卦,为西北之卦,其象为金,表示坚。所以白马驮唐僧向西,就象征取经的愿望和意志。而唐僧作为领袖,他率领和依靠着这个彼此个性不同却又能相互制约的取经团体终于获得了成功。

(同上)

何谓"五经"

"五经"是作为儒家研究基础的古代五本典籍,即《周易》、《诗经》、《尚书》、《礼记》和《春秋》的合称。儒家本来有六经,《乐经》位列其中,秦始皇"焚书坑儒"后失传。汉武帝设立"五经"博士,奠定了儒家经典的尊贵地位。"五经"内容各有侧重。《周易》通过卜筮来启示天道、地道、人道的变化规律,探讨的是形而上的哲学问题;《诗经》是我国最早的一部诗歌总集,从艺术角度探讨人的情感性问题;《尚书》主要保存了中国上古历史文献和部分古代事迹,探讨的是政治性问题;《礼记》是孔子学生及后人传习《仪礼》的记录,探讨的是人的社会性问题;而《春秋》则是以鲁国为中心的编年体史书,探讨的是历史记忆问题。

(引自《大学语文》,曹顺庆主编,高等教育出版社2010年版)

《周易》名言名句

天行健,君子以自强不息。地势坤,君子以厚德载物。——《周易·乾》

仁者见之谓之仁,知者见之谓之知(通"智")。——《周易·系辞上》

二人同心,其利断金。同心之言,其臭(xiù)如兰。——《周易·系辞上》

同声相应,同气相求。——(《周易·乾》)

谦谦君子,卑以自牧也。——《周易·谦》

尺蠖(huò)之屈,以求信(通"伸")也;龙蛇之蛰,以存身也。——《周易·系辞下》

时止则止,时行则行,动静不失其时,其道光明。——《周易·艮》

积善之家,必有余庆;积不善之家,必有余殃。——《周易·坤》

穷则变,变则通,通则久。——《周易·系辞下》

《孙子兵法》节选①

孙　武

　　《孙子兵法》,又称《孙子》、《吴孙子兵法》、《孙武兵法》,我国现存最早的兵书,也是世界上最早的一部军事理论著作,比欧洲克劳塞维茨(Clausewitz)的《战争论》(On War)早2300年。《孙子》内容博大精深,思想精邃富赡,逻辑缜密严谨。它总结了春秋末期及其以前的战争经验,从朴素的唯物主义观点出发,对战争作了全面的分析。它在强调以谋略胜敌而不是以力胜敌的同时,也阐述了政治、经济、外交、天文、地理诸因素对战争胜负的影响,见解精辟,闪耀着辩证法的光辉,有"兵学圣典"之誉,在世界军事史上占有突出的地位,影响极为深远。今天,这本集"韬略""诡道"之大成的古代兵书,其所阐述的谋略思想和哲学思想,被广泛地运用于军事、政治、经济等领域中,继续启迪现代人的智慧。

　　兵者,诡道也。故能而示之不能,用而示之不用,近而示之远,远而示之近。利而诱之,乱而取之,实而备之,强而避之,怒而挠之,卑②而骄之,佚③而劳之,亲而离之。攻其无备,出其不意。此兵家之胜,不可先传也。(《孙子兵法·计篇》)

　　夫用兵之法,全国为上,破国次之;全军④为上,破军次之;全旅⑤为上,破旅次之;全卒⑥为上,破卒次之;全伍⑦为上,破伍次之。是故百战百胜,非善之善者也;不战而屈人之兵,善之善者也。(《孙子·谋攻篇》)

　　故上兵伐谋,其次伐交,其次伐兵,其下攻城。攻城之法,为不得已。(《孙子·谋攻篇》)

　　故曰:知彼知己,百战不殆;不知彼而知己,一胜一负;不知彼,不知己,每战必殆。(《孙子·谋攻篇》)

　　是故胜兵先胜而后求战,败兵先战而后求胜。(《孙子·形篇》)

　　投之亡地然后存,陷之死地然后生。(《孙子·九地篇》)

　　始如处女,敌人开户⑧;后如脱兔,敌不及拒。(《孙子·九地篇》)

　　①选自《孙子译注》,李零译注,中华书局2007年版。孙武(约前535—?),字长卿,春秋时齐国人,后来辗转到吴国。在被吴国聘为将军以前,曾经蛰伏20年之久。后姬光即位,伍子胥听说其才能,向吴王推荐,孙武就带着兵法13篇晋见吴王,获得重用。　②卑:谦卑。　③佚(yì):同"逸",安逸。　④军:东周以来,军逐渐成为各国军队的最高一级编制。《周礼》所记军制是以12500人为军。　⑤旅:《周礼》所记军制是以500人为旅。旅上还有师一级(为2500人,包括5个旅)。⑥卒:是兵车编组的基本单位。《周礼》所记军制是以100人为卒,卒包含4个两(一两25人),即左、前、中、右、后5辆兵车。　⑦伍:是军队编制的最低一级,只有5人。古代各种军队编制都是从伍起源,如10人制的什,25人制的两,50人制

的小戎或队,100人或200人的卒,都是从伍进上去。伍可按前、中、后成"列",也可按左、中、右成"行",还可按左、前、中、右、后成方阵。这是决定古代队形编制(阵法)的基本东西。 ⑧开户:开门,这里指放松戒备的意思。

《孙子兵法》与《三十六计》

中国有句名言:"用兵如孙子,策略三十六。"表明人们通常所言"三十六计"与《孙子兵法》有着密切关系。但《三十六计》是一本独立的、与《孙子兵法》既有联系而又有区别的兵书。《三十六计》非一时一人所作,目前对其准确的成书时间尚无定论,而通行的《三十六计(秘本兵法)》大约成书于明清之际。"三十六计"按六六太阴之数布局,每六计为一套,共六套。

(1)胜战计:瞒天过海、围魏救赵、借刀杀人、以逸待劳、趁火打劫、声东击西;
(2)敌战计:无中生有、暗度陈仓、隔岸观火、笑里藏刀、李代桃僵、顺手牵羊;
(3)攻战计:打草惊蛇、借尸还魂、调虎离山、欲擒故纵、抛砖引玉、擒贼擒王;
(4)混战计:釜底抽薪、混水摸鱼、金蝉脱壳、关门捉贼、远交近攻、假道伐虢;
(5)并战计:偷梁换柱、指桑骂槐、假痴不癫、上屋抽梯、树上开花、反客为主;
(6)败战计:美人计、空城计、反间计、苦肉计、连环计、走为上计。

(引自《中国传统文化思想精华》,梁颂成主编,中南大学出版社2005年版)

《孙子兵法》与现代企业管理

孙子兵法谋略在企业经营管理中应用的研究,最早的是在两千余年前战国时期的范蠡和白圭。司马迁在《史记·货殖列传》中载有范蠡、白圭研究《孙子兵法》谋略并在经商中应用取得成功的事例。此后二千多年来,我国由于漫长的封建社会束缚,商品经济不发达,《孙子兵法》谋略在工商业经营管理中虽有人用,但在理论研究方面则无显著贡献。1987年陶汉章编著的《孙子兵法概论》在美国翻译出版后,为全美80年代军事理论畅销书之一。到1990年该书已出版了5版,在国际上引起了广泛的兴趣和好评。近些年来日本有些大企业、大公司,规定下属人员必须学习《孙子兵法》。他们认为在千变万化的市场竞争中,不懂得营销谋略,企业就难以立足。为了学习谋略思想,他们把《孙子兵法》奉为企业界最好的谋略教科书。和光集团公司总经理服部千春,极推崇孙子的"不战而屈人之兵"的全胜决策思想,认为在现代这种激烈变动时期,孙子的决策思想符合现代企业发展战略。近些年来,美欧企业家也开始在企业经营管理中应用孙子兵法谋略。美国通用汽车公司董事会前主席罗杰·史密斯,曾利用《孙子兵法》对公司进行经营管理,取得成功。

(引自《孙子兵法与现代企业经营谋略》,暴奉贤编著,暨南大学出版社1993年版)

《孙子兵法》、《孙膑兵法》在日本

1974年山东临沂西汉墓葬发掘出《孙子兵法》、《孙膑兵法》、《六韬》、《尉缭子》等残简的

消息传到日本后,引起日本历史学界和其他各界人士的重视。日本许多报刊大力报道了中国考古学上的这一重大发现。日本人对西汉墓葬发掘出《孙子兵法》和《孙膑兵法》感到极大的兴趣,绝不是偶然的。因为《孙子兵法》在日本早已知名。据考证,《孙子兵法》传到日本,大约在中国的唐朝,即日本的"天平年代"。《孙子兵法》自传入日本后,就为武人所重视,而且对日本的历史、精神方面产生了巨大的影响。《孙子兵法》中的名句,如"知己知彼,百战不殆","静如处子,动如脱兔"等,不仅常见于日本军事书籍,而且脍炙人口。

在日本,长期以来流传一种说法,说孙武与孙膑同是一人;也有人认为《孙子兵法》源起孙武,成于孙膑;也有人断定《孙子兵法》十三篇为孙膑所作,不是孙武所著;也有人认为孙膑兵法已佚,散见于史传中的片言只语不可信,等等。现在,汉墓竹简的出土,证明孙武和孙膑并非一人,而《孙子兵法》的作者是孙武,孙膑则另著有《孙膑兵法》。特别值得提出的是,日本人注意到从西汉墓葬中除《孙子兵法》、《孙膑兵法》外,还同时发现了《六韬》与《尉缭子》等残简,证明它们并非后世人的伪作。《东京新闻》指出,"这是一个对秦始皇进行重新评价的值得注目的发现","证明了秦始皇的'焚书坑儒',并不是把所有的古籍不分青红皂白地加以焚毁"。

(引自《花束・友谊・21世纪》,刘德有,辽宁人民出版社1992年版)

般若波罗蜜多心经①

玄奘译

《般若波罗蜜多心经》,全称《摩诃般若波罗蜜多心经》,简称《般若心经》或《心经》,属于汉传佛教《大藏经》般若部经典。目前流通最广的译本是唐玄奘大师于贞观二十三年(649年)翻译的版本。该经共有260个字,是汉译最短的佛经。《心经》言简意赅,深奥博大,不仅高度概括了卷帙浩繁的《大般若经》的基本思想,甚至连《大藏经》的部分要义也被浓缩了进去,主要论述了诸法实相即是"空"相的理论以及受持该经的功德。可以说,它是一部微型的大乘般若学著作。"摩诃",汉译"大",在佛教解释为"究竟"和"彻底"。"般若",汉译"智慧",这种智慧不同于世间的智慧,是指能够领悟宇宙世界真理的一种智慧。"波罗蜜多",汉译"到达彼岸"。"彼岸"是一种比喻的说法,实际是指当人没有烦恼和知识性障碍后的状态,并不是指要脱离现实世界。因此,这部经书就是讲如何依靠伟大的智慧到达彼岸。

　　观自在菩萨行深般若波罗蜜多时②,照见五蕴皆空③,度一切苦厄。舍利子④,色不异空,空不异色,色即是空,空即是色⑤,受想行识,亦复如是。舍利子,是诸法空相,不生不灭,不垢不净,不增不减。是故空中无色,无受想行识,无眼耳鼻舌身意,无色声香味触法,无眼界,乃至无意识界。无无明,亦无无明尽,乃至无老死,亦无老死尽。无苦集灭道⑥,无智亦无得。以无所得故,菩提萨埵,依般若波罗蜜多故,心无罣碍,无罣碍故,无有恐怖。远离颠倒梦想,究竟涅槃⑦。三世诸佛,依般若波罗蜜多故,得阿耨多罗三藐三菩提⑧。故知般若波罗蜜多,是大神咒、是大明咒、是无上咒、是无等等咒,能除一切苦,真实不虚⑨。故说般若波罗蜜多咒,即说咒曰:揭谛揭谛,波罗揭谛,波罗僧揭谛,菩提萨婆诃⑩。

注释

①选自《佛教经典精华》,林世田、李德范编,宗教文化出版社1999年版。玄奘(602—664),俗名陈祎,河南洛阳偃师人。唐代僧人,通晓三藏(经藏、律藏、论藏)教法。唐太宗贞观三年(629),前往西域。回国时,带回了大小乘经律论共500多帙。晚年主持长安宏福寺,主要从事译经。65岁时寂化,葬于白鹿原。②观自在:指观世音菩萨。菩萨:是菩提萨埵的缩写,意为"菩提心"。菩提心指利众成佛之心。凡具以大慈大悲为根本的利众成佛心愿的都称菩萨。观音、文殊、普贤等八大菩萨都是以菩萨身份度众的佛,不是真正的菩萨。行:进行、体验。③五蕴:包括色蕴、受蕴、想蕴、行蕴、识蕴,是物质和精神世界的总概括。"五蕴皆空"是一切事物都是缘起性空的意思。④舍(shè)利子:观世音对佛陀的大弟子"舍利子"的呼语,有版本后面加冒号或感叹号。《心经》不是佛陀亲口讲的,而是先由智慧第一的舍利子问观世音:"众佛弟子如何学修深般若波罗蜜多行?"于是观世音向舍利子讲出"色不异空,空不异色……",讲完后佛祖对观世音说的法表示认可和赞同。这一段在全文本《心经》中记载得非常清楚。⑤色:相当于"有""存在""物质"。空:不是一般人理解的"没有",而是指去除烦恼和一切自身知识性障碍后的状态。一般人认为"空"与"有"绝对对立,因而堕在有、空两极的执著

中。为破此执著,佛故说"有""空"是无差别的,有空不二。全句解释为:"色"并不是与"空"截然不同的另外一种东西,"空"也并不是与"色"截然不同的另外一种情况。"色"与"空"是同一事物的两个方面。"色"指事物本身,"空"指事物的性质,即真相。 ⑥无苦集灭道:佛教关于人生的四谛真理。苦,指老病死;集,指贪嗔痴;灭,指涅槃寂灭;道,指解脱之道。无:指自性意义上的空,并非"没有",并非否认存在,而是"超越"。 ⑦"以无所得故"二句:因无爱执、实执,便没有空境中失去自我和周围一切的恐怖,便远离世俗习性形成的真假颠倒、虚幻无实的梦境,彻底实现根除烦恼的清净涅槃。 ⑧"三世诸佛"句:过去、现在、将来诸佛,都是依靠波罗蜜多妙智,才获得无上功德、真正遍知一切的大菩提。阿耨(nòu)多罗:无上的功德。三藐三菩提:真正遍知一切的"佛智",即"大菩提"。 ⑨咒:梵语作 Mandra(曼陀罗),原意为"拯救心灵",现在一般的理解是"具有特殊功效的密语",属于奘师所立五不译中的"秘密不翻(译)"。这一段是说明波罗蜜多智慧的威力和效用。 ⑩揭谛:梵文音译,意思为"去",即从痛苦中走向解脱,从无明中走向觉照,从二走向不二。波罗揭谛:梵文音译,意思为"走过所有的道路到彼岸去啊"。僧:每一个人。菩提:内在的光明、觉悟。萨婆诃(hē):一种喜悦或兴奋的呼喊。全句为:去呀,去呀,走过所有的道路,大家都到彼岸去啊,觉悟了,萨婆诃!

佛经中的梵文音译

"般若波罗蜜多"是梵文的音译。"般若"的正确读音是 Braja(班甲)或 Brania(班呢阿),意思是"智慧"。"波罗蜜多"的读音是 Ba(吧)Ra(日阿)Mu(木)da(达),意思是"到达彼岸"。"心"梵文为 Shi da Ya(诗大哑),意为"精髓"。"经"是"总纲"的意思,原文无此字,是译师加的。佛经中的音译汉字都是按唐朝以前的读音译的,和现代汉语的读音相差很远。如"佛陀"应读"布达","阿弥陀佛"应读"啊木儿旦吧","弥勒"应读"弥赤","释迦"应读"释嘎"等。一般的名称读音不准倒没有多大的关系,但真言密咒的关键是发音。……故说般若波罗蜜多咒:嘎代,嘎代(Ga di Ga di),巴热嘎代(Ba Ra Ga di),巴热桑嘎代(Ba Ra Sang Ga di),保地索哈(Bao di Suo ha)。

(引自《爱心中爆发的智慧》,多识仁波切著,兰州大学出版社 2005 年版)

一座房子的缘起与性空

万事万物因缘而生。佛教缘起是指事物的存在形式。一切事物的存在都不是与其他事物毫无关联的单一独立的存在,而是在与其他事物相互依赖、相互关联、相互影响、相互作用的众缘和合的关系中形成和存在的。每一个单独的事物都是其他事物的因果关系物。"空"是指事物的另一方面,就是缘起现象后面的性空本质。这里所指的"性"并非指物理学和生物学意义上的物性,而是指一种"不依条件、独立自存"的"人性"和"物性"。实际上根本不存在不依任何条件的、绝对独立存在的自性,这就是"空"。

比如一座房子,我们所看到的只有墙和屋顶、门窗以及组合形状和颜色。墙和屋顶门窗不是房子,造型、色彩也不是房子,它们只是房子的组成部分。这些组成部分都不是房子,那么离开这些组成部分房子又在哪里?再看墙是一块块砖砌成的,墙上每块砖都不是墙,取掉不是墙的一块块砖,墙又何在?砌在墙上的砖和撤下来的砖数量不变,为什么砌起来是墙,撤下来就不是呢?如果说造型是墙的话,为什么不把墙的造型当作真的墙看待呢?为什么墙的造型不能起到墙的作用呢?砌墙的砖是由土和各种化学成分组成的,分解开砖的元素和成分,砖又何在?这样看来不但房子没有称其为房子的自性,而且连组成房子的各部分和原材料也没有称其为各个部分和原材料的自性。世界上一切事物的存在都像房子的存在一样,不存在不依任何条件的、绝对独立存在的自性。世界上没有一件事物不是缘起,因此,世界上也没有一件事物不是性空。

(同上)

《心经》释义

凡夫俗众往往有"心猿意马"的妄心,从而妨碍自己进入正觉的菩提境界。佛解脱救度无量众生,使妄心不起,不觉者慧。可谓功德无量。但佛并不以此自居。在佛看来,我相、人相、众生相、寿者相没有分别,其发心为一切众生,度人也为度己。如果心中有这四相之别,则为妄心不降,徒增烦恼。自度尚无暇,又何以度人,更称不上正觉的菩萨了。实际上,佛心中不仅没有四相的区别,甚至提出"色即是空"的世界观,眼前的一切都是幻觉,世界的本质是"空"。就如眼前看到的是水,但它是由看不见却事实上存在的水蒸气冷凝而成的。物质如此,思想、情感亦为空。因此,万物不生不灭,不垢不净,不增不减,和宇宙能量物质守恒定律的原理非常相似。在佛的教理下,人人可以平常心面对眼前的五蕴。现代社会的不稳定因素太多。常使人心浮气躁,做出一些极端的事情,读一点佛家语录,也许能使我们浮躁的心冷静下来,去思索更多的东西。

(引自《大学语文》,黎瑛、陈建锋主编,中国人民大学出版社2010年版)

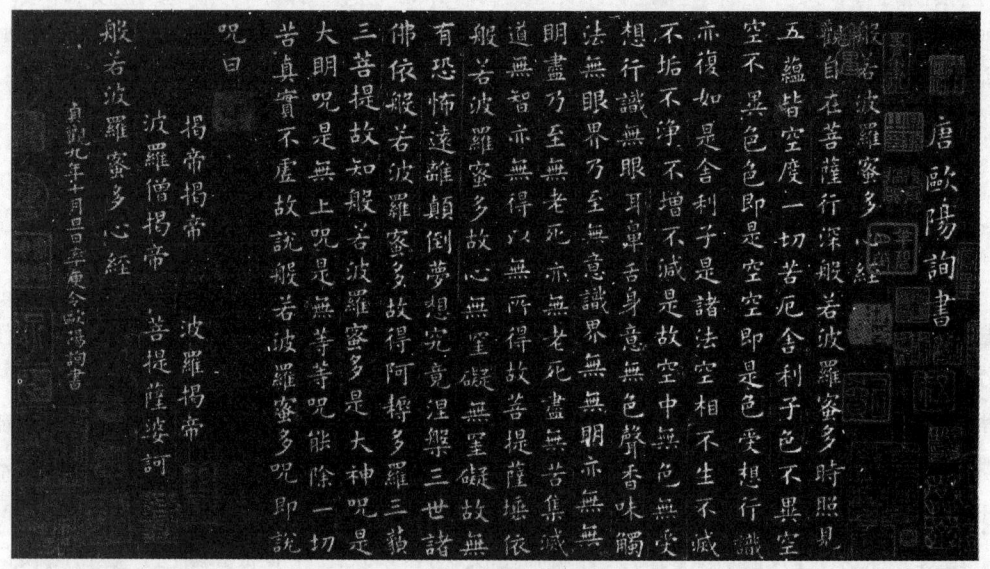

欧阳询小楷《般若波罗蜜多心经》

一九九八:二十四节气(节选)①

苇 岸

"谷雨是春季的最后一个季节,也是一年中最为宜人的几个节气之一。这个时候,打点行装即将北上的春天已远远看到它的继任者——携着热烈与雷电的夏天走来的身影了。为了夏天的到来,另外一个重要变化也在寂静、悄然进行,即绿色正从新浅向深郁过渡。"这是苇岸写在《二十节气》里的一段话。苇岸的语言干净、平和。当新的节气到来,在固定的时间、固定的位置,苇岸对着同一块田野观察,让自己的写作与大地连接在一起,用纸与笔记下人们久已淡忘的生态物候。然而,刚写到夏天,《谷雨》刚完成,苇岸却安静地走了,留下那些未完成的章节以及一个又一个如约到来的节气陪伴着我们。

惊 蛰

日期:农历二月初八;公历 3 月 6 日。**时辰**:寅时 3 时 3 分。**天况**:晴。气温:14℃－2℃。**风力**:二三级。

二十四节气令我们惊叹叫绝的,除了它的与物候、时令的奇异吻合与准确对应,还有一点,即它的一个个东方田园风景与中国古典诗歌般的名称。这是语言瑰丽的精华,它们所体现的汉语的简约性与表意美,使我们这些后世的汉语运用者不仅感到骄傲,也感到惭愧。

"惊蛰",两个汉字并列一起,即神奇地构成了生动的画面和无穷的故事。你可以遐想:在远方一声初始的雷鸣中,万千沉睡的幽暗生灵被唤醒了,它们睁开惺忪的双眼,不约而同,向圣贤一样的太阳敞开了各自的门户。这是一个带有"推进"和"改革"色彩的节气,它反映了对象的被动、消极、依赖和等待状态,显现出一丝善意的冒犯和介入,就像一个乡村客店老板凌晨轻摇他的诸事在身的客人:"客官,醒醒,天亮了,该上路了。"

仿佛为了响应这一富有"革命"意味的节气,连阴数日的天况,今天豁然晴朗了(不是由于雨霁②或风后)。整面天空像一个深隐林中的蓝色湖泊或池塘,从中央到岸边,依其深浅,水体色彩逐渐减淡。小麦已经返青,在朝阳的映照下,望着满眼清晰伸展的茸茸新绿,你会感到,不光婴儿般的麦苗,绿色自身也有生命。而在沟壑和道路两旁,青草破土而出,连片的草色已似报纸头条一样醒目。柳树伸出了鸟舌状的叶芽,杨树拱出的花蕾则让你想到幼鹿初萌的角。在田里,我注意到有十数只集群无规则地疾飞鸣叫的小鸟(疑为百灵),它们如精灵,敏感、多动,忽上忽下,它们的羽色近似泥土,落下来便会无影无踪;我曾试图用望远镜搜寻过几次,但始终未能看清它们(另一吸引我注意的,在远处高新技术产业开发区外缘公路边的人行道上,一个穿红色上衣的少女手捧一本书,不停地走过来走过去)。可爱的稚态、新生的活力、知前的欢乐、上升的气息以及地平线的栅栏,此时整个田野很像一座太阳照看下的幼儿园。

"惊蛰过，暖和和。"到了惊蛰，春天总算坐稳了它的江山。

春 分

日期：农历二月廿三；公历3月21日。**时辰**：寅时3时57分。**天况**：晴。**气温**：8℃——－2℃。**风力**：二三级。

"四时八节"，在二十四节气里，春分是八个基本节气之一。西方古代为了便于农事，曾将一年划分成八个分季，第二分季即"从春分到维尔吉里埃座七星升起"。春分是春季的中分点，同时就一年来说，"春分者，阴阳相半也，故昼夜均寒暑平"。春分这天太阳正当赤道上方，它将自己的光一丝不苟地均分给了地球南北。人们平日常说：像法律一样公正。实际就此与春分或秋分相比，这是个并不十分恰当的比喻（因为法律最终都要通过法官体现）。在春分前后，如果你早晨散步稍加留意，发觉太阳是从正东升起的。过了春分，"幽晦不明，天之所闭"的北方人民便明显感到，太阳一天天近了。

在春天的宫廷里，还是发生了一次短暂的政变。3月18日深夜，大风骤起，连续两天风力五六级，白天的最高气温降至摄氏3度。关于世间类似这种突发的、一时的、个别的、偶然的"倒行逆施"，它的最大消极作用，主要还不在其使率真勇为的先行者遭受了挫折和打击，而在其由此将使世间普遍衍生以成熟和大家风度自诩的怀疑、城府、狡黠、冷漠等有碍人类愉快与坦诚相处的因素。

仿佛依然弥漫着政变刚刚被粉碎的硝烟，今天尽管大风已息，气温回升，但仍有料峭的寒意。与惊蛰对照，春分最大的物候变化是：柳叶完全舒展开了，它们使令人欣悦的新绿由地面漫延上了空间；而杨树现在则像一个赶着田野这挂满载绿色马车的、鞭子上的红缨已褪色的老车夫。另外一个鲜明变化，即如果到山前去，你可以看到盛开的总与女人或女人容貌关联的桃花。

"九尽杨花开，农活一起来。"每年到了3月中旬，一般便出九③了。但眼下农田除了零星为小麦浇返青水的农民外，依然显得空旷、冷清。现代农业作物种植的单一和现代农业机械器具的运用，不仅使农业生产趋于简便，也使农民数量日渐减少。在人类的昨天，无论东方还是西方，农业和农民都曾备受尊崇。古希腊罗马时期，人们曾用"好农民"或"好庄稼人"来称赞一个好人（"受到这样称赞的，就被认为受到了最大的称赞"）。古罗马作家加图在他的《农业志》中这样赞美农民："利益来得最清廉、最稳妥、最不为人所疾视，从事这种职业的人，绝不心怀恶念。"如果加图的说法成立或得到我们认同，那么看来人类社会由农业文明向工业文明的转化，不光污毁了自然，显然也无益于人性。

清 明

日期：农历三月初九；公历4月5日。**时辰**：辰时8时6分。**天况**：晦。**气温**：17℃－8℃。**风力**：零或一级。

作为节气，清明非常普通，它的本义为，"万物生长此时，皆清洁而明净，故谓之清明"。

但在二十四节气中清明后来例外地拥有了双重身份：即它已越过农事与农业，而演变成了一个与华夏民族相关的民间传统节日。就我来说，清明是与童年跟随祖母上坟的经历和杜牧那首凄美的诗连在一起的，它们奠定了我对清明初始的与基本的感知、印象和认识。我想未来也许只有清明还能使已完全弃绝于自然而进入"数字化生存"的人们，想起古老（永恒）的二十四节气。

二十四节气的神奇、信誉与不朽的经典性质，在于它的准确甚至导致了人们这样的认识：天况、气象、物候在随着一个个节气的更番而准时改变。与立春和立秋类同，清明也是一个敏感的、凸显的显性节气，且富于神秘、诡异气氛。也许因其已经演变为节日，故清明的天况往往出人意外地与它的词义相反（这在二十四节气里是个特例），而同这一节日的特定人文蕴涵紧密关联。在我的经验里，清明多冽风、冥晦或阴雨；仿佛清明天然就是"鬼节"，天然就是阳间与阴界衔接、生者与亡灵呼应的日子。

今年的清明，又是一个典型例证。延续了数日的阴天，今天忽然发生了变化：天空出现了太阳。这是可以抬头直视的太阳，地面不显任何影子（与往日光芒万丈的着装不同，太阳今天好像是微服出访）。整个田野幽晦、氤氲①、迷蒙，千米以外即不见景物，呈现出一种比夜更令人可怖的阴森气氛。麦田除了三两个俯身寻觅野菜的镇里居民外，没有劳作的农民。渲染着这种气氛的，是隐在远处的一只鸟不时发出的"噢噢"单调鸣叫。它的每声鸣叫都拉得很长，似乎真是从冥界传来。这是一种我不知其名、也未见过其形的夜鸟，通常影视作品欲为某一月黑之夜杀机四伏的情节进行铺垫时，利用的就是这种鸟的叫声。

从田野返回的路上，我在那片高新技术产业开发区一家药业公司圈起待建的荒地内，看到一群毛驴，大小约二十头，近旁有一位中年农民。我走了进去，和中年农民攀谈起来。他是河北张北人，驴即来自那一带。这是购集来供应镇里餐馆的。我问：驴总给人一种苦相感，农民是不是不大喜欢它们？中年农民答：不，农民对驴还是很有感情的，甚至比对马还有感情；驴比马皮实，耐劳，不挑食，好喂养，比马的寿命也长。

谷　雨

日期：农历三月廿四；公历 4 月 20 日。**时辰**：申时 15 时 16 分。**天况**：晦。**气温**：26℃－14℃。**风力**：零或一级。

从词义及其象形看，"谷"首先指山谷。瑞典汉学家林西莉在她的著作《汉字王国》中即讲："我只要看到这个字，马上就会想起一个人走进黄土高原沟壑里的滋味。"当谷与雨并连以后，它的另一重要含义"庄稼、作物"无疑便显现了。

像"家庭"一词的组构向人们示意着只有屋舍与院子的合一，才真正构成一个本原的、未完全脱离土地的、适于安居的"家"；"谷雨"也是一个包含有对自然秩序敬畏、尊重、顺应的富于寓意的词汇，从中人们可以看出一种神示或伟大象征：庄稼天然依赖雨水，庄稼与雨水密不可分。

谷雨是春季的最后一个季节，也是一年中最为宜人的几个节气之一。这个时候，打点行装即将北上的春天已远远看到它的继任者——携着热烈与雷电的夏天走来的身影了。为了夏天的到来,另外一个重要变化也在寂静、悄然进行,即绿色正从新浅向深郁过渡。的确,绿色自身是有生命的。这一点也让我想到太阳的光芒,阳光在早晨从橙红到金黄、银白的次第变化,实际即体现了其从童年、少年到成年的自然生命履历。

麦子拔节了,此时它们的高度大约为其整体的三分之一,在土地上呈现出了立体感,就像一个十二三岁的男孩开始显露出了男子天赋的挺拔体态。野兔能够隐身了,土地也像骄傲的父亲一样通过麦子感到了自己在向上延续。作为北方冬天旷野的一道醒目景观的褐色鹊巢,已被树木像档案馆对待自己的秘密一样用叶子悉心掩蔽起来。一只雀鹰正在天空盘旋,几个农民在为小麦浇水、施撒化肥。远处树丛中响起啄木鸟的只可欣赏而无法模仿的疾速叩击枯木的声音,相对啄木鸟的鸣叫,我一直觉得它的劳动创造的这节音量由强而弱、频率由快而慢的乐曲更为美妙迷人。

①选自《最后的浪漫主义》,苇岸著,冯秋子编,花城出版社2009年版,有删节。苇岸(1960—1999),原名马建国,北京市昌平人,中国当代作家。苇岸喜欢徒步旅行,通过旅行亲近大地,投入大地的怀抱并细致地观察,进而从其中汲取创作的材料和灵感。"自然本身的丰富蕴含"使他在阅读大地、书写大地的旅行中,获得一种精神家园的归宿感和满足感。1998年,为写《一九九八:二十四节气》,苇岸在家附近选择了一块农地,在每一节气的同一时间、地点,观察、拍照、记录,最后形成一段笔记。1999年在病中写出最后一则《二十四节气:谷雨》,5月19日因肝癌医治无效谢世,享年39岁。 ②雨霁:雨止,天放晴。 ③出九:"九九"是我国北方特别是黄河中下游地区的一种民间节气。它从冬至那一天开始算起,进入"数九"寒天,以后每九天为一个单位,谓之"九",过了九个"九",刚好八十一天,即为"出九"。"出九"一般为3月12日,正是天气回暖,大地将春之时。 ④氤氲(yīn yūn):形容烟或云气浓郁,烟云弥漫的样子。

二十四节气来历

二十四节气起源于黄河流域,远在春秋时期,中国古代先贤就通过观察日影来确定仲春、仲夏、仲秋和仲冬等四个节气。以后不断地改进和完善,到秦汉年间,二十四节气已完全确立。二十四节气反映了太阳的周年运动规律,所以节气在现行的公历中日期基本固定,上半年在6日、21日,下半年在8日、23日,前后不差1~2天。为了便于记忆,人们编出了二十四节气歌诀:"春雨惊春清谷天,夏满芒夏暑相连,秋处露秋寒霜降,冬雪雪冬小大寒。"我们祖先把五天叫一候、三候为一气,称节气,全年分为七十二候二十四节气。二十四节气是中国劳动人民独创的文化遗产,它能反映季节的变化,指导农事活动,影响着千家万户的衣食住行。

(参见《万物由来之谜》,华芬编著,吉林大学出版社2010年版)

二十四节气名称释义

立春、立夏、立秋、立冬:"立"是即将开始的意思,表示春、夏、秋、冬四季即将来临。

夏至、冬至:古称"日北至"和"日南至",表示盛夏和寒冬已经到了。

春分、秋分:"分"是平分的意思,表示这两天昼夜相等,正好处在夏至和冬至中间。

雨水:降雨开始,雨量增多。

惊蛰:开始打雷,气温上升,冬眠的动物开始活动。

清明:天气晴朗,万物滋生。

谷雨:雨量增多,谷物茁壮生长。

小满:麦类等夏熟作物子粒开始饱满,但尚未成熟。

芒种:麦类有芒作物成熟,晚季作物抢种时期。

小暑、大暑:"暑"是炎热的意思,表示这是一年中最热的季节。

处暑:"处"是终止的意思,表示暑天结束,气温开始下降。

白露:气温降低,出现露水。

寒露:天冷,露水很凉。

霜降:开始下霜。

小雪、大雪:开始下雪,至大雪时,形成积雪。

小寒、大寒:一年中最冷的季节。

大学生必知文化常识

1. 三纲:父为子纲 君为臣纲 夫为妻纲

   五常:仁 义 礼 智 信

2. 三教:儒 道 释

   九流:儒家、墨家、道家、名家、法家、杂家、农家、阴阳家、纵横家

3. 四书:《论语》《孟子》《中庸》《大学》

   五经:《诗经》《尚书》《礼记》《周易》《春秋》

4. 花中四君子:梅 兰 竹 菊

5. 兄弟四排行:伯(孟) 仲 叔 季

6. 五谷:稻 麦 黍 菽 麻

7. 五荤:大蒜 韭菜 薤(xiè) 葱 兴渠(《本草纲目》:"五荤即五辛,为其辛臭昏神伐性也。")

8. 五行:金 木 水 火 土

   相生:金生水,水生木,木生火,火生土,土生金

   相克:金克木,木克土,土克水,水克火,火克金

9. 五脏:心 肝 脾 肺 肾

10. 六腑:胃、胆、三焦、膀胱、大肠、小肠

11. 佛教六根(佛教名词):眼 耳 鼻 舌 身 意

12. 八卦:乾、坤、震、巽、坎、离、艮、兑

    (天、地、雷、风、水、火、山、泽)

13. 天干地支(简称"干支")

    十天干:甲、乙、丙、丁、戊、己、庚、辛、壬、癸

    十二地支:子、丑、寅、卯、辰、巳、午、未、申、酉、戌、亥

14. 十二生肖:鼠、牛、虎、兔、龙、蛇、马、羊、猴、鸡、狗、猪

15. 十二时辰

    子时(23时至01时)丑时(01时至03时)寅时(03时至05时)卯时(05时至07时)

    辰时(07时至09时)巳时(09时至11时)午时(11时至13时)未时(13时至15时)

    申时(15时至17时)酉时(17时至19时)戌时(19时至21时)亥时(21时至23时)

16. 二十四节气

    立春、雨水、惊蛰、春分、清明、谷雨

    立夏、小满、芒种、夏至、小暑、大暑

    立秋、处暑、白露、秋分、寒露、霜降

    立冬、小雪、大雪、冬至、小寒、大寒

17. 汉字数字的大小写

    一、二、三、四、五、六、七、八、九、十、廿、卅、卌、百、千、万

    壹、贰、叁、肆、伍、陆、柒、捌、玖、拾、贰拾、叁拾、肆拾、佰、仟、万

18. 中国年龄特殊称谓

    垂髫:幼年儿童　　豆蔻:女子十三岁

    及笄:女子十五岁　破瓜:女子十六岁

    志学:男子十五岁　弱冠:男子二十岁(周制,男子二十岁行冠礼,女子十五岁行笄礼)

    而立之年:三十岁　不惑之年:四十岁

    知命之年:五十岁　花甲之年:六十岁

    古稀之年:七十岁　耄耋之年:八九十岁

    期颐之年:一百岁

19. 中国寿辰特殊称谓

    喜寿:指77岁(草书喜字看似七十七)

    米寿:指88岁(米字可拆为八十八)

    白寿:指99岁(百字少一横为白字)

    茶寿:指108岁(茶字上面为廿,下面八十八,二者相加,得108岁)

20. 结婚周年特殊称谓

    一周年:纸婚(Paper Wedding)　五周年:木婚(Wood Wedding)

    十周年:锡婚(Tin Wedding)　二十五周年:银婚(Silver Wedding)

    五十周年:金婚(Golden Wedding)　六十周年:钻石婚(Diamond Wedding)

    六十~七十结婚周年纪念,中国人统称为"福禄寿婚"

语言表达专题

文言词语在公文中的使用

文言词语一般指以先秦口语为基础而形成的上古汉语书面语以及后代用这种书面语写成的作品,在几千年的封建社会中一直占统治地位。随着社会的发展和人类的进步,它已逐渐失去了统治地位,但其中的精华仍在使用着,而且被吸收到现代汉语词汇中来,成为现代汉语词汇的一个组成部分。毛泽东早就说过:"我们还要学习古人语言中有生命的东西。""有生命的东西"正是指文言词语中一些活着的、有生命力的词语。运用得好,可以较好地表达文体特色和感情色彩。现代公文语言是在"批判地继承"中国古代文化遗产的基础上发展起来的,虽然以白话文为主,但文言词语的使用频度显然比现代汉语中其他文体要高得多,从而形成了公文语言简洁凝练、庄重典雅、规范平实的特点。具体表现在:

一、简洁凝练

公文语言讲究简洁凝练,一诺千金。而恰当运用文言词语,确能收到"言半功倍"的效果。据国外权威机构分析统计:"合乎标准质量的公文应该是单音节词占全篇的60%"。反观现代汉语,它是以双音节词为主的,很难达到上述要求。而文言词语就不同,它原本就是单音节词占优势。还有一些单音节词在现代汉语中虽然已成为语素,不能单独运用,但在公文语体中还常常被使用。如"该生表现良好"中的"该"和"生"是单音节的文言词,在公文语言中常见,而在其他文体和口语中少见。再如"因贵所反映情况属实,故均应予支持",因"贵""故""均""应""予"等均属文言单音节词,比双音节合成词更富表现力,故表达显得十分凝重简练。同时,公文语言本身不适宜使用双音节词"因为""虽然""如果""应该"等,需要使用时,要改变为单音节词的"因""虽""如""应"等,使少量的词语具有较大的信息量。

公文语言继承了文言文善用单音节词的特点,现代汉语中的一些双音节词在公文中宜减缩为单音节词。试比较下面两段文字:

(1)有的人不符合上级有关规定,有的人超出标准支取费用,这两种费用,以及寻找各种漂亮借口以出差名义绕道游览,利用公款游山玩水、寻欢作乐的,是不能也是不可给予报销的。

(2)凡不符合制度规定而超标的费用开支,或以出差名义游山玩水的,一律不予报销。

例(1)未用文言词语,显得过于口语化,语言松散欠精炼。例(2)是较规范的公文语言,与例(1)比,语言简洁、语气严肃有力,原因就在于公文用语中适当配合使用了文言词"凡""一律""不予"等。再如:

你省《关于……函》(×发〔2002〕×号)收悉。现对有关问题答复如下:

"以上各项,如蒙同意,迅即互派主管人员就有关问题进一步磋商,以达成协议。"

"特此函达。务希研究见复。"

此文中的"悉""以""蒙""迅即""特此函达""务希"等均为文言。由于在文中用了六个文言词语，仅十一个字，就表达了需二十多字才能表达的同样意思。可见文言词语容量之大，内涵之丰富。公文作者要有惜墨如金的精神，巧用文言词语，删繁就简，以使文无冗句，体现出公文语言简洁凝练、要言不烦、意尽言止的特色。

二、庄重典雅

公文语言区别于文学语言、政论语言、科技语言的一个显著特征是它的庄重性。所谓庄重就是端庄、持重、文明、典雅的语言格调。公文是机关工作的主要工具，具有法定的权威性和行政的约束力，具备法规和准绳、凭证和记载作用。故此要求其语言必须雅正不俗，郑重其事。必须做到：一要使用规范化的书面语，排斥使用口语、方言、土俗俚语；二要选用朴素、平实的词语，一般不宜采用文学笔调，不宜运用比喻、比拟、借代、夸张等修辞手法；三要酌情使用一些文言词。公文语言庄重典雅的特色体现在词语、句法等语言因素中。

从词语因素看，文言词语具有典型的书面性特点，适当选用，有助于增加公文庄重美。如：

(1)不同地区要根据各自的特点，宜农则农，宜林则林，宜牧则牧，或者以一业为主，搞多种经营。

(2)我国外交部发言人奉中国政府之命发表郑重声明……

例(1)的"宜"是文言实词，"则"是文言虚词，二者构成"宜×则×"的固定格式，增加了庄重色彩。例(2)中用文言词"奉……之命"，而不用相应的同义词"按照……的命令"，以强调正式声明的庄重、严肃。如果不用文言词语或换上其他说法，不仅无法简洁表达内容，而且会使语言失去原有的持重、沉稳、古朴、严谨的风格，使公文的庄重性受到破坏。

从句法因素看，使用文言句式频率明显比现代汉语中的其他文体要高，诸如"凡……者"、"值此……之际"、"请予以……"这些文言句式既简练又形成较稳定的格式，能够有效地满足公文在语义方面的特殊要求。如：

(1)凡违反规定、私自出售者，凡进入或经过中国领陆、领水、领空的外国航空器、航船、车辆、物资、生物等，必须遵守本法和其他有关环境条例规定。

(2)值此大会召开之际，谨表祝贺。

(3)本规定自公布之日起执行。

从例(1)可以看出，"凡……者"文言句式常与联合词组组合使用，构成长句，更好地体现了公文准确、庄重、严谨的语言特色。例(2)中运用"值此……之际"的文言句式，是叙述或向对方表示祝愿时常用的"无主句"，能使结构松散的文字变得十分紧凑。例(3)也是公文使用频繁且最具特色的介词短语，常用于法规性公文结尾，表现出一种颇见功效的力度和气韵，从而体现出公文语言庄重典雅的特色，体现出一种质朴美。

三、规范实用

公文语言在长期的使用过程中，由于行文关系和处理程序的需要，逐渐形成了相对固定的框架语言形式。这种词语词形确定，事务含义特定，功用稳定专门的语言就是公文专用语。其中许多凝练语言虽衍生于旧公文的"套语",但它们与"套语"的性质、功用是完全不同的。公文专用词语是在对"套语"中有积极作用的那部分批判地借鉴和发展的基础上形成的,具有特定含义,很难用现代汉语同义词代替,使用上也不带强制性,使用它旨在掌握公文语言规范,保证表达精当得体,理解精确周严,提高公文撰制处理的质量和效率。

具有文言色彩的公文专用语,经长期使用、淘汰、选择,已趋于定型。使用位置也较固定,带有一定的模式化倾向。因此,它在公文语言中占有重要的地位,是公文中主要的语言规范,其特色被长期保持并习惯使用。按具体用法的不同,大致可分以下几种:

1.称谓语。即公文中对不同的行文对象的特定称谓用语。常见的有"贵(厂)""该(厂)""各(厂)""本(厂)""我(厂)""你(厂)"等。写作时,应当根据不同的行文方向和隶属关系,恰当选用,不可随意为之。

2.起首语。即公文的开篇语,它在文中的位置,关系重大。公文写作不可不重视起首语的运用,因为它是行文先锋(开头)的"尖兵",直接关系到全篇公文的命运。公文中常用的起首语大体上可分为四类:

其一,表目的,如"为""为了"等;

其二,表根据,如"据""依据""遵照""依照"等;

其三,表原因,如"鉴于""由于"等;

其四,表态度、方式,如"兹定于""兹有""兹派""兹将""兹介绍""欣闻""欣悉"等。

3.经办语。常用的有"拟""拟定""拟于""草拟";"出示""出具""赋予""付诸""会同""会签""会审""会晤";"公布""颁布""颁行";"报请""报呈""呈请""呈阅""传阅""提请";"准予""经由""业已""业经""报经""业于";等等。这类专业术语数量颇多,不胜枚举。

4.时间语。常用的有"兹""近日""目前""不日""迅即""时限""时效""时宜""顷刻"等。这些时间语,多系表量模糊而表意准确的模糊语言。

5.期请语。常用的有"请""务请""恳请""即请""请予";"希""望""务希""即希""尚希""尚祈""尚盼""尚望";"接洽""商洽""商酌";"须即""须经""务须""应予""悉力""悉心"等。

6.征询语。常用的有"当否""妥否""可否"等。

7.表意语。常用的有"应""拟""责成""欠妥""不妥""力戒""力避""切勿""切记""严惩""查询""查勘""查证""酌定""酌办"等。

8.谦敬语。常用的有"承""承蒙""不胜""大力""通力"等。

9.过渡语。即公文层次或段落以及语句前后之间的连缀语。常用的有"为此""现将""特作""基于""就此""据此""由此观之"等。

10.结尾语。即位于公文结尾部分的固定性语句,具有使行文显得简洁凝炼、典雅庄重的功用。常用的有"此令""此复""希照此办理""请即遵照执行""现予公布""妥否,请批示""请予函复""为荷"等。

综上所述,公文在用语方面有自己独特的风格,而作为公文语言规律之一的文言词,由于其自身容量大,内涵丰富,在公文写作中恰当使用,将使公文语言更加简洁有力,突出其庄重的风格和严谨的气势。

语言表达实践

一、在古今中外无数的智慧故事里,选择一个印象最深的故事,进行口头复述,并加以简短评价,时间不超过3分钟。

二、背诵《孙子兵法》摘选。

三、朗读《乾卦第一》《般若波罗蜜多心经》。

四、查阅资料,搜集"三十六计"在现代生活中的应用案例,并摘录。

五、佛教经典充满了辩证法,马克思曾说过:"辩证法在佛教徒那里已经达到比较精致的程度。"恩格斯说过:"人类到释迦牟尼佛时代,辩证思维才成熟。"阅读《心经》,找出《心经》里的辩证思维,谈一谈你对"色即是空,空即是色"的理解。

六、金庸的武侠小说承载了丰富的中华传统文化,而儒释道恰是中华传统文化之精髓。课外查阅资料,试从金庸的作品里找出深受儒家、佛家、道家思想影响的人物、情节。

七、中国古代的风水大师发明了中国独有的风水操作工具——罗盘;在现代中国大地上,从皇宫到民宅,从城市到乡村,尚保留着诸多风水古建筑;在乡村里还有可能碰到给你随便聊起自己家乡风水特色的老人。你认为中国风水是科学,是技术,是文化,还是迷信?为什么?

八、选择曾仕强讲座《易经的智慧》其中一集,观看后,概括主要内容,并说说启发。

九、请选择一个节气,模仿《一九九八·二十四节气》的方法,观察、记录,写一篇节气日志或笔记体短文。

十、请用文言词汇替代句中词语,使句子符合公文语体。

1. 如能够得到贵公司同意。

2. 切望尽量出力相助。

3. 此事确定由子公司办理。

4. 《××条例》已经由国务院第四次会议通过,现公布实行。

5. 你厅×公政〔20××〕161号请示已经收到。

6. 请你局将严某20××年拘留情况写信告诉我处。

7. 现在就关于财经工作改革等问题,提出以下几点意见。

第九单元

清茶与咖啡

单元导语

茶，清香、恬淡、平和；咖啡，浓郁、浪漫、热烈。

袅袅的茶雾中，观茶叶舒卷，悠闲啜饮。茶滋养了东方人的性格，内向含蓄、中庸平和、与自然相和谐。

咖啡馆里，爵士乐响起，咖啡飘溢的浓香里透着自由、博爱与进取的精神。

当茶遇到咖啡，又将怎样？

茶，清苦；咖啡，醇苦。虽则差异极大，却也有共通之处，都需细细品味，从苦中品出乐趣，品出真味。

世界是丰富多彩的，文明是千差万别的，求同才可以共生，存异才能够发展。就像我们生存的世界，碰撞、冲突难以避免，但融合、平等才是最终的结局。

话题讨论

给洋节日降温以捍卫传统节日,是否有必要?

观点一:奥巴马在 2011 年 2 月 2 日(除夕)在白宫向中国送出新年祝福:"不同文化背景和信仰的人们欢度春节之际,让我们举家庆祝,尽享挚爱之人的陪伴","许多亚裔美国人会传承他们丰厚的传统并再次提醒我们,美国的力量源自丰富文化和多样人口"。多元文化的融合是有益于国家发展的。从鞠躬握手代替磕头作揖开始,西方文化早已融入中国传统文化之中,传统文化习俗被淡忘,不意味着文化的弱化,而是文化的发展与进步。在历史发展进程中,中国汉文化没有吸收其他民族文化吗?

观点二:对外来文化不加区别得以吸收,是盲目的。中西文化背景完全不同。中国文化属于农耕文化,西方文化属于基督教文化。中国的主要传统节日都是由岁时节令转换而来的,具有浓厚的农业色彩,而外来节日中,圣诞节、复活节和主显节是基督教三大节日,中国人过外来节日只凑热闹,根本不是文化的"拿来主义",而是形式的消费主义。当狂欢式的情人节、愚人节过热,降降温是十分必要的。

观点三:2005 年 11 月,韩国的江陵端午祭向联合国教科文组织申报"世界非物质文化遗产"成功。这一举动深深地刺激了每一个中国人的神经。韩国的江陵端午祭是我国端午节传入韩国后,韩国人融入本民族的文化和风俗,成为一个非常本土化的节日。祭孔典礼、巫堂和佛教仪式共存是江陵端午祭的特点之一。端午祭申遗成功,给我们的启示不是抵制外来节日,而是将中国元素融入外来节日,打造属于自己的节日文化。

观点四:吸收外来文化,应该以弘扬本民族文化为前提,否则相融并存就变成了被吞没,失去自己的特性。端午不悬钟馗挂菖蒲,不佩香囊,不知赛龙舟习俗;重阳不登高吃糕点,不插茱萸,不懂九层重阳糕含义。当中国人的年味越来越淡,剩下来只有吃饭请客逛商场网络血拼的时候,还拿什么共存互补,兼容并包?连个性都没有了,还谈什么文化的多样性。

我的观点:

中西神话对比阅读

中国古代神话和古希腊神话在世界神话体系之林中具有各自的典型意义,代表着东方与西方两大文化圈在神话上的异同。神话作为人类最早的口头文学形式,是民族精神的最初记录。虽然它是处于野蛮、蒙昧时代原始人类的产物,但是,在它那奇异瑰丽的世界里,我们可以看到一个民族的思想愿望、生活气息和民族特征。比较中西方神话,探索与总结中西方神话产生发展中的规律性,不仅有助于认识与理解中西方文化的共性和差异性,而且有助于对民族文化和民族意识的寻根溯源。

往古之时①

往古之时,四极废,九州裂,天不兼复,地不周载;火爁焱②而不灭,水浩洋而不息;猛兽食颛③民,鸷鸟攫老弱。于是女娲炼五色石以补苍天,断鳌足以立四极,杀黑龙以济冀州,积芦灰以止淫水。苍天补,四极正;淫水涸,冀州平;狡虫死,颛民生。

女娲造人④

俗说天地开辟,未有人民。女娲抟⑤黄土作人,剧务⑥,力不暇供,乃引绳于泥中,举以为人。故富贵贤知者,黄土人也;贫贱凡庸者,絙⑦人也。

伏羲、女娲像(《山海经》)

刑天舞干戚(《山海经》)

刑天舞干戚⑧

形天⑨与帝至此争神,帝断其首,葬之常羊之山,乃以乳为目,以脐为口,操干戚⑩以舞。

①选自《淮南子泽注》,陈广忠注,吉林文史出版社1990年版。②爁焱(làn yàn):火势宽广而又猛烈的样子。③颛(zhuān):善良。④选自《太平御览》卷七八引《风俗通》,(宋)李昉等撰,上海古籍出版社2008年版。⑤抟(tuán):把东西捏聚成团。⑥剧务:繁忙、艰巨。⑦絚(gēng):古同"緪",粗绳索。⑧选自《山海经校注·海外西经》,袁珂注,巴蜀出版社1993年版。⑨形天:即刑天。天者,颠也;刑者,戮也。"刑天"就表示誓戮天帝以复仇。刑天为炎帝近臣,自炎帝败于阪泉,刑天一直伴随左右,居于南方。但刑天不甘心失败,他一人手执利斧和盾牌,直杀上中央天帝的宫门之前。⑩干:盾牌。戚:大斧。

被缚的普罗米修斯(节选)①

〔古希腊〕埃斯库罗斯

人　物

（以选文中出场人物为限）

普罗米修斯——伊阿珀托斯②和忒弥斯③的儿子。
俄刻阿诺斯④——天(乌拉诺斯⑤)和地(盖娅⑥)的儿子,为河神。
歌队——由俄刻阿诺斯的十二个女儿组成。

布　景

高加索悬崖

时　代

神话时代

三　第一场

歌　队　长　请把整个故事讲给我们听,告诉我们,为了什么过失,宙斯把你捉拿,这样不尊重你,狠狠地侮辱你? 如果说起来不使你苦恼,就请告诉我们。

普罗米修斯　这故事说起来痛苦,闷在心里也痛苦,总是难受啊！当初神们动怒,起了内讧;有的想把克洛诺斯⑦推下宝座,让宙斯为王;有的竭力反对,不让宙斯统治众神。我当时曾向提坦们,天与地的儿女,提出最好的意见,但是劝不动他们；良谋巧计他们不听；他们仗恃自己强大,以为可以靠武力轻易取胜。我母亲忒弥斯——又叫盖娅,一身兼有许多名称——时常把未来的事预先告诉我⑧,她说这次不是靠膂力⑨或者暴力就可以取胜,而是靠阴谋诡计。我曾把这话向他们详细解释,他们却认为全然不值得一顾。我当时最好的办法,似乎只好和我母亲联合起来,一同帮助宙斯,我自己愿意,也受欢迎。由于我的策略,老克洛诺斯和他的战友们全都被囚在塔耳塔洛斯的幽深的牢里。天上这个暴君曾经从我手里得到这样大的帮助，却拿这样重的惩罚来报答我。不相信朋友是暴君的通病。

你问起他为什么侮辱我，我可以这样解答。他一登上他父亲的宝座，立即把各种权利送给了众神，把权力也分配了；但是对可怜的人类他不但不关心，反而想把他们的种族完全毁灭，另行创造新的。除了我，谁也不挺身出来反对；只有我有胆量拯救人类，使他们不至于完全被毁灭，被打进冥府。为此，我屈服在这样大的苦难之下，忍受起痛苦来，看起来可怜！我怜悯人类，自己却得不到怜悯；我在这里受惩罚，没有谁怜悯，这景象真使宙斯丢脸啊！

歌　队　长　普罗米修斯，谁对你的苦难不感觉气愤，谁的心是铁打的，石头做的；我不愿意看见你遭受困难；一看见心里就悲伤。

普罗米修斯　在朋友们看来，我真是可怜啊！

歌　队　长　此外，你没有犯别的过错吧？

普罗米修斯　我使人类不再能料着死亡。

歌　队　长　你找到了什么药来治病呢？

普罗米修斯　我把盲目的希望放在他们心里。

歌　队　长　你给了人类多么大的恩惠啊！

普罗米修斯　此外，我把火也给了他们。

歌　队　长　怎么！朝生暮死的人也有了熊熊的火了吗？

普罗米修斯　是啊，他们可以用火学会许多技艺。

歌　队　长　是不是为了这样的罪，宙斯才——

普罗米修斯　才迫害我，不让我摆脱苦难。

歌　队　长　你的苦难没有止境吗？

普罗米修斯　没有，除非到了他高兴的时候。

歌　队　长　什么时候他才高兴？你有什么希望？你看不出你有罪吗？可是说你有罪，我说起来没趣味，你听起来也痛苦。还是不提起这件事；快想办法摆脱这苦难吧。

普罗米修斯　站在痛苦之外规劝受苦的人，是件很容易的事。我有罪，我完全知道；我是自愿的，自愿的犯罪；我并不同你争辩。我帮助人类，自己却遭受痛苦。想不到我会受到这样的惩罚：在这凌空的石头上消耗我的精力，这荒凉的悬岩就是我受罪的地方。

现在，请不要为我眼前的灾难而悲叹，快下地来听我讲我今后的命运，你们好从头到尾知道得清清楚楚。答应我，答应我，同情一个正在受难的神吧！苦难飘来飘去，会轮流落到大家身上。

歌　队　长　普罗米修斯，你的呼吁我们并不是不愿意听！我现在脚步轻轻，离开那疾驰的车子和洁净的天空——飞鸟的道路——来到这不平的地上；我愿意听你的苦难的整个故事。

（歌队下了飞车，进入场中。俄刻阿诺斯乘飞马自观众右方上。）

俄刻阿诺斯　普罗米修斯,我骑着这飞得快的鸟儿——没有用缰绳控制,它就随着我意愿奔驰——到达了这长途的终点,来到了你这里;因为我,你要相信;很同情你的不幸。我认为是血族关系⑩,使我同情你;即使没有亲属关系,我也特别尊重你。你会知道这是真心话;我从来不假意奉承。告诉我怎样帮助你;你决不会说,你有一个比俄刻阿诺斯更忠实的朋友。

普罗米修斯　啊,怎么回事?你也来探视我的苦难吗?你怎么有胆量离开那由你而得到名字的河流,离开那石顶棚的天然洞穴,来到这产铁的地方⑪?你是不是来看我的不幸的遭遇,对我的苦难表示同情和气愤?请看这景象,请看我,宙斯的朋友,曾经拥护他为王,如今却遭受苦难,被他压服了。

俄刻阿诺斯　我看见了,普罗米修斯;虽是你很精明,我还是要给你最好的忠告。
你要有自知之明,采取新的态度;因为天上已经立了一个新的君王。如果你说出这样尖酸刻薄的话,宙斯也许会听见,他虽是高坐在天上;那样一来,你现在为这些苦难而生的气就如同儿戏了。啊,受苦的神,快平息你现在的愤怒,想法摆脱这灾难吧!我这个忠告也许太陈腐了;但是,普罗米修斯,你的遭遇就是太夸口的报应。你现在还不谦逊,还不向灾难屈服,还想加重这眼前的灾难。你既看见一位严厉的、不受审查的君王当了权,你就得奉我为师,不要伸腿踢刺棍⑫。
我现在去试试,看能否解除你的苦难。你要安静,不要太夸口。你聪明绝顶,难道不知道放肆的唇舌会招致惩罚么?

普罗米修斯　你有胆量同情我的苦难,又没有受罪之忧,我真羡慕你。现在算了吧,不必麻烦你了;因为他不容易说服,你绝对劝不动他。当心你这一去会给你惹祸啊!

俄刻阿诺斯　我善于劝告别人,却不善于劝告自己,这是我根据事实,不是根据传闻而得出的结论。我要去,请不必阻拦。我敢说,我敢说宙斯会送我一份人情,解除你的苦难。

普罗米修斯　你这样热心,我真是感激,永远感激。但请你不必劳神;即使你愿意,也是白费工夫,对我全没好处。你要安静,免得招惹祸事。我自己不幸,却不愿意大家受苦。不,决不;我的弟兄阿特拉斯⑬的命运已经够我伤心了,他向着西方站着,肩膀顶着天地之间的柱子,重得很,不容易顶啊。当我看见住在喀利喀亚洞里的可怕的百头怪物,凶猛的堤福斯,地神的儿子,被暴力摧毁了的时候,我真是可怜他。他和众神对抗,可怕的嘴里发出恐怖的声音,眼里射出凶恶的光芒,就像要猛力打倒宙斯的统治权;可是宙斯的不眨眼的霹雳向着他射来,那猛扑的闪电冒出火焰,在他夸口的时候,使他大吃一惊;他的心受了伤,骨肉化了灰,他的力量被电火摧毁了。到如今他那无用的直挺的残尸还躺在海峡旁边,被压在埃特那山脚底下,赫淮斯托斯⑭坐在那山顶上锻炼熔化了的铁;总有一天,那里会流出火焰的河,那凶恶的火舌会吞没出产好的果子的西西里宽阔田地;那就是堤福斯喷出的怒气化成的可怕的冒火的热浪,虽然他已经被宙斯的电火烧焦了。

	你并不是没有阅历,用不着我来教训你。快保全你自己吧,你知道怎么办;我却要把这眼前的命运忍受到底,直到宙斯心中息怒的时候为止。
俄刻阿诺斯	难道你不知道,普罗米修斯,语言是医治恶劣心情的良药吗?
普罗米修斯	如果话说得很合时宜,不是用来强消臃肿的愤怒,倒可以使心情平和下来。
俄刻阿诺斯	我这样热心,这样勇敢,你看有什么害处?告诉我吧。
普罗米修斯	那是徒劳,是天真的愚蠢。
俄刻阿诺斯	就让我害愚蠢的病吧,最好是大智若愚啊。
普罗米修斯	我派你去,就像是我愚蠢。
俄刻阿诺斯	你这话分明是打发我回家。
普罗米修斯	是的;免得你为我而悲叹,招人仇恨。
俄刻阿诺斯	是不是招那刚坐上全能宝座的神仇恨?
普罗米修斯	你要当心,别使他恼怒。
俄刻阿诺斯	普罗米修斯,你的灾难是个教训。
普罗米修斯	快走吧,回家去吧,好好保持着你现在的意见。
俄刻阿诺斯	你是这样说,我就走了;我是只四脚鸟,用它的翅膀拍着天空中平滑的道路;它甚喜欢家中的厩舍里弯着膝头休息。

(俄刻阿诺斯乘飞马自观众左方退出。)

四 第一合唱歌

歌　　队	(第一曲首节)普罗米修斯,我为你不幸的命运而悲叹,泪珠从我眼里大量滴出来,一行行打湿了我的细嫩的双颊。真是可怕啊,宙斯凭自己的法律统治,向前朝的神显出一副傲慢的神情。
	(第一曲次节)现在整个世界都为你大声痛哭,那些住在西方的人悲叹你的宗族曾经享受的伟大而又古老的权力;那些住在神圣的亚细亚的人也对你的悲惨的苦难表示同情。
	(第二曲首节)那些住在科尔喀斯土地上的勇于作战的女子,和那些住在大地边缘,迈俄提斯湖畔的斯库提亚人也为你痛哭。
	(第二曲次节)那驻在高加索附近山地上的敌军,阿拉伯武士之花,在尖锐的戈矛的林中呐喊,对你表示同情。
	(本节完)
	我先前只见过一位别的提坦神带着钢镣铐,忍受着同伴的痛苦和侮辱,那就是阿特拉斯,他的强大的体力不寻常,他背着天的穹窿在那里呻吟。
	(末节)海潮下落,发出悲声,海底在鸣咽,下界黑暗的地牢在号啕,澄清的河流也为你的不幸的苦难而悲叹。

五 第二场

普罗米修斯	我默默无言,不要认为我傲慢顽固。眼看我受这样的迫害,愤怒咬伤了我

的心！

是谁把特权完全给了这些新的神？不是我，是谁？这件事不说了；因为我要说的，你们早已知道。且听人类所受的灾难，且叫他们先前多么愚蠢。我怎样使他们变聪明，使他们有了理智。我说这话，并不是责备人类忘恩负义，只不过表明一下我厚赐他们的那番好意罢了。

他们先前视而不见，听而不闻，好像梦中的形影，一生做事七颠八倒；不知道建筑向阳的砖屋，不知道用木材盖屋顶，而是像一群小蚂蚁，住在地底下不见阳光的洞里。他们不知道凭可靠的征象来认识冬日、开花的春季和结果的夏天；做事全没个准则；后来，我才教他们观察不易辨认的星象的升沉。

我为他们发明了数学，最高的科学，还创造了字母的组合来记载一切的事情，那是工艺的主妇，文艺的母亲。我最先把野兽架在轭⑮下，给它们搭上护肩和驮鞍，使它们替凡人担任最重的劳动；我更把马儿驾在车前，使它们服从缰绳，成为富贵豪华的排场。那为水手们制造有麻布翅膀的车来航海的也正是我，不是别的神。

我为人类发明了这样的技巧，我自己，唉，反而没有巧计摆脱这眼前的苦难。

歌　队　长　你忍受着屈辱和灾难；你失去了智慧，想不出办法，像一个庸碌的医生害了病，想不出药来医治自己，精神很颓丧。

普罗米修斯　等你听见了其余的话，知道我发明了一些什么技巧和方术，你会更称赞我呢。人一害病就没有救，没有药吃，没有药喝，也没有膏子敷，因为没有药医治，就渐渐衰弱了。后来，我教他们配制解痛的药，驱除百病。我还安排了许多占卜的方法，最先为他们圆梦，告诉他们哪一些梦会应验；还有，那些偶尔听见的难以理解的话和路上碰见的预兆，我也向他们解释了；爪子弯曲的鸟的飞行，哪一种天然表示吉兆，哪一种表示凶兆，各种鸟的生活方式，彼此间的情以及起落栖止，我也给他们分别得清清楚楚；它们心肝的大小，肝脏的斑点均匀不均匀，胆囊要是什么颜色才能讨神们喜欢，这些我都告诉了他们；罩上网油的大腿骨和细长的脊椎我都焚烧了⑯，这样把秘密的方术传给了人类；我还使他们看清了火焰的信号，这在从前是朦胧的。这些事说得够详细了。至于地下埋藏的对人类有益的宝藏，金银铜铁，谁能说是他在我之前发现的？谁也不能说——我知道得很清楚——除非他信口胡说。请听我一句话总结：人类的一切技艺都是普罗米修斯传授的。

歌　队　长　不要太爱护人类，而不管自身受苦；我相信你摆脱了镣铐之后会和宙斯一样强大。

普罗米修斯　可是全能的命运并没有注定这件事这样实现；要等我忍受了许多苦难之后，才能摆脱镣铐；因为技艺总是胜不过定数。

歌　队　长　那么谁是定数的舵手呢？

普罗米修斯　三位命运女神和记仇的报复女神们。

歌　队　长	难道宙斯没有她们强大吗？
普罗米修斯	他也逃不了注定的命运。
歌　队　长	宙斯不是命中注定永远为王吗？
普罗米修斯	这个你不能打听，不要再追问了。
歌　队　长	你一定是保守着什么重大秘密。
普罗米修斯	谈谈别的事吧；这还不是道破的时机，我得好好保守秘密；因为只有这样，才能摆脱这些有伤我的体面的镣铐和灾难。

①选自《罗念生全集》第二卷，〔古希腊〕埃斯库罗斯著，罗念生译，上海人民出版社 2007 年版。埃斯库罗斯(前 525—前 456)，古希腊三大悲剧诗人之一，恩格斯曾称他为"悲剧之父"。代表作有《被缚的普罗米修斯》《被释放的普罗米修斯》《带火的普罗米修斯》组成的三部曲、《阿伽门农》等。　②伊阿珀托斯(Iapetus)：希腊神话中一位提坦巨人，普罗米修斯的父亲，属于提坦神族，该族是天空之神乌拉诺斯和大地之神盖娅的子女，他们曾统治世界，但被宙斯家族推翻并取代。　③忒弥斯(Themis)：十二提坦神之一。法律和正义的象征。　④俄刻阿诺斯(Oceanus)：十二提坦神之一。远古的希腊人相信大地是一块圆饼，周围有一条河环绕着，俄刻阿诺斯是这条河的主神。　⑤乌拉诺斯(Uranus)：天空之神，是地神盖娅的儿子和丈夫。　⑥盖娅(Gaea)：大地之神，众神之母，希腊神话中最早出现的神。在开天辟地时，由混沌神卡厄斯(Chaos)所生。盖娅生下天空乌拉诺斯、海洋彭透斯和山脉乌瑞亚，并与乌拉诺斯结合生了六男六女（十二个提坦巨神）、三个独眼巨人和三个百臂巨神，是世界的开始。至今，西方人仍然常以"盖娅"代称地球。　⑦克洛诺斯(Cronus)：第一代提坦十二神的领袖，推翻了其父乌拉诺斯的统治并领导了希腊神话中的黄金时代，直到被自己的儿子宙斯推翻。宙斯推翻他父亲后，把一些提坦神关在地底的塔耳塔洛斯之中。　⑧一般的传说把忒弥斯当作地神盖娅的女儿，此处忒弥斯与地神化成了一体。　⑨膂(lǚ)力：体力，力气。膂，脊梁骨。　⑩血族关系：叔侄关系，俄刻阿诺斯是天和地的儿子，普罗米修斯的父母是天和地的儿女。　⑪产铁的地方："产铁"原文作"铁的母亲"，据说这是大地的浑名。俄刻阿诺斯是水中的神，竟到陆地上来了。　⑫刺棍：刺马赶牛的双尖头棍。此句意为"不要反抗，自找苦吃"。　⑬阿特拉斯(Atlas)：希腊神话中提坦神之一。因反抗宙斯失败，被罚在世界最西处用头和手顶住天。欧洲人多以他的画像装饰地图封里，由此称地图集为"阿特拉斯"。　⑭赫淮斯托斯：火神，希腊十二主神之一，宙斯与赫拉之子。隐居在埃托纳山，联合独眼怪族开发丰富的矿山，专门打造精良的器具。　⑮轭：驾车时搁在牛马颈上的曲木。　⑯普罗米修斯曾教凡人把网油裹在骨头上面，好欺骗宙斯，使他挑选骨头，不挑选那旁边摆着的肉。宙斯看穿了这诡计，但他还是挑选了骨头，借此惩罚普罗米修斯。

中希神话中的第一个女人

有人考证说，中国神话中女娲的神话是最早产生的。女娲不仅独立创造了人类，而且是把女人和男人同时创造出来的，不分先后，不分优劣，这在世界神话中是绝无仅有的。之后，在女娲补天这则神话中，女娲又一次拯救了人类。当时，撑天的柱子被水神共工撞断后，女娲救民于水火，担当了补天的重任，又除恶龙，逐猛兽，堙塞洪水，使民众重新安居乐业。她从不表彰自己的功劳，也不炫耀自己的声誉，因而被人们尊为功劳上达九天、下及黄泉的慈爱、谦逊、伟大的人类母亲。像这样把一个女神当作人类创造者、保护者、造福者来描写，在整个世界神话史中也是少有的。与中国神话不同,希腊神话则多半是把创造人类的功绩归于男神。普罗米修斯所造的人仅仅是男人,而第一个女人潘多拉却是宙斯为了惩罚男人而叫众神摹仿女神的样子拼凑出来的。她的出现,给世界带来了各种灾难。希腊神话的这种处理明显地反映了扬男抑女的思想。希伯来神话把女人说成是由男人身上的一根肋骨造成,更说明女人是从属于男人的,这或许是后代男尊女卑理论的最早来源。为什么中国神话中突出女神的智慧和忘我精神,而希腊神话则扬男抑女?这是由于中国神话主要是氏族社会母权制时代的产物,而希腊神话则是原始社会父权制的产物。

(引自《中西艺术比较》,李志雄编著,四川科学技术出版社1988年版)

中西诗歌比较阅读

　　无论东方还是西方,诗歌都是出现得最早的一种文体。从"嗨唷嗨唷"的劳动歌谣开始,人类就不自觉地开始了文学创作的道路。有一种说法:诗歌不在于说了什么,而在于怎么说。这"怎么说"就是怎么"表达",就是语言形式的问题。人类文化在很大的程度上是受语言控制的,有什么样的语言结构,就有什么样的文化结构,从而也就有什么样的诗歌结构。可以说,一切诗歌的特定妙谛总根源于特定的语言形式。欧洲最早的诗歌是长篇叙事诗,是史诗,是《神曲》,中国最早的诗歌是简约清隽的抒情诗,是《诗经》,是《楚辞》,中国历来就缺少结构宏达的史诗,这其中的文化根源值得我们去探求。

雨　巷①

戴望舒

撑着油纸伞,独自
彷徨在悠长,悠长
又寂寥的雨巷,
我希望逢着
一个丁香一样的
结着愁怨的姑娘。

她是有
丁香一样的颜色,
丁香一样的芬芳,
丁香一样的忧愁,
在雨中哀怨,
哀怨又彷徨。

她彷徨在这寂寥的雨巷,
撑着油纸伞
像我一样,
像我一样地
默默彳亍着
冷漠、凄清,又惆怅。

她默默地走近，
走近，又投出
太息一般的眼光
她飘过
像梦一般的，
像梦一般的凄婉迷茫。

像梦中飘过
一枝丁香的，
我身旁飘过这个女郎；
她静默地远了，远了，
到了颓圮的篱墙，
走尽这雨巷。

在雨的哀曲里，
消了她的颜色，
散了她的芬芳，
消散了，甚至她的
太息般的眼光
丁香般的惆怅。

撑着油纸伞，独自
彷徨在悠长，悠长
又寂寥的雨巷，
我希望飘过
一个丁香一样的
结着愁怨的姑娘。

① 选自《戴望舒经典诗选》，戴望舒著，江苏文艺出版社 2012 年版。戴望舒（1905—1950），原名戴梦鸥，浙江杭州人，现代著名诗人。"望舒"出自屈原的《离骚》："前望舒使先驱兮，后飞廉使奔属。""望舒"是指神话传说中替月亮驾车的美丽优雅的天神。因其诗作《雨巷》而被称为"雨巷诗人"。主要作品有《我底记忆》《望舒草》《灾难的岁月》等诗集。

红红的玫瑰①

〔英国〕彭 斯②

A Red, Red Rose
O my Luve③ is like a red, red rose,
That's newly sprung in June;
O my Luve is like the melodie④,
That's sweetly pla'd in tune.

As fair art thou⑤, my bonnie lass,
So deep in luve am I;
And I will luve thee still, my dear,
Till a' the seas gang dry.⑥

Till a' the seas gang dry, my dear,
And the rocks melt wi'⑦ the sun;
O I will luve thee still, my dear,
While the sands o' life shall run.⑧

And fare thee weel⑨, my only luve,
And fare thee weel, a while!
And I will come again, my luve,
Tho it were ten thousand mile.

啊,我爱人像一朵红红的玫瑰,
它在六月里初开;
啊,我爱人像一支乐曲,
美妙地演奏起来。

你是那么美,漂亮的姑娘,
我爱你那么深切;
我要爱你下去,亲爱的,
一直到四海枯竭。

一直到四海枯竭,亲爱的,
到太阳把岩石烧裂!
我要爱你下去,亲爱的,
只要是生命不绝。

再见吧——我唯一的爱人,
我和你小别片刻;
我要回来的,亲爱的,
即使是万里相隔。

①原文见《永生的启示——英国浪漫主义诗歌名篇赏析》,章燕主编,湖北教育出版社2010年版。 ②彭斯(1759—1796),苏格兰诗人。18世纪的苏格兰属英格兰管辖,在政治、经济、军事、宗教等方面都受到英格兰的压制,苏格兰本土语言和文化在当时也遭受来自英语和英格兰文化的威胁,面临失去其独立性的危险。英语逐渐渗入苏格兰文学之中,使原有的苏格兰语言被迫退缩到一个角落,只在日常生活语言及小部分文学形式里有所运用,苏格兰语已不再是一门具有独立性的语言,而被降低到乡土方言的地位。彭斯采用传统的苏格兰语言写作,自然、简洁、古朴,重新展示了苏格兰语言的魅力。luve,lass,gang等词汇均来自苏格兰方言。另外,诗中多次运用省音的拼写,如 a',wi'等体现苏格兰方言独特的发音方式。这些都无疑使这首爱情颂歌透露出典型的苏格兰风情。 ③luve:love,苏格兰方言。 ④melodie:melody,歌曲或美妙的旋律。 ⑤art thou:you are,art是古英语或诗歌中be的第二人称形式。 ⑥Till a' the seas gang dry:直至天下海水枯竭。a'即all;gang即go;本句将诗分为两部分,诗人把他对爱情的描写扩大到整个宇宙,他笔下的爱情也由此具备了海枯石烂、永不变心的永恒性。 ⑦wi':with。 ⑧While the sands o' life shall run:这里借沙漏中沙子的流动暗指生命的流逝。 ⑨fare thee weel:farewell to you,再见。

《雨巷》赏析

《雨巷》一诗熔铸古典诗词艺术和现代诗歌手法。首先,《雨巷》的意境与李璟的"青鸟不传云外信,丁香空结雨中愁"遥相呼应;其次,诗歌以梅雨时节江南小巷为画面背景,借助"油纸伞""丁香""悠长寂寥的雨巷"等意象以及复沓回旋的音韵结构,构筑起了一个富有浓重象征色彩的抒情意境,一幅优美的写意画。它描写的是一次邂逅、一种可遇(欲)而不可求的怅惘,没有《关雎》中"寤寐思服,辗转反侧"的烦躁,也少了苏轼《蝶恋花》里"笑渐不闻声渐悄,多情却被无情恼"那样的怨恼,有的只是一份深深的彷徨在心头惆怅。

(参考《〈雨巷〉与中国人物画创作古典意境的统一性》,李一,
见《名作欣赏》(文学研究版),2008年第4期)

中西方诗歌表达方式比较

在中国"直""显""露"是诗的大忌,从诗意的表现,感情的抒发,到哲理的显示,无不要求含蓄蕴藉,这与西方诗是很不同的。西方诗人常常是依靠对于心灵的直接揭示,来痛快淋漓地表现人生。柯勒律治认为"最理想完善的诗人能把他的整个心灵抖擞起来"。雨果论拜伦时说:"他的话语反映了深沉的灵魂,他的叹息表述了整个的生涯。他的心扉,似乎每当一个思想从中喷射出来的时候,就要张开一下,犹如一座狂吐火焰的火山。痛苦、欢乐、情欲对他来说都没有什么神秘,而如果说他只让人通过一层纱幕看到真实的物体,那么,他却把理想的境界表现得一览无遗。"中国的诗歌则不同。诗人的立意在作品中往往委婉曲折、含而不露。在读者看来如同隔着一层纱幕,若明若暗,若隐若见。对于这种表现特点,《白雨斋词话》是这样概括的:"写怨夫思妇之怀,寓孽子孤臣之感。凡交情之冷淡,身世之飘零,皆可于一草一木发之。而发之又必若隐若见,欲露不露,反复缠绵,终不许一语道破。"

(引自《略论中国诗歌的民族风格特色》,王志强,见《烟台师院学报》(社会科学版),1984年第2期)

中西艺术比较赏析

　　艺术是什么？历来众说纷纭。美国杜威说"艺术即经验"，意大利克罗齐说"艺术即直觉"，法国罗丹又说"艺术即感情"。中国古人则认为"情动于中而形于言，言之不足，故嗟叹之；嗟叹之不足，故永歌之；永歌之不足，不知手之舞之足之蹈之"，有"情志说"、"写意说"、"传神说"等。可见中西方对艺术的产生与功能有共识：艺术与志、情、意、神，或者经验、直觉、感情的表达有关。从总体上讲，中国艺术体现出强烈的写意性、整体感、运动感，追求内容与形式的高度和谐；西方艺术则体现出强烈的写实性、科学性和真实感。如果分别用一个词对中西艺术迥异的总体风格加以概括，那就是中国艺术的"写意"与西方艺术的"写实"。然而写实与写意并非截然不同，因为异曲可以同工，殊途也可以同归，因为人类的情感是相同的，艺术的作用是相同的。

月朦胧，鸟朦胧，帘卷海棠红①

朱自清

　　这是一张尺多宽的小小的横幅，马孟容君画的。上方的左角，斜着一卷绿色的帘子，稀疏而长；当纸的直处三分之一，横处三分之二。帘子中央，着一黄色的，茶壶嘴似的钩儿——就是所谓软金钩么？"钩弯"垂着双穗，石青色；丝缕微乱，若小曳于轻风中。纸右一圆月，淡淡的青光遍满纸上；月的纯净，柔软与平和，如一张睡美人的脸。从帘的上端向右斜伸而下，是一枝交缠的海棠花。花叶扶疏，上下错落着，共有五丛；或散或密，都玲珑有致。叶嫩绿色，仿佛掐得出水似的；在月光中掩映着，微微有浅深之别。花正盛开，红艳欲流；黄色的雄蕊历历的，闪闪的。衬托在丛绿之间，格外觉着妖娆了。枝欹斜而腾挪，如少女的一只臂膊。枝上歇着一对黑色的八哥，背着月光，向着帘里。一只歇得高些，小小的眼儿半睁半闭的，似乎在入梦之前，还有所留恋似的。那低些的一只别过脸来对着这一只，已缩着颈儿睡了。帘下是空空的，不着一些痕迹。

　　试想在圆月朦胧之夜，海棠是这样的妩媚而嫣润；枝头的好鸟为什么却双栖而各梦呢？在这夜深人静的当儿，那高踞着的一只八哥儿，又为何尽撑着眼皮儿不肯睡去呢？他到底等什么来着？舍不得那淡淡的月儿么？舍不得那疏疏的帘儿么？不，不，不，您得到帘下去找，您得向帘中去找——您该找着那卷帘人了？他的情韵风怀，原是这样的哟！朦胧的岂独月呢；岂独鸟呢？但是，咫尺天涯，教我如何耐得？我拼着千呼万唤；你能够出来么？

这页画布局那样经济，设色那样柔活，故精彩足以动人。虽是区区尺幅，而情韵之厚，已足沦肌浃髓②而有余。我看了这画，瞿然而惊；留恋之怀，不能自已。故将所感受的印象细细写出，以志这一段因缘。但我于中西的画都是门外汉，所说的话不免为内行所笑。——那也只好由他了。

1924年2月1日，温州作。

①选自《朱自清经典作品选》，朱自清著，当代世界出版社2002年版。1923年至1924年朱自清在浙江省立第十中学（温州中学的前身）任教，《温州的踪迹》是这一时期的作品，共4篇，本文是其中一篇，描写一张国画的意境。画的作者马孟容，是我国现代著名的国画家，最擅长画花鸟、草虫、鱼蟹，与朱自清共同执教于温州中学，结下了深厚友谊。 ②沦肌浃髓：沦，浸没在水里；浃，湿透。浸透了肌肉和骨髓。比喻感受很深刻。

看蒙娜丽莎看①

熊秉明

一

面对一幅画，我们说"看画"。

画是客体，挂在那里。我们背了手凑近、退远、审视、端详、联想、冥想、玩味、评价。大自然的山水、鸟兽、草木，人间的英雄与圣徒、好女与孩童、爱情与劳动、战争与游戏、欢喜与悲痛，都定影在那里，化为我们"看"的对象。连上想象里的鬼怪与神祇、天堂与地狱、创世纪与最后审判；连上非想象里的抽象的形、纯粹的色、理性摆布的结构、潜意识底层泛起的幻觉，这一切都不再对我们有什么实际的威胁或蛊惑。无论它们怎样神奇诡谲，终是以"画"的身份显示在那里，作为"欣赏"的对象，听凭我们下"好"或者"不好"的评语。

达芬奇《蒙娜丽莎》

欣赏者——欣赏对象。

这是我们和画的关系。我们处于一种安全而优越的地位，享受着观赏之主体的愉快、骄傲和踌躇满志。

然而走到蒙娜丽莎之前，情形有些不同了。我们的静观受到意外的干扰。画中的主题并不是安安稳稳地在那里"被看"、"被欣赏"、"被品鉴"。相反，她也在"看"，在凝目谛视，在探测。侧了头,从眼角上射过来的目光,比我们的更专注、更锋锐、更持久、更具密度、更蕴深意。她争取着主体的地位,她简直要把我们看成一幅画、一幅静物,任她的眼光去分析、去解剖,而且估价。她简直动摇了我们作为"欣赏者"存在的权利和自信。

二

也并非没有在画里向我们注视的人物。

像安格尔(Ingres,1780—1867)②的那些贵妇与绅士,端坐着,像制成标本的兽,眼窝里嵌着瓷球,晶亮、发光,很能乱真,定定地瞅过来,然而终于只是冷冰的晶亮的瓷球。这样的空虚失神的凝视当然不给我们什么威胁。

像提香(Titian,1490—1576)③的威尼斯贵族男子肖像,眼瞳里闪烁着文艺复兴时代贵族们的阴鸷的狡诈,目光像浸了毒鸩的剑锋,向你挑战。他们娴于幕前和幕后的争权夺利,明枪暗箭,在瞥视你的顷间,已估计了你的身世、才智、毅力、野心以及成败的机会率。

像林布兰特(Rembrandt,1606—1669)④的人物,无论是老人、妇人、壮者以及孩子,他们往往也是看向观赏者的。他们的眼光像壁炉里的烈焰,要照红观者的手、面庞、眼睛、胸膛,照出观者肺腑里潜藏着的悲苦与欢喜。把辛酸燃烧起来,把欢乐燃烧起来,把观者的苍白烘照成赤金色……

这样的画和我们的关系,也不仅只是"欣赏者——欣赏对象"的关系。它们也有意要把我们驱逐到欣赏领域以外去,强迫我们退到存在的层次,在那里被摆布、被究诘、被拷问、被裁判、被怜悯、被扶持、被拥抱。

安格尔《勒布朗肖像》

提香《鲍尔三世画像》

三

而蒙娜丽莎的眼光是另一样的,在存在的层次,对我们作另一种要求。

她看向你,她注视你,她的注视要诱导出你的注视。那眼光像迷路后,在暮色苍茫里,远远地闪起的一粒火光,耀熠着,在叫唤你,引诱你向她去。而你也猝然具有了鸥枭的视力,野猫子的轻步,老水手观测晚云的敏觉。

四

有少女的诱惑和少妇的诱惑。

少女的。在她的机体发育到一定的时刻,便泛起饱和、滋润和鲜美。皮肤的色泽,匀净纯一之至,从红红到白白之间的转化,自然而微妙,你找不到分界的迹象。肢胴的圆浑,匀净纯一之至,你不能判定哪里是弧线,哪里是直线,辨不出哪里是颈的开始,哪里是肩的消失。

你想努力去辨析,而终不能,而你终于在这努力里技穷、哑然、被征服。少女自己未必自觉吧。一旦自觉,也要为这奇异的诱惑力感到吃惊,而羞涩、不安、含着歉意,但每一颗细胞,每一条发光的青丝并不顾虑这些,直放射着无忌惮的芬香。

有少妇的诱惑。她在心灵成熟到一定的时刻,便孕怀着爱和智慧,宽容与真,温柔与刚毅,对生命的洞识和执著。她的躯体仍有美,然而锋芒已稍稍收敛了。活力仍然充沛饱满,然而表面的波轮已稍稍平静了。皮下的脂肪已经聚集,肌肤水分已经储备,到处的曲线模拟果实的浑满。她懂得爱了,而且爱过,曾经因爱快乐过,也痛苦过,血流过,腹部战栗过,腰酸痛过。她如果诱惑,她能意识到那诱惑的强度,和所可能导致的风险。她是那诱惑的主人。她是谨慎的,她得掌握住自己的命运,以及这个世界的命运。虽然诱惑,她的生命不轻易交付出来,她也不许你把生命轻易拿出交换。如果她看向你,她的眼睛里有着探测和估量。

蒙娜丽莎的眼睛是少妇的。

五

她知道她在做什么。她向你睇视,守候着。她在观察,像那一双优美的叠合的手,耐心地期待。

她睇向你,等你看向她。她诱惑你的诱惑,等待你的诱惑。

假如你不敢回答,她只有缄默。假如你轻率地回答,她将莞尔报以轻蔑的微笑。假如你不能毅然走向她,她决不会来引向你。她在探测你的存在的广度、高度、深度、密度,她在探测你的存在的决心和信心。

她的眼睛里果有什么秘密么?你想窥探进去,寻觅,然而没有。欠身临视那里,像一眼井,你看见自己的影子。那里只有为她所观测、所剖析你自己的形象。像一面忠实的明镜,她的眼光不否定,也不肯定,可能否定,也可能肯定,但看我们自己的抉择和态度。她的眼光像一束透射线,要把我们内部存在的样式映在毛玻璃上,使骨骼内脏都历历在目。她的眼光是一口陷阱,将我们的过去、现在和未来都一并活活地捕获。如果那眼光里有秘密可寻,那正是我们的彷徨、惶悚、紧张、狼狈。爱么? 不爱么? To be or not to be?⑤

她终不置可否,只静待你的声音。她似乎已经料到你的回答,似乎已经猜透你的浮夸、轻薄、怯懦,似乎已经察觉你的不安、觉醒以及奋起,以及隐秘暗藏的抱负——于是嘴角上隐然泛起微笑。

六

神秘的笑。因为是一种未确定的两可的笑。并无暗示,也非拒绝。不含情也非严峻的矜持。她似关切,而又淡然。在一段模棱不定的距离里,冷眼窥视你的行止。

她超然于有情和无情之上,然而她也并未能超然于有情无情之上。她的命运也正是你的决定所造就。她的凝视,正是凝视她自己命运的形成。她看自己的命运似乎看得十分真切,以至她可以完全平静地、泰然地去接受。而此刻,她在有情与无情之上,将有情,却尚未有情。

尚未有情的眼光是最苛求的。如果真是爱了,那爱的顾盼有宽容、溺爱。它将容忍我们的缺陷，慰藉我们的尚未坚强，扎裹我们的创伤。而尚未有爱的顾盼则毫无纵容的余地，它瞄准我们，对我们的要求绝对严、无限大。它在无穷远的距离，向我们盯视、召唤，我们只能是一个无穷极的追求，无休止的奔驰。

七

达芬奇是置身于这可怕的眼光中的第一个。而他就是创造这眼光的人。他在这可怕的眼光中一点一点塑造这眼光的可怕。

世界上的一切，对达芬奇来说，都一样是吸引，激起他的惊异，挑起他的探索，是对他的能力的测验、挑战。

向高空飞升，自高空而降的陨落；水的浮，水的流；火的燃烧，火的爆炸力跨过齿轮，穿过杠杆，变大、缩小，栖在强弩的弦上。他制造了飞翼、飞厢、潜水衣、踩水履。他已恍然感到凌空凭虚的晕眩，听长风在翼缘上吹哨，预感到翼底大气的阻力系数。像描绘波状的柔发，他描绘奇妙的流体力学的图式。他使水在理想都市的下水道里听从地流泻。他制造的火花飞到夜空的星丛之间；他用凹面镜收聚太阳的光线；他计算从地球到月球的路程……

云的形状，山峰的形状，迷路在山顶的海贝，野花瓣萼的编制，兽体的比例，从狮子的吼声到苍蝇翅膀的嗡嗡……都引起他的讶异、探问、试验。他从此刻的山、云、海的性质样态，幻想造山时代巉岩怪石的迸飞，世界末日的气、水、火、风的大旋舞。他剖开人体，看血管密网的株式分布，白骨的黄金分割，头颅脑床的凹形，心脏的密室。他画过婴儿的圆润。老人的棱角嶙峋，少男少女的俊秀，从千变万化的面貌中演绎出圣者、智者以及臃肿戆蠢的丑怪。从面貌的千变万化中捕捉心灵的阴晴风雨，幸福与悲剧。生的微笑，死的恐怖，犹大的阴险惶惑，其余十一个门徒的惊骇、悲伤、无助、绝望，人之子大爱的坦然，圣母的温慈，圣母之母的安详。

他画过尚在子宫里沉睡的胎儿，画过浑圆的孕妇的躯体，画过被吊毙的囚犯，在酣战中号叫的斗士。他守候过生命在百龄老人躯体里如何渐渐撤退。他买回笼鸟，为了放生，却又精心地设计屠杀的武器。而冷钢的白刃却又具有优美的线条，一如少女的乳峰。设计刺穿一切胸膛以及一切盾的矛，并设计抵御一切暴力和一切矛的盾……真正是矛盾的人物。神与魔、光与影、美和丑、物和心都有被他同等研究、探索、描绘的欲求和兴致，不仅没有神，也没有魔鬼。没有恐惧，也没有崇拜。一切都必须看个明白、透彻。浮士德式的人物。

他的宇宙论里没有神，只有神秘；没有恶魔，然而充满诱惑。

八

但是，女人，这一切诱惑中的诱惑，他平生没有接近过。他不但不曾结婚，而且似乎没有恋爱过。翻完那许多手稿几乎找不到一点关于女人在他真实生活中里的记录。他不是没有被召见于当时的绝色而富有才华的伊莎伯代思特，受到其他贵族奇女子的赏识和宠遇，他何尝不动心于异性的妩媚和风采？他不是精微地描绘过她们的容貌的么？他不是一再画过神话里的丽达⑥的裸体么？但是他的智慧要他冷眼观察这诱惑的性质、作用。

像一个冷静的科学家，他对于那诱惑进行带着距离的观测。他要从自己激动的心理状态中蝉蜕出来,把自己化为两个个体,精神分裂开来,反观自己,认识诱惑现象。

他像一个炼金术的法师,企图把"诱惑"这元素从这个世界里提炼出来,变成一小撮金粉,储藏在曲颈瓶底给人看。

又像一个羞涩、畏怯的男孩,他只窃窃地躲在窗子后面,远望街转角上她的身影。不吻、不抱。他满足于观察她的傲然、矜持而又脉脉的善意的流盼。他一生就逗留在这青春的年纪,少年维特①的危险的年纪。

达芬奇和蒙娜丽莎,也就是达芬奇和女性的关系。而达芬奇和女性的关系,也就是达芬奇和这个世界一切事物的关系。一切事物都刺激他的好奇、追问,一切事物于他都是一种诱惑。而女性的诱惑是一切诱惑的集中、公约数、象征。

这纯诱惑与追求之间有一种形而上学的距离,如果诱惑者和被诱惑者一旦相接触了,就像两个磁极同时毁灭。没有了诱惑,也没有了追求。这微笑的顾盼是一个永远达不到的极限,先验地不可能接近的绝对。于是追求永在进行,诱惑也永在进行,无穷尽地趋近。

九

达芬奇不是一个作形而上学、玄思的哲学家。他的兴趣是具体世界的形形色色,和中世纪追求理念世界的哲学是背道而驰的。他的问题在形形色色之中,也只在形形色色之中。他的哲学是这可见的、可度量、可捉摸的世界的意义,这意义及其神秘也就是形色光影所构成。他的哲学可以看得见,画得出,他要画出这世界的秩序、法则,以图画解说这世界,以图画作为分析这世界,认知这世界,征服这世界,改造这世界的工具。他要画出最初的因,最终的果。他要画出生命的起源,神秘的诞生。他要画出诱惑的本质,知性的觉醒。

十

而有一天,一切神秘,一切鬼睒眼的诱惑的总和,他恍然在这一个女人的面庞上分明地看见了,像镭元素从几十吨矿砂中离析出来,闪起离奇的光。那是一对眼波,少妇的,含激烈的、必然性的、命令性的诱惑,而尚未含情,冷然侧眇。那眼光后面隐藏着一切可能的课题,埋伏着一切鬼睒眼的闪熠。一切形形色色都植根在其中,又似乎一无所有,只是猜不透。

然而探讨必须把这眼光捕捉到,捕捉这不可捕捉的。即使达芬奇毕生不曾遇到这一个叫卓孔达夫人②的蒙娜丽莎,总有一天,他终要创造出这眼光来的。他画圣母,圣约翰③洗礼者不都早就酷似这一面形,这一微笑么?

卓孔达夫人的笑容究竟是怎样的?由另一个画家画来,会是什么样子?是达芬奇心目里的女人的神秘的笑酷似卓孔达的夫人的笑呢?还是卓孔达夫人的笑酷似芬奇心目里的女人的笑呢?两个笑容互相回映、叠影、交融,不再能分得开。

十一

这或许是一件平常,甚至凡俗不足道的事——画家和模特儿的故事。戈雅(Goya,1746—1828)④曾画了裸体的玛亚,玛亚的丈夫突然想看看画像进行得怎样了,戈雅连夜赶出了《着衣的玛亚》。

富商卓孔达先生聘请达芬奇为他的爱妻作肖像。画家一见这面貌便倾倒了。那面貌似曾相识，给他以说不出的无比的吸引。但画家不愿走近模特儿一步。这一面貌是对他的天才的挑战。他用了世间罕见的智慧和绝艺刻画她的诱惑，并画出他所跨不过去、也不愿跨过去的他和她之间的距离。

这或许是一件平常、很可解释而并不足为怪的事——精神分析学家的一个病例。他不能真的去拥抱女人。恋母情结牵引起来的变态心理。他只能把女性放在远处去观照。他不肯把歌赞、爱慕兑换为肉体的接触。但是他把他的追求的心捧出来给人看，不，把她的诱惑隔离出来给人看。他所画的已不是她，不是诱惑者，他直要画出"诱惑"本身，把诱惑提炼了、结晶了，冷藏在画框中。诱惑已经和性别分离开来而成为"纯诱惑"。有人甚至疑心到蒙娜丽莎是少男乔装的女人。达芬奇的圣约翰洗礼者正有这样离奇地微笑着的柔和的面孔。但是蒙娜丽莎的那一双手难道也能乔装么？而且便退一百步说，那真是乔装的少年，那么依然是冒充了女性的诱惑，依然是"女性的"诱惑了。

十二

没有发饰，没有一颗珍珠、一粒宝石，没有一枚指环，衣服上没有丝微绣花，她素淡到失去社会性、人间性。只要比较一下文艺复兴时代女子的肖像，就立刻可以发现这一点。她的诱惑不依赖珠宝的光泽、锦绣的绮丽。只伴以背后的溪流，一段北意大利阿尔卑斯山嶙峋峥嵘的峰峦，蜿蜒而远去的山路，谷底的桥。她在室内么？在外光么？她在两者之间的露台上。浅绿的天光像破晓又像傍晚，像早春，又像晚秋，似乎在将放花的季节，又似乎空气里浮荡着正浓的葡萄酒的醇香。模棱两可的时刻，模棱两可的空间。没有田园，没有房舍，在这寂寥的道路上，没有驻足的可能。人只能从这峡谷匆匆穿过。而路那么曲折，使旅人惆怅而踟蹰。而此时没有人影。

曦色，或者夕色，抹在她的额上、颊上，袒着的前胸上，手背上。没有太阳，没有月，没有星辰。她混入无定的苍茫的大自然之中。汇合了一切视力，这一对眼睛闪烁着、灿然、盼然、皎然如一自然的奇景，宇宙的奇象。

引起另一双眼睛无穷极的注视。

十三

对于具有无穷之诱惑，绝对之诱惑的眼光，只能以无穷追求的心，绝对追求的心去捕捉、去刻画，在生存层次具有无穷诱惑的魅力的东西，那形象本身也必定有无穷尽的造型性的诡谲微妙。敢于从事无穷的追求的人，能感到无穷寻觅的大满足，永远画不完的大欢喜。像驰骋在大草原上的骏马酣欢，因为它跑不完这辽阔的草和天。他必须画出那画不出；他必须画出那画不出之所以画不出。他要一点一点趋近那画不完，而他要画不完那画不完。达芬奇曾经把生命消耗在那么多各样的作业上，而一无所成，因为都有个止境；而他不愿意有止境，他只得放弃。

而这一桩工作本身是不可能完成的。不可能的作业，非时间之内的作业。

一年、两年，三年，四年……大诱惑的而淡若无的笑渐渐地在画布上显现，得到恍惚的定影、得到恍惚的定义。然而既是永劫的诱惑和永劫的追求的角逐,绝对零是没有的,总保留着稀微的恍惚、浮动、模棱,总剩余那么一个极限的数字,那么一小段不断缩短的遥远,总还有那么一成未完成。而在这残酷、美妙而遥远的眼光下,画家老了。潇洒的长髯,浓密的长眉,透了白丝,渐渐花白,而白花、而化为一片银光、银雾。银雾里的眼睛,炯炯的鹰隼类的目光也渐渐黯淡了,花了,雾了。在她的凝目里,画家临终时,可能还曾在那最后一段不可测度的距离上走上前一步吧,在微妙的面庞的光影之间添上一笔吧,而画家终于闭上衰竭的两眼,让三尺见方的画布上遗下他曾经无穷追求的痕迹。

十四

而此刻,我们,立在达芬奇坐着工作了多少晨昏的位置上,我们看蒙娜丽莎的看。在蒙娜丽莎目光的焦点上,她不给我们欣赏者以安适、宁静,她要从我们的眼窝里摄出谛视和好奇,搜出惊惶与不安,掘出存在的信念和抉择的矫勇,诱惑出爱的炽燃,和爱之上的追问的大欲求,要把我们有限的存在扯长,变成无穷极的恋者、追求者、奔驰者,像落在太空里的人造星,在星际,在星云之际,永远飞行,而死在尚未触到她的时分,在她的裙裾之前三步的距离里。

①选自《熊秉明美术随笔》,熊秉明,人民文学出版社2008年版。熊秉明(1922—2002),云南人,法籍华人,艺术家、哲学家。　②安格尔:法国著名画家,古典主义画派的最代表人物。画风工细精致,长于肖像画。曾作为学院派主要画家与新兴的浪漫主义画派相抗衡。　③提香:意大利著名画家,文艺复兴时期威尼斯画派的主要代表人物。他把油画的色彩、造型、笔触的技法发展到一个新阶段。所作人物肖像画颇能展现人物的内心世界。　④林布兰特:即"伦勃朗",荷兰著名画家。善于运用明暗对比的手法,以聚光和透明阴影凸现主题,所作人物画善于描绘对象的性格特征。　⑤To be or not to be:莎士比亚的剧作《哈姆雷特》中的一句台词,译为"生存还是毁灭"。　⑥丽达:达芬奇于1506年创作过装饰画《丽达与天鹅》。丽达是希腊神话中的海仙女,嫁给斯巴达王廷达瑞俄斯,其夫忘了向爱与美的女神阿芙洛狄忒献祭,便遭报复。阿芙洛狄忒乘丽达在湖中洗浴时,让主神宙斯化为天鹅,自己变成鹰在后追赶。天鹅飞落湖边,丽达把它搂在怀里,遂怀孕产下四个卵,孵出四个儿女。　⑦少年维特:德国作家歌德早期小说《少年维特的烦恼》中的男主人公,是一个热烈追求爱情的少年,小说结尾维特用手枪结束了自己年轻的生命。　⑧卓孔达夫人:又译"乔孔达夫人"。达芬奇所作《蒙娜丽莎》的另一个标题叫《美丽的乔孔达》。据有关记载,画中的女子是意大利那不勒斯人,据说她的真名叫凯拉尔基妮,1495年与乔孔达结婚后,人们便以乔孔达夫人来称呼她了。达芬奇画她的时候,她年龄在30岁上下。　⑨圣约翰洗礼者:即施洗者约翰,基督教《圣经》中的人物,据《福音书》记载,他在耶稣传教之前就劝人忏悔,并在约旦河里为民众施洗,据说也为耶稣施洗。基督教认他为耶稣的先行者。　⑩戈雅:西班牙著名画家。中年以后画风由明丽转为苍浑,着重表现人物性格和社会矛盾。

中西思维的比较起点:用心与用脑

用心和用脑,这是两种有明显差别的认识世界的思维方式:中国人是强调天人合一、直观体悟、"知情意"贯通的,西方人是重视主客二分、逻辑推断、理性至上的。

中国人强调用心:用心学习、心思事成、心领神会、刻骨铭心、打动人心、心心相印。强调的是更深沉、执著,更富有情感的认识与体验。形成的是直观体悟的思维方式。

西方人强调用脑:按部就班、条分缕析的理性过程。对主与客、情与理、欲与情等皆进行明确区分和辨析。

(选自《超越文化差异——跨文化交流的案例与探讨》,潘一禾著,浙江大学出版社2011年版)

语言表达专题

大学生论文写作入门

本科生在大一、大二、大三阶段普遍关心学术小论文写作的问题,它不仅直接关系到大四毕业论文的撰写质量,而且还关系到毕业生的考研与就业,以及学院培养学生的质量与水平等一系列问题。

一、什么是学术论文

学术论文是对某个科学领域中的学术问题进行研究后,表述科学研究成果的理论文章。它具有以下四个特点:

第一,科学性。学术论文的科学性,要求作者不得主观臆造,必须切实地从客观实际出发,从中引出符合实际的结论。在论据上,应尽可能多地占有资料,以最充分的、确凿有力的论据作为立论的依据。在论证时,必须经过周密的思考,进行严谨的论证。

第二,创新性。创新性是科学研究的生命。学术论文的创新性在于作者要有自己独到的见解,能提出新的观点、新的理论。因此,没有创新性,学术论文就没有科学价值。

第三,理论性。学术论文具有论证色彩,或具有论辩特色。论文的内容必须符合唯物辩证法和历史唯物主义,符合"实事求是"、"有的放矢"、"既分析又综合"的科学研究方法。

第四,平易性。要用通俗易懂的语言表述科学道理,不仅要做到文从字顺,而且要准确鲜明、和谐生动。

二、学术论文写作的意义

撰写学术论文是本科教学计划的重要组成部分。

学术论文集中体现了作者的知识结构和能力结构水平,以及作者所独具的创造才能。

学术论文也是衡量学校教学质量和人才水平的重要指标之一。

三、学术论文写作应着重培养锻炼的五种能力

(一)资料收集的能力

实地考察、调查研究,发掘和掌握第一手资料。

文献信息的收集,包括该领域的主要期刊及相关论著。

主要检索收集方式,包括电子文献检索和纸质文献检索。

(二)文献资料的加工整理能力

通读资料,找出论点、论据及其论证方法;触发自己的思索、灵感,发挥想象力,进行新的创造。

加工整理。先分类、归类;找出线索,抓住重点;使自己的思路逐步清晰明确。

(三)理论研究能力

理论研究能力即:分析与综合的能力;归纳与演绎的能力;抽象的能力等。

具体要求:

第一,确立学术论文的核心论点和分论点,论点要新,不求大求全;

第二,根据已确立的论点选定材料,科学地组织材料。

(四)正确撰写学术论文的能力

学术论文应具有学术论文所共有的一般属性。其文体应是"工作研究型",也可以是"理论研究型"。

主要反映在提纲和论文稿两方面。

提纲三层次:题目、基本论点和内容纲要,强调逻辑关系和层次感。

正文:论文题目、摘要、正文和参考文献。正文是毕业论文的核心,一般含绪论、本论和结论三部分。

四、毕业论文写作的流程

选题→资料收集→文献综述→提纲(粗纲、细纲)→初稿→(反复修改)→定稿。

(一)选题是关键

选题原则:价值原则、科学性原则、创造性原则、可行性原则。

选题线索:现实中亟待解决的理论与实际问题;学科的边缘交叉结合部;前人研究的不足处,或未完成的课题。

注意事项:实事求是、量力而行;提出有科学价值问题的前提;制定详细的工作计划。

(二)资料是基础

资料收集的意义:资料收集是写论文的必要准备,对于写出高质量的论文至关重要。一般来讲,所要收集的资料包括直接材料和间接材料两种。前者是指作者在日常生活中的体验或通过系统的调查研究得出的数据;后者是指大量已有的相关的文字或音像资料,包括书籍、报刊杂志、网络材料、音像材料等。

收集途径:社会调查;学术交流;查阅文献资料。

根据大学生环境特点,主要采取以下方式获取资料:

☆电子资料

(1)中国期刊全文数据库:学校主页→图书馆→中国期刊全文数据库→高级检索/相关度检索→键入关键条件(作者、期刊、主题、关键词等),一般都可以下载和在线阅读。

(2)超星数字图书馆:学校主页→图书馆→中文图书→超星数字图书馆→高级检索→键入关键条件(作者、出版社、主题、关键词等),一般都可以下载和在线阅读。

(3)Google图书与学术搜索:在网址栏直接输入"book.google.com",可以进入Google图书,它是世界上最大的网络图书库,只是都不能下载,一部分可以在线阅读。在网址栏直接输入:"Scholar.google.com"进入Google学术搜索,一部分可以在线阅读,但是都不能下载。此外,在Google主页直接输入所要搜寻文献的关键词也可以搜索到一部分相关文章。

(4)Baidu搜索:主要可以利用"百度知道""百度百科"和一般的网页搜索,即在Baidu主页直接输入所要搜寻文献的关键词也可以搜索到一部分相关文章。

(5)MBA智库百科:目前最专业的经济管理类知识库,都是世界知名专家撰写的经济管理类词条和理论,财经专业的同学尤其应该经常到上面查找所需要的专业知识。

(6)"www.wiki.com"维基百科:全球最大的知识库,包罗万象,中英文版都有。

注:大部分电子文献支持的都是CAD或者PDF格式,所以在下载或者阅读之前,需要在电脑商安装CAD和PDF阅读软件。

☆ 纸质资料

应该重点利用好图书馆资源,根据图书馆编目索引寻找到相关图书和学术期刊里的相关文章,仔细研读。

☆ 文献资料整理

在大量收集相关文献资料的基础上,就要对资料进行筛选、整理和整合。

(1)快速浏览所收集资料,找出与课题相关度最高、论述最具体的一部分文献,其余全部排除;

(2)查看文献基本信息,找出核心期刊、名家专家、出版时间最近的文献,其余的可以选择性排除;

(3)快速阅读后,找出与自身初步构想的核心论点相关的学派、流派的文献,其余可以选择性排除;

(4)选出几篇写得最深刻、最新颖、最实、最相关的文章精读,其余的泛读;

(5)标注好文章的重点程度顺序,以便自己成文的时候可以有重点地进行参考。

☆ 问卷调查

根据课题要求,选定特定的调研对象,设计访谈问卷或者调查问卷,了解实际情况,收集数据。访谈主要是与重点人物进行面对面交谈的形式了解情况,访谈者向对方提出问题,并记录下对方的回答要点的调研方式;问卷调查是将事先设计好的问卷分发给相关人群,待填写完毕后将问卷收集起来,统计各问题答案的概率,并由此得出结论的调研方式。调查研究可以采用网上调研和实地调研两种方式,调研结果统计可以采用SPSS等专业统计软件进行。

(三)文献综述是关键

文献综述是写作论文的前提和基础,是判断一篇论文真伪的试金石,也是检测学术论文质量高低的重要标准。凡是抄袭的文章,作者是不会撰写也根本拿不出像样的文献综述的。

(四)写作是重点

工作建议:提纲;初稿;修改。

论文标准:论点明确;中心突出;论据充分可靠;思路清晰、结构合理;表达清楚;写作规范;有所创新。

参考数字:正文不宜过长,6000－8000字;主要参考文献一般不少于5篇;提纲500－1000字;关键词3－5个;中文内容提要300－500字,英文内容提要300－500印刷符号;题目字数应在20以内,简明易读,高度概括论文内容。

语言表达实践

一、不管是中国神话,还是古希腊神话,或是圣经故事,都不约而同选择用泥土而不是其他物质来造人,为什么?思考后,有条理地口头阐述其原因。

二、课外阅读中国神话与希腊神话,收集中国神话中英雄人物的故事,如"刑天""鲧""后羿",然后与西方神话中的英雄故事进行对比,从故事情节、人物性格、结局等方面来比较异同。

三、朗读《雨巷》与《红红的玫瑰(A Red, Red Rose)》,比较"丁香花"与"玫瑰花"不同的文化内涵,体会以丁香花为象征的中国式爱情和以玫瑰花为象征的西方式爱情的不同,并构思一段富有创意的"丁香花"精油或"玫瑰花"精油的广告词。

四、丁香花与玫瑰花,茶与咖啡,汉服与礼服,水饺、馄饨与烤面包,太极与拳击……请举出更多生活中能体现中西文化鲜明对比的事物、事件或艺术形式,比较这些具象的事物,概括总结它们身上体现的不同的文化特征,撰写一篇以中西文化比较为话题的小论文。

五、月亮在中国人的诗歌中有着特殊的地位,中国古诗词中关于月亮的诗数不胜数,而歌颂或者涉及太阳的诗却寥寥无几,为什么?

六、请模仿《月朦胧,鸟朦胧,帘卷海棠红》,选择一幅中国国画,写一篇简短的鉴赏文。

七、阅读《看蒙娜丽莎看》,你觉得欣赏一幅名画,解读内容更重要,还是品评其绘画技术更重要?为什么?

八、中西文化的差异性体现在具体的事物与现象中,如饮食习惯、服饰风格、礼仪、数字禁忌、节日习俗等,请选取一个角度,收集资料,进行比较研究,撰写一篇小论文。

附录一

大学生毕业论文(设计)通用格式

毕业设计/论文应包括题目(中、英文)、摘要与关键词(中、英文)、目录、正文、致谢、参考文献和附录等部分。

1 题目

题目应该简短、明确、有概括性。毕业设计/论文题目包括中文题目和外文题目,毕业设计/论文题目一般中文字数不超过25个字,不使用标点符号,中外文题名内容应一致。题目中若需使用英文缩写词时,应使用本行业通用英文缩写词。毕业设计/论文封面上题目用一号黑体字,其他用三号黑体字,英文标题用一号Times New Roman字体(加粗),英文标题中的实词首字母一律大写。毕业设计/论文封面要求统一使用本校特制的毕业设计/论文封面纸打印。

2 摘要与关键词

2.1 摘要

摘要包括中文摘要与英文摘要。摘要是对毕业设计/论文内容不加注释和评论的简短陈述,要求扼要说明研究工作的目的、主要材料和方法、研究结果、结论、科学意义或应用价值等,是一篇具有独立性和完整性的短文。摘要中不宜使用公式、图表以及非公知公用的符号和术语,不标注引用文献编号。中文摘要350字左右,特殊情况字数可以略多;英文摘要应与中文摘要内容一致。中、英文摘要与关键词分别单独成页置于目录前,编排上中文在前,英文在后。

2.2 关键词

关键词是为了文献标引工作从论文中选取出来用以表示全文主题内容信息款目的单词或术语。应采用能覆盖论文主要内容的通用词条(参照相应的专业术语标准),一般列3~8个,按词条的外延层次从大到小排列,应在摘要中出现。

2.3 格式要求

中文题头摘要用三号黑体字居中排写,隔一行书写具体内容,内容文字用小四号宋体字。空一行后书写关键词。顶格用四号黑体字书写关键词,紧接着用小四号宋体字书写词条,各词条间空一个汉字。英文摘要用小四号Times New Roman字体。题头Abstract(小二加粗),其他格式同上。

3 目录

3.1 三级目录

全部顶格书写,排列整齐。应包括摘要与论文中全部章节的标题及页码,含摘要、Abstract、正文的章、节、条题目(理工科类要求编写到第3级标题,如1.1.1。经、管、文、法类可视论文需要,编写到 2~3 级标题)、参考文献、附录、致谢等。

3.2 目录题头
用三号黑体字居中排写,隔行书写目录内容。目录中各章题序及标题用小四号黑体,节(条)题序及标题用小四号宋体字。目录中对应的页码编号数字用小四号 Times New Roman 字体。

3.3 创新成果类目录
参照以上要求书写。

4 正文
设计/论文正文包括绪论、设计/论文主体及结论等部分。

4.1 绪论
绪论简要说明本设计/论文课题在国内外发展概况,选题背景和意义,以及设计/论文所要研究的主要内容,本人对所研究问题的认识并提出问题。不要与摘要雷同,不要成为摘要的注释。一般教科书中有的知识,在绪论中不必赘述。

4.2 设计/论文主体
(1)设计/论文主体

设计/论文的主要部分,应该结构合理,层次清楚,重点突出,文字简练、通顺。例如,工科类可包括方案论证(各种方案的分析与比较,所采用方案的特点)、过程论述(要求论理正确、论据确凿、逻辑性强、层次分明、表达确切)、结果分析(进行定性定量分析得出结论和推论)等部分。

(2)章节标题

章节标题应突出重点、简明扼要,独占一行,字数一般在 15 字以内且一般不使用标点符号。标题中尽量不采用外文缩写词,对必须采用者,应使用本行业的通用缩写词。

(3)层次

每章标题应置于页首,其他层次标题不得置于页面的最后一行(孤行)。层次根据实际需要选择,以少为宜。层次代号格式要求按照表 1 书写。

表 1 论文层次代号及说明

章	绪论	绪论	居中,三号黑体字
	第一章□×××××	1□×××××	居中,三号黑体字
节	第一节□×××××	1.1□×××××	四号黑体字
条	一、×××××	1.1.1□×××××	小四号黑体字
款	(一)×××××	□□(1)□×××	空两格,小四号宋体字
项	1.□×××××	□□①×××××	空两格,小四号宋体字
正文	□□×××××	□□×××××	每段首行空两格,小四号宋体字

注:表中□为中文字的空格(一个空格大小占一个汉字或两个英文字符位置)。

(4)电子稿软件

毕业设计/论文要求统一使用 Microsoft Word 软件进行文字处理,统一采用本校特制的毕业设计/论文纸单面打印。其中上边距3.4厘米、下边距2.8厘米、左边距3.0厘米、右边距2.6厘米。字间距为标准,行距为固定值,设置值为23。除特别说明外,内容文字用小四号宋体字。页码在下边线下居中放置,Times New Roman 小五号字体。摘要、关键词、目录等辅文部分的页码用罗马数字(Ⅰ、Ⅱ……)编排,正文以后的页码用阿拉伯数字(1、2……)编排。

(5)差错率

毕业设计/论文定稿前必须校对,不能有错漏。若有错漏,毕业设计/论文成绩将被扣除2至5分(大于万分之三至小于万分之六的错漏应印勘误表更正)。

4.3 结论

设计/论文的结论是最终的、总体的结论。应突出设计/论文的创新点,以简练的文字对设计/论文的主要工作进行评价。若不可能导出应有的结论,则进行必要的讨论。可以在结论或讨论中提出尚待解决的问题及进一步开展研究的设想、建议等等。结论作为单独一章排列。

5 参考文献

5.1 参考文献的来源

参考文献反映设计/论文的取材来源、材料的广博程度。设计/论文中引用的文献应以近期发表的与设计/论文工作直接有关的学术期刊类文献为主。应是作者亲自阅读或引用过的,不应转录他人文后的文献。参考文献数量应不少于5篇,其中外文文献(原文)应不少于2篇。参考文献应单独成页。

5.2 文献标识

设计/论文正文中引用的文献的标识采用顺序编码制。须标识参考文献编号,按出现顺序用小五号字体标识,置于所引内容最末句的右上角(上标)。文献编号用阿拉伯数字置于方括号"[ ]"中,如:×××××[1];×××××[4,5];×××××[6-8]。当提及的参考文献为文中直接说明时,其序号应该与正文排齐,如"由文献[8,10~14]可知……"。

设计/论文中引用文献原文应加引号;若引用原意,文前用冒号或逗号,不用引号。较完整的长段引文应提行独立成段,即在冒号后另起一段。为区别正文,书写时整体缩进两格(首行相对正文缩进四格),采用楷体五号字书写,引文头尾处不必再加引号。

5.3 书写格式

参考文献题头用黑体三号字居中排写。其后空一行排写文献条目。

参考文献书写格式应符合 GB7714-2005《文后参考文献著录规则》。按引用顺序编排,文献编号顶格书写,加括号"[ ]",其后空一格写作者名等内容。版次第1版不著录,其他版本说明需著录。文字换行时与作者名第一个字对齐。常用参考文献编写规定如下:

著作图书类文献——[序号]□作者. 书名. 版次. 出版地:出版者,出版年:引用部分起止页.

例:[1] 余敏.出版集团研究.北京:中国书籍出版社,2001:179—193.

[2] CRAWFPRD W,GORMAN M. Dreams,Madness & Reality.Chicago:American Library Association,1995.

翻译图书类文献——[序号]□作者.书名.译者.版次.出版地:出版者,出版年:引用部分起止页.

例:[1] 尼葛洛庞帝.数字化生存.胡泳,范海燕译.海南:海南出版社,2001:23—29.

学术刊物类文献——[序号]□作者.文章名.学术刊物名.年,卷(期):引用部分起止页.

例:[1] 何龄修.读顾城《南明史》.中国史研究.1998,(3):167—173.

学位论文类文献——[序号]□学生姓名.学位论文题目.出版地:出版者,出版年:引用部分起止页.

例:[1] 张志强.间断动力系统的随机应用.北京:北京大学数学学院,1998:2—3.

说明:①文献作者为多人时,一般只列出前3名作者,不同作者姓名间用逗号相隔。

例:[1] 李晓东,张庆红,马娟等.经济全球化的重要性.北京大学学报:1999,35(1):101—106.

②外文姓名按国际惯例(作者姓,作者名的缩写);

③学术刊物文献无卷号的可略去此项,直接写"年,(期)";

④文中□为中文字的空格(一个空格大小占一个汉字或两个英文字符位置)。"引用部分起止页"只适用于设计/论文正文中进行标识的参考文献。

6 附录

6.1 内容

不宜放在正文中但有重要参考价值的内容(如公式的推导、程序流程图、图纸、数据表格等)可编入设计/论文的附录中。

6.2 公式

原则上居中书写。若公式前有文字(如"解"、"假定"等),文字顶格书写,公式仍居中写。公式末不加标点。公式序号按章编,并在公式后靠页面右边线标注,如第1章第一个公式序号为"(1—1)",附录2中的第一个公式为"(②—1)"等。文中引用公式时,一般用"见式(1—1)"或"由公式(1—1)"。

公式较长时在等号"="或运算符号"+、-、×、÷"处转行,转行时运算符号书写于转行式前,不重复书写。公式中应注意分数线的长短(主、副分线严格区分),长分线与等号对齐。

公式中第一次出现的物理量应给予注释,注释的转行应与破折号"——"后第一个字对齐,格式见下例:

θf——试样断裂时的单位长度上的相对扭转角

6.3 插表

表格一般采取三线制,不加左、右边线,上、下底为粗实线(5磅),中间为细实线(0.5磅)。比较复杂的表格,可适当增加横线和竖线。

表序按章编排,如第 1 章第一个插表序号为"表 1-1"等。表序与表名之间空一格,表名不允许使用标点符号。表序与表名置于表上,居中排写,采用黑体五号字。

表头设计应简单明了,尽量不用斜线。表头中可采用化学符号或物理量符号。全表如用同一单位,将单位符号移到表头右上角,加圆括号。表中数据应正确无误,书写清楚。数字空缺的格内加"—"字线(占 2 个数字宽度)。表内文字和数字上、下或左、右相同时,不允许用""""、"同上"之类的写法,可采用通栏处理方式。

经、管、文、法类论文插表在表下一般根据需要可增列补充材料、注解、资料来源、某些指标的计算方法等。补充材料中中文文字用楷体五号字,外文及数字用 Times New Roman 字体五号字。

6.4 插图

插图应符合国家标准及专业标准,与文字紧密配合,文图相符,技术内容正确。

6.5 图题及图中说明

图题由图号和图名组成。图号按章编排,如第 1 章第一图图号为"图 1-1"等。图题置于图下,图注或其他说明时应置于图与图题之间。图名在图号之后空一格排写,图题用黑体五号字。引用图应说明出处,在图题右上角加引用文献编号。图中若有分图时,分图号用 a)、b)标识并置于分图之下。图中各部分说明应采用中文(引用的外文图除外)或数字项号,各项文字说明置于图题之上(有分图题者,置于分图题之上),采用楷体五号字。

6.6 插图编排

插图与其图题为一个整体,不得拆开排写于两页。插图应编排在正文提及之后,插图处的该页空白不够时,则可将其后文字部分提前排写,将图移到次页最前面。

6.7 照片图

设计/论文中照片图均应是原版照片粘贴,不得采用复印方式。照片应主题突出、层次分明、清晰整洁、反差适中。对显微组织类照片必须注明放大倍数。

6.8 附录

附录序号采用"附录 1"、"附录 2"或"附录一"、"附录二"等,用三号黑体字左起空两格排写,其后不加标点符号,空一行书写附录内容。附录内容文字字体字号参照正文要求。

7 致谢

简述本人通过毕业设计/论文的体会,向给予指导、合作、支持及协助完成研究工作的单位、组织或个人致谢。内容应简洁明了、实事求是,避免俗套。

8 其他

8.1 毕业设计/论文装订

毕业设计/论文使用统一毕业设计(论文)封面,按题目(中、外文)、摘要与关键词(中、外文)、目录、正文、参考文献、附录、致谢顺序装订成册。

创新成果类"论文主体"按文件清单、简要论述、成果材料、证书证明等次序装订,不便装订的附于其后,如设计图纸、光盘等。

8.2 本规范适用于各专业。外语、艺术设计、会计等有特殊要求的专业由专业所在院系在本规范的基础上提出调整方案。

附录二

中华人民共和国国家标准(GB/T 9704-2012)

党政机关公文格式

2012-06-29 发布　　　　　　　　　　　　　　　　　　2012-07-01 实施

1 范围

本标准规定了党政机关公文通用的纸张要求、排版和印制装订要求、公文格式各要素的编排规则,并给出了公文的式样。

本标准适用于各级党政机关制发的公文。其他机关和单位的公文可以参照执行。

使用少数民族文字印制的公文,其用纸、幅面尺寸及版面、印制等要求按照本标准执行,其余可以参照本标准并按照有关规定执行。

2 规范性引用文件

下列文件对于本标准的应用是必不可少的。凡是注日期的引用文件,仅所注日期的版本适用于本标准。凡是不注日期的引用文件,其最新版本(包括所有的修改单)适用于本标准。

GB/T 148 印刷、书写和绘图纸幅面尺寸

GB 3100 国际单位制及其应用

GB 3101 有关量、单位和符号的一般原则

GB 3102(所有部分)量和单位

GB/T 15834 标点符号用法

GB/T 15835 出版物上数字用法

3 术语和定义

下列术语和定义适用于本标准。

3.1 字 word

标示公文中横向距离的长度单位。在本标准中,一字指一个汉字宽度的距离。

3.2 行 line

标示公文中纵向距离的长度单位。在本标准中,一行指一个汉字的高度加 3 号汉字高度的 7/8 的距离。

4 公文用纸主要技术指标

公文用纸一般使用纸张定量为 $60g/m^2 \sim 80g/m^2$ 的胶版印刷纸或复印纸。纸张白度

80%～90%,横向耐折度≥15次,不透明度≥85%,pH值为7.5～9.5。

5 公文用纸幅面尺寸及版面要求

5.1 幅面尺寸

公文用纸采用GB/T 148中规定的A4型纸,其成品幅面尺寸为:210mm×297mm。

5.2 版面

5.2.1 页边与版心尺寸

公文用纸天头(上白边)为37mm±1mm,公文用纸订口(左白边)为28mm±1mm,版心尺寸为156mm×225mm。

5.2.2 字体和字号

如无特殊说明,公文格式各要素一般用3号仿宋体字。特定情况可以作适当调整。

5.2.3 行数和字数

一般每面排22行,每行排28个字,并撑满版心。特定情况可以作适当调整。

5.2.4 文字的颜色

如无特殊说明,公文中文字的颜色均为黑色。

6 印制装订要求

6.1 制版要求

版面干净无底灰,字迹清楚无断划,尺寸标准,版心不斜,误差不超过1mm。

6.2 印刷要求

双面印刷;页码套正,两面误差不超过2mm。黑色油墨应当达到色谱所标BL100%,红色油墨应当达到色谱所标Y80%、M80%。印品着墨实、均匀;字面不花、不白、无断划。

6.3 装订要求

公文应当左侧装订,不掉页,两页页码之间误差不超过4mm,裁切后的成品尺寸允许误差±2mm,四角成90°,无毛茬或缺损。

骑马订或平订的公文应当:

a)订位为两钉外订眼距版面上下边缘各70mm处,允许误差±4mm;

b)无坏钉、漏钉、重钉,钉脚平伏牢固;

c)骑马订钉锯均订在折缝线上,平订钉锯与书脊间的距离为3mm～5mm。

包本装订公文的封皮(封面、书脊、封底)与书心应吻合、包紧、包平、不脱落。

7 公文格式各要素编排规则

7.1 公文格式各要素的划分

本标准将版心内的公文格式各要素划分为版头、主体、版记三部分。公文首页红色分隔线以上的部分称为版头;公文首页红色分隔线(不含)以下、公文末页首条分隔线(不含)以上的部分称为主体;公文末页首条分隔线以下、末条分隔线以上的部分称为版记。

页码位于版心外。

7.2 版头

7.2.1 份号

如需标注份号,一般用6位3号阿拉伯数字,顶格编排在版心左上角第一行。

7.2.2 密级和保密期限

如需标注密级和保密期限,一般用3号黑体字,顶格编排在版心左上角第二行;保密期限中的数字用阿拉伯数字标注。

7.2.3 紧急程度

如需标注紧急程度,一般用3号黑体字,顶格编排在版心左上角;如需同时标注份号、密级和保密期限、紧急程度,按照份号、密级和保密期限、紧急程度的顺序自上而下分行排列。

7.2.4 发文机关标志

由发文机关全称或者规范化简称加"文件"二字组成,也可以使用发文机关全称或者规范化简称。

发文机关标志居中排布,上边缘至版心上边缘为35mm,推荐使用小标宋体字,颜色为红色,以醒目、美观、庄重为原则。

联合行文时,如需同时标注联署发文机关名称,一般应当将主办机关名称排列在前;如有"文件"二字,应当置于发文机关名称右侧,以联署发文机关名称为准上下居中排布。

7.2.5 发文字号

编排在发文机关标志下空二行位置,居中排布。年份、发文顺序号用阿拉伯数字标注;年份应标全称,用六角括号"〔〕"括入;发文顺序号不加"第"字,不编虚位(即1不编为01),在阿拉伯数字后加"号"字。

上行文的发文字号居左空一字编排,与最后一个签发人姓名处在同一行。

7.2.6 签发人

由"签发人"三字加全角冒号和签发人姓名组成,居右空一字,编排在发文机关标志下空二行位置。"签发人"三字用3号仿宋体字,签发人姓名用3号楷体字。

如有多个签发人,签发人姓名按照发文机关的排列顺序从左到右、自上而下依次均匀编排,一般每行排两个姓名,回行时与上一行第一个签发人姓名对齐。

7.2.7 版头中的分隔线

发文字号之下4mm处居中印一条与版心等宽的红色分隔线。

7.3 主体

7.3.1 标题

一般用2号小标宋体字,编排于红色分隔线下空二行位置,分一行或多行居中排布;回行时,要做到词意完整,排列对称,长短适宜,间距恰当,标题排列应当使用梯形或菱形。

7.3.2 主送机关

编排于标题下空一行位置,居左顶格,回行时仍顶格,最后一个机关名称后标全角冒号。如主送机关名称过多导致公文首页不能显示正文时,应当将主送机关名称移至版记,标注方法见7.4.2。

7.3.3 正文

公文首页必须显示正文。一般用3号仿宋体字,编排于主送机关名称下一行,每个自然段左空二字,回行顶格。文中结构层次序数依次可以用"一、""(一)""1.""(1)"标注;一般第一层用黑体字、第二层用楷体字、第三层和第四层用仿宋体字标注。

7.3.4 附件说明

如有附件,在正文下空一行左空二字编排"附件"二字,后标全角冒号和附件名称。如有多个附件,使用阿拉伯数字标注附件顺序号(如"附件:1.××××××");附件名称后不加标点符号。附件名称较长需回行时,应当与上一行附件名称的首字对齐。

7.3.5 发文机关署名、成文日期和印章

7.3.5.1 加盖印章的公文

成文日期一般右空四字编排,印章用红色,不得出现空白印章。

单一机关行文时,一般在成文日期之上、以成文日期为准居中编排发文机关署名,印章端正、居中下压发文机关署名和成文日期,使发文机关署名和成文日期居印章中心偏下位置,印章顶端应当上距正文(或附件说明)一行之内。

联合行文时,一般将各发文机关署名按照发文机关顺序整齐排列在相应位置,并将印章一一对应、端正、居中下压发文机关署名,最后一个印章端正、居中下压发文机关署名和成文日期,印章之间排列整齐、互不相交或相切,每排印章两端不得超出版心,首排印章顶端应当上距正文(或附件说明)一行之内。

7.3.5.2 不加盖印章的公文

单一机关行文时,在正文(或附件说明)下空一行右空二字编排发文机关署名,在发文机关署名下一行编排成文日期,首字比发文机关署名首字右移二字,如成文日期长于发文机关署名,应当使成文日期右空二字编排,并相应增加发文机关署名右空字数。

联合行文时,应当先编排主办机关署名,其余发文机关署名依次向下编排。

7.3.5.3 加盖签发人签名章的公文

单一机关制发的公文加盖签发人签名章时,在正文(或附件说明)下空二行右空四字加盖签发人签名章,签名章左空二字标注签发人职务,以签名章为准上下居中排布。在签发人签名章下空一行右空四字编排成文日期。

联合行文时,应当先编排主办机关签发人职务、签名章,其余机关签发人职务、签名章依次向下编排,与主办机关签发人职务、签名章上下对齐;每行只编排一个机关的签发人职务、签名章;签发人职务应当标注全称。

签名章一般用红色。

7.3.5.4 成文日期中的数字

用阿拉伯数字将年、月、日标全,年份应标全称,月、日不编虚位(即1不编为01)。

7.3.5.5 特殊情况说明

当公文排版后所剩空白处不能容下印章或签发人签名章、成文日期时,可以采取调整行距、字距的措施解决。

7.3.6　附注

如有附注,居左空二字加圆括号编排在成文日期下一行。

7.3.7　附件

附件应当另面编排,并在版记之前,与公文正文一起装订。"附件"二字及附件顺序号用3号黑体字顶格编排在版心左上角第一行。附件标题居中编排在版心第三行。附件顺序号和附件标题应当与附件说明的表述一致。附件格式要求同正文。

如附件与正文不能一起装订,应当在附件左上角第一行顶格编排公文的发文字号并在其后标注"附件"二字及附件顺序号。

7.4　版记

7.4.1　版记中的分隔线

版记中的分隔线与版心等宽,首条分隔线和末条分隔线用粗线(推荐高度为 0.35mm),中间的分隔线用细线(推荐高度为 0.25mm)。首条分隔线位于版记中第一个要素之上,末条分隔线与公文最后一面的版心下边缘重合。

7.4.2　抄送机关

如有抄送机关,一般用4号仿宋体字,在印发机关和印发日期之上一行、左右各空一字编排。"抄送"二字后加全角冒号和抄送机关名称,回行时与冒号后的首字对齐,最后一个抄送机关名称后标句号。

如需把主送机关移至版记,除将"抄送"二字改为"主送"外,编排方法同抄送机关。既有主送机关又有抄送机关时,应当将主送机关置于抄送机关之上一行,之间不加分隔线。

7.4.3　印发机关和印发日期

印发机关和印发日期一般用4号仿宋体字,编排在末条分隔线之上,印发机关左空一字,印发日期右空一字,用阿拉伯数字将年、月、日标全,年份应标全称,月、日不编虚位(即1不编为01),后加"印发"二字。

版记中如有其他要素,应当将其与印发机关和印发日期用一条细分隔线隔开。

7.5　页码

一般用4号半角宋体阿拉伯数字,编排在公文版心下边缘之下,数字左右各放一条一字线;一字线上距版心下边缘 7mm。单页码居右空一字,双页码居左空一字。公文的版记页前有空白页的,空白页和版记页均不编排页码。公文的附件与正文一起装订时,页码应当连续编排。

8　公文中的横排表格

A4纸型的表格横排时,页码位置与公文其他页码保持一致,单页码表头在订口一边,双页码表头在切口一边。

9　公文中计量单位、标点符号和数字的用法

公文中计量单位的用法应当符合 GB 3100、GB 3101 和 GB 3102(所有部分),标点符号的用法应当符合 GB/T 15834,数字用法应当符合 GB/T 15835。

10 公文的特定格式

10.1 信函格式

发文机关标志使用发文机关全称或者规范化简称,居中排布,上边缘至上页边为30mm,推荐使用红色小标宋体字。联合行文时,使用主办机关标志。

发文机关标志下4mm处印一条红色双线(上粗下细),距下页边20mm处印一条红色双线(上细下粗),线长均为170mm,居中排布。

如需标注份号、密级和保密期限、紧急程度,应当顶格居版心左边缘编排在第一条红色双线下,按照份号、密级和保密期限、紧急程度的顺序自上而下分行排列,第一个要素与该线的距离为3号汉字高度的7/8。

发文字号顶格居版心右边缘编排在第一条红色双线下,与该线的距离为3号汉字高度的7/8。

标题居中编排,与其上最后一个要素相距二行。

第二条红色双线上一行如有文字,与该线的距离为3号汉字高度的7/8。

首页不显示页码。

版记不加印发机关和印发日期、分隔线,位于公文最后一面版心内最下方。

10.2 命令(令)格式

发文机关标志由发文机关全称加"命令"或"令"字组成,居中排布,上边缘至版心上边缘为20mm,推荐使用红色小标宋体字。

发文机关标志下空二行居中编排令号,令号下空二行编排正文。

签发人职务、签名章和成文日期的编排见7.3.5.3。

10.3 纪要格式

纪要标志由"××××纪要"组成,居中排布,上边缘至版心上边缘为35mm,推荐使用红色小标宋体字。

标注出席人员名单,一般用3号黑体字,在正文或附件说明下空一行左空二字编排"出席"二字,后标全角冒号,冒号后用3号仿宋体字标注出席人单位、姓名,回行时与冒号后的首字对齐。

标注请假和列席人员名单,除依次另起一行并将"出席"二字改为"请假"或"列席"外,编排方法同出席人员名单。

纪要格式可以根据实际制定。

11 式样

A4型公文用纸页边及版心尺寸见图1;公文首页版式见图2;联合行文公文首页版式1见图3;联合行文公文首页版式2见图4;公文末页版式1见图5;公文末页版式2见图6;联合行文公文末页版式1见图7;联合行文公文末页版式2见图8;附件说明页版式见图9;带附件公文末页版式见图10;信函格式首页版式见图11;命令(令)格式首页版式见图12。

图1　　　　　图2　　　　　图3　　　　　图4

图5　　　　　图6　　　　　图7　　　　　图8

图9　　　　　图10　　　　图11　　　　图12

附录三

中华人民共和国国家标准(GB/T 15835-1995)

出版物上数字用法的规定

国家技术监督局 1995-12-13 发布　　　　　　　　　　1996-06-01 实施

前　言

本标准是在国家语言文字工作委员会、原国家出版局、原国家标准局等中央七部门1987年1月1日颁布的《关于出版物上数字用法的试行规定》的基础上制定的。国家技术监督局在技监局标函〔1993〕390号复函中建议："鉴于该规定涉及面很广,各种出版物发行国内外,数量和范围都很大。为了使全国各行业都按此规定执行,建议将该规定内容制定为国家标准。"

本标准借鉴了国内多家有影响的出版社和报社的成功经验,参考了英国、前苏联、日本、新加坡的有关资料,多次召开座谈会,征求首都新闻界、出版界、教育界、科技界专家的意见,特别是新华社、广播电影电视部、人民日报、解放军报、人民出版社、商务印书馆、科学出版社、人民教育出版社和中国大百科全书出版社等单位的意见。

阿拉伯数字笔画简单、结构科学、形象清晰、组数简短,所以被广泛应用。本标准的宗旨在于:对汉字数字和阿拉伯数字这两种数字的书写系统在使用上作比较科学的、比较明确的分工,使中文出版物上的数字用法趋于统一规范。

本标准从1996年6月1日起实施,从实施之日起,《关于出版物上数字用法的试行规定》即行废止。

本标准由国家语言文字工作委员会提出并归口。

本标准起草单位:国家语言文字工作委员会语言文字应用研究所。

本标准主要起草人:王均、厉兵。

1　范围

本标准规定了出版物在涉及数字(表示时间、长度、质量、面积、容积等量值和数字代码)时使用汉字和阿拉伯数字的体例。

本标准适用于各级新闻报刊、普及性读物和专业性社会人文科学出版物。

自然科学和工程技术出版物亦应使用本标准,并可制定专业性细则。

本标准不适用于文学书刊和重排古籍。

2　引用标准

下列标准所包含的条文,通过在本标准中引用而构成为本标准的条文。本标准出版时,所示版本均为有效。所有标准都会被修订,使用本标准的各方应探讨使用下列标准最新版本的可能性。

  GB/T7408-94 数据元和交换格式 信息交换 日期和时间表示法
  GB3100-93 国际单位制及其应用
  GB3101-93 有关量、单位和符号的一般原则
  GB7713-87 科学技术报告、学位论文和学术论文的编写格式
  GB8170-87 数值修约规则

3 定义

本标准采用下列定义。

物理量 physical quantity

  用于定量地描述物理现象的量,即科学技术领域里使用的表示长度、质量、时间、电流、热力学温度、物质的量和发光强度的量。使用的单位应是法定计量单位。

非物理量 non-physical quantity

  日常生活中使用的量,使用的是一般量词。如 30 元、45 天、67 根等。

4 一般原则

4.1 使用阿拉伯数字或是汉字数字,有的情形选择是唯一而确定的。

4.1.1 统计表中的数值,如正负整数、小数、百分比、分数、比例等,必须使用阿拉伯数字。

  示例:48 302 -125.03 34.05% 63%～68% 1/4 2/5 1:500

4.1.2 定型的词、词组、成语、惯用语、缩略语或具有修辞色彩的词语中作为语素的数字,必须使用汉字。

  示例:一律 一方面 十滴水 二倍体 三叶虫 星期五 四氧化三铁 一〇五九(农药内吸磷) 八国联军 二〇九师 二万五千里长征 四书五经 五四运动 九三学社 十月十七日同盟 路易十六 十月革命 "八五"计划 五省一市 五局三胜制 二八年华 二十挂零 零点方案 零岁教育 白发三千丈 七上八下 不管三七二十一 相差十万八千里 第一书记 第二轻工业局 一机部三所 第三季度 第四方面军 十三届四中全会

4.2 使用阿拉伯数字或是汉字数字,有的情形,如年月日、物理量、非物理量、代码、代号中的数字,目前体例尚不统一。对这种情形,要求凡是可以使用阿拉伯数字而且又很得体的地方,特别是当所表示的数目比较精确时,均应使用阿拉伯数字。遇特殊情形,或者是避免歧解,可以灵活变通,但全篇体例应相对统一。

5 时间(世纪、年代、年、月、日、时刻)

5.1 要求使用阿拉伯数字的情况

5.1.1 公历世纪、年代、年、月、日

  示例:公元前 8 世纪 20 世纪 80 年代 公元前 440 年 公元 7 年 1994 年 10 月 1 日

5.1.1.1　年份一般不用简写。如 1990 年不应简写作"九〇年"或"90 年"。

5.1.1.2　引文著录、行文注释、表格、索引、年表等,年月日的标记可按 GB/T 7408-94 的 5.2.1.1 中的扩展格式。如:1994 年 9 月 30 日和 1994 年 10 月 1 日可分别写作 1994-09-30 和 1994-10-01,仍读作 1994 年 9 月 30 日、1994 年 10 月 1 日。年月之间使用半字线"－"。当月和日是个位数时,在十位上加"0"。

5.1.2　时、分、秒

示例:4 时　15 时 40 分(下午 3 点 40 分)　14 时 12 分 36 秒

注:必要时,可按 GB/T 7408-94 的 5.3.1.1 中的扩展格式。该格式采用每日 24 小时计时制,时、分、秒的分隔符为冒号":"。

示例:04:00(4 时)　15:40(15 时 40 分)　14:12:36(14 时 12 分 36 秒)

5.2　要求使用汉字的情况

5.2.1　中国干支纪年和夏历月日。

示例:丙寅年十月十五日　腊月二十三日　正月初五　八月十五中秋节

5.2.2　中国清代和清代以前的历史纪年、各民族的非公历纪年。

这类纪年不应与公历月日混用,并应采用阿拉伯数字括注公历。

示例:秦文公四十四年(公元前 722 年)　太平天国庚申十年九月二十四日(清咸丰十年九月二十日,公元 1860 年 11 月 2 日)　藏历阳木龙年八月二十六日(1964 年 10 月 1 日)　日本庆应三年(1867 年)

5.2.3　含有月日简称表示事件、节日和其他意义的词组。

如果涉及一月、十一月、十二月,应用间隔号"·"将表示月和日的数字隔开,并外加引号,避免歧义。涉及其他月份时,不用间隔号,是否使用引号,视事件的知名度而定。

示例 1:"一·二八"事变(1 月 28 日)　"一二·九"运动(12 月 9 日)　"一·一七"批示(1 月 17 日)　"一一·一〇"案件(11 月 10 日)

示例 2:五四运动　五卅运动　七七事变　五一国际劳动节　"五二〇"声明　"九一三"事件

6　物理量

物理量量值必须用阿拉伯数字,并正确使用法定计量单位。小学和初中教科书、非专业科技书刊的计量单位可使用中文符号。

示例:8736.80km(8736.80 千米)　600g(600 克)　100kg～150kg(100 千克～150 千克)　12.5m^2(12.5 平方米)　外形尺寸是 400mm×200mm×300mm(400 毫米×200 毫米×300 毫米)　34℃～39℃(34 摄氏度～39 摄氏度)　0.59A(0.59 安〔培〕)

7　非物理量

7.1　一般情况下应使用阿拉伯数字。

示例:21.35 元　45.6 万元　270 美元　290 亿英镑　48 岁　11 个月　1 480 人　4.6 万册　600 幅　550 名

7.2 整数一至十,如果不是出现在具有统计意义的一组数字中,可以用汉字,但要照顾到上下文,求得局部体例上的一致。

示例1:一个人 三本书 四种产品 六条意见 读了十遍 五个百分点

示例2:截至1984年9月,我国高等学校有新闻系6个,新闻专业7个,新闻班1个,新闻教育专职教员274人,在校学生1561人。

8 多位整数与小数

8.1 阿拉伯数字书写的多位整数和小数的分节

8.1.1 专业性科技出版物的分节法:从小数点起,向左和向右每三位数字一组,组间空四分之一个汉字(二分之一个阿拉伯数字)的位置。

示例:2 748 456 3.141 592 65

8.1.2 非专业性科技出版物如排版留四分空有困难,可仍采用传统的以千分撇","分节的办法。小数部分不分节。四位以内的整数也可以不分节。

示例:2,748,456 3.14159265 8703

8.2 阿拉伯数字书写的纯小数必须写出小数点前定位的"0"。小数点是齐底线的黑圆点"."。

示例:0.46不得写成.46和0·46

8.3 尾数有多个"0"的整数数值的写法

8.3.1 专业性科技出版物根据GB 8170-87关于数值修约的规则处理。

8.3.2 非科技出版物中的数值一般可以"万"、"亿"作单位。

示例:三亿四千五百万可写成345,000,000,也可写成34,500万或3.45亿,但一般不得写作3亿4千5百万。

8.4 数值巨大的精确数字,为了便于定位读数或移行,作为特例可以同时使用"亿、万"作单位。

示例:我国1982年人口普查人数为10亿817万5288人;1990年人口普查人数为11亿3368万2501人。

8.5 一个用阿拉伯数字书写的数值应避免断开移行。

8.6 阿拉伯数字书写的数值在表示数值的范围时,使用浪纹式连接号"~"。

示例:150千米~200千米 -36℃~-8℃ 2 500元~3 000元

9 概数和约数

9.1 相邻的两个数字并列连用表示概数,必须使用汉字,连用的两个数字之间不得用顿号"、"隔开。

示例:二三米 一两个小时 三五天 三四个月 十三四吨 一二十个 四十五六岁 七八十种 二三百架次 一千七八百元 五六万套

9.2 带有"几"字的数字表示约数,必须使用汉字。

示例:几千年 十几天 一百几十次 几十万分之一

9.3 用"多""余""左右""上下""约"等表示的约数一般用汉字。如果文中出现一组具有统计和比较意义的数字,其中既有精确数字,也有用"多"、"余"等表示的约数时,为保持局部体例上的一致,其约数也可以使用阿拉伯数字。

示例1:这个协会举行全国性评奖十余次,获奖作品有一千多件。协会吸收了约三千名会员,其中三分之二是有成就的中青年。另外,在三十个省、自治区、直辖市还设有分会。

示例2:该省从机动财力中拿出1900万元,调拨钢材3000多吨、水泥2万多吨、柴油1400吨,用于农田水利建设。

10 代号、代码和序号

部队番号、文件编号、证件号码和其他序号,用阿拉伯数字。序数词即使是多位数也不能分节。

示例:84062部队　国家标准GB 2312—80　国办发〔1987〕9号文件　总3147号　国内统一刊号CN11-1399　21/22次特别快车　HP—3000型电子计算机　85号汽油　维生素B_{12}

11 引文标注

引文标注中的版次、卷次、页码,除古籍应与所据版本一致外,一般均使用阿拉伯数字。

示例1:列宁:《新生的中国》,见《列宁全集》,中文2版,第22卷,208页,北京,人民出版社,1990。

示例2:刘少奇:《论共产党员的修养》,修订2版,76页,北京,人民出版社,1962。

示例3:李四光:《地壳构造与地壳运动》,载《中国科学》,1973(4),400~429页。

示例4:许慎:《说文解字》,影印陈昌治本,126页,北京,中华书局,1963。

示例5:许慎:《说文解字》,四部丛刊本,卷六上,九页。

12 横排标题中的数字

横排标题涉及数字时,可以根据版面的实际需要和可能作恰当的处理。

13 竖排文章中的数字

提倡横排。如文中多处涉及物理量,更应横排。竖排文字中涉及的数字除必须保留的阿拉伯数字外,应一律用汉字。必须保留的阿拉伯数字、外文字母和符号均按顺时针方向转90度。

14 字体

出版物中的阿拉伯数字,一般应使用正体二分字身,即占半个汉字位置。

附录四

标点符号用法及常见差错辨析

一

(一)标点符号的性质和作用

标点符号简称标点,是辅助文字记录语言的符号,是现代书面语里有机的部分。书面语如果不用标点,让人看起来会很吃力;如果用错了标点,还会造成理解上的困难。

标点符号的作用,大体上说,有三个方面:第一,表示停顿;第二,表示语气,标明句子是陈述语气,还是疑问语气,还是感叹语气;第三,标示句子中某些词句的性质。

1951年9月,中央人民政府出版总署公布了《标点符号用法》。这是我国政府公布的第二套标点符号。从50年代到80年代,汉语书面语发生了许多变化,文稿和出版物由直排改为横排,有些标点的用法也有了改变。1990年3月,国家语言文字工作委员会和新闻出版署联合发布了修订后的《标点符号用法》。这次修订主要体现在五个方面:(一)变直行用的标点符号为横行用的标点符号;(二)修订了部分标点符号的定义;(三)更换了例句;(四)简化了说明;(五)增加了连接号和间隔号。考虑到标点符号用法的社会影响较大,1994年,在国家技术监督局的提议下,《标点符号用法》改制为国家标准(GB/T 15834-1995),于1995年12月13日发布。

书面语言要正确使用标点符号,避免差错。标点的差错无非是:第一,不应该用标点的地方用了标点;第二,应该用标点的地方没有用标点;第三,应该用那种标点而用了这种标点;第四,标点应该放在那儿而放到了这儿。

为了学会正确使用标点符号,大家要学习一些语法知识,了解语言的结构规律,掌握组词造句的正确方法,这样也便于读懂讲解标点符号用法的书。

(二)标点符号的种类

国家标准《标点符号用法》中共有常用的标点符号16种,分点号和标号两大类。点号7种,标号9种。点号又分句中点号(逗号、顿号、分号、冒号,4种)和句末点号(句号、问号、叹号,3种)。标号包括:引号、括号、破折号、省略号、着重号、连接号、间隔号、书名号、专名号。

二、句号

(一)句号的基本用法

陈述句末尾用句号。示例:

(1)中国是世界上历史最悠久的国家之一。

(2)你明天在家休息休息吧。

(3)他问你什么时候出发。

(二)提示

1.中文和外文同时大量混排(如讲解英语语法的中文书),为避免中文小圆圈的句号"。"和西文小圆点儿的句号"."穿插使用的不便,可以统统采用西文句号"."。示例:

  这个句子应当翻译成 He loves sports.

2.科技文献有时涉及大量公式,为避免中文句号"。"同字母o及数字0相混,也可以采用西文句号"."。示例:

  (1)焦耳定律的公式是:$Q = I^2RT.$

  (2)计算所得的结果是48％.

3."虽然……但是……""尽管……但是……"两种句式,"但是"之前不能用句号。其他情况下,可以用句号,也可以不用句号,视具体情况而定。示例:

  (1)1911年孙中山先生领导的辛亥革命,废除了封建帝制,创立了中华民国。但是,中国人民反对帝国主义和封建主义的历史任务还没有完成。

  (2)文化大革命已经成为我国社会主义历史发展中的一个阶段,总要总结,但是不必匆忙去做。

4.位置禁则:句号不出现在一行之首。

(三)句号使用常见差错

1.当断不断,一逗到底。如:

  ＊现代都市人常常渴望逃出钢筋水泥的城堡,去体验乡间的淳朴生活,乡村旅游顺应了现代人追求自然的渴望,所以刚刚兴起便迅速走俏,相信随着现代生活水平的提高,城市节奏的加快,会有越来越多的人加入到这项旅游活动中来。("淳朴生活"和"走俏"后面的逗号应改作句号。标＊的例子,标点符号有不当之处,下同。)

  ＊此前,我国全面禁止外资进入中国互联网业,但近年来,有一些外国公司不顾中国政府的禁令,已经在中国互联网业投资,这些公司由于先行一步,在新的机遇面前更将获益最大,根据中美签署的协议,包括设立互联网在内的所有服务领域外资都将获得法律许可。("投资"和"最大"后面的逗号应改作句号)

2.不当断却断了,割裂了句子。示例:

  ＊生产成本居高不下的原因,一个是设备落后,能耗高。另一个是管理不善,浪费严重。("能耗高"后面的句号应改作逗号)

三、问号

(一)问号的基本用法

1.疑问句末尾用问号。示例:

  (1)今天你怎么没给我打电话?

  (2)那里的冬天冷吗?

  (3)你是吃米饭还是馒头?

2.反问句末尾一般用问号。示例:

　　所有这些,难道不是事实吗?

(二)提示

1.选择问句问号的位置。一般的情况是,选择项之间用逗号,问号用在最后一个选择项之后。示例:

　　是英雄造时势,还是时势造英雄?

2.选择问句如果选择项比较短,选择项之间也可以不用逗号。示例:

　　会议是上午还是下午?

3.选择问句如果要强调每个选择项的独立性,可以在每个选择项后都用问号。示例:

　　还是历来惯了,不以为非呢?还是丧了良心,明知故犯呢?

4.倒装句,问号应该放在全句的末尾。示例:

　　明天放假吗,张老师?

5.位置禁则:问号不出现在一行之首。

(三)问号使用常见差错

1.句子里虽然有疑问词,但全句不是疑问句,句末却用了问号。如:

　　*我不知道这件事是谁做的?但我猜做这件事的人一定对我们的情况比较熟悉。(问号应改作逗号)

　　*他不得不认真思考企业的生产为什么会滑坡?怎样才能扩大产品的销路?(第一个问号应改作逗号,第二个问号应改作句号)

　　*对于个人独资企业该到哪里申请登记、登记中该注意什么问题?林科长也一一作了回答。(问号应改作逗号)

2.句子虽然包含选择性的疑问形式,但全句不是疑问句,句末却用了问号。如:

　　*我也不知道你喜欢不喜欢这种颜色?(问号应改作句号)

　　*她反复品味着,不知道他的话是赞美,是奉承,还是讽刺?(问号应改作句号)

四、叹号

(一)叹号的基本用法

1.感叹句末尾用叹号。示例:

　　这里的风景多美啊!

2.语气强烈的祈使句末尾用叹号。示例:

　　你不要再废话了!

3.语气强烈的反问句末尾用叹号。示例:

　　你怎么能这样对待一个不懂事的孩子呢!

4.标语口号末尾,一般用叹号。示例:

　　全国各民族大团结万岁!

(二)提示

1.在表示极其强烈的感叹时,可以使用"!!"及"!!!"这样的叹号叠用形式。但是请注意:(1)要得体,不要滥用。(2)要使用半角标点,让它们挨在一起。示例:

宁为玉碎,不为瓦全。她要揭露!要控诉!!要以死作最后的抗争!!!

2.带有强烈感情的反问句,允许问号和叹号并用。但是请注意:(1)要得体,不要滥用。(2)要使用半角标点,让它们挨在一起。示例:

"什么?"男人强烈抗议道,"你以为我会随便退出娱乐圈吗?!"

3.带有惊异语气的疑问句,允许问号和叹号并用。示例:

周朴园:鲁大海,你现在没有资格和我说话——矿上已经把你开除了。

鲁大海:开除了?!

4.像上面问号和叹号并用的形式,因为问多于叹,所以建议采用"?!"式,而不采用"!?"式。

5.位置禁则:叹号不出现在一行之首。

(三)叹号使用常见差错

1.滥用叹号。陈述句末尾一般用句号,不用叹号。不能认为只要带有感情,就用叹号。如:

*看到这里,他愤怒得浑身热血直往上涌!(叹号应改作句号)

*他在讲话中首先表示向教卫系统全体党员,特别是向我们的老前辈、老党员致以亲切的问候和同志的敬礼!(叹号应改作句号)

2.把句末点号叹号用在句子中间,割断了句子。如:

*那优美的琴声啊!令我如痴如醉。(叹号应改作逗号)

五、逗号

(一)逗号的基本用法

1.单句内部成分与成分之间需要停顿时,用逗号。示例:

(1)因亏损严重,无力清偿债务的这家建筑公司,日前被法院宣告破产。

(2)升学,是几乎所有的教师和家长都不敢小视的问题。

(3)她呀,已经毕业好几年了。

(4)值得注意的是,这次检查发现的问题全部出在联营柜台上。

(5)"九五"期间,我市增加了对能源工业的投入,推动了能源工业的技术进步。

(6)没事,老王,您就别说这些见外的话了。

(7)童年的往事,无论是苦涩的,还是充满欢乐的,都是永远值得回忆的。

(8)起来,不愿做奴隶的人们!

2.复句内部各分句之间的停顿,用逗号。示例:

风是沙漠向人们进攻的武器,但是也可以为人类造福。

(二)提示

1."第一""第二""第三"和"其一""其二""其三"等表示序次的词语后面用逗号。

2.位置禁则:逗号不出现在一行之首。

(三)逗号使用常见差错

1.插入语没有加逗号跟其他成分分隔。如:

*毫无疑问对这种人我们只能诉诸法律。("毫无疑问"后面应加逗号)

2.不该用逗号的地方用了逗号,把句子肢解了。如:

*她暗下决心,一旦成婚,就把支持丈夫干好本职工作,作为今生今世最大的追求。("作为"前面的逗号应去掉)

六、顿号

(一)顿号的基本用法

句子内部并列的词语之间需要停顿时,用顿号。示例:

在人类发展史上,产权载体已先后出现了自然物、劳动产品、商品、货币、债券与股票等多种形式。

(二)提示

1.并列词语如果结合较紧,中间没有明显的停顿,不要用顿号分隔。示例:

工农兵‖长江中下游‖上下班‖父母亲‖男女青年‖中小学生‖红白喜事‖离退休干部。

2.并列词语间如果有较长的停顿,或为了突出并列各项,也可以在并列词语间用逗号。示例:

严格的教育,严格的训练,严格的管理,使交警支队成为济南城市文明的一个标志。

3.相邻两个数字表示概数,要用汉字数码,中间也不要加顿号。示例:

两三个‖三五天‖二十七八岁‖六七点钟。

4.相邻两个数字连用,有时不是表示概数,而是一种缩略形式,中间要加顿号。示例:

初中一、二年级‖国棉六、七厂‖八、九两个月‖退居二、三线‖17、18号楼‖102、103路无轨电车。

5.并列的引语、并列的书名、并列的括号,中间使用顿号符合《标点符号用法》的规定。但作为一种技术处理,也可以不点顿号。因为引号、书名号和括号在视觉上有分隔作用,可以避免"满纸黑瓜子(顿号)"。示例:

(1)在这个句子里,"伟大""光荣""正确"都是形容词。

(2)中国古典四大名著是《三国演义》《水浒传》《西游记》《红楼梦》。

(3)总复习题中(5)(6)(7)三道题都是一元二次方程。

6."一""二""三"和"甲""乙""丙"等表示序次的词语后面用顿号。

7.位置禁则:顿号不出现在一行之首。

(三)顿号使用常见差错

1.没有注意到并列词语的层次。层次不同的并列关系,上一层用逗号,次一层用顿号。如:

*城市发展的近期和远景规划,包括土地的开发与利用、基础设施、生活服务设施的建设与管理、环境的治理与保护、信息的收集、处理和应用、吸引投资的网络组织、营销方式和鼓励措施等。(应作:城市发展的近期和远景规划,包括土地的开发与利用,基础设施和生活服务设施的建设与管理,环境的治理与保护,信息的收集、处理和应用,吸引投资的网络组织、营销方式和鼓励措施等。)

*全国人大常委会又颁布了禁毒决定,对制造、贩卖、运输、非法持有毒品,非法种植罂粟、大麻等毒品原植物,引诱、教唆他人吸食、注射毒品等,都作了严厉的处罚规定。(应作:全国人大常委会又颁布了禁毒决定,对制造、贩卖、运输、非法持有毒品,非法种植罂粟、大麻等毒品原植物,引诱、教唆他人吸食、注射毒品等,都作了严厉的处罚规定。)

*他们常常选择合适的地点、合适的时间、用适当的方式,向消费者直接传达产品信息。(应作:他们常常选择合适的地点、合适的时间、适当的方式,向消费者直接传达产品信息。或者:他们常常选择合适的地点,利用合适的时间,采取适当的方式,向消费者直接传达产品信息。)

2.词语间是包容关系而不是并列关系,中间却用了顿号。如:

*新建小区内的住宅共24幢、396套,绿化率达到45%。(中间的顿号应去掉)

*评委会用无记名投票选举,选出优秀中青年图书编辑105人,其中中央级出版社32家、34人,地方出版社65家、71人。(中间的两处顿号都应去掉)

3."甚至,尤其,直至,特别是,以及,还有,包括,并且,或者"等连词前面用了顿号。如:

*由于商品供求往往随着不同区域、不同季节、甚至不同客流成分的变化而变化,所以采购者应当及时把握需求信息。("甚至"前面的顿号应改作逗号)

*5年来,此装置先后取得了一系列具有自己特色、并达到国际先进水平的物理参数和指标,引起国际核聚变界的广泛关注。("并"前面的顿号应去掉或改作逗号)

*如果后天下雨、或者我突然有事,我就不能到你那儿去了。("或者"前面的顿号应去掉或改作逗号)

七、分号

(一)分号的基本用法

复句内部各并列分句之间的停顿用分号。示例:

(1)一根普通电话线,只能通三路电话;一条微波线路,可通十万路电话;而一条光缆线路,可以通一亿路电话。

(2)墙上芦苇,头重脚轻根底浅;山间竹笋,嘴尖皮厚腹中空。

(3)管理人员只要一出现,小贩们就互相报信,赶快收摊;管理人员一走,他们就又继续倒卖。

(二)提示

1. 如果分句比较简单,内部没有出现逗号,分句间也就用不到分号。示例:

（1）谦虚使人进步,骄傲使人落后。

（2）我渐渐爱上这些孩子了,孩子们也爱上了我。

2. 位置禁则:分号不出现在一行之首。

(三)分号使用常见差错

1. 单句内并列词语之间用了分号。如:

*报名者请携带户口簿;身份证;高中毕业证书;体检证明;两张二寸近期免冠照片。(四个分号都应改作逗号)

*主食和肉食量高;水果,蔬菜量低;室外活动量少,是形成肥胖的一种生活模式。("水果"后面的逗号应改作顿号,两个分号应改作逗号)

2. 不是并列关系就不能用分号。如:

*这些展品不仅代表了两千多年前我国养蚕、纺织、印染、刺绣和缝纫工艺方面所达到的高度水平;而且也显示了我国古代劳动人民的聪明智慧和创造才能。("而且"前面的分号应改作逗号)

3. 多重复句中,并列的分句不是处在第一层上,之间却用了分号。如:

*只有健全社会主义法制,才能使社会主义民主法律化、制度化;才能用法律手段管理经济;才能维护安定团结的政治局面,保障社会主义现代化建设的顺利进行。("经济"后面的分号应改作逗号)

*从文化程度上看,高学历者;从职业上看,技术人员、个体工商人员和学生;从年龄上看,35岁至44岁的人,更加认为有必要进行夫妻财产公证。(中间两个分号都应改作逗号)

4. 被分号分隔的语句内出现了句号。须知:分号所表示的停顿或分隔的层次小于句号。如:

*这些课外活动有很多特点。一是它形式自愿。孩子愿意就参加,不愿意可以不参加;二是内容丰富多彩。孩子们的兴趣、爱好,甚至要求可以得到充分满足;三是评定方法轻松活泼。考试成了展览、演出、小型报告,孩子们可以尽情发挥。(应作:这些课外活动有很多特点:(一)形式自愿。孩子愿意就参加,不愿意可以不参加。(二)内容丰富多彩。孩子们的兴趣、爱好,甚至要求可以得到充分满足。(三)评定方法轻松活泼。考试成了展览、演出、小型报告,孩子们可以尽情发挥。)

八、冒号

(一)冒号的基本用法

1. 用在称呼语后面,表示提起下文。示例:

同志们:

第十六届体育运动大会现在开幕。

2.用在"问、答、说、想、认为、指出、宣布、证明、发现、透露、表明、例如"一类动词的后面,表示提起下文。示例:

(1)我常常想:诸葛亮的先见之明也不宜于过分夸大,实际上他并非任何时候对任何事都有先见之明的。误用马谡,以致失守街亭,这不是缺乏先见之明吗?

(2)绝大多数人都这样认为:昆虫度过了严寒的冬季,到了春天,天气转暖,它就会苏醒过来活动。

3.用在总说性词语后面,表示提起下文。示例:

军队政治工作的三大原则:第一是官兵一致,第二是军民一致,第三是瓦解敌军。

4.用在需要解释的词语后面,表示引出解释和说明。示例:

本店经营品种:服装、鞋帽、钟表、玩具和家用电器。

(二)提示

1.冒号的形式是":",左偏下,不要与上下左右居中的比号":"混淆。比号是数学符号。

2.冒号的提示范围。一般说来,冒号用在句子内部,它的提示范围到一个句子完了为止。但是,它的提示范围有时也可以超出一个句子,管到几个句子,甚至是几个段落或成篇的文字。如人们写信时在开头收信人的称呼后用的冒号,又如讲话稿一般在开头的称呼语后面用的冒号。

3."问、答、说、想、认为、指出、宣布、证明、发现、透露、表明、例如"一类动词的后面,有时也可以不用冒号而用逗号。示例:

他在讲话中指出,做伟大时代的创业者,必须立足本职岗位,矢志艰苦奋斗。

4."问、答、说、想、认为、指出、宣布、证明、发现、透露、表明、例如"一类动词的后面,如果宾语不长,这些词语后没有什么停顿,就不必用标点符号。示例:

(1)他说今晚不回来吃饭。

(2)事实证明我错了。

5.位置禁则:冒号不出现在一行之首。

(三)冒号使用常见差错

1.冒号套用。应避免一个冒号范围里再用冒号。如:

＊心理学研究表明:影响儿童心理发展有三个重要因素:遗传、环境和教育。(第一个冒号应改作逗号)

＊记者在北京一些小学采访,不少教师反映:小学生在思想品德方面反映出的问题主要是:劳动观念淡薄,缺乏劳动习惯;生活自理能力低,不懂得爱惜财物。(第一个冒号应改作逗号)

2.提示性动词指向引文之后的词语,这个动词之后却用了冒号。如:

＊厂领导及时提出:"以强化管理抓节约挖潜、以全方位节约促成本降低、以高质量低成本开拓市场增效益"的新思路。(中间的冒号应去掉)

3.冒号用在了没有停顿的地方。如:

＊女乘务员小心地端起杯子,正准备换个地方放,突然,随着一声:"谁让你动我的

杯子"的怒吼,一位30多岁的年轻人,一把夺走了杯子。(中间的冒号应去掉)

4.冒号与"即""也就是"一类的词语同时使用。如:

＊他们加强了施工现场每一个环节、每一道工序甚至每一个工点的安全管理。对于施工中出现的安全事故苗头实行"三不放过":即没查出原因不放过,当事人和施工人员没有深刻认识事故苗头的后果不放过,整改措施没有落实不放过。(中间的冒号应改作逗号,或者保留冒号去掉"即"字)

九、引号

(一)引号的基本用法

1.行文中直接引用的话,用引号标示。示例:

要普及现代信息技术教育,"计算机要从娃娃抓起"。

2.行文中需要着重说明的词语,用引号标示。示例:

"坤包、坤表、坤车"里的"坤",意思是女式的,女用的。

3.行文中具有特殊含义的词语,用引号标示。示例:

像这样奉行本本主义、不懂得理论联系实际的"理论家"越少越好。

(二)提示

1.引号的形式分双引号""和单引号''。引号里面还要用引号时,外面一层用双引号,里面一层用单引号。如果偶尔出现三层引号时,最里一层引号用双引号。示例:

《毛泽东选集》对"李林甫"是这样注释的:"李林甫,公元八世纪人,唐玄宗时的一个宰相。《资治通鉴》说:'李林甫为相,凡才望功业出己右及为上所厚、势位将逼己者,必百计去之;尤忌文学之士,或阳与之善,啗以甘言而阴陷之。世谓李林甫"口有蜜,腹有剑"。'"

2.在"某某说"的后面点号的用法。这要根据"某某说"的位置而定。

(1)如果"某某说"在引语前,它后面一般应该用冒号,而不应该用逗号。示例:

林小姐哭丧着脸说:"妈呀,全是东洋货!明儿叫我穿什么衣服?"

(2)如果"某某说"在引语后,它后面要用句号。示例:

"妈呀,全是东洋货!明儿叫我穿什么衣服?"林小姐哭丧着脸说。

(3)如果"某某说"在引语中间,它前后的引语是一个人的话,它后面要用逗号。示例:

"妈呀,"林小姐哭丧着脸说,"全是东洋货!明儿叫我穿什么衣服?"

(4)如果"某某说"后面不是直接引语,而是转述"某某"话的大意,"某某说"的后面一般用逗号。示例:

女朋友去看了回来报告说,最喜欢那套短打:紧身的花色皮衣,很孩子气的。

3.既有直接引语,又有间接引语时,引号的使用。直接引用的部分用引号,间接引用的部分不用引号。直接引语后面的句末点号放在后半个引号后边。示例:

他指出,科学是没有地区性局限的,"真正具有普遍性的是现代科学和现代技术,以及形成这种科学技术的哲学思想"。

4.连续引用一篇文章的几个段落,引号的使用。一般要在引文的每个自然段的开头加上前引号,而只在引文的最后一个自然段的结尾才使用后引号。这样的多段落引用,还可以采用另外字体(如仿宋或楷书),每行缩一个或者两个字,就不再需要另外用引号了。

5.引文末尾标点的位置。

(1)如果引者是把引语作为完整独立的话来用,那么为了保持引语的完整独立性,末尾的标点应该放在引号之内。示例:

总之,在任何工作中,都要记住:"虚心使人进步,骄傲使人落后。"

(2)如果引者只是把引语作为自己的话的一个组成部分,那么末尾的标点必须放在引号外面,示例:

大革命虽然失败了,但火种犹存。共产党人"从地下爬起来,揩干净身上的血迹,掩埋好同伴的尸首,他们又继续战斗了"。

6.位置禁则:引号的前一半不出现在一行之末,后一半不出现在一行之首。

(三)引号使用常见差错

1.滥用引号。词语没有特殊含义,随便加上了引号。如:

＊樱花飘落时,就像漫天的"雪花"在飞舞。(中间的引号应去掉)

＊她把从牙缝里抠出的钱全花在了"刀刃"上,为的就是能多"摸"一次电脑,能多买一盒英语会话磁带,能多购进几本参考书。(中间的两处引号都应去掉)

2.引号前后相关的标点处理错误。如:

＊常言说得好"无酒不成宴",酒的选择非常关键,因为它最能调动人的激情。(可改作:①常言说得好,"无酒不成宴"。酒的选择非常关键,因为它最能调动人的激情。②常言说得好:"无酒不成宴。"酒的选择非常关键,因为它最能调动人的激情。)

十、括号

(一)括号的基本用法

行文中注释性的文字,用括号标示。示例:

(1)当时,市委决定由一名叫李什么茹(我记不清名字了)的演员领衔主演《白蛇传》。

(2)征集摄影、美术创作稿。请寄像质优良的彩扩片或彩色反转片(照片请加硬纸衬背,以防折损)。

(3)计算机信息系统的安全保护,应当保障计算机及其相关的和配套的设备、设施(含网络)的安全,运行环境的安全,保障信息的安全,保障计算机功能的正常发挥,以维护计算机信息系统的安全运行。

(4)在全球范围内,艾滋病迄今已经夺去2000多万人的生命,有3500万人感染了人体免疫缺损病毒(HIV)。

(二)提示

1.括号常用的形式是圆括号"()"。此外还有方括号"[ ]"、六角括号"〔〕"和方头括号"【】"。

2."一""二""三"和"甲""乙""丙"等,以及阿拉伯数字,用括号括起来,表示序次。带括号的序次后面不能再用顿号或逗号。

3.行文中补缺或订误,用方括号标示。示例:

(1)这位挺有名气的歌星的递过来的本子上草草写了几个字:"海内存知巳[己],天涯若比邻。"

(2)她留给丈夫的遗书只有一行字:"我园[圆]满了,师父宝[保]佑我升天堂了。"

4.国际音标,用方括号标示。示例:

friend[frend] 名词 ①朋友,友人。②自己人;支持者,同情者;助手。

5.公文编号中的发文年份,用六角括号标示。示例:

国务院国发〔2000〕23号文件《国家行政机关公文处理办法》第二十五条第九款对公文中的数字用法作了明确的规定。

6.作者的国籍或朝代,用六角括号标示。示例:

(1)欧洲批判现实主义文学的奠基作品是〔法〕司汤达的《红与黑》。

(2)"一江春水向东流",语出〔宋〕柳永《虞美人》。

7.行文中的注释序号,用六角括号标示。若最大的序号不超过两位数,一般用圆注码①②③。示例:

(1)世上最可笑的是那些"知识里手"〔4〕,有了道听途说的一知半解,便自封为"天下第一",适足见其不自量而已。

〔4〕里手:湖南方言,内行的意思。

(2)第三个例子是我在一篇文章里用过的。②

②见《吕叔湘语文论集》,商务印书馆,1983,154页。

8.尽量避免括号套用。同一形式的括号不得套用。必须套用时,可采取六角括号与圆括号配合使用。一般情况下,里面用圆括号,外面六角括号。若里面或外面的一种已有定式,可首先照顾它的形式而作变通。示例:

(1)自然界存在的铜矿有三种形式:自然铜、氧化矿和硫化矿。其中氧化矿有赤铜矿(Cu_2O)、黑铜矿(CuO)和孔雀石〔$Cu(OH)_2 \cdot CuCO_3$〕等。

(2)〔须臾(xū yú)〕片刻,一会儿。

(3)例22 把山海似深恩掉在脑后(董西厢:〔黄钟调・侍香金童・尾〕)

(4)电流的基本单位是A(安〔培〕)。

9.工具书的条目,用方头括号标示。示例:

【标点】biāo diǎn 标点符号。给原来没有标点的著作(如古书)加上标点符号:~二十四史。

10.位置禁则:括号的前一半不出现在一行之末,后一半不出现在一行之首。

(三)括号使用常见差错

1.括号位置不当。如:

*如果国家主权遭到贬损或剥夺,个人的一切就将失去保障(包括人权在内)。(括

注应放在"一切"后面)

＊我市上半年工业总产值增幅和乡(含乡)以上工业总产值增幅分居全省领先水平。(括注应放在"以上"后面)

＊20世纪末,能源危机、人口过剩、资源破坏(尤其是淡水资源)、环境恶化,以及接连不断的灾变,向人类敲起了警钟。(括注应放在"资源"与"破坏"中间)

2.不该使用括号而用了括号。如:

＊珠宝行重质量、讲信誉,长年聘请荣获国际(FGA)、国内(GIC)珠宝鉴定师资格的专家监督商品质量。(两处括号都应去掉)

十一、破折号

(一)破折号的基本用法

1.行文中解释说明的语句,用破折号标示。示例:

亚洲大陆有世界上最高的山系——喜玛拉雅山,有目前地球上最高的山峰——珠穆朗玛峰。

2.话题突然转变,用破折号标示。示例:

我在珠海的公司干得挺顺心。老板对我不错,工资也挺高,每月三千多呢!——我能抽支烟吗?

3.表示话语的中断。示例:

(1)"班长他牺——"小马话没说完就大哭起来。

(2)他很大了,——并且他以为他母亲早就死了的。

4.声音延长,在象声词后面用破折号标示。示例:

"顺——山——倒——"林子里传出我们伐木连小伙子的喊声。

5.事项列举分承,各项之前用破折号标示。示例:

中央与地方的关系,是国家政治经济体制的核心问题之一。当前迫切需要确立的主要原则是:

——民主集中制法制化原则;

——党的领导法制化原则;

——充分发挥中央与地方两个积极性的原则;

——政企职责分开的原则。

6.表示引出下文。这种由破折号引出的下文常常是另起一段。示例:

(1)在一篇题为《论气节》的文章里,他对"五四"以来中国知识分子的历史道路与现实处境作了这样一番总结——

(2)小姑娘的相貌神态酷似她的母亲,我的心一颤。眼前又浮现出十年前我在槐树村生活的情景——

7.用在副标题的前面。示例:

语言与哲学

——当代英美与德法哲学传统比较研究

8.用于引文后标明作者,示例:

春蚕到死丝方尽,蜡炬成灰泪始干。
——李商隐

(二)提示

1.破折号和括号都有标明补充说明的语句的作用,但是破折号标明的补充说明性语句是正文的一部分,比较重要,需要读出来,而括号标明的补充说明性语句不是正文,一般可以不读出来。应根据表达的需要加以选择。示例:

每当肝疼发作时,他就采取自己的"压迫止痛法"——用茶壶盖、烟嘴、玻璃球、牙刷把顶住肝部,从来没有因为肝疼影响工作。

2.解释说明或补充的语句如果是插在句子中间的,可以前后各用一个破折号。示例:

(1)太阳系除了九个大行星——水星、金星、地球、火星、木星、土星、天王星、海王星和冥王星——以外,还有40个卫星,为数众多的小行星、彗星和流星体等。

(2)直觉——尽管它并不总是可靠的——告诉我,这事可能出了什么问题。

3.位置禁则:破折号不能排作"－ －",也不得一分为二,分居两行。

(三)破折号使用常见差错

1.破折号与"即""也就是"一类的词语同时使用(都有引出解释说明语句的作用)。如:

＊专家们经分析认为,打捞俄潜艇,最可能被采用的方式便是混合打捞法——即先行封舱,将内水抽干增加潜艇自身浮力,再利用浮吊、浮筒来起浮沉艇。(破折号应改作逗号,或保留破折号去掉"即"字)

2.由破折号引出的解释说明语句与被解释说明的对象不照应。如:

＊这家碳素厂坐落在风光秀丽的松花江畔——吉林市。(破折号应改作"的"字)

＊这一切,使人们想起了解放前——一九三七年大旱五十天,赤地千里,四处逃荒的悲惨往事。(破折号应改作"的"字)

3.该用括号的地方用了破折号。如:

＊在亲人金珠玛米——解放军——的帮助下,我很快就恢复了健康。(破折号应改作括号)

十二、省略号

(一)省略号的基本用法

1.话语的省略,用省略号标示。示例:

(1)那孩子含着泪唱着:"……世上只有妈妈好,没妈的孩子像根草……"

(2)各种鲜花争奇斗艳:菊花、玫瑰、马蹄莲、郁金香……

2.话语的断断续续,用省略号标示。示例:

他吃力地张开嘴:"你……要……坚持……下……去……"

(二)提示

1. 中文省略号的形式是"……",六个小圆点,占两个汉字的位置。
2. 一个或几个自然段文字的省略,诗行的省略,可以用独居一行的十二个小圆点标示。
3. 省略号的前后的标点

(1)省略号前如果是句号、叹号、冒号,说明前面是完整的句子,那么句号、叹号、冒号应保留。示例:

不受制约的权力将产生腐败现象。但是,谁来制约?谁来监督?谁能制约?谁能监督?……尚有一系列问题需要深入探讨。

(2)省略号前如果是顿号、逗号、分号,要省掉。示例:

一群马,在公孙龙子眼里是"非白马",是黑马、青马、黄马、棕马……的综合。

(3)省略号后的点号一般应去掉。因为连文字都省了,点号自然也不必保留。示例:

雄伟庄严的人民大会堂,是首都最著名的建筑之一……那壮丽的廊柱,淡雅的色调,以及四周层次繁多的建筑立面,组成了一幅绚丽的图画。

4. 列举之后煞尾,"等"的后面可以带有前列各项的总计数字。示例:

(1)中国有长江、黄河、黑龙江、珠江等四大河流。
(2)这学期我们学了语文、代数、几何、化学、英语等五门课程。

5. 位置禁则:句末省略号不要出现在一行之首,并且不能独居一行。

(三)省略号使用常见差错

1. 滥用省略号。如:

＊为什么街头小青年满口脏字?为什么摩登女郎徒有其表,一张口就是污言秽语……?(应去掉省略号)

＊商店门前的告示牌,全是"大减价"、"大甩卖"、"跳楼价"……云云,好像他们都在做赔本生意似的。(应去掉省略号)

2. 省略号和"等"、"之类"并用。因为省略号的作用相当于"等"、"等等"、"之类"。两者不能并用。如:

＊在另一领域中,人却超越了自然力,如飞机、火箭、电视、计算机……等等。(应去掉省略号)

＊春花什么都没带,所需的日用杂品全都是娟姐到小卖部替她买来的:热水瓶、脸盆、毛巾、香皂、牙刷、手纸、镜子、剪刀……之类。(应去掉"之类"和后面的句号)

十三、着重号

(一)着重号的基本用法

提示读者特别注意的字、词、句,用着重号标示。示例:

说"这个人说的是北方话",意思是他说的是一种北方话,例如天津人和汉口人都是说的北方话,可是是两种北方话。

(二) 着重号使用常见差错

1. 该用引号的地方却用了着重号。要注意着重号和引号的不同,引号是用来标明着重论述的对象。如:

＊知己知彼是战争认识的主要法则,是"知胜"和"制胜"的认识基础。(着重号应改作引号)

＊连词因为通常用在句子开头,后面用所以。(着重号应改作引号)

2. 滥用着重号。着重号要在十分必要时才用,并不是语气或语义一加重就用着重号。一段或一篇文字里加着重号的地方过多,就无所谓重点了。如:

＊大家发现,尽管他说这些话时非常真诚、自然、优雅,但听他这些话的人却大多显出迷惑不解乃至不安的神色。(应去掉着重号)

＊孩子自私心是否强烈,主要取决于父母的培育方式和父母对孩子的态度。(应去掉着重号)

十四、连接号

(一) 连接号的基本用法

1. 表示连接。连接相关的汉字词、外文符号和数字,构成一个意义单位,中间用连接号。

(1) 连接两个中文名词,构成一个意义单位。示例:

原子——分子论‖物理——化学作用‖氧化——还原反应‖焦耳——楞次定律‖万斯——欧文计划‖赤霉素——丙酮溶液‖煤——油燃料‖成型——充填——封口设备‖狐茅——禾草——苔草群落‖经济——社会发展战略‖芬兰——中国协会‖一汽——大众公司

(2) 连接外文符号,构成一个意义单位(应用半字线)。示例:

Pb-Ag-Cu 三元系合金。

(3) 有机化学名词(规定用半字线)。示例:

d-葡萄糖‖α-氨基丁酸‖1,3-二溴丙烷‖3-羟基丙酸

(4) 连接汉字、外文字母、阿拉伯数字,组成产品型号(可以用半字线)。示例:

东方红-75 型拖拉机‖MD-82 客机‖大肠杆菌-K12‖ZLO-2A 型冲天炉‖苏-27K 型舰载战斗机

2. 表示起止。连接相关的时间、方位、数字、量值,中间用连接号。

(1) 连接数目,表示数目(生卒日期、量值等)的起止(科技界习惯用浪纹)。示例:

孙文(1866—1925)‖200—300 千瓦‖20％—30％‖15—30℃‖—40——30℃‖1997—1998 年‖1997 年—1998 年‖40％乐果乳剂 800—1000 倍液

(2) 连接地点名词,表示地点的起止(不要用浪纹)。示例:

北京——上海特别快车‖北京——旧金山——纽约航班‖秦岭——淮河以北地区

3. 表示流程。连接几个相关项目表示事物递进式发展,中间用连接号,也可以用两字线或者箭头。不过箭头不属于标点。示例:

(1) 人类的发展可以分为古猿——猿人——古人——新人这四个阶段。

(2)在一九四二年,我们曾经把解决人民内部矛盾的这种民主的方法,具体化为一个公式,叫做"团结——批评——团结"。

(3)邮局汇兑的基本过程:汇款人→收汇局→兑付局→收款人。

(二)提示

1.连接号的常用形式为一字线"—",占一个汉字位置。此外还有半字线"-"和浪纹"~"。

2.中文半字线连接号与西文连字符(hyphen)长短不同,不可混用。

3.用于表示时间、数字、量值的起止,一字线与浪纹的功能相同,出版物可选择其中一种。科技文章常出现负号"-",为避免与一字线勾连,一般习惯使用浪纹。

4.位置禁则:连接号最好不出现在一行之首,而放在一行之末。

(三)连接号使用常见差错

1.连接号过长,处理作两字线。如:

　＊1986年太阳能研究所从加拿大引进当时具有国际先进水平的铜——铝复合生产线。("铜——铝复合生产线"应改作"铜—铝复合生产线")

2.连接号过短,处理作半字线。如:

　＊您可以用尺子量一下,腰围减了2-6厘米。("2-6厘米"应改作"2—6厘米"或"2~6厘米")

3.把连接号充做"到"字用。如:

　＊从6月10日—7月10日,凡在指定经销商处购买诺基亚手机者,即可获赠精美礼品。("从6月10日—7月10日"应改作"从6月10日到7月10日"或者"6月10日—7月10日")

十五、间隔号

(一)间隔号的基本用法

1.外国人和一些少数民族人名内部的分界,用间隔号标示。示例:

　诺尔曼·白求恩‖爱新觉罗·玄烨

2.书名与篇(章、卷)名之间,用间隔号标示。示例:

　《史记·扁鹊仓公列传》‖《中国大百科全书·语言文字》

3.诗的标题、词的标题与诗体、词牌名之间,用间隔号标示。示例:

　《七律·长征》‖《江城子·咏史》

4.表示节日或事件,代表月份的数字和代表日子的数字之间,用间隔号标示。示例:

　"一二·九运动"

5.用几个并列词语做标题,词语之间可以用间隔号标示。示例:

　人性·法律·社会‖信号·符号·语言‖人·兽·鬼

(二)提示

1.外国人名如果是外文缩写字母与中文译名并用,外文缩写字母后面不用中文间隔号,应用下角点(齐线小圆点)。示例：

　　E.策勒尔‖D. H.劳伦斯

　　2.外国人名如果有两个缩写部分,要么都用中文,要么都用外文字母。示例：

　　副总裁比·哈·帕蒂‖副总裁B.H.帕蒂

　　3.用月日数字表示历史事件或节日,如果是一月、十一月和十二月,要用间隔号,并且加引号。其他月份则不加间隔号,是否加引号,视知名度而定,为人们所熟知的历史事件或节日,不必加引号。示例：

　　五四运动‖二七大罢工‖五一劳动节‖六一国际儿童节‖八一建军节‖"一二·九"运动‖"一·二八"起义‖"五一六"通知

　　4.由媒体创造的用阿拉伯数字表示事件的形式,予以认可,但不要把这种形式扩大到重要的历史事件和节日。示例：

　　"3·15"维护消费者权益日‖"12·25"抢劫案‖"3·20"重大交通事故

　　5.位置禁则:间隔号最好不出现在一行之首,而放在一行之末。

(三)间隔号使用常见差错

1.应使用间隔号的地方用了顿号。如：

　　＊当年他亲身参加了"一二、九"运动。（顿号应改作间隔号）

2.不应该使用间隔号的地方用了间隔号。如：

　　＊《旷世奇才·杨度》一书受到好评。（应去掉间隔号）

　　＊《汉语大词典·缩印本》已经出版发行。（"《汉语大词典·缩印本》"应改作"《汉语大词典》(缩印本)"或者"《汉语大词典》缩印本"）

　　＊电视台近期播放《篱笆·女人和狗》和《辘轳·女人和井》两部电视剧。（间隔号应改作顿号）

十六、书名号

(一)书名号的基本用法

1.书名、篇名、报纸名、刊物名,用书名号标示。示例：

　　《三国演义》‖《人的正确思想是从那里来的?》‖《参考消息》‖《大众电影》‖《瞭望》杂志‖《中华儿科杂志》

2.法律、规章、规定、合同等文书的标题,用书名号标示。示例：

　　《新闻出版统计管理办法》‖《汉语拼音方案》

3.文化产品(电影、戏剧、绘画、歌曲、舞蹈、摄影、邮票等)的题目,用书名号标示。示例：

　　影片《红高粱》‖小提琴协奏曲《梁祝》‖独舞《月光下》‖黑白摄影《救死扶伤》‖董希文的《开国大典》‖石雕《和平》‖湘绣《龙凤呈祥》‖特种邮票《中国皮影》‖相声《钓鱼》‖小品《英雄母亲的一天》‖游戏软件《仙剑奇侠传》

4.报纸、杂志、电台、电视台的栏目与板块名称,用书名号标示。示例：

　　该报《人民子弟兵》专栏‖副刊《笔会》‖中央电视台专题节目《体育沙龙》‖北京文

艺台《周末三人谈》专题节目

(二)提示

1.书名号的形式分双书名号"《 》"和单书名号"〈 〉"。书名号里面还要用书名号时,外面一层用双书名号,里面一层用单书名号。如果偶尔出现三层书名号时,最里一层书名号用双书名号。示例:

(1)《〈中国工人〉发刊词》发表于1940年2月7日。

(2)他的毕业论文《鲁迅先生〈《呐喊》自序〉试析》获得一致好评。

2.单书名号的形式是"〈 〉",不可用数学上的小于号和大于号的组合形式"＜ ＞"代替中文单书名号。

3.书名、篇章名等如果使用缩略形式,照样要用书名号,示例:

阅读《毛选》四卷‖参见《现汉》第234页‖《沙》剧的布景设计

4.丛书名用书名号。至于"丛书"一词放在书名号里面还是外面,要看图书本身书名(主要指封面)是否有"丛书"字样。示例:

《万有文库》‖《四库丛刊》‖《汉译世界学术名著丛书》‖《中国音乐文物大系》‖《20世纪心理学通览》丛书‖《往事与回忆》传记丛书

5.书籍、报刊的版本、版别的位置。因为不是书报名称本身,只是一个注释说明,通常的做法是用括号把它们括起来,紧放在书名号之后。也可以不用括号,直接跟在书名号后面,或放在书名之前。示例:

采用黄伯荣、廖序东主编《现代汉语》(增订二版)‖编辑《北京大学学报》(社科版)‖发行《咬文嚼字》(学生版)‖订阅《读者文摘》中文版‖订阅中文版的《读者文摘》‖参见《现代汉语词典》(修订本)第345页。

6.法令、规定、方案、条例等"草案""初稿""试用稿"之类字样,如果包括在文书标题之中,则应放在书名号里面。这类字样在书名号里是否括注,依据原件模式。示例:

公布《汉语拼音正词法基本规则(试用稿)》‖见《中华人民共和国民事诉讼法(试行)》第十六条‖发表《普通话异读词审音表初稿》。

7.报社、杂志名,如果着眼于单位,指称报社、杂志社、编辑部,一般不用书名号。如果指的是那个文字载体本身,用书名号。如果报刊名称易与普通名词混同,无论哪种情况都要加书名号。示例:

(1)新闻出版署报纸司和新闻出版报连续组织报纸编校质量评比,就是在为纯洁祖国语言文字方面作出自己的努力。今后可在《新闻出版报》上开辟专栏,定期公布对报纸编校质量抽查评比的结果。

(2)《山西青年》向一稿多投宣战。

(3)《青年记者》注意民意调查。

(4)《少男少女》请宏志班学生在广州作报告。

8.教科书名称用书名号,但课程名称不用书名号。示例:

这学期开设微积分课,需要买一本高等教育出版社出版的《微积分》。

9.位置禁则:书名号的前一半不出现在一行之末,后一半不出现在一行之首。

10.直排规则:直行文稿的书名号的形式是"﹃﹄"和"﹁﹂"。必要时也可采用浪线式书名号,标在字的左侧。

(三)书名号使用常见差错

1.滥用书名号,随意超出应用范围,如品牌名、证件名、会议名、展览名、奖状名、奖杯名、活动名、机构名,也用书名号标示。下面的书名号均有不当之处:

＊《长征二号》运载火箭‖《永久牌》自行车‖《桑塔那》轿车‖颁发《身份证》‖持有《经营许可证》‖附有《产品合格证》‖办理《营业执照》‖填报《职工下岗登记表》‖组建室内乐队《爱乐女》‖荣获《百花奖》‖举办《喜乐杯》足球赛‖《科技日语速成班》招生‖召开《'99油画艺术研讨会》‖《法国近代艺术展览》开幕‖已被《人民日报》、《新华社》、《经济日报》采用

2.建筑或单位用书名号标示。下面的书名号均使用不当:

＊参观天坛《祈年殿》‖住在《北京饭店》

3.书名号里面的名称和原名称不符,或者将选题内容与篇章标题混为一谈。下面的书名号均使用不当:

＊摘自《半月谈内部版》第5期。("《半月谈内部版》"应改作"《半月谈》(内部版)")

＊《人民邮电报》刊发了这篇文章。("《人民邮电报》"应改作"《人民邮电》报")

＊有个同学说,老师教他们,以后再遇到《责任》之类的作文题,按照"谈谈孔繁森,批判王宝森,想到钱学森,联系中学生"的程式来写,保险不会跑边。(书名号应改作引号)

十七、专名号

(一)专名号的基本用法

人名、地名、朝代名等专名下面,用专名号配合。示例:

<u>刘邦</u>、<u>项羽</u>先后攻入<u>咸阳</u>,秦最后统治权被推翻。

(二)提示

1.专名号只用在古籍或某些文史著作里面。这类著作如果使用专名号,书名号可以用浪线(放在书名下面)。

2.文史著作和辞书,专名号除了用于人名、地名、朝代名以外,还用于国名、民族名、年号、宗教名,也有用于官署名、组织名。

3.直排规则:直行文稿专名号和浪线式书名号标在字的左侧。

练习题

将下面句子中使用不当的标点改正过来(使用规范的校对符号)。

(1)我们倚在青色的船栏上,默默地望着这绝美的海天;我们一点儿杂念也没有,我们是被沉醉了,我们是被带入晶莹的天空中了。

296

(2)当前要注意解决新闻不新的问题;针对性不强的问题;缺乏准确性的问题。

(3)在广州的花市上,牡丹、吊钟、水仙、梅花、菊花、山茶、墨兰、……春秋冬三季的鲜花都挤在一起了。

(4)不管是戏,还是小说,您得找矛盾,找冲突。俗话说,"不巧不成书。"这可不正确。我们应当说:没有矛盾,没有冲突,不能成书。

(5)铁路,作为年客运量以十亿计的大众化运输工具,客观地说提高服务质量确实存在不少困难。

(6)目前高校所设的奖学金主要有两种类型:一类是与就业不挂钩的奖学金;另一类是与就业挂钩的奖学金。

(7)江西省原副省长胡长清因受贿被判处死刑并伏法后,人们关注着检察机关对那些给胡长清行贿的人将如何处置?

(8)新建小区内的住宅共24幢、396套,绿化率达到45%。

(9)博览会自开幕以来已接待参观者17万人(次)。

(10)她暗下决心,一旦成婚,就把支持丈夫干好本职工作,作为今生今世最大的追求。

(11)职工下岗以后,最关心的是自己去干什么?怎么干?作者写的这本《创业技巧100招》就回答了这个问题。

(12)21世纪,生态环境领域将从分子到生物个体、从种群到景观、从局部区域到大陆板块、甚至到整个宇宙空间都将面临这些重大问题。

(13)这个协会主办的《复合保温材料及制品发展战略论坛》会议将于12月25~27日在北京召开。

(14)哥哥连年被评为"三好(五好学生)",工作第一年还被评为优秀徒工。

(15)1998年这个研究所从加拿大引进了当时具有国际先进水平的铜——铝复合生产线

(16)那声音高亢洪亮,似春雷,跨过高山,越过海洋,迅速传遍大江南北、五洲四海。军乐团随即高奏中华人民共和国国歌,54门礼炮齐鸣!

(17)从9月中旬~10月上旬,30天内寿阳站共调拨17组机械保温车组,装运白菜2036吨,为车站创收86.1万元。

(18)这个乡的农民全都签订了《土地使用合同书》。省委的领导称赞这是"山区农村的新希望,值得在全省推广"。

(19)"我们要在卧室里挂着自拍的婚纱照",小伙子接着对姑娘说:"装上你喜欢的白色窗纱,把新房布置得既舒适又温馨。"

(20)请判断下面引文注释序号的位置是否正确。

共产党对于这些东西的宣传政策应当是:"引而不发,跃如也。"[①]菩萨要农民自己去丢,烈女祠、节孝坊要农民自己去摧毁,别人代庖是不对的。

---

① 这句话引自《孟子·尽心上》,大意是说善于教人射箭的人,引满了弓,却不射出去,只摆着跃跃欲动的姿势。毛泽东在这里是借来比喻共产党人应当善于教育和启发农民,使农民自觉地去破除迷信和其他不良的风俗习惯,而不是不顾农民的觉悟程度,靠发号施令代替农民去破除。

参考文献

1. 《诗经》,中华书局 2006 年版。
2. 陈鼓应:《老子注译及评介(修订增补本)》,中华书局 2009 年版。
3. 庄子:《逍遥游》,《庄子》,中华书局 2007 年版。
4. 《韩非子》,中华书局 2010 年版。
5. 朱熹:《大学章句》,上海古籍出版社 2007 年版。
6. 鲁迅:《鲁迅全集》,人民文学出版社 1981 年版。